edition suhrkamp

Redaktion: Günther Busch

In den entwickelten Industriegesellschaften des Westens ist jenseits politischer und ökonomischer Auseinandersetzungen eine Politisierung des Alltagslebens eingetreten. In Bürgerinitiativen z. B. wird direkte Demokratie im Widerstand gegen öffentlich-bürokratische Reglementierung geprobt; in Einkaufs- und Produktionskooperativen werden Alternativen zum individuellen Reproduktionskampf und zur individuellen Konkurrenz in hierarchischen Arbeitsorganisationen entwickelt; in Wohngemeinschaften wird die Verarbeitung gestörter Geschlechter- und Generationsbeziehungen versucht.

In diesem Zusammenhang ist das Modell des israelischen Kibbutz – als das historisch am besten fundierte Beispiel einer alternativen Wirtschafts- und Lebensform in der Industriegesellschaft – bisher noch kaum zur Kenntnis genommen worden. Das Kibbutz-Modell zeichnet sich – bei aller Verschiedenheit der Entwicklungsstufen und -tendenzen in den einzelnen Siedlungen – durch direkte Demokratie, Gleichheit der Einkommen unabhängig von der Beschäftigung und das Fehlen eines besonderen Gewaltapparats aus. Durch seine landwirtschaftliche und industrielle Produktivität und Innovationsfähigkeit hat der Kibbutz gezeigt, daß der Verzicht auf ein Lohnarbeitssystem nicht notwendigerweise mit bürokratischer Reglementierung oder freiwilliger Armut erkauft werden muß. Darüber hinaus hat er eine Chance zur Wiedergewinnung familialer Bindungen eröffnet – es scheint auf historisch neuer Grundlage zu gelingen, die Geschlechterbeziehungen gewaltlos zu gestalten und ein verläßliches Sozialisationsband zwischen den Generationen zu knüpfen.

Die in diesem Band versammelten Untersuchungen erschließen historische Erfahrungen, aus denen diejenigen lernen können, die heute über alternative Wirtschafts- und Lebensformen in der Industriegesellschaft nachdenken. Es wird geprüft, inwieweit die Motive und Ausgangsbedingungen der Kibbutz-Geschichte mit denen der gegenwärtigen Alternativbewegung vergleichbar sind, welche Hoffnungen der Kibbutzgründer verwirklicht und welche enttäuscht worden sind.

Gunnar Heinsohn ist Soziologe und lehrt an der Universität Bremen. Er lebte zwischen 1976 und 1978 in den Kibbutzim Hasorea, Adamit und Yahel sowie im Moshav (damals shitufi) Hamra.

Das Kibbutz-Modell
Bestandsaufnahme einer alternativen
Wirtschafts- und Lebensform
nach sieben Jahrzehnten

Herausgegeben und mit einer Einleitung
versehen von Gunnar Heinsohn

Suhrkamp Verlag

edition suhrkamp 998
Erste Auflage 1982
© dieser Zusammenstellung Suhrkamp Verlag, Frankfurt am Main 1982. Erstaus-
gabe. Printed in Germany. Alle Rechte vorbehalten, insbesondere das des öffentlichen Vortrags sowie der Übertragung durch Rundfunk und Fernsehen, auch einzelner Teile. Satz und Druck Georg Wagner, Nördlingen. Gesamtausstattung
Willy Fleckhaus.

Inhalt

Einleitung des Herausgebers

1. Die Beiträge dieses Bandes sollen die nun im achten Jahrzehnt stehenden Produktions- und Lebensgenossenschaften innerhalb der Republik Israel beleuchten. Diese Kibbutzim stellen eines der bestuntersuchten Gesellschaftssysteme der Erde dar.[1] Das liegt nicht nur an ihrer Dauerhaftigkeit und ihrem steten Wachstum zu heute mehr als 250 Siedlungen mit über 110 000 Menschen, sondern auch an ihrer überragenden Produktivität – Weltspitze in der Landwirtschaft und ein nicht viel schlechteres Niveau in der Industrie – und an ihrem hohen Bildungsniveau, welches die Kibbutzim von Anfang an zu permanenter und auch radikaler Reflexion ihrer Situation besonders befähigt hat.

Die erstaunlich rastlose Kritik und Infragestellung der eigenen Grundlagen ist heute nicht mehr vorrangig die Domäne der – meist aus europäischen Bildungsschichten stammenden – Sozialisten der Gründergenerationen, sondern hat in eigenen Instituten der Kibbutzbewegungen die materiellen Voraussetzungen wissenschaftlicher Kontinuität erhalten. Der Herausgeber konnte deshalb seine Auswahl der Beiträge überwiegend unter solchen Arbeiten treffen, die von im Kibbutz lebenden Forschern verfaßt wurden. Auch die übrigen Arbeiten stammen von israelischen Wissenschaftlern.

2. Erfahrungen der Kibbutzim, von welchen etliche bereits in der dritten Generation bestehen, sind in der deutschsprachigen Literatur weitgehend nur unter dem besonderen Aspekt ihres Erziehungswesens bekannt geworden. Hier haben vor allem die Überlegungen von Ludwig Liegle dabei mitgeholfen, aus der falschen Alternativsetzung »gute« Familienerziehung oder »schlechte« Kollektiverziehung herauszufinden.[2] Allerdings ist diese erziehungswissenschaftliche Aufnahme der Kibbutzerfahrungen praktisch weitgehend folgenlos geblieben. Wo in Anlehnung an ein Kibbutz-»Modell« Alternativen im Bereich der Kleinkindererziehung gesucht wurden, waren Enttäuschungen unvermeidlich, da die ganz außerpädagogischen Gründe für den Erfolg kollektiver Erziehung im Kibbutz – der existentiell engagierte Zusammenhalt zwischen den Generationen[3] vor allem – im

hiesigen Gesellschaftssystem als tragende Faktoren nicht zur Verfügung stehen.

Die Untersuchung des Kibbutz ist mithin auf die alternative Wirtschafts- und Lebensform weiterzuführen. Ich verkenne dabei keineswegs, daß gerade die an solcher Analyse interessierte Öffentlichkeit beim Kibbutz vor einer erheblichen Rezeptionsbarriere steht, die sich auch aus dem Problem der Palästinaflüchtlinge, die in arabischen Ländern in Lagern gehalten werden, und dem politischen Selbstverständnis der Bürger des bis 1967 von Ägypten und Jordanien und seitdem von Israel besetzten Gazastreifens und Westjordanlandes aufbauen. Wie sehr diese Barriere gerade in der Bundesrepublik den nüchternen Blick auf den Kibbutz behindert, erweist sich etwa daran, daß selbst ein Kenner der Genossenschaftsbewegung wie Rolf Schwendter nicht mitteilen mag, daß der Kibbutz das »bislang erfolgreichste Projekt alternativer Ökonomie«[4] gewesen ist und nicht die von ihm für diesen Rang favorisierte Konsumverbilligungsbewegung, die sich an den Genossenschaftsladen von Rochdale aus dem Jahre 1844 anschloß. Er hat auch keine Kenntnis davon, daß die von ihm ebenfalls gelobte ›Millionen-Dollar-Umsatz‹-»Federation of Egalitarian Communities«[5] eine direkte Imitation der Kibbutzföderationen darstellt und nach ausführlichen Informationsreisen[6] amerikanischer Kommunarden in Israel als Dachverband von anfänglich fünf kibbutzartigen Kommunen in den USA und Kanada im Winter 1977 gegründet wurde. Kaum weniger merkwürdig mutet ein Sammelband über *Die Geschichte alternativer Projekte von 1800 bis 1975* (Berlin 1980) an, in dessen Abschlußdiskussion es fünf erstrangigen Alternativexperten gelingt, fast die ganze Welt zu durchstreifen, ohne dabei auf den Kibbutz zu stoßen.

Ich lasse es mit diesen Hinweisen für die Berührungsangst gegenüber israelischen Angelegenheiten bewenden und klammere ihre Analyse hier bewußt aus. Eine historisch angemessene Behandlung der Geschichte Israels[7] und des Kibbutz innerhalb der sozialistischen Bewegung[8] müßte zu einem ganz anderen Band führen, als er hier beabsichtigt ist. Ich meine aber auch, daß die Palästinenserfrage der Untersuchung der integrierten Produktions- und Lebensgenossenschaft weitgehend äußerlich ist, wenn man einmal von den zusätzlichen Belastungen absieht, die daraus für alle Bewohner dieser Region – und damit eben auch für die Kibbutzniks – resultieren. Es bleibt jedoch zu erwähnen, daß gerade in der Kibbutzbewegung die Konzeption eines binationalen Staates Palästina entwickelt wurde[9] und daß nach seiner gewaltsamen Verhinderung durch den Einmarsch fünf arabischer Armeen in das von der UNO den Juden zugesprochene Gebiet im Jahre 1948 auch heute Kibbutzniks im Kern jener Friedensbewegung stehen, die neben Israel und Jordanien einen weiteren Staat im ehemaligen britischen Mandatsgebiet Palästina – das wäre dann der 22. arabische Staat insgesamt – zu akzeptieren bereit ist: Sympathien für noch unerprobte Ideale der Palästinenser und die Kritik an Aktivitäten israelischer Staatsregierungen, deren wichtigster innenpolitischer Gegner seit 1977 gerade in den Kibbutzim beheimatet ist, entbindet meines Erachtens also nicht von der Aufgabe, aus wichtigen Entwicklungen innerhalb Israels zu lernen. Wer sie nicht wahrnehmen wollte, weil ihm der zugehörige Staat nicht paßt, machte damit den Juden in Israel eine politische Auflage, der sonst niemand in der Welt unterworfen wird. Zumindest ist dem Autor nicht bekannt, daß wichtige soziale Veränderungen mit Wahrnehmungsbann belegt würden, weil ihre Träger etwa zugleich Bürger der Vereinigten Staaten mit all ihren weltweiten Aktionen sind oder aber der Bundesrepublik Deutschland mit ihren vielfältigen internationalen Einmischungen angehören. Wer also den Kibbutzniks aus der Verstrickung in die Probleme der Flüchtlinge von 1948, an der sie gewiß zu tragen haben, nur einen Strick drehen wollte, würde ihrem Lebensschicksal nicht gerecht und leistete für die soziale Emanzipationsbewegung, die auf dieser Erde sonst ja kaum noch zukunftsweisende und zugleich praktikable Projekte vorzuzeigen hat, keineswegs einen hilfreichen Dienst.

3. Seit Auflösung der mittelalterlichen Familienwirtschaft[10] und der beginnenden Industrialisierung gesellschaftlicher Arbeit, die zu persönlicher Unabhängigkeit, aber auch existentieller Unsicherheit der unmittelbaren Produzenten führte, gibt es Versuche mit alternativen Wirtschafts- und Lebensformen, in denen die Gemeinschaftlichkeit des feudalen Oikos mit der modernen Gleichheitshoffnung sich verbindet. Diese alternativen Gemeinschaften entstehen im Widerstand gegen die Erfahrung einer neuen Ungleichheit aus den Konkurrenzbeziehungen des jungen Agrarkapitalismus und der damit verknüpften Auflösung tradierter Generations- und Geschlechterbeziehungen. Die einzigen aus dieser Zeit erhaltenen und immer noch christlich-kommunisti-

schen Genossenschaften bilden die im frühen 16. Jahrhundert entstandenen hutterischen Brüdergemeinden[11], die heute in den USA und Kanada 165 Siedlungen mit knapp 22 000 Menschen (1974) umfassen.[12]

Von den weltlich-sozialistischen Genossenschaften des 19. Jahrhunderts, die aus der in den Elendsvierteln der Städte noch verschärften Situation des Industriekapitalismus ähnliche Ziele – nun aber ergänzt um die volle, also auch sexuelle Gleichstellung der Frau – entwickelt haben, hat bis auf unsere Tage keine überdauert[13], wiewohl etliche von ihnen ein hohes Alter erreichten.[14]

Die Industriearbeiterbewegung, die in ihrer Frühzeit zumindest programmatisch auf einen genossenschaftlichen Basissozialismus orientiert war, hat diese Tendenz im Verlauf der wirtschaftlichen Konsolidierung der Lohnarbeiter in den entwickelten Gesellschaften zunehmend verdrängt[15], und nur in schweren Krisenzeiten, in denen auch die staatlichen Sicherungssysteme illiquide zu werden drohen, gibt es ein merkliches Wiederaufleben[16] der genossenschaftlichen Diskussion und in Einzelfällen auch von neuem den wirklichen Aufbau von Genossenschaften.[17]

Karl Marx argumentierte in der Genossenschaftsfrage durchaus nicht einheitlich, sah solche Siedlungen, die er durchgängig als schließliches Ziel des Sozialismus einschätzte, aber politisch und gerade nicht wirtschaftlich gefährdet, weshalb er die Eroberung der politischen Macht zur Voraussetzung für den Erfolg der Genossenschaften erklärte:

Wir sprechen von der *Kooperativbewegung*, namentlich den Kooperativfabriken, diesem Werk weniger kühner »*Hände*« (hands). Der Wert dieser großen Experimente kann nicht überschätzt werden. Durch die Tat, statt durch Argumente, bewiesen sie, daß Produktion auf großer Stufenleiter und im Einklang mit dem Fortschritt moderner Wissenschaft vorgehen kann ohne die Existenz einer Klasse von *Meistern* (masters), die eine Klasse von »*Händen*« anwendet; daß, um Früchte zu tragen, die Mittel der Arbeit nicht monopolisiert zu werden brauchen als Mittel der Herrschaft über und Mittel der Ausbeutung gegen den Arbeiter selbst, und daß wie Sklavenarbeit, wie Leibeigenenarbeit so *Lohnarbeit* nur eine vorübergehende und untergeordnete gesellschaftliche Form ist, bestimmt zu verschwinden vor der *assoziierten Arbeit*, die ihr Werk mit williger Hand, rüstigem Geist und fröhlichen Herzens verrichtet. In England wurde der Samen des Kooperativsystems von *Robert Owen* ausgestreut; die auf dem Kontinent versuchten Arbeiterexperimente waren in der Tat der nächste praktische Ausgang der Theorien, die 1848 nicht erfunden, wohl aber laut proklamiert wurden.

Zur selben Zeit bewies die Erfahrung der Periode von 1848-1864 unzweifelhaft, was die intelligentesten Führer der Arbeiterklasse in den Jahren 1851 bis 1852 gegenüber der Kooperativbewegung in England bereits geltend machten, daß, wie ausgezeichnet im Prinzip und wie nützlich in der Praxis, kooperative Arbeit, wenn beschränkt auf den engen Kreis gelegentlicher Versuche vereinzelter Arbeiter, unfähig ist, die Massen zu befreien, ja die Wucht ihres Elends auch nur merklich zu erleichtern. Es ist vielleicht [sic] gerade dies der Grund, warum plausible Lords, bürgerlich-philanthropische Salbader und ein paar trockne [sic] politische Ökonomen jetzt mit demselben Kooperativsystem schöntun, das sie früher in seinem Keim zu ersticken versucht hatten, das sie verhöhnt hatten als die Utopie des Träumers und verdammt hatten als die Ketzerei des Sozialisten. Um die arbeitenden Massen zu befreien, bedarf das Kooperativsystem der Entwicklung auf nationaler Stufenleiter und der Förderung durch nationale Mittel. Aber die Herren von Grund und Boden und die Herren vom Kapital werden ihre politischen Privilegien stets [sic] gebrauchen zur Verteidigung und zur Verewigung ihrer ökonomischen Monopole. Statt die Emanzipation der Arbeit zu fördern, werden sie fortfahren, ihr jedes mögliche Hindernis in den Weg zu legen [. . .]. Politische Macht zu erobern ist daher jetzt die große Pflicht der Arbeiterklassen.[18]

Marx bestreitet also nicht die wirtschaftliche Lebensfähigkeit der Genossenschaften, sondern argumentiert rein politisch gegen solche Ansätze einer alternativen Produktionsweise. Jedoch fehlt bei Marx jede Erörterung des Preises, den die kommunistische Bewegung für das Zurückstellen aller Ansätze »frei assoziierter Arbeit« zugunsten einer Strategie der allgemeinen politischen Machteroberung zu zahlen haben würde. Dieses Defizit bleibt charakteristisch für die Argumentation des marxistischen Flügels der deutschen Arbeiterbewegung, der die genossenschaftstheoretischen Ansätze zurückdrängt.[19] Marxens politische Argumentation wird dabei schließlich glatt zu der Behauptung umgekehrt, daß Genossenschaften technisch-wirtschaftlich mit einer kapitalistisch organisierten Produktion niemals konkurrieren könnten. Klassisch formuliert dieses ökonomistische Dogma Karl Kautsky:

Kommunistischen Kolonien, die von gebildeten Städtern, und zum großen Teil von Angehörigen der liberalen Berufe, begründet, eine Gesellschaftsform schaffen sollten, die nicht bloß über der bäuerlichen und kleinbürgerlichen steht, sondern sogar über der kapitalistischen in ihrer entwickeltsten Form [. . .] scheitert meist schon in ihrem Beginn, denn der Städter ist, wenn allein auf seine Arbeit angewiesen, ein schlechter Pionier der Kultur auf dem Lande, namentlich in einer Wildnis. Aber auch, wenn das Experiment anscheinend gelang, mußte es seinen Zweck verfehlen, denn eine einzelne kommunistische, sich selbst genügende Gemeinde muß, auch wenn sie noch so vollkommen organisiert ist, stets ökonomisch viel tiefer stehen als eine kapitalistische Gesellschaft, die den Weltmarkt beherrscht. Eine kommunistische Kolonie kann sich in der heutigen Gesellschaft nur dann erhalten, wenn ihre Mitglieder verbauern und auf alle Kulturerrungenschaften der kapitalistischen Gesellschaft Verzicht leisten.[20]

Eine Untersuchung der wirklichen Gründe für das Scheitern von Kooperativen – auch ohne Interventionen der »Herren des Kapitals« – ist weder im genossenschaftsfreundlichen noch im genossenschaftsfeindlichen Flügel der sozialdemokratischen und parteikommunistischen Arbeiterbewegung unternommen worden. Dies steht in einem auffälligen Gegensatz zu der Tatsache, daß die freie Produzentenassoziation als Fernziel sozialistischer Umwälzungsprogramme weltweit immer noch auf Konsens rechnen kann.

Der israelische Kibbutz hat gezeigt, daß eine Produzentenassoziation machbar ist, die ökonomisch vital[21] und kulturell nicht in Primitivität gesunken ist. Die Frage nach der politischen Bedeutung der Genossenschaften als Mittel *und* Ziel der sozialen Emanzipationsbewegung kann nur aus einer Praxis beantwortet werden, die egalitäre Genossenschaften erfolgreich aufgebaut hat, gleichwohl aber mit der Erfahrung konfrontiert ist, daß die Ausgebeuteten noch keineswegs massenhaft in sie überzuwechseln gedenken.

4. Ich habe den Band in vier Teile gegliedert. Im ersten finden sich Informationen über die Strukturen des politischen, wirtschaftlichen und kulturellen Lebens im Kibbutz, welche das Wissen über die – im deutschsprachigen Raum weitgehend unbekannte – Wirklichkeit dieser Wirtschafts- und Lebensform nach sieben Jahrzehnten vermehren und den Vergleich mit der empirischen Sozialforschung über Gesellschaften des hiesigen Typus erleichtern sollen. Ein solcher Vergleich wird durch die Darstellung verschiedener Sektoren des gesellschaftlichen Systems, den die israelischen Forscher gewählt haben, begünstigt.

Ich glaube allerdings nicht, daß Untersuchungen, die den politischen, wirtschaftlichen und kulturellen Erfolg der Kibbutzgesellschaft deutlich machen, bereits genügen, um eine zureichende Einschätzung des Kibbutz als alternativer Wirtschafts- und Lebensform zu gewinnen.

Ich vermute, daß die Anziehungskraft des Kibbutzmodells nicht primär von seiner wirtschaftlichen Prosperität, von seiner kulturellen Vielfalt und seiner Bedeutung für die Umsetzung einer politischen Idee abhängt, sondern vielmehr von der Qualität menschlicher Beziehungen, die innerhalb dieser Strukturen möglich sind. Die Fragen derer, die in entwickelten Industriegesellschaften nach alternativen Wirtschafts- und Lebensformen suchen, sind bestimmt durch Ohnmachtserfahrungen gegenüber unüberschaubaren Wirtschaftsorganisationen, mächtigen staatlichen Apparaten und den Zerfall menschlicher Primärbeziehungen. Interessenten für Alternativen werden also das politische und ökonomische System des Kibbutz v. a. daraufhin betrachten, wieweit es sich gegenüber den menschlichen Primärkontexten verselbständigt hat oder diese gar beherrscht. Sie werden fragen, welchen Preis der Kibbutz als alternative Lebensform für sein erfolgreiches Überleben zu bezahlen hat.

Diese Fragen sollen durch die im zweiten Teil unter dem Titel »Menschliche Beziehungen im Kibbutz« aufgeführten Beiträge einer Antwort näher gebracht werden. Dieser Teil beginnt mit einem historischen Rekurs, nämlich der programmatischen Rede des damaligen Führers einer jüdisch-sozialistischen Jugendbewegung in Deutschland, die nach Terrorakten der Nazis ab 1934 ins britische Mandat Palästina emigrierte und dort mit dem Aufbau des Kibbutzlebens begann. Derselbe Autor resümiert im Jahre 1980, wie sich die Hoffnungen von damals auf neue menschliche Beziehungen, die ihn und seine Genossen zum Bruch mit ihrer Herkunft motivierten, im Kibbutz umsetzen ließen. Diese beiden Arbeiten wurden original in deutscher Sprache geschrieben.

Daran schließen sich Forschungsergebnisse über den Wandel der sexuellen Einstellungen der im Kibbutz geborenen Jugendlichen und über die Lebenszufriedenheit der Frauen an.

Zwei durchaus kontroverse Arbeiten über Generationsbeziehungen und über Gründe für das Verlassen des Kibbutz beschließen diesen Abschnitt.

Im dritten Teil findet sich ein Versuch, die Entwicklung der

Kibbutzgesellschaft über sieben Jahrzehnte im Rahmen einer soziologischen Theorie zu rekonstruieren. Der Autor, der selbst kein Kibbutznik ist, der aber den Kibbutz fast fünfundzwanzig Jahre lang studiert hat, entdeckt in seiner Entwicklung Gesetzmäßigkeiten, die manchen Hoffnungen, die in den Kibbutz gesetzt wurden, entgegenstehen.

Den Abschluß des Bandes bildet eine Diskussion des Herausgebers mit einem langjährigen Freund über die Bedeutung der Kibbutzerfahrungen für die Suche nach alternativen Wirtschafts- und Lebensformen in den fortgeschrittenen Lohnarbeitergesellschaften mit individuellem oder staatlichem Produktionsmitteleigentum. Es war nicht meine Absicht, mit den israelischen Autoren in der Darstellung des Kibbutzlebens zu konkurrieren. Ich wollte aber auf die Thematisierung jener Fragen nicht verzichten, welche die Kibbutzniks für Interessierte außerhalb ihres Gesichtskreises nicht stellen können: nämlich wie ernst Sozialisten ihr Ziel von der »freien Assoziation unmittelbarer Produzenten«, deren Machbarkeit der Kibbutz ja – Marx bestätigend und Kautsky widerlegend – höchst unbequem unter Beweis stellt, eigentlich nehmen bzw. ob nicht an den Erfahrungen des internen Kibbutzlebens einmal mehr geahnt wird, daß die Reden vom Sozialismus eher als unverzichtbare Bestandteile einer kapitalistischen Wirklichkeit denn als Entwürfe ihrer entschiedenen Ablösung einzuschätzen sind. Die Diskussion mit Klaus Gilgenmann, deren Berliner Anfänge nun anderthalb Jahrzehnte zurückreichen, ist in ihrer jetzigen Anordnung konstruiert, da sie nicht an einem Tag geführt wurde, sondern sich aus mehreren Begegnungen und dem Briefwechsel ergab.[22]

Es versteht sich von selbst, daß die israelischen Autoren für die Überlegungen der Abschlußdiskussion keinerlei Verantwortung tragen. Ich habe ihnen dafür zu danken, daß sie ihre Beiträge zur Verfügung stellten und – teilweise – auch die persönliche Diskussion ermöglichen konnten. Ich danke überdies Arnon Tamir vom Kibbutz Hazorea, der wichtiges Material besorgte und – als schonungsloser Debattierer seiner Lebensweise – immer anregend war. Das gilt nicht minder für Hannah Nehab aus demselben Kibbutz und für Mordechai Bentov aus dem Kibbutz Mishmar Ha'Emek. Für sachkundige Hilfe bei der Schlußkorrektur danke ich Raya Natenbruk aus Bremen, die auch die Übersetzungen aus dem Hebräischen besorgte.

1 Vgl. Shimon Shur, *Kibbutz Bibliography*, Tel Aviv ²1972 sowie Ders., *Recent Publications on the Kibbutz*, Tel Aviv 1975 und *Kibbutz Bibliographie Supplement – 1976*, Tel Aviv 1976.

2 Vgl. Ludwig Liegle, *Familie und Kollektiv im Kibbutz*, Weinheim ⁴1977. Die Arbeit von Haim Darin-Drabkin, *Der Kibbutz. Die Neue Gesellschaft in Israel* (1962), Stuttgart 1967, versuchte schon früher einen Gesamtüberblick zum Kibbutz zu geben, mußte aber vom Verlag verramscht werden.

3 Vgl. Gunnar Heinsohn, *Über die Aufhebung der Eigentümer- und Lohnarbeitererziehung im Kibbutz – oder: Die relative Irrelevanz der sozialpädagogischen Kompetenz gegenüber der Gesellschaftsstruktur*, in: *Sozialmagazin*, 4. Jg., 1979, Heft 8, S. 50 f.

4 Vgl. Rolf Schwendter, *Ja Schnecke, besteige nur den Fudschi. . ., Zur Zukunft der alternativen Ökonomie*, in: Joseph Huber (Hg.), *Anders arbeiten – anders wirtschaften*, Frankfurt/M. 1979, S. 122 ff./124.

5 Vgl. ebd., S. 127.

6 Vgl. *International Communes Desk*, 2. Circular, Tel Aviv, Februar 1978, S. 15 ff.

7 Standard dafür sind immer noch: Christopher Sykes, *Kreuzwege nach Israel*, München 1967 und Nicholas Bethell, *Das Palästina-Dreieck. Juden und Araber im Kampf um das britische Mandat 1935-1948*, Berlin 1979.

8 Als Einzelfallerlebnisstudie zum ersten Kibbutz – Degania – vgl. Joseph Baratz, *Siedler am Jordan: Die Geschichte vom ersten Kibbutz* (1954), Göttingen 1963; zu den Quellen insgesamt vgl. Harry Viteles, *A History of the Co-Operative Movement in Israel. A Sourcebook*, 5 Bände, London 1966 – besonders Bd. II u. III.; zum Kibbutz als Teil der sozialistischen Bewegung bis 1917 vgl. Nora Levin, *While Messiah Tarried: Jewish Socialist Movements, 1871-1917*, New York 1977. Als deutschsprachige Veröffentlichung zur Kibbutzgeschichte verweise ich auf H. Meier-Cronemeyer, *Kibbutzimgeschichte, Geist und Gestalt*, Hannover 1969.

9 Vgl. Mordechai Bentov, *Bi-national Solution for the Palestinian Problem* (hebräisch), 1946. M. Bentov gründete auch im Jahre 1977 das »International Communes Desk« in Tel Aviv und gehört dem Kibbutz Mishmar Ha'Emek an.

10 Vgl. zum Zusammenhang von spätmittelalterlicher Krise und Familienbeziehungen G. Heinsohn/R. Knieper/O. Steiger, *Menschenproduktion – Allgemeine Bevölkerungstheorie der Neuzeit*, Frankfurt/M. 1979, insbes. Kapitel C und D.

11 Vgl. insgesamt und zu den Zahlen John A. Hostetler, *Hutterite Society* (1974), Baltimore and London 1977, und die sehr anschauliche deutsche Arbeit von Michael Holzach, *Das vergessene Volk*, Hamburg 1980.

12 Auch die Auflösung des japanischen Feudalismus bringt eine bis heute lebendige Genossenschaftsbewegung in Gang, die ebenfalls religiös – d. h. die Sexualität streng regulierend – orientiert ist und erst seit etwa 20 Jahren durch eine weltliche Kibbutz-Bewegung ergänzt wird. Vgl. R. Fairfiel, S. Nomoto, M. Kato, *Communes Japan*, San Francisco 1972.

13 Vgl. zu diesen vorwiegend in den USA geschaffenen sozialistischen Siedlungen Charles Nordhoff, *Communistic Societies of the United States* (1875), New York 1965; William A. Hind, *American Communities* (1878), Secaucus/N. J. 1973; Mark Holloway, *Heavens on Earth; Utopian Communities in America, 1680-1880* (1951), New York 1966; zum entschiedensten Versuch einer gleichzeitigen Entfesselung der

Geschlechtsbeziehungen vgl. Maren L. Carden, *Oneida, Utopian Community to Modern Corporation* (1969), New York 1971; vgl. auch Manfred Hahn, *New Harmony oder die Versuche des praktischen Beweises gegen die kapitalistische Gesellschaft. Vormarxistischer Sozialismus als ›Communities‹*, erscheint 1982. Für England selbst, von wo auch etliche der US-Kommunen ihren Ausgangspunkt nahmen – ein noch wichtigeres Herkunftsland war Deutschland –, vgl. Dennis Hardy, *Alternative Communities in Nineteenth Century England*, London 1979.

14 Die beste Analyse für die Gründe des Scheiterns oder auch des relativen Erfolges von Produktions- und Lebensgenossenschaften gibt Rosabeth Moss Kanter, *Commitment and Community*, Cambridge/Mass. 1972.

15 Vgl. dazu die Dokumentation für die deutsche Sozialdemokratie in AG SPAK, *Zur Alternativen Ökonomie III*, Berlin 1978, S. 7-21.

16 Vgl. dazu Rolf Schwendter, *Theorie der Subkultur*, Frankfurt/M. ²1978, S. 368.

17 Als schöne Studie für Deutschland in den zwanziger Jahren dieses Jahrhunderts vgl. Gustav Heineke, *Frühe Kommunen in Deutschland*, Bielefeld 1978.

18 Vgl. Inauguraladresse der Internationalen Arbeiter-Assoziation vom 28. 9. 1864, in: *Marx-Engels-Werke*, Bd. 16, Berlin 1968, S. 11 f.

19 Als klassische Arbeit für den Genossenschaftssozialismus, in der die gesamtgesellschaftliche Umwandlung über Produktions- und Lebensgemeinschaften konzipiert wird, gilt im deutschsprachigen Bereich: Franz Oppenheimer, *Die Siedlungsgenossenschaft – Versuch einer positiven Überwindung des Kommunismus durch Lösung des Genossenschaftsproblems und der Agrarfrage*, Leipig 1896.

20 Karl Kautsky, *Vorläufer des modernen Sozialismus* (³1913), Berlin 1947, S. 156 f.

21 So heißt es etwa bei Haim Barkai – einem Kuznets-Schüler –, *Growth Patterns of the Kibbutz Economy*, Amsterdam-New York-Oxford 1977, S. VII resümierend: »The kibbutz as a collective unit has shown that it has performed no worse, to say the least, than its market counterparts both as regards efficiency and saving rates.«

22 Eine ausführliche Darstellung der darin von Klaus Gilgenmann formulierten Gedanken findet sich in seinem Aufsatz *Wertwandel und Erziehung*, in: *Bildung und Politik*, Heft 11/1980. Vgl. meine eigenen Überlegungen mit teilweise anderen Pointierungen: G. H., *Wer will eigentlich Sozialismus?*, in: *Freibeuter*, 1981, H. 7.

I. Strukturen des politischen, wirtschaftlichen und kulturellen Lebens im Kibbutz

Haim Barkai
Der Kibbutz – ein mikrosozialistisches Experiment[1]

Einführung

Kibbutzim sind wohlbekannte Markenzeichen in Israel. Von 1909 an haben die inzwischen ca. 230 Kibbutz-Siedlungen die Geographie des Landes mitgeprägt. Ihr Einfluß auf die Ideologie und Politik des Zionismus sowie auf die sich entwickelnde institutionelle und soziale Struktur der jüdischen Gemeinschaft in Palästina und später in Israel war sogar noch stärker. Die internationale Bekanntheit des Kibbutz, ganz abgesehen von seiner alltäglichen Bedeutung in Israel, ist auf die außergewöhnliche Stellung zurückzuführen, die der Kibbutz als sozioökonomische Einheit und der »Kibbutznik« als ein Symbol der Identifikation und manchmal der Distanzierung über Jahre hinweg erworben haben.

Diese Bedeutung wurde erreicht und erhalten, obwohl jeder Kibbutz eine ziemlich kleine Gemeinschaft darstellt, wie überhaupt die Kibbutzbewegung als Ganzes stets ein Minderheiten-Phänomen gewesen ist. Die durchschnittliche Größe eines Kibbutz beträgt ungefähr 400 Menschen, 200 davon sind Mitglieder. Nur drei Kibbutzim haben eine Bevölkerungszahl von 1000 oder mehr. Die gesamte, in Kibbutzim lebende Bevölkerung wuchs von etwa 500-600 in den frühen zwanziger auf nahezu 100 000 in den frühen siebziger Jahren an, und obwohl es wahrscheinlich die größte Anzahl von Menschen ist, die jemals in kollektiven Gemeinschaften gelebt hat, handelt es sich doch nur um einen Bruchteil der jüdischen und erst recht der Gesamtbevölkerung Israels.[2] Als die existierenden Kibbutzim um 1927 bereits stabile Einheiten waren, betrug der Anteil der Kibbutzbevölkerung an der Gesamtbevölkerung etwa 2,5%. 1970 waren es ungefähr 3,6%, nachdem Ende der dreißiger Jahre ein Höchstwert von knapp 6% der jüdischen Gesamtbevölkerung erreicht worden war.

Die Bevölkerung und die Zahl der Kibbutzniks wuchs (bei

jedem Maßstab) sehr schnell. Selbst wenn wir 1927 anstelle von 1921 als Basisjahr nehmen, implizieren die Zahlen bis 1971 jährlich eine durchschnittliche Wachstumsrate von etwa 10% über einen Zeitraum von 45 Jahren. In den fünfziger und sechziger Jahren verringerte sich das Bevölkerungswachstum beträchtlich, es betrug knapp 1,5%, aber auch das ist noch eine signifikante Wachstumsrate, wenn man sie mit den Wachstumsraten ländlicher Gemeinden in Industriegesellschaften vergleicht, die ja gewöhnlich negativ sind.

Obwohl die Prinzipien des Kollektivs es nicht gestatten, differenzierte materielle Vorteile als Anreiz für die Arbeiter auszunutzen, zählen die Kibbutzim zu den effizienteren Produktionseinheiten des Landes. Dies ermöglicht der Kibbutz-Bevölkerung einen Lebensstandard, der in etwa dem durchschnittlichen Lebensstandard in Israel gleicht. Das aber bedeutet, daß das Konsum-Niveau im Kibbutz im oberen Drittel des Konsum-Niveaus der israelischen Bevölkerung angesiedelt ist. Jährliche Wachstumsraten von 4 bzw. ca. 5% des Pro-Kopf-Konsums bzw. des Pro-Kopf-Einkommens in den fünfziger und sechziger Jahren unterstreichen die Dynamik dieses Prozesses. Dieser schnell steigende Trend deutet an, daß der Lebensstandard im Kibbutz (und in Israel) gegen Ende der siebziger Jahre in der Nähe des augenblicklichen Konsum-Niveaus der west- und nordeuropäischen Bevölkerung sein wird.

Diesen Tatsachen kommt eine außergewöhnliche Bedeutung zu, da der Kibbutz ein Kollektiv im wahrsten Sinn des Wortes ist. Eine Skizze seiner Struktur und Verwaltung mag die Funktionsweise dieses komplizierten Organismus verdeutlichen, der hinsichtlich der Produktion und der Verteilung des Einkommens von sozialistischen Prinzipien geprägt wird. Mit dem Fluß-Diagramm wird versucht, die wichtigsten Bestandteile der Struktur des Kibbutz und seiner Beziehungen formal darzustellen.

Daß der Kibbutz demokratisch strukturiert ist, wird dadurch unterstrichen, daß die »Generalversammlung« an der Spitze der Organisation steht, wenngleich die als Resultat des Wachstums zunehmende Komplexität von Produktion und Verteilung dazu geführt hat, daß in den Kibbutzim der naive Glaube an die direkte Kontrolle aller Aspekte des Gemeinschaftslebens durch sämtliche Mitglieder während der Generalversammlung aufgegeben worden ist. Der anfängliche Versuch einer direkten Kontrolle ist einer

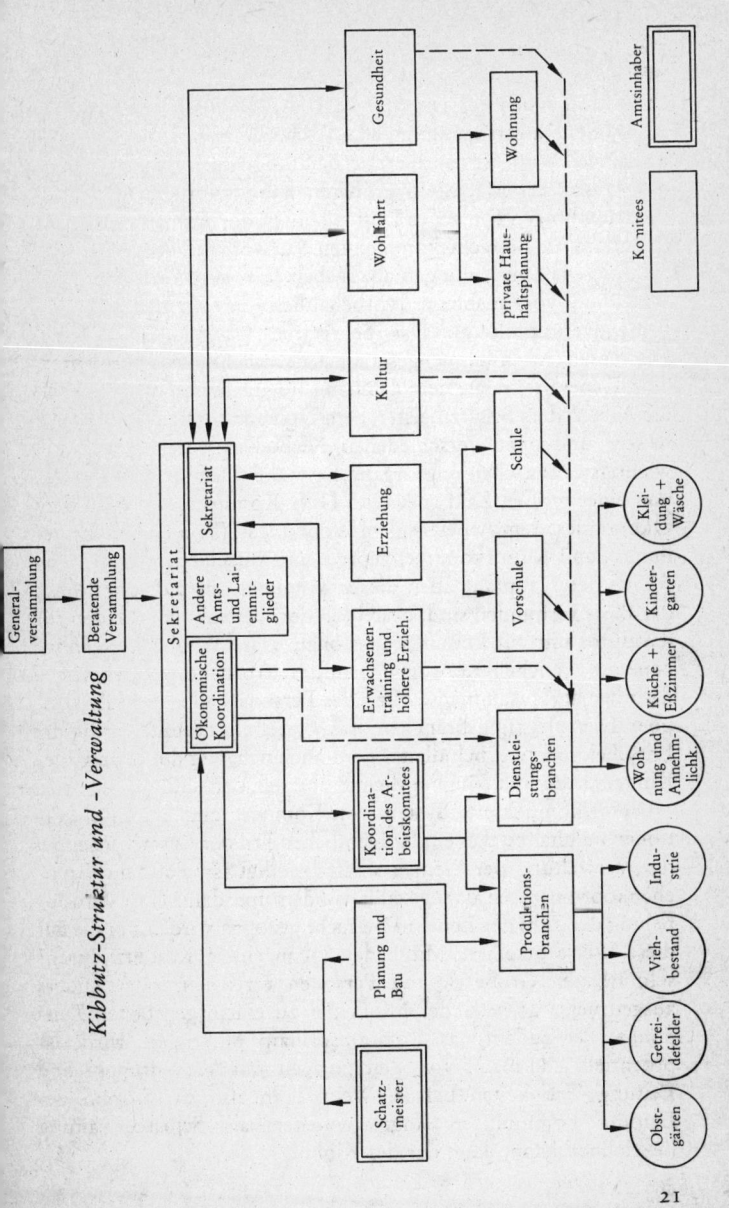

Kibbutz-Struktur und -Verwaltung

Generalversammlung

Beratende Versammlung

Sekretariat
Ökonomische Koordination
Andere Amts- und Laienmitglieder
Sekretariat

Schatzmeister

Planung und Bau

Koordination des Arbeitskomitees

Erwachsenentraining und höhere Erzieh.

Erziehung

Kultur

Wohlfahrt

Gesundheit

Produktionsbranchen

Dienstleistungsbranchen

Vorschule

Schule

private Haushaltsplanung

Wohnung

Obstgärten

Getreidefelder

Viehbestand

Industrie

Wohnung und Annehmlichk.

Küche + Eßzimmer

Kindergarten

Kleidung + Wäsche

Amtsinhaber

Komitees

21

mehr indirekten Technik mit einem durchdachten Netzwerk von Büros, Kommissionen und Funktionen gewichen, wie aus dem Diagramm ersichtlich ist.

Die Generalversammlung, die wöchentlich am Samstagabend einberufen wird, ist das zentrale Beratungsorgan und der letztliche Träger der Macht. In größeren Kibbutzim sind beratende Versammlungen von 20-30 Leuten befugt, die für die Generalversammlung in Betracht kommenden Sachverhalte vertieft vorzudiskutieren, Empfehlungen abzugeben oder eine vorläufige Entscheidung vorzunehmen (vorbehaltlich der Zustimmung der Generalversammlung).[3] Das Sekretariat (es tritt wöchentlich zusammen) ist zusammengesetzt aus den wichtigsten Büroleuten, dem Generalsekretär, dem Obmann für die Wirtschaft, dem für die Arbeit, dem Schatzmeister, dem Obmann für das Erziehungswesen, und dazu verschiedenen Nicht-Fachleuten; es ist das wichtigste Entscheidungsorgan. Fast alle Detailfragen werden von einer großen Zahl spezieller Hilfs-Komitees, wie etwa dem Ökonomie-, dem Arbeits-, dem Wohnungs-, Wohlfahrts-, Erziehungs- und Kulturkomitee, geprüft und entschieden.

Eine der Hauptaufgaben dieser Komitees, die aufs engste mit der Basis verbunden sind, besteht in der Auswahl von Leuten für die Büros und für Leitungsfunktionen. Das Ökonomie-Komitee benennt Branchen-Koordinatoren, das Arbeitskomitee entscheidet über die Zusammensetzung des Personals aller Produktions- oder Dienstleistungsbranchen, das Erziehungskomitee trifft die Entscheidung, wer Schulleiter wird und auch, wer die Leitung der Kindergärten und Säuglingsheime übernehmen soll.

Dieses komplizierte System von Komitees und Leitungsfunktionen beinhaltet, daß ein beträchtlicher Teil der Erwachsenen an der Verwaltung der Gemeinschaft beteiligt ist. Falls die Branchenkoordinatoren dazugezählt werden und dann eine Verdoppelung der Zahl der Leute in Betracht gezogen wird, kann die auf diese Weise beteiligte Mitgliederzahl in einem Kibbutz durchschnittlicher Größe 80-100 Personen erreichen, oder anders ausgedrückt: 40-50% der Mitglieder zu einem gegebenen Zeitpunkt. Da zudem das Rotationsprinzip praktiziert wird, ist potentiell jedermann von Zeit zu Zeit mit Verwaltungs- und Leitungs-Tätigkeiten befaßt. Wenn man also ein System der Leitung kommunaler Angelegenheiten als Selbstverwaltung bezeichnen kann, dann das des Kibbutz.

Der spezifische Beitrag der Kibbutzim für die Formen menschlichen Zusammenlebens ist ohne Zweifel darin zu sehen, auf der Basis freiwilliger Mitgliedschaft in einer Gemeinschaft sozialistische Prinzipien zur Bewältigung der Alltagsprobleme zu praktizieren. Im Zuge einer solchen Praxis sind Verhaltensregeln durchgesetzt worden, die folgendermaßen zusammengefaßt werden können:

1. Das gesamte Kibbutz-Eigentum ist Gemeinschaftseigentum – der Rechtstitel ist der des Kollektiveigentums.

Die Verwendung finanzieller Mittel für Zwecke der Produktion wird gemeinschaftlich geregelt. Einige der für konsumtive Zwecke verausgabten Finanzmittel werden ebenfalls gemeinschaftlich geregelt. Andere Teile der Mittel werden für den persönlichen Bedarf verteilt.

2. Der Kibbutz hält am Prinzip der selbstbestimmten Arbeit (»Selbstarbeit«) fest; es soll keine Lohnarbeit geben.

3. Im Kibbutz wird die Arbeitskraft der Gemeinschaft zur Verfügung gestellt. Über die Aufteilung der Zeit auf Arbeit, Studium, Freizeit sowie über die Verteilung der Arbeit auf die alternative Beschäftigung in der Produktion oder in den Dienstleistungsbranchen bestimmen die zuständigen Organe der Gemeinschaft.

4. Der Kibbutz hält am Prinzip der Gleichheit des realen Pro-Kopf-Einkommens fest. Dies führt zur Auflösung der Abhängigkeit zwischen dem individuellen Beitrag zur Produktion und dem Realeinkommen.

Diese Grundsätze führen zu Gesetzmäßigkeiten für das Funktionieren des Produktionssektors, in dem das Einkommen des Kibbutz verdient wird, wie auch für die Verteilung des Realeinkommens auf die Mitglieder der Gemeinschaft. Betrachten wir nun zunächst die Funktionsweise des Produktionssektors und anschließend einige Probleme in der Konsumtionssphäre.

Der Produktionssektor

Die Produktion sowie die Bereitstellung von Dienstleistungen werden in getrennten Bereichen organisiert, in »Branchen«, wie man in der Kibbutz-Sprache sagt. Jede Branche wird von einem ständigen Team verwaltet; an dessen Spitze steht der Branchenkoordinator. Falls – saisonal bedingt – unterschiedlich viel Arbeit anfällt, wird das Team auf Zeit personell verstärkt. Sofern benötigt, stehen den Branchen Land, Ausrüstung und Gebäude zur Verfügung. Zwischen den Produktions- und Dienstleistungsbranchen herrscht ein gegenseitiger Wettbewerb um die knappen Ressourcen – Land, Produktionsmittelausstattung, ungelernte und qualifizierte Arbeitskräfte sowie unternehmerische Talente. Die Branchen fungieren als kleinste Zellen der ökonomischen Struktur; dies wird dadurch unterstrichen, daß sie zu Zwecken der Leistungskontrolle als selbständige Rechen- und Berichtseinheiten geführt werden.

Ein ständiges Team ist eine Gruppe erfahrener Mitglieder, die einer Branche für mehrere Jahre zugeordnet werden; eine solche – formlose – Gruppe besteht aus 4-10 Leuten.[4] Auch die Leitung der Branche ist formloser Natur. Es gibt gemeinsame Sitzungen der Branchenzugehörigen, wenngleich deren Verantwortlichkeit nicht speziell definiert ist. In vielen Fällen wird der Branchenkoordinator schlicht aus dem Mitgliederkreis hervorgehen, obwohl formal gesehen Branchenkoordinatoren vom Ökonomie-Komitee für die Produktionsbranchen wie auch von dem für die Dienstleistungsbranchen nominiert werden.

Das ständige Team teilt auch die Verantwortlichkeiten für die tagtäglichen Abläufe in der Branche auf. Gewöhnlich initiiert es auch die Übernahme neuer Techniken, die Änderungen in der Ausrüstung und der Produktionspalette einschließen kann. Extensivere Entwicklungspläne werden zunächst vom ständigen Team studiert, bevor sie den relevanten Komitees der Branche, dem Sekretariat und schließlich, falls erforderlich, der Generalversammlung zur Begutachtung unterbreitet werden.

Unerläßliche Voraussetzung für die Lebensfähigkeit des Kibbutz ist eine tiefgehende Motivation, die sich in jeder Produktions- und Dienstleistungsbranche auswirkt, und zwar sowohl auf der unternehmerischen wie der planerischen Ebene als auch auf der bescheideneren der reinen Jobbewältigung wie etwa beim Traktorfahren oder beim Dienst im Eßsaal. Das stetige Wachstum und der Erfolg des Kibbutz zeigt anhand gängiger Indikatoren an, daß das Motivationsproblem insoweit gelöst worden ist. Wie es nun gelöst worden ist und insbesondere durch welchen sozialen und institutionellen Aufbau jeder einzelne zur maximalen Leistung ermuntert wurde, ist wahrscheinlich der wichtigste

Aspekt unserer Untersuchung.

Nun ist die Frage danach, wie der Kibbutz zum Erfolg kommen konnte, leichter gestellt als überzeugend beantwortet. Wir wissen allerdings, welche Antworten *nicht* in Betracht kommen.

In der Praxis des Kibbutz gibt es keine unterschiedlichen materiellen Vorteile – dies wird aus ideologischen Gründen abgelehnt; immerhin handelt es sich hierbei um ein viel benutztes Mittel zur Anstachelung der individuellen Leistung in den meisten Gesellschaften. Gleichwohl sind immaterielle Vorteile, die in anderen Gesellschaften ebenfalls von Bedeutung sind, nicht ausgeschlossen worden. Respekt und Achtung vor guter Arbeit und für den Erfolg bei der Wahrnehmung unternehmerischer Funktionen sind zweifellos von Bedeutung für die Motivation des einzelnen zur Arbeit und zur Übernahme von Verantwortung im Kibbutz; entsprechende Unzufriedenheit mit Drückebergern stellt in einer eng verflochtenen Gemeinschaft – und dazu zählt natürlich selbst der größte Kibbutz – ein starkes Sanktionsmittel dar.[5]

Der Ausdruck »Einstellung zur Arbeit«, der aus der Kibbutz-Sprache in eine hebräische Redewendung verwandelt worden ist, teilt im Kern mit, daß Selbstdisziplin am meisten zählt. Selbstdisziplin, die von der sozialistischen Maxime »Jeder nach seinen Fähigkeiten« und dem puritanischen Konzept der »menschlichen Erfüllung« durch Arbeit gespeist wird. Diese Vorstellungen, die vom einzelnen verlangen, die größten Anstrengungen zum »Wohl« der Gemeinschaft zu erbringen, und zwar selbst dann, wenn er nicht erwarten kann, dafür belohnt zu werden, erfordern bei den Mitgliedern beträchtliches abstraktes Einsichtsvermögen. Damit soll nicht gesagt werden, daß die hauptsächlich formlose »Mißbilligung« der Gemeinschaft keinerlei Funktion zur Aufrechterhaltung der Arbeitsdisziplin hätte. Indes ist sie notwendigerweise von untergeordneter Bedeutung.[6] Der persönliche Einsatz hängt im Kibbutz letztlich von der Ideologie ab und damit von den intellektuellen Fähigkeiten der Mitglieder, komplizierte abstrakte Sachverhalte zu verstehen, zu verarbeiten und in Motivation umzusetzen.

Eine aus der Ideologie abgeleitete Selbstdisziplin trägt zur Erklärung des individuellen Verhaltens bei; für den Kibbutz als ganzen sieht es indes anders aus. Hier müssen Regeln existieren, die das Zusammenspiel der einzelnen Komponenten betreffen, ferner Überprüfungskriterien, die es gestatten, die optimale Verteilung der Arbeitskräfte wie die der (anderen) Ressourcen zwischen den konkurrierenden Produktions- und Dienstleistungsbranchen sicherzustellen. Man kann daher die Frage stellen: Um welche Regeln handelt es sich, die den Einsatz jeder Produktionseinheit steuern? Mittels welcher Koordinationsprinzipien zwischen den Einheiten funktioniert ein Produktionssektor? Wie schließlich sind diese Prinzipien mit den Aktivitäten im Dienstleistungssektor verknüpft?

Betrachten wir die Probleme, denen wir in einer gegebenen Produktionsbranche begegnen – z. B. in einer Molkerei. Hier kommen Kapital und Arbeit zum Einsatz, um Milch zu erzeugen; zur Kapitalausstattung zählen in diesem speziellen Fall die Kuhherde, die Kuhställe, die Melkvorrichtung und entsprechende Futtermittel. Wie entscheiden die Verantwortlichen dieser Branche, wieviel produziert werden soll, und auf welcher Grundlage bestimmen sie die Faktorkombination, d. h. die Einsatzmengen der verschiedenen Faktoren wie Arbeit, Futtermittel und Produktionsanlagen?[7] Aber es muß keineswegs nur die kurz- und langfristige Faktorkombination festgelegt werden. Es muß auch das Produktionsniveau, d. h. die Größe des Outputs, bestimmt werden; langfristig läuft diese Entscheidung somit auch auf die mögliche Ausdehnung wie Einschränkung der Produktion, ja sogar auf die Auflösung einer Branche hinaus.

Die allgemeine Regel für die Produktionsbranchen liegt auf der Hand – Umfang und Zusammensetzung der Output- wie der Input-Kombination sollten so gewählt werden, daß die Maximierung der Differenz zwischen Erlösen und (alternativen) Kosten bewirkt wird. Diese Bedingung eines maximalen Netto-Einkommens ist konzeptionell identisch mit der konventionellen Bedingung für die effiziente Produktion bei einer Firma unter Wettbewerbsbedingungen. Dennoch beinhaltet die Anwendung dieser Regel unter Kibbutz-Bedingungen ein besonderes Problem, das mit dem Einsatz der Arbeit verbunden ist. Sobald wir die relevanten Variablen und Parameter genauer spezifizieren, wird dies klarer werden.

Da der Output jedes Kibbutz im Verhältnis zur Größe des Marktes klein ist, sind die Produktpreise eine vorgegebene Größe. Folglich hängt das Volumen der Erträge einer jeden

Branche von exogenen Daten ab – den Preisen – und der produzierten Menge (eine Entscheidungsvariable). Auf der Kostenseite sind die Kibbutzim zu klein, um die Input-Preise zu beeinflussen – die Preise für Rohstoffe, für Wasser und Maschinen –, so daß lediglich die Input-Mengen Variablen sind, deren Bestimmung ein Teil des Problems ist.

Diese Voraussetzung trifft weder auf die Kibbutz-Arbeit noch auf den Boden zu; letzterer bringt eine nominale Rente, und für die Kibbutz-Arbeit werden offensichtlich keine Löhne bezahlt, so daß die Preise dieser beiden bedeutenden Inputs keine exogenen Markt-Parameter sind. Dennoch, obwohl es für die Branchen keine förmliche Belastung beim Einsatz von Arbeit und von Boden gibt, ist deren Einsatz bzw. Verwendung selbstverständlich für den Kibbutz nicht kostenlos und daher auch nicht für die Branchen. Die Knappheitsbedingung (von der ja die trostlose ökonomische Wissenschaft stets handelt) wird hier nicht durch die konventionelle Beschränkung der Preise seitens des Marktes auferlegt, sondern sie konstituiert eine Mengenbeschränkung für den Kibbutz. Die Beschäftigung von Arbeitskräften in sämtlichen sowie die Aufteilung des Bodens auf sämtliche Produktions- und Dienstleistungsbranchen impliziert bei gegebener Vollbeschäftigung unvermeidlich alternative Kosten in Einheiten alternativer Verwendung der Ressourcen in anderen existierenden bzw. projektierten Branchen.

Die Ausstattung mit Boden ist für jeden Kibbutz eine gegebene Größe.[8] Nicht anders verhält es sich kurzfristig mit der Zahl der Arbeitskräfte. Längerfristig hingegen ändert sich die Zahl durchaus – sie stieg in den fünfziger und sechziger Jahren langsam an. Dennoch, was immer die Determinanten des langfristigen Arbeitsangebots im Kibbutz sein mögen, der Lohnsatz zählt zu keinem Zeitpunkt zu den Bestimmungsgrößen dieses (beschränkten) Angebots.[9]

Obwohl die Mengenbeschränkungen von Arbeit und Boden die formale Spezifikation eines Kibbutz-Modells erschweren, handelt es sich lediglich um eine technische Schwierigkeit, die analytisch berücksichtigt werden kann. Auf der Grundlage von Informationen, die die technischen Zusammenhänge in den Produktions- und Dienstleistungsbranchen betreffen (Produktionsfunktionen), exogen gegebenen Preisen für die Inputs und die Outputs, institutionell spezifizierter Nachfrage nach persönlichen Diensten und Annehmlichkeiten sowie schließlich den Mengenbeschränkungen für Arbeit und Boden ist es möglich, für jeden Kibbutz die optimale Lösung für das Niveau von Produktion und Dienstleistung und die Zuweisung der Inputs abzuleiten. Diese Lösung beinhaltet die Zuordnung von »Schatten«-Preisen für Arbeit und Boden[10], die die alternativen Kosten für Arbeit und Boden vom Standpunkt des Kibbutz zum Ausdruck bringen.

Bei gegebenen Preisen für alle Inputs einschließlich der Schattenpreise für die dem Kibbutz »gehörenden« Faktoren sowie gegebenen Produktpreisen wird daher jeder Kibbutz gebeten, eine einfache Regel zu befolgen: Er sollte eine Output-Struktur produzieren und dabei eine Input-Kombination verwenden, mittels derer die Differenz zwischen den Erlösen und den alternativen Faktorkosten *einschließlich Arbeit und Boden* maximiert wird. Falls diese Maximierungsregel – definiert als »Netto-Branchen-Einkommen« – von jeder Produktionseinheit befolgt wird, wird das Netto-Einkommen im Kibbutz das höchstmögliche bei gegebenen technologischen, ideologischen und Markt-Beschränkungen sein.[11]

Man beachte, daß für den Fall, bei dem das Arbeitsangebot durch die Zahl der Kibbutzniks gegeben ist, der Schattenpreis der Arbeit, der aus den Gleichgewichtsbedingungen abgeleitet wird, die ideologischen Beschränkungen zum Ausdruck bringt. Diese optimale Position, die die auf dem Markt gekauften Faktormengen, ferner die Verteilung (Allokation) der Faktoren einschließlich Arbeit und Boden zwischen konkurrierenden Branchen sowie die Output-Struktur spezifiziert, ist verträglich mit der Grundsatzposition der »Selbstarbeit«.

Moderne analytische Techniken und Datenverarbeitung erleichtern das Auffinden einer optimalen Lösung, und zwar nicht nur theoretisch, sondern auch in der Praxis. Da das kurzfristige Arbeitsangebot eine bekannte Größe ist, ist es selbstverständlich leichter, eine Gleichgewichtslösung für kürzere Perioden zu erreichen. Dennoch ist das Verfahren flexibel genug, um auch Lösungen für längere Zeitspannen aufzuzeigen. Der entscheidende Unterschied zwischen der kurz- und der langfristigen Betrachtung liegt in der Spezifikation der langfristigen Arbeitsangebotsfunktion begründet. Das langfristige Arbeitsangebot kann nicht als konstante Größe betrachtet werden; die Kibbutzim haben durch Zuwanderung und natürlichen Zuwachs eine Bevölkerungszunahme erzielen können und sie erwarten dies auch weiterhin, andererseits verlieren sie durch Abwanderung einen Teil der Bevölkerung und damit auch der Arbeitskräfte. Die Zu- und Abwanderung hängt wahrscheinlich von internen Faktoren wie dem erwarteten Lebensstandard, ferner von exogenen Faktoren wie der Anzahl und dem Herkunftsland der Immigranten, dem Zustand der Wirtschaft und nicht zuletzt von ideologischen Verästelungen in der politischen Situation ab. Geburtenraten und damit natürlicher Zuwachs mögen ebenfalls von diesen Faktoren abhängen.

Diese Differenz beider Angebotsfunktionen beinhaltet, daß der langfristige Schattenpreis der Arbeit vom kurzfristigen abweichen kann. Namentlich in der Reaktion auf eine schnelle technologische Änderung und das erwartete Wachstum des Kapitalstocks einerseits sowie auf das erwartete geringfügige Wachstum der Kibbutz-Bevölkerung und der Arbeitskraft andererseits ist vorauszusehen, daß der langfristige Schattenpreis der Arbeit steigt. Dies legt auch eine Politik der Auflösung der arbeitsintensiven Branchen und Prozesse nahe, damit weitreichende Änderungen der Branchenstruktur im Produktionssektor und eine Umstrukturierung der Nachfrage sowie die Reorganisation des Dienstleistungssektors. In der Praxis handelte es sich hierbei um den wichtigsten Gesichtspunkt des Entwicklungsmodells des Kibbutz der sechziger Jahre. Die schnelle Ausdehnung der Industrie, die Einführung eines (teilweisen) Selbstbedienungssystems in den Eßsälen und die Tendenz von lokalen Kibbutz-Schulen hin zu Schulen für Distrikte sind beredte Beispiele dafür.

»Selbstarbeit« – Prinzip und Praxis

Die Gleichgewichtslage der Kibbutz-Produktion im Sinne der Faktorallokation und des Outputs hängt, wie wir gesehen haben, entscheidend von der Zahl der Arbeitskräfte ab. Die Übereinstimmung der optimalen Output- wie der Input-Struktur mit der Ideologie hängt daher von der Anwendung des Prinzips der selbstbestimmten Arbeit in der Praxis ab. Dies bedeutet, daß Kibbutz-Arbeitskräfte aus Mitgliedern und Kandidaten zur Mitgliedschaft bestehen sollten, ferner älteren Kibbutz-Kindern und Gruppen von »Mitgliedern auf Zeit«.[12] Der gemeinsame Nenner dieser drei Gruppen ist darin zu sehen, daß kein lohnvermittelter Zusammenhang zwischen den Gruppenmitgliedern und dem Kibbutz besteht. Diese Beschränkung der tatsächlichen Größe der Arbeitsbevölkerung ist indes nur solange wirksam, wie die ideologische Barriere gegen die Beschäftigung von Lohnarbeitern nicht durchbrochen wird. Je geringer die ökonomischen Triebkräfte zur Durchbrechung dieser Schranke sind, desto leichter kann sie aufrechterhalten werden.

Der von uns verwendete analytische Rahmen weist auf einen Kontext hin, innerhalb dessen erhebliche ökonomische Kräfte erzeugt werden können, die auf die Beschäftigung von Lohnarbeitern abzielen. Die Gleichgewichtslösung, mittels derer das Kibbutz-Optimum im Sinne der Faktorallokation und der Output-Struktur spezifiziert wird, beinhaltet, wie bereits bemerkt, auch die Bestimmung des Schattenpreises der Kibbutz-Arbeit. Wenn man nun annimmt, daß dieser Preis, der ja in Wirklichkeit die (Grenz-)Produktivität der Arbeit repräsentiert, höher ist als die relevanten Löhne auf dem Arbeitsmarkt, dann vermag der Kibbutz selbstverständlich sein Einkommen zu erhöhen, und damit das Pro-Kopf-Einkommen seiner Bevölkerung, indem er Lohnarbeiter beschäftigt. Es ist einleuchtend, daß, je größer der Abstand zwischen dem Schattenpreis der Arbeit und dem Lohnsatz wird, die Versuchung zunimmt, die ideologische Schranke zu durchbrechen, die den Produktionssektor des Kibbutz vom allgemeinen Arbeitsmarkt trennt.[13]

In den zwanziger und dreißiger Jahren – für die meisten Kibbutzim auch in den vierziger Jahren – war derlei keine realistische Möglichkeit. Der Schattenpreis der Arbeit war sehr niedrig und dies verhinderte jeglichen Anreiz zur Beschäfigung von Arbeitern, die nicht dem Kibbutz angehörten. Versteckte Arbeitslosigkeit war bei den meisten Kibbutzim vor dem Boom des 2. Weltkrieges, der in Palästina ab 1941 zu verzeichnen war, eher die Regel als die Ausnahme. Die Situation änderte sich in den späten vierziger Jahren, und von den frühen fünfziger Jahren an hatten fast alle existierenden Kibbutzim für etwa 10 Jahre einen Arbeitskräftemangel zu verzeichnen: In relativen Preisen ausgedrückt beinhaltete dies eine Lücke zwischen dem Schattenpreis der Kibbutz-Arbeit und den Marktlohnsätzen für ungelernte und halbqualifizierte Arbeit in der Landwirtschaft und in der Fabrik. Da seit 1951 nicht viele neue Kibbutzim gegründet worden sind, gelangten fast alle Kibbutzim gegen Ende der fünfziger Jahre in eine Phase des Arbeitskräftemangels. Damit aber wurden zunehmend mehr Kibbutzim von dem ökonomischen Anreiz zur Durchbrechung des Prinzips der selbstbestimmten Arbeit tangiert; gegen Mitte der sechziger Jahre stand praktisch jeder Kibbutz vor dem Dilemma, ob Lohnarbeiter eingestellt werden sollten oder nicht.

Der Beginn der industriellen Revolution im Kibbutz seit Mitte der fünfziger Jahre trug ganz beträchtlich zu dieser Streitfrage bei. Selbst wenn im Unternehmen nur mit kleinen Kapazitäten produziert wird, benötigt man für eine Schicht mindestens zehn bis fünfzehn Leute. Bei zwei Schichten, die üblicherweise aus Gründen der Effizienz für erforderlich gehalten werden, bedeutet dies, daß ein Unternehmen der erzeugenden Industrie etwa 15-20% der einem Kibbutz durchschnittlicher Größe zur Verfügung stehenden Arbeitskräfte benötigt. Zur effizienten Produktion etwa von Sperrholz, von Plastikwaren und Nahrungsmitteln werden Anlagen benötigt, die den Einsatz von wenigstens 40-50 Arbeitern pro Schicht erforderlich machen; und da stünde selbst ein Kibbutz mit einer Bevölkerungszahl von 800 unter starkem Druck, wenn er dermaßen viele Arbeitskräfte zur Verfügung stellen müßte. Daher geraten die Kibbutzim unvermeidlich in das Dilemma, entweder von einer erfolgversprechenden Industrie Abstand zu nehmen oder Lohnarbeiter zu beschäftigen. Wo die letztere Möglichkeit gewählt wird, wird sie zunächst als reine Überbrückungsmaßnahme aufgefaßt.

Im übrigen trug auch die allgemeine ökonomische Situation der fünfziger Jahre zu diesem Sachverhalt bei. Im Zuge der Masseneinwanderung gab es ein erhebliches Arbeitslosigkeitsproblem, wovon am meisten die neu Eingewanderten betroffen waren. Sowohl die öffentliche Meinung wie auch die Regierung übten moralischen Druck auf die Kibbutzim aus, ihr Prinzip der Selbstarbeit – zumindest zeitweise – aufzugeben.

Diese Faktoren schlugen eine Bresche in den ideologischen Zaun, der den Kibbutz vom allgemeinen Arbeitsmarkt trennte. Um 1954 beschäftigten die Kibbutzim wahrscheinlich 2500 Lohnarbeiter, das sind etwa 8% der insgesamt in Kibbutzim Beschäftigten. Aufgrund der schnell steigenden Produktivität der Kibbutz-Arbeit und des beschleunigten Industrialisierungsprozesses wuchs der ökonomische Anreiz zur Beschäftigung von mehr Lohnarbeitern gegen Ende der fünfziger Jahre und im darauffolgenden Jahrzehnt beträchtlich; dennoch gelang es der Bewegung, den Trend im Zaum zu halten. So betrug die Zahl der Lohnarbeiter in den späten sechziger Jahren um 5500-5800, d. h. 8,5-9,2% der Beschäftigten insgesamt.

Diese leichte Aufweichung des Prinzips der Selbstarbeit ist hauptsächlich auf die verarbeitende Industrie zurückzuführen, in der die Größenordnung beschäftigter Lohnarbeiter von der in anderen Produktions- und Dienstleistungsbranchen stark abweicht. Im Jahre 1969 waren mehr als 50% der Beschäftigten in den Kibbutz-Unternehmen der verarbeitenden Industrie Lohnarbeiter, verglichen mit 14% in der Landwirtschaft und 4% in den Dienstleistungsbranchen.[14]

Dieses »Nicht-Versagen« an der Beschäftigungsfront – wovon Kibbutzniks gern sprechen, wenn es um die Beschreibung der in Zaum gehaltenen Kräfte zur Erhöhung des Anteils von Lohnarbeitern an der Gesamtzahl der Beschäftigten im Kibbutz geht – hielt die unausweichliche Durchlöcherung der Prinzipien der Selbstarbeit auf. Die Abwehr dessen, was einen fatalen Schlag gegen den Kibbutz als Form der sozialen Organisation hätte bedeuten können, induzierte die zügige Einführung von arbeitssparenden Techniken im Produktionssektor wie auch im Dienstleistungssektor, der einen beträchtlichen Anteil der Kibbutz-Arbeitskräfte gebunden hatte.

Einkommensverteilung – das Gleichheitsprinzip

Die Auflösung der Verkettung von individuellem Beitrag zum Produktionsergebnis und persönlichem Einkommen ist der Schlüssel zur Umsetzung des sozialistischen Gleichheitsprinzips in die Alltagswirklichkeit. Gleichheit ist hier zu interpretieren als »Jedem nach seinen Bedürfnissen im Rahmen der Möglichkeiten der Gemeinschaft«. Die zu dem bekannten Marxschen Satz hinzugefügte Einschränkung bringt die Knappheits-Beschränkung zum Ausdruck, die stets gegenwärtig ist; dies galt insbesondere während der heroischen Tage in den zwanziger Jahren, als das Real-Einkommen bisweilen knapp über dem Niveau von Hungerlöhnen lag.

Das Konzept der Bedürfnisse ist – was wir hier festhalten

wollen – im Sinne der individuellen Wahl spezifiziert worden, so daß die Kibbutz-Technik der Einkommensverteilung, wie sie sich in 50 Jahren herausgebildet hat, drei Bedingungen erfüllen muß: Unterschiede des individuellen Geschmacks müssen zugelassen werden, ferner die Anpassung des Lebensstandards an das Realeinkommen, und es muß in einem nicht-mechanistischen Sinn Gleichheit sichergestellt werden. Eine Möglichkeit zur Erfüllung dieser nicht notwendig miteinander verträglichen Bedingungen besteht offenbar darin, den Mitgliedern Güter und Dienstleistungen »kostenlos« anzubieten, zugleich aber auch die Budgetkontrolle zu behalten.

Gemeinschaftliches Essen, in den zwanziger Jahren eine verbreitete Praxis selbst bei den temporären Arbeitsgruppen, wurde ursprünglich eher in Reaktion auf äußere Umstände als aus ideologischen Gründen eingeführt, indes scheint es hervorragend für diesen Zweck geeignet zu sein. Die Übereinstimmung mit kollektivem Zusammenleben ist offensichtlich. Der gemeinschaftliche Eßsaal hat sich zu einem Kernpunkt des Kibbutz-Lebens herausgebildet, und zwar von der Wirksamkeit her wie auch symbolisch – die zentrale Lage und die architektonische Bedeutung der Kibbutz-Eßsäle unterstreichen dies. Ein glücklicher Umstand beim gemeinschaftlichen Essen ist in der Realisierbarkeit des Gleichheitsprinzips zu sehen, ohne daß offenkundige Rationierung und dessen unsympathische Begleiterscheinungen auftreten. Es kann mit beschränkter, wenngleich wachsender Auswahl praktiziert werden, was auch eine gewisse Selbstbestimmung der Wahlmöglichkeiten des Konsumenten beinhaltet.[15]

Soweit es die Nahrungsmittel berührt, die ja den Hauptposten des Konsumtions-Korbes[16] ausmachen, wird im Kibbutz die Gleichheit nicht nur gepredigt, sie wird praktiziert. Falls nun »die kollektive Konsumtion« (so heißt diese Art der Verteilung des Realeinkommens in der Kibbutz-Sprache) allgemein praktiziert würde, gäbe es einerseits vom Standpunkt der Gleichheit eine optimale Lösung sowie zum anderen eine Kontrolle des Budgets. Alle anderen Bestandteile der Konsumtion – Wohnen und die Wohnungseinrichtung, Kleidung und Schule, Gesundheit und Erziehung, Urlaub und verschiedene Sachen wie Zigaretten – würden mittels einer ähnlichen Technik verteilt werden wie die Nahrungsmittel.

In der Tat wird die kollektive Konsumtion auf einer für die

Mitglieder kostenlosen Basis auch hinsichtlich der Verteilung anderer Konsumgüter und Dienstleistungen angewandt – was ja bedeutet, daß es keine Rationierung auf individueller Ebene gibt. Sie schließen auf dem entgegengesetzten Pol zu den Nahrungsmitteln Posten ein, die in den Industriegesellschaften nunmehr den Charakter öffentlicher Güter angenommen haben – Posten des sogenannten Wohlfahrtsstaates. Die Gesundheitsversorgung, die ohne Beschränkung erfolgt, ist ein offensichtliches Beispiel, ebenso die Altersversorgung.[17] Solche Posten wie Schwangerschaftsurlaub und das Äquivalent für eine volle Lebensversicherung, beides letzte Ziele des Wohlfahrtsstaates, sind vom Charakter des Kibbutz her Bestandteile des Lebens. Sie wurden schon in den zwanziger und dreißiger Jahren erdacht und eingeführt, und d. h. nichts anderes, als daß sie die späten Entwicklungen in West- und Nordeuropa vorweggenommen haben.

Die Versorgung der Kinder sowie die Erziehung bis zum 18. Lebensjahr sind ebenfalls »kostenlose« Dienstleistungen der Gemeinschaft.[18] Das Prinzip der Gleichheit der Geschlechter, das eine Gleichbehandlung für alle Arten von Arbeit, von der Haushaltsarbeit bis hin zur Arbeit in den Produktionsbranchen, notwendig macht, brachte etwa hervor, was heute »kollektive Erziehung« genannt wird. Das Kibbutz-System der Kinderversorgung – und das ist eines seiner charakteristischen Merkmale – hatte in Übereinstimmung mit dieser Nebenbedingung konstruiert werden müssen.

Die Technik der »kostenlosen« Verteilung ist indes nie auf die Gesamtheit der Güter und Dienstleistungen angewandt worden. Kleidung, Schuhe, Zigaretten und Toilettenartikel, die Wohnung und deren Einrichtung sowie (einige) Teile der Haushaltsausstattung und auch das »Urlaubs-Geld« sind dem einzelnen mittels Rationierungstechniken zugeteilt worden.

Kleidung und Schuhe werden beispielsweise individuell gewählt. Selbst wenn eine Standard-Kleidung, vergleichbar mit einer Mönchstracht, als einzige Bekleidung von den Kibbutzniks gewählt würde, blieben immer noch Probleme bei der Bestimmung der Größen der Bekleidungsstücke. Und da der Kibbutz niemals als Mönchsordnung aufgefaßt wurde, hat der individuelle Geschmack bezüglich der Kleidung (einschließlich der Schuhe) stets eine wichtige Rolle gespielt. Zu Beginn hatten die Kibbutzim versucht, die Versorgung mit Kleidungsstücken auf nichtindividueller Grundlage zu organisieren, aber dies wurde nur während der zwanziger und dreißiger Jahre versucht, als die Ausgaben für Kleidung, Schuhe und ähnliche Posten wegen der niedrigen Einkommen minimal waren. Die Kibbutzim schränkten die nicht-individuelle Versorgung bald auf Arbeitskleidung und Bettwäsche ein, wenngleich auch mit einigen ideologischen Zweifeln.[19]

Es ist sicher kein Zufall, daß es die Frauen waren, die den Trend zur individuellen Wahl der Kleidung eingeleitet und vorangetrieben haben. Gegen Ende der dreißiger Jahre übernahmen die Kibbutzim einen Zuteilungsmechanismus, bei dem jedem einzelnen ein spezifizierter, aus mehreren Posten bestehender Bekleidungskorb zugeteilt wurde, wobei innerhalb vorgeschriebener Grenzen eine gewisse Wahl einzelner Posten zugelassen war. Dieser Verteilungsplan, »persönliches Budget« genannt, umfaßte Schuhe, Zigaretten und Urlaubsgeld (das indes nur sehr gering war, selbst im Verhältnis zu den Standards der dreißiger und vierziger Jahre). Bezüglich des Bekleidungs- und Schuh-Budgets gab es eine Art Punkte-System, das während des 2. Weltkrieges vervollkommnet wurde, Zigaretten und Gegenstände der individuellen Körperpflege wurden rationiert. Diese verschiedenen »Budgets« waren voneinander getrennt.[20] Mithin kontrolliert die Gemeinschaft nicht nur, wieviel konsumiert, sondern größtenteils auch, was konsumiert wird.

Die Wohnsituation verdeutlicht ebenfalls, wie verwickelt die Probleme bei der Anwendung der Gleichheitsregel im realen Leben sein können. Da in den meisten Kibbutzim die Kinder in von den Eltern getrennten Häusern leben, kann die Regel ähnlicher Wohnbedingungen für alle scheinbar leicht umgesetzt werden, indem etwa jeder Familie ein ähnlich großer Wohnraum zugeteilt wird. Indes schließen zu jedem Zeitpunkt Unterschiede in der Größe und Qualität der Wohneinheiten, die hauptsächlich auf die Bauzeit zurückzuführen sind, die Möglichkeit einer gleichen Verteilung der Wohnungen auf die Erwachsenen aus. Einige Mitglieder leben in besseren, häufig erheblich besseren Wohnungen.

Da Wohnen eine sehr wichtige Komponente des Lebensstandards ist, und eine gleiche Verteilung der Wohneinheiten unmöglich ist, mußten spezielle Zuteilungspläne ausgedacht werden, vor allem ein Plan mit Regeln für die Zuteilung von Wohneinheiten und dauerhaften Konsumgütern auf der Grundlage des Prinzips »potentieller« Gleichheit. Prioritäten, ausgedrückt in Punkten, ergeben sich aus der entsprechenden Gewichtung der Mitarbeiterzeit in der Kibbutz-Siedlung (und in der Kibbutz-Bewegung) sowie des Alters.[21] Im übrigen mögen auch spezielle Faktoren wie etwa der Gesundheitszustand berücksichtigt werden. Die in Punkten zum Ausdruck gebrachte Rangfolge der Mitglieder legt deren Wohn-Standard wie auch die Zusammensetzung und Qualität der ihnen zur Verfügung stehenden dauerhaften Konsumgüter fest.

Gleichheit hinsichtlich des Wohnens sowie dauerhafter Konsumgüter bedeutet nicht Gleichheit des konsumtiven Nutzens zu jedem Zeitpunkt. Gleiche Rechte hinsichtlich eines gegebenen Niveaus realer Konsumtion bei gleicher Punktzahl sind nur in geringem Maße mit dem potentiellen und in keiner Weise mit dem aktuellen Beitrag zur Produktion verknüpft, und zwar über die Dauer der bislang geleisteten Dienste.

Die Kontroverse um das persönliche Budget

Der Kibbutz hätte ohne eine effiziente Lösung der Probleme im Produktions-Sektor nicht überleben können. Die Produktionsgewinne, die selbst beim Vergleich mit der Gesamtwirtschaft Israels beeindruckend sind, stellten das rasche Ansteigen des disponiblen Einkommens sicher, das von der Mitte der fünfziger Jahre an hoch genug war, um einen Wohlstand im europäischen Sinne zu erreichen. Aber die hohen und steigenden Einkommen brachten erneut die Frage bezüglich einiger traditioneller Verfahrensweisen bei der Einkommensverteilung ins Spiel, darunter vor allem die des persönlichen Budgets.

Diese Streitfrage nahm etwa Mitte der vierziger Jahre Gestalt an. In den sechziger Jahren wurde sie als Reaktion auf Vorschläge, die von einer breiten Zahl der Mitglieder tatkräftig unterstützt wurden, denen zufolge die Verteilungstechnik des persönlichen Budgets für Nicht-Nahrungsmittel und Nicht-Wohlfahrtsgüter über Bord geworfen und durch ein »umfassendes Budget« ersetzt werden sollte, auf die Tagesordnung der Bewegung gesetzt. Dies gab den Anstoß zu einer Kontroverse von großer Bedeutung für die Zukunft des Kibbutz.

Diejenigen, die einem »umfassenden Budget« den Vorzug gaben, vertraten die Ansicht, daß das persönliche Budget, in dem im Kern eine Mengenrationierung enthalten ist, überholt und verschwenderisch ist.[22] Sie argumentierten, daß ein Rationierungs-System nur dann effizient funktionieren könne, wenn die Gemeinschaften klein und wenn sie hinsichtlich ihrer Erfahrung und ihres Alters homogen seien, und ferner, wenn die Auswahl der Güter beschränkt sei. Solange die Einkommen niedrig waren, verschlangen die Nahungsmittel und die Posten des Wohlfahrtsstaates, die ohne Ausnahme »kostenlos« verteilt wurden und die auch eine erwünscht hohe Priorität genossen haben, den Hauptteil der Konsumausgaben und ließen wenig übrig für die Bekleidung und andere höchst individuelle Posten.

Die Armutsgrenze war nun allerdings seit den vierziger Jahren im Schwinden begriffen, und erst recht in den fünfziger und sechziger Jahren. Die stetige Zunahme des Realeinkommens ermöglichte ein durchaus überproportionales Wachstum der Ausgaben für persönliche Posten und daher mehr Auswahlmöglichkeiten im Konsumgüterbereich. Die detaillierte Auffächerung beim persönlichen Budget beschränkt ganz unnötig die Freiheit des einzelnen. Es trägt auch zur Verschwendung bei: Erstens können die individuellen Präferenzen und die der Gemeinschaft voneinander abweichen; zweitens ermuntert ein Rationierungssystem die Leute zur Ausschöpfung ihrer Jahresrationen in allen Kategorien.

Entsprechende Anzeichen (oder Ausgleichsbewegungen) können beim umfassenden Budget in der Weise genutzt werden, daß die jeweiligen Güter und Dienstleistungen zu nicht-subventionierten Preisen im Kibbutz-Laden erwerbbar sind oder ein Geldumtausch zum Kauf von Gütern außerhalb des Kibbutz ermöglicht wird.

Das umfassende Budget-System unterteilt das Kibbutz-Einkommen in drei Kategorien. In der ersten sind Güter und Dienstleistungen enthalten, die »kostenlos« verteilt werden: Nahrungsmittel, der Unterhalt der Kinder und die Erziehung, Aktivitäten kultureller Art, die Altersversorgung etc. Die zweite Kategorie betrifft das Wohnen und die Möbeleinrichtung, deren Zuteilung wie zuvor nach einem Punktesystem erfolgt. In der dritten Kategorie sind die restlichen Konsum-Posten enthalten, die ja auch charakteristisch für das umfassende Budget sind.[23]

Trotz solcher für Außenstehende offenkundigen Vorteile, gab es eine starke Opposition gegen diesen Vorschlag; in den sechziger Jahren war er Gegenstand hitziger Debatten. Zwei der drei großen Kibbutz-Föderationen haben es abgelehnt, diesen Vorschlag zu übernehmen, und zur Zeit wird er nur von einer geringen Zahl von Kibbutz-Siedlungen praktiziert.

Die Traditionalisten sind nicht der Ansicht, daß das umfassende Budget lediglich von technischem Belang ist. Sie halten die Substitution von gemeinschaftlicher durch die individuelle Wahlmöglichkeit für nicht wünschenswert. Ihrer Argumentation zufolge läßt sich das umfassende Budget heute auf 15-20% der gesamten Konsum-Ausgaben anwenden, aber dieser Anteil ist in der Vergangenheit rasch gewachsen und wird auch weiterhin wachsen. Die Traditionalisten lehnen das umfassende Budget im wesentlichen deshalb ab, weil sie es als einen Schritt auffassen, der vom Prinzip der kollektiven Konsumtion wegführt. Sie halten am reinen Modell der kollektiven Konsumtion fest, in dem die kostenlose Verteilung aller Güter und Dienstleistungen ins Auge gefaßt wird – zum Beispiel sollte die Zuteilung von Urlaubsgeld nur für Ausgaben außerhalb des Kibbutz gestattet sein. Als eine dahingehende Konzession, daß wachsender Wohlstand zu größerer Auswahl und mehr persönlichen Wahlmöglichkeiten führt, schlagen die Traditionalisten vor, den Bereich der »kostenlosen« Posten zu vergrößern. Sie nehmen zur Kenntnis, daß einige Posten, wie etwa Güter zur Körperpflege, die früher rationiert waren, nunmehr freie Güter sind.

Die Argumentation der Traditionalisten wäre stärker, wenn sie dafür plädierten, auch Kleidung und Schuhe auf die Liste »freier« Güter mitaufzunehmen. Aber die offensichtliche Versuchung bei einzelnen Mitgliedern, sich einen ansehnlichen Kleiderbestand zuzulegen, macht dies unmöglich. Daher können die Traditionalisten lediglich den Vorschlag machen, das Budget für Kleidung und Schuhe flexibler zu gestalten und eine Auswahl innerhalb detaillierter Listen ähnlicher Posten (»Bekleidungs-Gruppen« in der Kibbutz-Sprache) zuzulassen. Diese Praxis wird in der Tat in den meisten Kibbutzim befolgt; dies wird auch noch eine lange Zeit so bleiben, sofern nicht das umfassende Budget akzeptiert wird. Die mehr individualistische Einstellung der jüngeren Generation, die von dem wachsenden Wohlstand geprägt ist und wahrscheinlich der Ideologie gegenüber eine geänderte Haltung hat, wie auch das bessere Verständnis für die mit jedem Rationierungssystem unvermeidlich verknüpfte Verschwendung mag schon die Gewichte hin zur Reform verschieben.

Industrialisierung

Die Industrialisierung, die in den frühen vierziger Jahren ihren Anfang nahm und in den fünfziger und sechziger Jahren anwuchs, beinhaltet eine weitere Herausforderung für den Kibbutz. Der schnelle Fortgang der Kibbutz-Industrialisierung ist einer der besten Indikatoren für unternehmerische Tatkraft wie auch dafür, daß Arbeit und andere Ressourcen relativ leicht verlagert werden können. Die Auflösung der Verkettung zwischen Beschäftigung und Lebensstandard bedeutet die Verringerung einer Hauptursache von Friktionen, die in der Nicht-Kibbutz-Umwelt die Arbeitsmobilität einschränken. Das hat die bestehende massive Verlagerung in die verarbeitende Industrie erleichtert – wo wahrscheinlich in den siebziger Jahren die Entwicklung noch weiter vorangetrieben wird. Der massive Übergang zur industriellen Produktion, der als bedeutendster Faktor zur steigenden Produktivität im Kibbutz beigetragen und den Kibbutzim auch ermöglicht hat, Schritt zu halten mit dem schnell steigenden Lebensstandard in Israel, wirft für den Kibbutz erhebliche Probleme auf.

Die Hauptprobleme bei der Gründung eines industriellen Unternehmens bestehen im Kibbutz darin, die Zahl der Beschäftigten und die Teilung der Arbeit zu bestimmen. Schon für eine kleine Fabrik werden laufend 15 Arbeitskräfte benötigt, gewöhnlich sind es eher 20-25 Leute; im Unterschied zu Reparaturwerkstätten, die immer einen integralen Bestandteil des Kibbutz-Produktions-Sektors bildeten, sind in der Industrie die meisten Betriebsangehörigen genötigt, Routinearbeiten zu verrichten. Zugleich wird eine kleine Zahl von hoch geschulten, motivierten und talentierten Personen für Verwaltungs- und Unternehmerstellungen gebraucht.

Der Produktions-Sektor des Kibbutz besteht aus einer großen Zahl von Produktions-Einheiten, von denen die meisten – in Landwirtschafts-Branchen – kleine Teams von dauerhaft in den Branchen beschäftigten Arbeitern haben. Selbst in einer großen

Branche einer der größeren Siedlungen besteht ein Team aus fünf oder sechs, höchstens aber zehn Leuten.[24] Die geringe Größe der Arbeitsteams hat es ja auch möglich gemacht, daß die Branchen ohne detaillierte Vorschriften funktionieren. Es hat auch niemals eine strikte Trennung zwischen den Tätigkeiten von Kopf-Arbeitern und Hand-Arbeitern gegeben. Der Branchenkoordinator, der formal verantwortlich für das Funktionieren der Branche war und der den weitaus größten Teil seiner Zeit mit Verwaltungs-Funktionen beschäftigt war, pflegte üblicherweise aktiv an der sonstigen Arbeit teilzunehmen, wohingegen andere Teammitglieder teilweise die Verwaltungs- und sogar die Unternehmer-Funktionen mit übernahmen, was ihnen ermöglichte, gewisse Eigeninitiativen zu ergreifen und sich dadurch auch darauf vorzubereiten, die Spitzentätigkeit in dieser oder einer anderen Branche zu übernehmen.

Diese formlose Funktionsweise des Produktionssektors – die sich in der Landwirtschaft ganz natürlich herausgebildet hat – ist die perfekteste Form der Verwaltung durch die Arbeiter selbst. Im Unterschied zur jugoslawischen Variante der Arbeiterselbstverwaltung, der unlängst so viel Aufmerksamkeit gewidmet wurde, begann sie nicht mit vorab entworfenen und komplizierten Regeln und Vorschriften. Sie bildete sich eher als Antwort auf praktische Erfordernisse heraus und hat sich in fünfzigjähriger Praxis bewährt.

Aber diese formlose Funktionsweise, die dem einzelnen bei der Erfüllung seiner Aufgaben beträchtliche Freiheit einräumt, muß in industriellen Unternehmen aufgegeben werden. Die Produktion beinhaltet Routine-Arbeit, bedeutet auch, daß jeder Arbeiter abhängig wird von dem Arbeiter, der ihn beliefert, was nach größerer Spezialisierung und strengerer Koordination verlangt. Je größer die erforderliche Sachkenntnis seitens des technischen und unternehmerischen Personals wird, desto schärfer wird die Trennlinie zwischen einer Hand-Arbeit und einer Verwaltungstätigkeit, die zur Herausbildung einer relativ geschlossenen Verwaltungselite führen kann, durch die dann Mitglieder mit geringerem natürlichen Talent von geschäftlichen Tätigkeiten und Führungsqualitäten ausgeschlossen werden. Gerade die Zahl der Arbeitskräfte und die komplizierte Arbeitsteilung kann eine psychologische Schranke zwischen dem Verwaltungspersonal und denen erzeugen, die ununterbrochen Routine-Arbeiten verrichten, und dadurch zur Ablösung der traditionell formlosen, auf der Selbstdisziplin beruhenden Aktivitäten durch eine formale Arbeitsdisziplin führen.[25]

Die entscheidende Frage ist darin zu sehen, ob die Beibehaltung der Gleichheit, die grundlegende Prämisse des Kibbutz-Lebens, der Entwicklung in den Industriebetrieben, die mehr und mehr auf der Basis wachsender Ungleichheit in praktischer Erfahrung, Sachkenntnissen und Verantwortung funktioniert, standhalten kann. Ein Ausweg aus dieser Sackgasse kann in dem formellen oder impliziten Versprechen gesehen werden, daß jeder, der mit rationalen Fähigkeiten ausgestattet ist, für Experten- oder Verwaltungsfunktionen herangezogen wird. Eine entsprechende Vorbereitung in einer Institution für höhere Bildung und die künftige Beschäftigung an technischen Anlagen mag für die jüngeren Generationen ein vielversprechendes Angebot sein. Aber die vertikale Mobilität kann nicht auf jeden angewandt werden: Insbesondere nicht auf die Älteren, die Gruppe der über 50-jährigen; die effiziente Nutzung der Arbeitskraft ist gewöhnlich ein wichtiger Faktor bei der Entscheidung, überhaupt erst einen Industriebetrieb zu gründen.

Verfügbare offene Stellen in anderen Produktions- oder Dienstleistungsbranchen – Rotation an den Arbeitsplätzen und die Verhinderung der Bildung fester Funktionärsgruppen – bieten einen anderen Ausweg für Leute, die Routine-Arbeit verrichten. Eine solche Rotation ist jedoch innerhalb des Industriebereiches schwieriger. Die unmittelbaren Kosten der Rotation eines Chefingenieurs von einer Produktionsanlage zu einer halbjährigen Arbeitsschicht in einem Eß-Saal mag man als untragbar ansehen. Es besteht daher ein Spannungsverhältnis zwischen langfristigen Betrachtungen zugunsten der Rotation und der Ermittlung der entsprechenden kurzfristigen Kosten.

Ein Großteil des Problems würde verschwinden, wenn eine weitere Ausbreitung der Industrialisierung gestoppt würde. Dies würde die Zahl der Lohnarbeiter auf eine vernachlässigbare Größe reduzieren, damit eine weitere Auflösung des Prinzips der Selbstarbeit vermeiden helfen, und solche Probleme wie die der Identifikation mit dem Arbeitsplatz und den Konflikt zwischen dem Management und unqualifizierten Arbeitskräften erleichtern. Aber eine Verminderung des Marschtempos der industriellen Revolution könnte die Kibbutz-Bewegung zum Scheitern verurteilen, deren Erfolg als Form sozialer Organisation unmöglich gewesen wäre, wenn es nicht gelungen wäre, die Produktion effizient zu organisieren. Eine der wesentlichen Bestimmungsgründe dieser Effizienz hat in der Fähigkeit der Kibbutzim bestanden, Wachstumssektoren ausfindig zu machen und ihr Produktionspotential auf erfolgversprechende Produkte zu lenken.[26] Die Industrialisierung geht daher weiter, was praktisch bedeutet, daß die Kibbutzim sich zugunsten einer zunehmenden Industrialisierung entschieden haben.[27] Da Israel eine rasche Entwicklung einer wandlungsfähigen, industrialisierten Wirtschaft ansteuert, und da der erfolgreiche Versuch dauerhafter Produktivitätsgewinne in der Landwirtschaft gleichbedeutend ist mit weiterer Reduktion des Arbeitsaufwandes, scheint die Kibbutz-Bewegung keine andere Wahl zu haben als weiter zu industrialisieren, wenn sie nicht eine Art »natürlicher Reserve« werden will. Die Herausforderung der siebziger Jahre ist darin zu sehen, daß der Kibbutz seinen sozialen Rahmen den Erfordernissen der verarbeitenden Industrie anpassen muß, ohne seine sozialistischen Prinzipien aufzugeben.

Gleichheit zwischen den Kibbutzim

Wenngleich wir bisher auf die Kibbutz-Bewegung als Ganze Bezug genommen haben, haben wir tatsächlich nur die Funktionsmechanismen des einzelnen Kibbutz betrachtet. Dies legt die Vermutung nahe, daß jeder Kibbutz eine separate Einheit vom Standpunkt der Produktion und der Verteilung ist. In der Tat handelt es sich hier um eines der wichtigsten Prinzipien der israelischen kollektiven Bewegung, das erst nach einer scharfen Debatte im Jahre 1922 angenommen wurde. Seit dieser Zeit ist es nicht in Zweifel gezogen worden.[28]

Die Prinzipien der kollektiven Produktion und der Gleichheit hinsichtlich der Verteilung des Realeinkommens finden lediglich innerhalb eines Kibbutz Anwendung. Die Beziehungen mit anderen Einheiten, einerlei, ob es sich um einen Kibbutz handelt oder nicht, sind rein kommerzieller Natur. Wenngleich ein Kibbutz daher in Theorie und Praxis eine sozialistische Gemeinschaft ist, operiert er in einer nicht-sozialistischen Umgebung. Infolgedessen muß er den Regeln einer Marktwirtschaft für

Beziehungen mit Nicht-Kibbutz-Partnern Rechnung tragen, was ja Probleme wie z. B. die Lohnarbeit aufwirft, was aber auch die Beziehungen zu anderen Kibbutzim betrifft.

Obwohl die Kibbutzim getrennte rechtliche und ökonomische Einheiten sind, gehört jeder zu einer der drei Kibbutz-Föderationen, und diese identifizieren sich innerlich mit der Bewegung als Ganzer. Die Bewegung kontrolliert formell und nicht-formell einen entscheidenden Hebel für das Leben im Kibbutz – den Zustrom von Arbeitskräften aus der Nicht-Kibbutz-Umgebung. Die Übereinstimmung in der Zielsetzung, die für die Stärke der Kibbutz-Bewegung so wichtig ist, könnte empfindlich berührt werden, wenn es signifikante Unterschiede zwischen den Kibbutz-Siedlungen gäbe. Obwohl solche Unterschiede wegen der dezentralen Organisation technisch möglich sind, könnten sie kaum von einer Bewegung zugelassen werden, für die die Gleichheit ein Grundsatz ist. Die Mobilität zwischen den Kibbutzim bietet hier eine praktische Überprüfungsmöglichkeit, ob Tendenzen zu zu großen Differenzen im Lebensstandard bestehen – wenn sie nicht von vornherein mittels ideologischer Entscheidungen ausgeschlossen werden.

Obwohl nun Unterschiede bestehen, sind sie nach übereinstimmenden Eindrücken geringfügiger Art; Schätzungen für die fünfziger und sechziger Jahre, die auf den Pro-Kopf-Einkommen und den Konsumausgaben beruhen, untermauern den Eindruck, daß die Ungleichheit zwischen den Kibbutzim gering ist.[29] Diese Resultate sind nun keineswegs zufällig. Da praktisch jede Kibbutz-Siedlung nach 1921 gegründet wurde und da die meisten von ihnen nicht einmal 25 Jahre alt sind, ist die Kontrolle über die Ausstattung mit realen Ressourcen – die Basisausstattung mit Kapital und Boden – ein bedeutender Faktor für die Gleichheit. Und in der Tat wurde die Politik der Siedlungs-Abteilung der Jüdischen Agentur, die seit der Zeit für die Siedlungsaktivitäten verantwortlich ist, stets von dem Prinzip der Gleichheit geleitet, was in der Weise interpretiert werden muß, daß die Zuteilung der Produktionsmittel auf einer Pro-Kopf-Basis erfolgt. Jede Einheit hatte bei der Ansiedlung folglich eine »gleiche« Ausstattung, die in Abhängigkeit von technischen Erfordernissen hinsichtlich der Zusammensetzung variiert wurde, die aber jeder Familie das gleiche Einkommen zu erwarten gestattete.

Dieses Prinzip durchzuhalten ist natürlich eine knifflige Angelegenheit, und zwar wegen örtlicher Unterschiede, natürlicher Bedingungen, Erfolge und Mißerfolge von angenommenen Absatzchancen und möglicher Unterschiede hinsichtlich der wichtigsten Produktions-Ressourcen - dem menschlichen Faktor.[30] Andererseits ist die große Homogenität des menschlichen Faktors eine wichtige soziale Charakteristik der Bewegung, die dazu beigetragen hat, daß eine bemerkenswerte Gleichheit im Lebensstandard zwischen den Kibbutzim herrscht.

Indes kann die Industrialisierung einen bedeutsamen Effekt für die Gleichheit zwischen den Kibbutzim haben. Da die meisten Kibbutzim das Wagnis mit der Industrie auf einer späten Entwicklungsstufe eingehen, ist die Regel der gleichen Ausstattung in nur viel geringerem Maße verwendbar. Eine Fabrik mag Erfolg haben, eine andere nicht. Die Verfügbarkeit über einen kleinen Kader geschulten Personals zu einem frühen Zeitpunkt der Industrialisierung kann für den Erfolg oder Mißerfolg ausschlaggebend sein. Und da die verarbeitende Industrie sehr rasch zur größten Branche aufsteigt, können sich erhebliche Unterschiede in der Leistung und daher im Pro-Kopf-Einkommen ergeben. Ob die Kibbutz-Bewegung solche großen Differenzen mittels einer Einkommensumverteilung verringern könnte, ist eine offene Frage.[31] Überdies bedeutet die Industrialisierung, die für die Aufhebung der relativen Autarkie in den Kibbutzim und für die Förderung der Beziehungen zu den Nicht-Kibbutz-Elementen in Israels Wirtschaft und Gesellschaft ein entscheidener Faktor ist, eine starke Herausforderung für die Gleichheit zwischen den Kibbutzim.

Die Bedeutung des Überlebens

Man mag zu fragen versucht sein, was der Erfolg oder eher das »Nicht-Scheitern« der Kibbutz-Bewegung beweist.[32] Wir sollten zunächst festhalten, was es nicht beweisen kann. Da es die Spielregeln einer Marktwirtschaft akzeptiert hat, kann dieses kühne soziale Experiment für eine zentral kontrollierte sozialistische Wirtschaft nicht richtungsweisend sein – sie hat dies auch nicht versucht. Aber es hat gezeigt, daß eine sozialistische Organisationsform auf mikro-ökonomischer und mikro-sozialer Ebene lebensfähig ist. Man kann indes fragen, ob die Lebensfähigkeit damit zusammenhängt, daß die Kibbutz-Gemeinschaften relativ klein sind.[33]

Die Fakten dürften selbst Skeptikern den Gedanken nahelegen, daß die Ersetzung des individuellen Egos durch eine vom Kollektiv geprägte Persönlichkeit nicht unverträglich mit dem bemerkenswerten ökonomischen Leistungsvermögen ist, welchen Vergleichsmaßstab auch immer man heranzieht. Die unvermeidliche Verzögerung bei Entscheidungen, die eine »Demokratie in Aktion« mit sich bringt und praktisch nichts als ein System von Regeln für ein Komitee beinhaltet, wie auch eine gewisse Verschwendung, die darauf zurückzuführen ist, daß die Budget-Schranke nicht auf individueller Ebene angewandt wird, werden kompensiert durch rein ökonomische Vorteile, die der Natur des Kibbutz geschuldet sind:[34] Die wichtigsten Vorteile sind wahrscheinlich in den economies of scale der ungleich größeren internen Faktormobilität und nicht zuletzt in dem einfacheren Zugang zur Schulung und zum Lernen zu suchen, wobei hier eine schnelle Verbesserung in der Qualität des wichtigsten Produktionsfaktors induziert wird – der menschlichen Arbeit.

Es wäre irreführend, den Kibbutz lediglich als eine sozialistische Einheit zu beurteilen. Wenngleich er versucht, auf der Mikroebene dem Sozialismus zur Geltung zu verhelfen, waren seine Ideologie und seine Praxis stets eng mit der Ideologie und Praxis des Zionismus verbunden. Gerade die Verschmelzung von Zionismus und Sozialismus ist das Wesentliche an dem Konzept der Gemeinschaft und seiner Praxis.

Wenn es als Arbeitsdefinition angesehen werden kann, daß Zionismus die Wiederherstellung einer nationalen jüdischen Einheit in seinem historischen Heimatland bedeutet, dann ist die Wiederbesiedlung von Eretz Israel (Das Land Israel) als notwendige Bedingung dieses Prozesses anzusehen. Diese Auffassung hat sich am Tag nach einer längeren Debatte zwischen Befürwortern der »praktischen Arbeit« in Eretz Israel und denen durchgesetzt, die die Gründung eines jüdischen Staates in Palästina in den zwanziger Jahren so früh wie möglich als praktischen Vorschlag angesehen haben.[35]

Obwohl nicht die einzige soziale Organisationsform der jüdischen Siedlungs-Bewegung, war der Kibbutz mit in der vordersten Reihe. Bereits von der Gründung Deganiahs an und vor allem nach 1921, als die Theorie großer und wachsender Kibbutz-

Gemeinschaften aufkam, wurden die zionistische Siedlungsidee und die sozialistische Idee vom Aufbau kollektiver Siedlungen miteinander verschmolzen. Das Konzept des sozialistischen Zionismus in reinster Form beinhaltete die Gründung eines Kibbutz in Palästina. Die Identifizierung verschiedener Kibbutz-Generationen mit dem Kibbutz als Idee und als Institution speiste sich sowohl aus nationalen Bestrebungen wie aus sozialistischer Hoffnung. Man könnte sich nur schwerlich eine Bewegung von hunderttausend Leuten vorstellen, die in sozialistischen Gemeinschaften leben als Teil und Parzelle einer Industrie-Gesellschaft, wenn es nicht den nationalen Faktor gegeben hätte, der die Leute im Kibbutz zusammengefaßt und angehalten hätte, dort zu bleiben.

Anders gesagt: ohne Frage hätten nationale Bestrebungen den Kibbutz nicht zu einem praktischen Vorschlag werden lassen, wenn nicht eine hochgebildete soziale Schicht dagewesen wäre, die in ungewöhnlichen Abstraktionen denken konnte, wie es für den Gedankenblitz Kibbutz nötig war. Diese Bedingung schließt es wahrscheinlich aus, den Kibbutz an die soziale Umgebung von Entwicklungsländern anzupassen. Wenn der Kibbutz als soziale Organisationsform irgendwo praktikabel sein kann, dann in den hochentwickelten westlichen Industriegesellschaften. Ohne Zweifel gibt es in diesen Gesellschaften Arbeiter, die abstrakt denken können und nach Idealen Ausschau halten, die nicht länger nur in materiellen Werten eingebettet sind. Die Gründung einiger Gemeinschaften mag als erstes Omen angesehen worden sein. Kandidaten für den Aufbau von Kibbutzim im Westen müssen sich freilich klarmachen, daß sie nur dann Erfolg haben werden, wenn es ihnen gelingt, die Probleme der Produktion zu lösen.

Aus dem Englischen von Michael Krüger

Anmerkungen

1 Verschiedene Aussagen in diesem Artikel basieren auf Daten und quantitaven Analysen, die für meine Studie *The Growth Patterns of the Kibbutz-Economy* am Falk Institute für ökonomische Forschung in Israel vorbereitet wurden. Die Studie wird von diesem Institut und dem Twentieth Century Fond finanziert.

2 1910 wurde Deganiah Aleph von 10 Leuten, die beschlossen hatten, die Siedlung nach halbkollektivistischen Prinzipien zu bewirtschaften, gegründet; dieses Jahr wird gewöhnlich als das formelle Gründungsdatum der Kibbutzbewegung betrachtet. Deganiahs erstes Jahrzehnt bestand jedoch aus einer Versuchs- und Irrtums-Periode mit sehr geringer Mitglieder- und Bevölkerungszahl, die niemals mehr als knapp 20 betrug. Aber spätestens 1920 war Deganiah lebensfähig und diente fortan als Prototyp einer kollektiven Gemeinschaft für die Tausende jüdischer Pioniere, die unmittelbar nach dem 1. Weltkrieg nach Palästina einwanderten.

Einige hundert dieser jungen Leute, die hauptsächlich aus dem postrevolutionären Rußland kamen und von der zionistischen Ideologie wie der Vision vom Sozialismus beeinflußt waren, vereinigten sich 1920 zur Arbeits-Legion.

Die auf halbkollektivistischen Prinzipien fußende Legion akzeptierte einen Vertrag des Amtes für öffentliche Arbeiten über den Bau verschiedener Straßen. Nach der Vereinigung mit einer anderen Gruppe von Einwanderern aus der Zeit vor dem 1. Weltkrieg wurde als eine der Aufgaben der Arbeiter-Nation, die die Legion zu etablieren hoffte, die Bildung großer kollektiver Siedlungen definiert. Die Harod-Siedlung 1921 mit ihren mehreren hundert Mitgliedern, die Gründung mehrerer anderer kleinerer kollektiver Siedlungen sowie die Reorganisation Deganiahs als vollwertiges Kollektiv legen es nahe, eher die frühen zwanziger Jahre als angemessenes Gründungsdatum der Kibbutz-Bewegung anzusehen.

3 Die Aufnahme von Kandidaten für die Mitgliedschaft, ein heikler Sachverhalt, erfolgt gewöhnlich ohne lange Beratung durch Abstimmung in der allgemeinen Versammlung auf Grundlage einer Empfehlung der beratenden Versammlung. Dort wird jeder Kandidat einer eingehenden Anhörung unterzogen.

4 Im industriellen Unternehmen, das eines der verschiedenen Branchen vieler Kibbutzim ausmacht, kann das ständige Team größer sein, was unten noch weiter ausgeführt wird.

5 Es ist wichtig hervorzuheben, daß Ende der sechziger Jahre 95% aller Kibbutzim eine Gesamtbevölkerungszahl von je höchstens 800 hatten. In solchen Gemeinschaften kennen sich die Kibbutzniks untereinander in der Tat sehr genau. Dies trifft für die wenigen Siedlungen mit einer Bevölkerungszahl zwischen 1000 und 1500 nicht ganz so zu. Dennoch, gemessen am Maßstab eines Nicht-Kibbutz-Milieus, sind die direkten persönlichen Kontakte auch dort stark entwickelt.

6 Eine förmliche Entscheidung, einen einzelnen aufzufordern, den Kibbutz zu verlassen – das stärkste mögliche Sanktionsmittel –, kommt nur selten vor. Die Zahl jährlicher Ausweisungen beträgt innerhalb der gesamten Bewegung wahrscheinlich nicht mehr als 10. Ein an die Generalversammlung gerichteter Tadelsantrag, ebenfalls ein strenges Disziplinierungsmittel, ist auch als ziemliche Ausnahme anzusehen.

7 Man beachte, daß selbst in diesem Fall das Verhältnis von Produktionsanlage zu Arbeitskraft nicht durch die existierende Produktionstechnik vorbestimmt wird. Es ist stets möglich, den in Israel üblichen achtstündigen Melk-Rhythmus in einen zwölfstündigen, wie er in Westeuropa üblich ist, zu verändern. Das würde die Arbeitsintensität senken und entsprechend auch den Output. Ebenso kann die Zahl der Nahrungsmitteleinheiten und der Maschinentyp schnell geändert werden.

8 Institutionelle Beschränkungen in der Form gepachteten Landes, die nicht direkt mit den Kibbutzim zusammenhängen, bedeuten praktisch nichts anderes, als daß die Größe der Ausstattung eines Kibbutz mit Boden gegeben ist.

9 Obwohl der Lohnsatz als solcher keine Determinante der Kibbutzarbeit ist,

zählt das Pro-Kopf-Einkommen ohne Zweifel zu den Faktoren, die die Zahl der Mitglieder und damit die Zahl der Arbeitskräfte im Kibbutz bestimmen. Das Pro-Kopf-Einkommen, ja selbst das Einkommen pro Arbeiter im Kibbutz ist indes nicht identisch mit dem Lohn.

10 Eine formale Darstellung des Modells des Kibbutz-Produktionssektors findet sich – als kurzfristiges Modell einschließlich der analytischen Techniken zur Ableitung der optimalen Lösung sowie deren Eigenschaften bzgl. der Faktorallokation, der Output-Struktur und der entsprechenden Schattenpreise für Arbeit und Boden – in Haim Barkai: *Rules for Operating the Kibbutz Production Sector*, Proceedings of the Israeli Academy of Sciences and Humanities 4, 1971, S. 281-296 (in hebräisch). Die Erweiterung des Modells mit Berücksichtigung der Aktivitäten im Dienstleistungssektor, wie sie durch die Darlegungen im Text impliziert sind, ist konzeptionell unkompliziert.

11 Berechnungen der Branchenprofitabilität, die schon früh in der Geschichte des Kibbutz eingeführt wurden, wurden als Maßstab zur Bewertung der Leistung herangezogen. Da Löhne als solche keine operationale Bedeutung hatten, wurde – auch aus ideologischen Gründen – der »Arbeitstag« als Maßstab von Leistung spezifiziert und verwendet; er ist definiert worden als Differenz zwischen dem Wert der verkauften Mengen und den Kosten der Rohstoffe sowie der Abschreibungen, geteilt durch die Zahl der geleisteten Arbeitstage in einer spezifischen Branche. Da dieser Maßstab implizit den gesamten Neuwert der Arbeit zurechnet (dies stimmt mit den Annahmen der Arbeitswerttheorie überein) standen die kapitalintensivsten und die bodenintensivsten Branchen in der Rangordnung obenan. Auf den ersten Blick legte dies nahe, daß – selbst noch in den dreißiger und vierziger Jahren – die Ausdehnung der Getreideerzeugung und Tierhaltung und die Eliminierung arbeitsintensiver Branchen wie die des Gemüseanbaus als optimale Politik der Kibbutzim angesehen wurde. Schranken hinsichtlich der Größe des Bodens und der Finanzierung des fixen Kapitalbestandes verhinderten indes die praktische Durchführung dieser Politik.

Dies unterstrich die Inadäquatheit des Arbeitstags-Kriteriums als Grundlage für Entscheidungen, die die Struktur des Kibbutz-Produktions-Sektors betreffen. Der Mangel dieses Kriteriums als Instrument für ein effizientes Management ist offensichtlich darin begründet, daß von zwei grundlegenden ökonomischen Größen – Bodenausstattung und Kapitalkosten – abgesehen wird.

12 Mitglieder auf Zeit sind Hachshara (vorbereitende) Gruppen, die sozial und ökonomisch eingeübt werden, um dann als Kern eines neuen Kibbutz dienen zu können, sowie Jugendgruppen, die ihre Ferien mit teilweise saisonbedingter Arbeit verbringen. Sie sind im übrigen eine Minderheit der Bevölkerung – in den sechziger Jahren handelte es sich um 10-12% der Gesamtbevölkerung – und ein noch kleinerer Teil der Arbeitsbevölkerung.

13 Eine Gleichgewichtsposition, die eine positive Differenz zwischen dem Schattenpreis der Arbeit und dem Lohnsatz, folglich ein geringeres Pro-Kopf-Einkommen als möglich beinhaltet, ist auf den ersten Blick vom Standpunkt des Kibbutz nicht optimal. Da aber ein Gleichgewicht dieser Art das Resultat eines durch das Prinzip der »Selbstarbeit« beschränkten Arbeitsangebotes ist, ist es zweifellos optimal, da es das höchste Pro-Kopf-Einkommen in Übereinstimmung mit der ideologischen Lehre ist. Es liegt daher unmittelbar nahe, den Pro-Kopf-Einkommensverlust – die Differenz zwischen dem Gleichgewichtsniveau des (Pro-Kopf) Einkommens unter Beachtung des Prinzips und dem bei Nicht-Berücksichtigung des Prinzips – als Maß für die (minimalen) Kosten der Beibehal-

tung dieses Prinzips der sozialistischen Ideologie heranzuziehen.

Da das Prinzip der Selbstarbeit keine Anwendung in der Wirtschaft findet, verringert die Geltung des Prinzips in den Kibbutzim nicht nur deren (materielles) Pro-Kopf-Einkommen, sondern auch das der gesamten Wirtschaft. Falls nun die Maximierung des Pro-Kopf-Einkommens als akzeptiertes Ziel angesehen wird, was für die israelische Wirtschaft ohne Zweifel der Fall ist, so hat die strikte Anwendung der Regel der Selbstarbeit seitens der Kibbutzim einen negativen Effekt auf die Gesamtwirtschaft, wenngleich dieser Effekt gering ist.

14 Verschiedene große Unternehmen befinden sich mittlerweile nur noch teilweise im Besitz der Kibbutzim: Sie sind als Gesellschaften mit beschränkter Haftung organisiert worden, in denen die anderen Partner bis zu 50% der Kapitalanteile halten. Diese Verbindung mit Nicht-Kibbutz-Interessen ist aus verschiedenen Gründen etabliert worden, und zwar einschließlich der »Legalisierung« der Lohnarbeit. Ob sich hier lediglich ein formaler Ausweg aus dem Dilemma andeutet oder nicht, muß selbstverständlich weiteren Erörterungen vorbehalten bleiben.

15 Die Auswahl war in den dreißiger Jahren ziemlich beschränkt. (In den zwanziger Jahren, als die Kibbutzim arm wie die Kirchenmäuse waren, gab es praktisch überhaupt keine Auswahl.) Obgleich die Auswahl beim Essen zu jeder Mahlzeit begrenzt ist, ist es heute immer möglich, zwischen zwei Gerichten zu wählen. Der Bereich der Wahlmöglichkeiten ist gewachsen, und zwar stets mit dem Einkommen.

16 Die Ausgaben für Nahrungsmittel waren ohne Zweifel in den zwanziger und dreißiger Jahren der Hauptposten, sie betrugen ungefähr 2/3 der gesamten Konsumausgaben; in den frühen fünfziger Jahren lag der Anteil immer noch über 50%. In den späten fünfziger Jahren und dann in den Sechzigern sank der Anteil schnell; gegen Ende der sechziger Jahre betrug er 30%. Im Konsumtions-Korb ist der Anteil der Nahrungsmittel auch heute noch der größte Einzelposten.

17 Da Berechnungen des individuellen Einkommens nicht an vorderster Stelle stehen und die Mitgliedschaft jedem das Recht zugesteht, jedes Gut oder jede angebotene Dienstleistung zu konsumieren, sind »Pensionsbezüge« im technischen Sinne des Wortes bedeutungslos. Die technisch signifikante Bedeutung des Rückzugs in den Altersruhestand, ausgedrückt in einer Reduktion der erforderlichen Arbeitszeit, beschränkt sich auf die Produktions-Facette. Ansonsten bleibt alles beim alten; der Kibbutz versorgt seine Mitglieder mit der umfassendsten Alterssicherung, die durchführbar ist.

Der Kibbutz garantiert jedem den Gesundheitsdienst des Histadruth (der Kupath-Hollim). Da aber die Gesundheitsversorgung im wörtliche Sinne unbeschränkt erfolgt, deckt der Kibbutz aus eigenen Fonds alles ab, was nicht vom Kupath-Hollim getragen wird. Die Kibbutzim beteiligen sich an der Altersversicherung des nationalen Versicherungsinstitutes. Sie bezahlen alle Beiträge und erhalten die Bezüge für jedes Mitglied nach Erreichen seines Pensionsalters (65 Jahre). Die von der nationalen Versicherung gezahlten Beträge machen indes nur einen kleinen Teil der Kosten des Kibbutz aus.

18 Die Kinder – zu denen alle gezählt werden, die noch nicht 19 Jahre alt sind – leben in fast allen Kibbutzim von den Eltern getrennt, und zwar in »Kinder-Häusern«. Kindertagesstätten, Kindergärten und 12 Schuljahre charakterisieren das Erziehungssystem des Kibbutz, wobei Förderungsmöglichkeiten in Form von Sondercurricula für künstlerisch talentierte Kinder eingeschlossen sind. Jedem Kind wird ohne größere Beachtung von Budget-Beschränkungen die Möglichkeit zur vollen Entwicklung seiner intellektuellen und künstlerischen Fähigkeiten gegeben.

Die Ausdehnung dieser Regel auf den Bereich der höheren Ausbildung ist noch nicht endgültig erreicht worden. In der Praxis ermöglichen die meisten Kibbutzim jedem die Ausbildung an einer der israelischen Universitäten, sobald der Militärdienst abgeleistet ist. Das umfassende Erziehungssystem, in dem bereits heute eine längere Schulzeit als die gesetzlich geforderten 11 Jahre angeboten wird, ferner die Flexibilität bei der Berücksichtigung spezieller individueller Bedürfnisse sowie die niedrige Schüler-Lehrer-Relation (bewirkt durch die geringe Größe der Kibbutzim) machen die Erziehung und Ausbildung für den Kibbutz teuer und erfordern einen höheren Anteil des verfügbaren Einkommens als im Land insgesamt – dies gilt auch für die Gesundheits-, Unfall- und Altersversorgung.

19 Dies bedeutete in der Praxis, daß Arbeitskleidung, Bettwäsche u. ä. nicht mit einer personenbezogenen Zahl etikettiert wurden, während dies bei anderen Kleidungsstücken geschah. Nach dem Waschen wurden die unetikettierten Stücke einmal wöchentlich als Paket ausgehändigt.

20 Die Posteneinteilung fächert nicht nur Zigaretten, Körperpflegemittel, Briefmarken und Schreibpapier, das Mobiliar, nicht nur unwichtige Posten wie Tee, Kaffee und Kekse, ferner Urlaubsgeld, Schuhe und Bekleidung getrennt auf. Sogar die Anzahl der Hemden, Hosen, Jacketts und Mäntel des Bekleidungskorbes wird spezifiziert.

21 Für Mitglieder, die im Kibbutz geboren sind, bestimmt sich die Länge der Mitarbeit aus dem Alter abzüglich der ersten 18 Jahre. Man beachte andererseits, daß dies nur für Erwachsene gilt. Kinder von Familien, die sich einem Kibbutz anschließen, werden sofort in ihre Altersgruppe integriert, woraus sich ergibt, daß sie unmittelbar an den Vorteilen aus den Dienstleistungen und Annehmlichkeiten, die den Kindern gewährt werden, teilhaben.

22 Zur formalen Definition beider Techniken:

Das persönliche Budget:

Jedem Mitglied wird der gleiche Geldbetrag zugeteilt, um seine Bedürfnisse in einer speziellen Konsum-Kategorie zu befriedigen; es ist nicht zulässig, eine Verschiebung von nicht ausgenutzten Posten zugunsten einer speziellen Konsum-Kategorie vorzunehmen.

Das umfassende Budget:

Jedem Mitglied wird der gleiche Geldbetrag zugeteilt, um seine Bedürfnisse hinsichtlich aller Kategorien im umfassenden Budget zu befriedigen. Zwecks Ausgleich zwischen den Konsum-Kategorien sind hier Verschiebungen zugelassen.

Es spricht für sich selbst, daß die erste strikt unterscheidende Definition beider Begriffe so jungen Datums ist. Siehe Hakibbutz Haartzi Hashomer Hatzair, *Über die Konsumtion. Eine Sammlung von Aufzeichnungen, Interviews und Artikeln* (Januar 1971, auf hebräisch).

23 In der Kategorie der »kostenlosen Verteilung« waren 60-65% der gesamten Konsum-Ausgaben während der sechziger Jahre zusammengefaßt; für das Wohnen wurden 20-25% aufgewendet; in der charakteristischen Kategorie des umfassenden Budgets standen 15-20% zur Verfügung. In den fünfziger Jahren waren nahezu 70% der Ausgaben unter die Kategorie der »kostenlosen Verteilung« subsumiert, und in den beiden Jahrzehnten davor um die 75% bzw. 80%. Die Ausgaben für Nahrungsmittel lagen in den sechziger Jahren bei etwa 25-30%, bei 35-40% in den vierziger und wahrscheinlich um 50% und 60-65% in den dreißiger und zwanziger Jahren.

24 Saisonbedingte Arbeiten werden gegebenenfalls durch Verstärkung der Dauer-Teams mit Kibbutz-Arbeitskräften, die nicht auf Dauer der Branche zugeordnet

sind, bewerkstelligt. Insbesondere ist eine saisonale Verstärkung im Sommer nötig; hier wird mittels der Teilzeit-Arbeit auf die Gruppe der 14- bis 18-jährigen Kibbutz-Kinder und die Jugendgruppen, die den Sommer im Kibbutz verbringen, zurückgegriffen, um der Nachfrage nach Arbeit nachkommen zu können.

25 Der Umstand, daß in einigen Industriebetrieben des Kibbutz die Mitglieder beim Rein- und Rausgehen zu klingeln genötigt sind – wenngleich dies keinerlei Bedeutung für die materielle Vergütung hat –, mag andeuten, wie sehr einiges in Bewegung ist. Je mehr solche Industriebetriebe wachsen, desto größer werden die Probleme der Arbeitsdisziplin, woraus sich dann wieder strengere Vorschriften ergeben.

26 Dies kommt quantitativ in vergleichsweise hohen Grenzproduktivitäten von Arbeit und Kapital zum Ausdruck, ferner auch in den durchschnittlichen jährlichen Produktivitätszuwächsen von 4-5% der beiden letzten Jahrzehnte.

27 Die Beschäftigung in der Industrie ist seit 1960 um 65-70% und seit 1950 um 250% gestiegen.

28 Die Debatte nahm auf ein praktisches Problem Bezug: Ob nämlich Ein Harod, das 1921 von der Arbeits-Legion gegründet worden ist, finanziell vollkommen unabhängig sein sollte oder ob dessen laufende Ausgaben von der nationalen Exekutive der Arbeits-Legion kontrolliert werden sollte. Von den führenden Mitgliedern der Arbeits-Legion wurde stark eine Politik der Zentralisierung befürwortet, aber es gab eine Opposition seitens der Mehrheit der Mitglieder von Ein Harod. Die Debatte bewirkte eine Spaltung der Arbeits-Legion, als sich die Mehrheit von Ein Harod für ein dezentrales Konzept entschied, demzufolge alle operationellen Entscheidungen bezüglich der Funktionsmechanismen des Kibbutz nur von den Mitgliedern der Siedlung getroffen werden sollten. Die Selbstregelung innerhalb jeder Siedlung wurde in der Praxis von allen Kibbutzim übernommen und damit das Modell für die Bewegung geschaffen, wie wir es auch heute kennen.

Die Debatte zwischen denen, die für eine zentrale Kontrolle plädierten, und den Gegnern dieser Vorstellungen war stark von der gleichzeitigen Kontroverse in der Sowjetunion beeinflußt. Viele führende Persönlichkeiten, die für eine Zentralisierung plädiert hatten, kehrten 1925 in die Sowjetunion zurück.

29 Bei den Schätzungen wurden das »Lorenz«- und das »D«-Maß für Ungleichheit benutzt, die für absolute Gleichheit wie auch für absolute Ungleichheit Werte zwischen 0 und 1 annehmen können. Keines der Lorenz-Maße für den Konsum Pro-Kopf war für 1954 bis 1965 höher als 0,01. Die Werte des D-Indexes lagen bei 0,05-0,06.

Die entsprechenden Maße für Ungleichheit zwischen den Kibbutzim waren für das verfügbare Pro-Kopf-Einkommen größer. Das höchste Lorenz-Maß lag bei 0,16, das höchste D-Maß bei 0,11. Die Zeitreihen der Maße deuteten auf einen Trend zu wachsender Ungleichheit bezüglich des Einkommens, aber nicht beim Konsum.

30 Die israelischen Erfahrungen haben gezeigt, daß dem menschlichen Faktor eine erhebliche Bedeutung zukommt. Innerhalb von fünf bis zehn Jahren zeigten sich in den kooperativen Siedlungen beträchtliche Leistungsunterschiede und daher im Einkommen pro Familie, obwohl jeder Familie ein identisches Stück Land und eine gleiche Kapitalausstattung zugeteilt worden waren.

31 Es gibt ein progressives Besteuerungssystem zwischen den Kibbutzim, indes sind die entsprechenden Summen, die für die Finanzierung der zentralen Organisation der Kibbutz-Föderationen benutzt werden, zu klein, um Einkommensunterschiede nennenswert zu beeinflussen.

Der wichtigste und vielversprechendste Weg, auf dem die Kibbutz-Bewegung die Gleichheit zwischen den Kibbutzim herzustellen versucht, besteht in der Besteuerung der verfügbaren Arbeitsleistung in den älteren und wohlhabenderen Siedlungen. Die »Leute«, die auf diese Weise von den zentralen Kibbutz-Autoritäten gewonnen werden, sind gewöhnlich sehr gut geschulte und erfahrene Arbeitskräfte; sie werden auf Zeit, etwa für ein Jahr oder auch länger, jüngeren und weniger erfahrenen Kibbutzim zugeteilt, um bei der Ausbildung des Arbeits- und Verwaltungspersonals zu helfen. Sie tun dies, indem sie in der neuen Siedlung leben und dort gewöhnlich »do it yourself«-Techniken anwenden. Diese zwischen den Kibbutzim freie »Dienstleistung mit Arbeitskräften« ist ohne Zweifel eine wichtige Größe zur Sicherstellung der langfristigen Gleichheit zwischen den Kibbutzim.

32 Dieser Ausdruck wurde von Martin Buber in einem 1945 gehaltenen Vortrag über die Kibbutz-Bewegung verwendet; er scheint auch heute noch treffend zu sein.

33 Nebenbei sei an die heftige Debatte erinnert, die 1921 vor der Besiedlung von Ein Harod wütete, um die Frage nämlich, ob ein Kibbutz mit 150 Leuten lebensfähig sei.

34 Diese Gesichtspunkte wurden von den Gegnern des Kibbutz in der Debatte über dessen Lebensfähigkeit hervorgehoben, die ihren Höhepunkt gegen Ende der zwanziger und Anfang der dreißiger Jahre erlebt hat. Die ökonomischen Schwierigkeiten der Kibbutzim zu diesen Zeiten stützten die Argumente derer, die daran festhielten, daß nicht existierende persönliche Anreize eine notwendige Konsequenz des kollektiven Lebens seien, und daß die Vernachlässigung des kollektiven Eigentums in einem Kollektiv unvermeidlich sei.

35 Die zionistische Arbeiterbewegung befürwortete stets die konstruktive Auffassung, die manchmal »noch ein Acker und eine Kuh« genannt wurde.

Michael Krüger
Nachtrag

Für den Leser von Barkais Beitrag mag es nützlich sein, einige nahere statistische Angaben zur Entwicklung des Kibbutz kennenzulernen. Dies bietet sich um so eher an, als Barkai selbst in der bislang sicher umfassendsten und gründlichsten Studie zu ökonomisch relevanten Entwicklungstrends[1] des Kibbutz umfangreiches Material bereitgestellt hat, auf das bequem zurückgegriffen werden kann. Da nicht alle von Barkai gemachten Angaben dem Bedürfnis nach aktuellen Daten Rechnung tragen (und auch nicht ohne weiteres tragen können), ist gelegentlich auch Material von anderen Quellen herangezogen worden; trotz aller Vorsicht und Skepsis dürfen die – im übrigen nicht sonderlich zahlreichen – Daten aus anderen Quellen als Stütze für die

Vermutung angesehen werden, daß die von Barkai ausgewiesenen Trends bestätigt werden können.

Im folgenden sind einige Daten zusammengestellt, in denen Entwicklungstendenzen des Kibbutz zum Ausdruck kommen, so etwa die Veränderung der Anzahl der Kibbutzim in der Zeit, Angaben über die Bevölkerungsentwicklung wie auch die Arbeitsbevölkerung in den Kibbutzim, ferner einige Unterlagen zur Einkommensentwicklung, zum Lebensstandard und zur Produktivität. Hierbei wurde – auch zur Stützung von Barkais Aussagen – berücksichtigt, daß der Leser zur geeigneteren Interpretation auch die entsprechenden Daten für die israelische Wirtschaft zur Verfügung haben sollte.

I. Anzahl der Kibbutzim

Die folgende Übersicht gibt an, wie sich die Anzahl der Kibbutzim in der Zeit von 1927-1977 geändert hat. Es wurde darauf verzichtet, Zahlen für die Zeit vor 1927 aufzunehmen, da sie zu wenig gesichert erscheinen.

Tabelle 1[2]

Jahr	Kibbutzim
1927	25
1931	30
1936	47
1940	78
1945	97
1951	191
1954	212
1958	219
1965	222
1969	227
1973	238[3]
1977	244[4]
1981	252

II. Zur Bevölkerungsentwicklung im Kibbutz

Man muß neben der Entwicklung der Bevölkerung im Kibbutz natürlich sehen, daß trotz der erheblichen Zuwächse der Bevölkerung – und damit auch der Arbeitsbevölkerung – der Anteil der im Kibbutz lebenden Israelis an der Gesamtbevölkerung recht klein ist; nur im Jahre 1945 überstieg der Anteil 6%, in den letzten Jahren scheint sich der Anteil unter der 4%-Grenze zu stabilisieren.

Tabelle 2[5]

Jahr	Bevölkerung	prozentualer Anteil an der Ges.-Bevölk.
1927	3 909	2,6
1931	4 391	2,5
1936	13 496	5,8
1940	26 554	3,6
1945	36 883	6,7
1951	64 523	4,9
1954	75 664	5,0
1958	83 091	4,7
1965	85 753	3,8
1969	95 202	3,9
1973	102 340	3,7[6]
1977	112 613	3,7[7]

Die durchschnittliche Bevölkerungszahl pro Kibbutz ist im Trend gestiegen und liegt für 1977 bei 461 Personen. Betrachtet man die Entwicklung in der Zeit für unterschiedliche Bevölkerungsgrößenklassen, stellt man unschwer fest, daß etwa im Zeitraum von 1936-1965 die Zahl »großer« Kibbutzim nicht nur absolut, sondern auch relativ gestiegen ist:

Der Arbeitskräfteanteil an der Gesamtbevölkerung liegt hoch; für die durchschnittliche Bevölkerungszahl von 461 pro Kibbutz kommt man auf 277 Arbeitskräfte, das entspricht einem Anteil von ca. 60% der durchschnittlichen Bevölkerung. Indes sollte beachtet werden, daß der Arbeitskräfteanteil nicht gleichbedeutend ist mit der Erwerbsquote. Im Kibbutz zählen auch die im Haushalt Beschäftigten (zu recht) als Arbeitskräfte. Im Hinblick

Tabelle 3[8]

| Jahr | Kibbutzim | Bevölkerung | | | | |
		0–150	151–300	301–500	501–750	>751
1936	47	12	21	9	4	1
1958	221 (219)	34	64	57	55	11
1965	220 (222)	23	71	60	56	10

auf die ökonomische und soziale Überlebensfähigkeit eines Kibbutz durchschnittlicher Größe geht man davon aus, daß die Zahl der Arbeitskräfte langfristig nicht unter 100 sinken darf.[9]

III. Zur Produktivitätsentwicklung im Kibbutz

Als grobe Maße zur Abschätzung der Produktivitätsentwicklung in der Zeit stehen für den Kibbutz die Quotienten von Bruttoprodukt pro Arbeitseinheit und Bruttoprodukt pro Produktionsmitteleinheit zur Verfügung (gemessen in konstanten Preisen); damit aber kann auch eine Abschätzung der Entwicklung der Kapitalintensität in der Zeit vorgenommen werden. Leider lassen sich nur Daten bis 1965 angeben, so daß die vor allem in den siebziger Jahren zu beobachtende beschleunigte Industrialisierung in den Kibbutzim nicht berücksichtigt werden kann. Dennoch ist die Entwicklung der durchschnittlichen Arbeitsproduktivität erstaunlich, beeindruckend auch die Entwicklung der Kapitalintensität.

Tabelle 4[10]

Jahr	Produkt/Arbeit	Produkt/Produktmitt.	Kap.-Inten.
1936	731	0,15	8,8
1940	583	0,13	7,3
1945	1434	0,50	6,6
1951	2242	0,45	8,3
1954	3292	0,45	7,3
1958	4260	0,40	10,6
1965	6136	0,33	16,6

Betrachten wir nun die Einkommensentwicklung im Kibbutz; anschließend stellen wir die Pro-Kopf-Einkommenssituation in der Zeit für den Kibbutz und Israel gegenüber.

Tabelle 5[11]

1936	1940	1945	1951	1954	1958	1965
6 030	11 438	28 686	66 450	96 092	123 449	184 893

Bei den angegebenen Zahlen handelt es sich um in Tausend-Werte des im Kibbutz verfügbaren Einkommens, gemessen in konstanten Preisen von 1958. In der nachfolgenden Gegenüberstellung des Pro-Kopf-Einkommens im Kibbutz und in Israel wird hingegen nicht das verfügbare, sondern das Einkommen vor Steuerabzug und Transferleistungen verwendet, weil hier mehr Zahlenmaterial vorliegt. Man erkennt leicht, daß bei Berücksichtigung der für den Kibbutz adäquateren Einkommensdefinition die Unterschiede zur Situation in Israel gering sind; das Einkommensniveau im Kibbutz liegt mal über, mal unter dem Israels.

Tabelle 6[12]

Jahr	Kibbutzeinkommen	Einkommen in Israel
1936	54	50
1940	58	45
1945	215	161
1951	355	388
1954	1 028	849
1958	1 481	1 372
1965	3 127	3 339

Betrachten wir abschließend den Industrialisierungsprozeß in den Kibbutzim, eines der faszinierendsten Phänomene in der Entwicklung der Kibbutzim. Schwerpunktmäßig über lange Jahre durch die Produktion im landwirtschaftlichen Bereich charakterisiert, unterliegt der Kibbutz seit etwa 20 Jahren einem Industrialisierungsprozeß, der teilweise größere Wachstumsraten aufzuweisen hat als die israelische Wirtschaft. Andererseits ist im Zuge der Industrialisierung die Zahl der Lohnarbeiter sprunghaft gestiegen; im industriellen Sektor beträgt die Zahl der Lohnarbeiter in neuerer Zeit weit über 40% der Gesamtbeschäftigtenzahl.

Drückt man die zeitliche Entwicklung der Bruttoproduktion im landwirtschaftlichen und industriellen Sektor auch anteilsmäßig aus, dann fällt auf, daß in den sechziger Jahren der relative Umschwung zugunsten der Produktion im industriellen Sektor erfolgt ist und offensichtlich anhält. Anders ausgedrückt ist die Wachstumsrate der industriell erzeugten Produkte seit den sechziger Jahren im Durchschnitt fast immer höher als die Wachstumsrate der Bruttoproduktion. Aus der nachfolgenden Tabelle ist ersichtlich, daß die Wachstumsrate des industriell erzeugten Outputs bereits in den fünfziger Jahren bisweilen höher war als die Rate der Gesamtproduktion, dennoch blieb der relative Anteil nahezu konstant. Erst in den sechziger Jahren stieg der relative Anteil der Industrieprodukte an der Gesamtproduktion in größerem Ausmaß.

Tabelle 7

Jahr	$\hat{Y}$	$\hat{Y}_A$	$\hat{Y}_I$	Y_A/Y	Y_I/Y
1955	13,8%	12,7%	43,5%	78,4%	14,0%
1956	19,6	22,6	14,1	80,3	13,4
1957	12,2	13,6	12,7	81,3	13,4
1958	13,1	12,0	18,1	80,5	14,6
1959	1,4	1,9	5,3	81,0	14,6
1960	12,2	10,6	22,9	79,8	15,9
1961	12,0	8,9	22,8	77,6	17,5
1962	11,1	5,1	29,9	73,4	20,5
1963	6,5	3,8	11,9	71,6	21,5
1964	2,9	4,1	−2,5	72,4	20,3
1965	4,2	2,7	9,8	71,4	21,4

Hierbei bedeuten: $\hat{Y}$ reale Wachstumsrate des Bruttooutputs, $\hat{Y}_A$ reale Wachstumsrate der Agrarproduktion, $\hat{Y}_I$ reale Wachstumsrate der industriellen Produktion einschl. Reparaturleistungen, Y_A/Y Anteil der Agrarproduktion an der Gesamtproduktion, Y_I/Y Anteil der industriellen Produktion an der Gesamtproduktion. Grundlage für unsere Berechnungen sind die absoluten Zahlen bei Barkai (1), S. 192, gemessen in konstanten Preisen von 1958.

Es seien noch die Wachstumsraten für den industriellen Output im Kibbutz sowie in Israel zu Beginn der siebziger Jahre angegeben; bei Don (2) werden die absoluten Änderungen als Beleg für das schnellere Wachstum des industriellen Outputs im Kibbutz angesehen.

Tabelle 8

	1971	1972	1973	1974
$\hat{Y}_I$ im Kibbutz	14,0%	24,6%	19,7%	20,6%
$\hat{Y}_I$ in Israel	11,0	12,6	6,4	5,3

Im Zusammenhang mit der beschleunigten Industrialisierung im Kibbutz hat die Zahl der Lohnarbeiter beträchtlich zugenommen. Obwohl die Anzahl der Lohnarbeiter absolut gesehen nicht sonderlich groß ist, ist die relative Zunahme zweifellos beträchtlich; insbesondere ist der Anteil der Lohnarbeiter im industriellen Sektor enorm groß. Bei Barkai (1) werden die Jahre 1969-1973 für besonders wichtig zur Veranschaulichung der Zunahme der Lohnarbeiter gesehen. Seit 1970 – in diese Zeit fielen Entscheidungen gegen die Ausdehnung der Lohnarbeit in Kibbutzbetrieben – ist allerdings der relative Lohnarbeitsanteil im Rückgang begriffen.

Tabelle 9

Jahr	Zahl der Lohnarbeiter	rel. Zuwachs (%)	rel. Anteil der Lohnarbeiter (%)
1969	4 161	–	51,4
1970	4 423	6,3	52,0
1971	4 358	–1,5	49,7
1972	5 156	18,3	49,6
1973	5 419	5,1	48,4

Die Daten stammen aus Barkai (1), S. 222 sowie eigenen Berechnungen.

Anmerkungen

1 Vgl. H. Barkai (1977).
2 Die angegebenen Daten stammen aus Barkai (1977), S. 3.
3 Die Zahl ist entnommen aus Y. Don (1977), S. 60.
4 Die Angabe entstammt M. Sokolovsky (1979).
5 Die Zahlenangaben stammen aus Barkai (1977), S. 3.
6 Die Zahlen wurden nach den Angaben von Don (1977) berechnet.
7 Die Zahlenangabe ist Sokolovsky (1979) entnommen.
8 Vgl. Barkai (1977), S. 228.

9 Die Aussage findet sich bei Don (1977), S. 60.
10 Vgl. Barkai (1977), S. 128.
11 Vgl. die Daten bei Barkai (1977), S. 146.
12 Vgl. ebd., S. 158.

Literatur

Barkai, H. (1977), *Growth Patterns of the Kibbutz Economy*, Amsterdam, New York and Oxford.
Don, Y. (1977), *Industrialization In Advanced Rural Communities: The Israeli Kibbutz*, in: *Sociologia Ruralis*, S. 59-73.
Sokolovsky, M. (Ed.) (1979), *Know The Kibbutz Movement*, Kibbutz Documentation and Information Center, June.

Menachem Rosner
Der qualitative Gehalt des Arbeitslebens im Kibbutz

Das Konzept des Kibbutz in bezug auf den qualitativen Gehalt des Arbeitslebens beschränkt sich nicht allein darauf, die Arbeitsbedingungen zu verbessern oder die Befriedigung durch die Arbeit zu steigern. Der Wunsch, die Qualität des Arbeitslebens zu verbessern, ist Teil eines überall vorhandenen Wunsches nach *befreiter Arbeit,* die alle bestehenden, verschiedenartigen Formen der Entfremdung überwindet, von denen der Arbeiter in der modernen Gesellschaft mit ihren technologischen Arbeitssystemen, ihrer bürokratischen Organisation bedroht ist; Entfremdung auch durch die Stellung, die dem Arbeiter, der seine Arbeit verkaufen muß, von der Gesellschaft zugedacht ist. Gemäß diesem Anspruch – die Entfremdung innerhalb des Kibbutzsystems zu überwinden – sollte der Weg dahingehend geebnet werden, daß der Arbeiter seine Fähigkeiten in allen Lebensbereichen (nicht nur bei der Arbeit) verwirklichen und seine Begabungen ständig weiterentwickeln kann.

Zuerst soll der Einfluß des Wertesystems sowie der ökonomischen und sozialen Struktur des Kibbutz auf den qualitativen Gehalt des Arbeitslebens untersucht werden, daran anschließend der Einfluß, den die Arbeit auf andere Bereiche des Kibbutzlebens ausübt.

1. Der qualitative Gehalt des Arbeitslebens und die Veränderungen im Arbeitskonzept

Im Wertesystem der wegbereitenden Bewegung, in der der Kibbutz eine zentrale Rolle spielte, hatte die Arbeit eine zentrale Stellung. Der Schwerpunkt lag auf einer bestimmten Art von Arbeit; physischer, landwirtschaftlicher und handwerklicher Arbeit wurde der Vorzug gegenüber anderen Arbeiten gegeben. Bei dem Integrationsprozeß der jüdischen Jugend aus dem Mittelstand der Diaspora in ein Leben voller physischer und landwirtschaftlicher Arbeit unter schwierigen Bedingungen spielte die Bedeutung, die den vorgenannten Arbeitsbereichen beigemessen wurde, eine große Rolle und trug wesentlich zur ökonomischen Entwicklung des Kibbutz und Israels bei.

Beim Aufbau der israelischen Nation spielte die wegbereitende Arbeitsethik eine ähnliche Rolle wie die protestantische Ethik bei der Entwicklung des Kapitalismus. Beide hoben sie die Notwendigkeit von harter Arbeit und Sparsamkeit hervor, um die für die Zukunft gesteckten Ziele zu erreichen. Beide erfüllten sie ihre Funktion im Wachstumsstadium der ökonomischen Entwicklung. Trotz dieser Gemeinsamkeiten gibt es aber auch viele Unterschiede. Die protestantische Ethik basierte auf religiösen Grundsätzen und war auf das Jenseits ausgerichtet, obwohl die ökonomischen Aktivitäten im Diesseits stattfanden. Im Gegensatz dazu war die wegbereitende Ethik – obwohl sie Begriffe wie »die Religion der Arbeit« und »Zuallererst der Hände Arbeit« gebrauchte – völlig darauf ausgerichtet, den Menschen und die Gesellschaft im Diesseits zu verändern. Die protestantische Ethik legte Wert auf einen starken Individualismus, und dadurch spielte »göttliche Gnade« auch bei den ökonomischen Aktivitäten des Individuums eine Rolle, wohingegen die Pionierethik das kollektive System und die Kooperation betonte.

Ein weiterer Ursprung für das Arbeitskonzept des Kibbutz findet sich in humanistischen und sozialistischen Werten wie der Gleichrangigkeit der Arbeit, dem Wunsch nach einem vielseitigen Individuum und nach Resistenz gegen allzu engen Professionalismus.

Das Konzept der gleichrangigen Bewertung jeglicher Form von Arbeit zeigte sich im Protest gegen die akzeptierte Differenzierung zwischen hochgeschätzter Arbeit und degradierender Arbeit. Demgemäß ist nicht von Bedeutung, *was* man tut, sondern *wie* man es tut; die Mühen, die investiert werden, das Engagement für die Arbeit etc. Eine sich logischerweise ergebende Voraussetzung ist die Gleichheit menschlicher Fähigkeiten, wobei intellektueller Scharfsinn nicht höher eingeschätzt wird als handwerkliches Geschick, oder physische Kraft nicht höher als Organisationstalent etc.

Das Konzept der gleichrangigen Bewertung von Arbeit, das auf der sozialistischen Tradition basiert, steht in Zusammenhang mit dem vielseitigen Individuum, dessen Wurzeln in der humanistischen Philosophie zu finden sind. Dementsprechend sollte während des Erziehungs- und Ausbildungsprozesses ermöglicht werden, daß jedes Individuum seine angeborenen Fähigkeiten entwickelt, um vielseitigen und verschiedenartigen Tätigkeiten nachgehen zu können.

Dies sind die Quellen, aus denen die Kibbutzbewegung schöpft bei ihren Bestrebungen, individuelle Fähigkeiten zu verwirklichen, so wie die ökonomischen und produktiven Aktivitäten ihre Wurzeln in der Pionierideologie haben.

Die möglicherweise auftretenden Spannungen zwischen diesen beiden Auffassungen dürfen nicht ignoriert werden. Dadurch, daß physischer und landwirtschaftlicher Arbeit der Vorzug gegeben wurde, wurden gewisse menschliche Fähigkeiten, wie zum Beispiel physische Kraft, stärker betont als die Entwicklung der Gesamtheit der menschlichen Fähigkeiten. Dieser Vorzug, den man gewissen Arbeiten gibt, bewirkt eine geringere Bewertung anderer Arbeiten oder Berufe, was im Gegensatz zum Konzept der Gleichrangigkeit jeglicher Arbeit steht. Wird Arbeit als *Diktat* verstanden, als ein Mittel, Werte zu schaffen, wird der *Befriedigung* durch sie und vielleicht auch überhaupt das Recht auf Befriedigung durch sie bzw. den Beruf weniger Wert beigemessen.

Man könnte annehmen, daß die Spannungen zwischen den verschiedenen Quellen der Arbeitsideologie des Kibbutz angesichts der Veränderungen, die in den letzten zwanzig Jahren im beruflichen Bereich und in der sozialen Struktur der Kibbutzbewegung stattgefunden haben, zugenommen hätten. In diesen Jahren ist eine außerordentliche ökonomische Entwicklung auf dem landwirtschaftlichen Sektor im Kibbutz vor sich gegangen, wobei Mechanisierung, Differenziertheit und Professionalisierung ein immer höheres Niveau erreicht haben. Gleichzeitig gründeten die meisten Kibbutzim Industriebetriebe, in denen sich Ungleichheit entwickelte; Ungleichheit in den verschiedenen Berufen und Jobs vom Aspekt sowohl des beruflichen Niveaus, das erforderlich ist, gewisse Pflichten zu erfüllen, als auch der administrativen Verantwortlichkeit und der Autorität gewisser Positionen. Während dieser Zeit wurden tausende junger Leute, die im Kibbutz geboren waren, Mitglieder der Kibbutzim. Wie die Ergebnisse verschiedener Untersuchungen gezeigt haben, legt diese Gruppe großes Gewicht auf die Möglichkeit der persönlichen Entwicklung, besonders im Bereich der Fachkenntnisse erfordernden und befriedigenden Arbeit. Als Resultat der beiden vorgenannten Prozesse wurde zu dieser Zeit erstmals ein weites Spektrum an Möglichkeiten höherer Bildung angeboten, und ein großer Teil der jungen Leute profitiert heute von der Möglichkeit der berufsschulischen oder akademischen Ausbildung. Unter diesen Umständen könnte man differierende Vorstellungen vom Wert der Arbeit bei den Generationen erwarten. Die Einstellung der ersten Generation, die an der Formulierung der wegbereitenden Ideologie teilhatte und ihr Leben darauf aufbaute, sollte wohl von der der zweiten Generation, die unter anderen Bedingungen aufwuchs und lebte, abweichen.

Den Ergebnissen einer Untersuchung über ideologische Unterschiede zwischen den Generationen (Rosner u. a., 1978) zufolge jedoch scheint es, daß – obgleich einige Veränderungen hinsichtlich der Erwartungshaltung stattgefunden haben – die Differenz zwischen den Generationen gering ist. Die bemerkenswerte Tatsache ist, daß in bestimmten Bereichen die »traditionellen« Werte, deren Wurzeln in der Pionierzeit liegen, aufrechterhalten worden sind, wohingegen sich in anderen Bereichen »modernistische« Haltungen durchsetzten.

Ein Beispiel für die modernistische Einstellung ist die nahezu einhellige Einsicht beider Generationen, daß die Möglichkeiten zur Selbstverwirklichung des einzelnen und zu qualifizierter Ausbildung erweitert werden sollten. Darüber hinaus unterstützen ungefähr 2/3 die Expansion der Industrie auf Kosten der Landwirtschaft. Andererseits vertritt die überwiegende Mehrzahl der Befragten die »traditionelle« Einstellung, der Prozentsatz der in der Produktion Arbeitenden solle erhöht werden. Die große Mehrheit ist dagegen, die Anzahl derjenigen, die außerhalb des Kibbutz arbeiten (meistens jene, die Berufe haben, für die innerhalb des Kibbutz kein Bedarf besteht), zu erhöhen. Was die physische Arbeit betrifft, so sind unterschiedliche Auffassungen vorhanden. Einige (31%) sind dafür, daß der Schwerpunkt von der physischen Arbeit mehr zu anderen Arbeiten hin verlagert wird, andere (22%) wiederum sind dagegen. (Die Übrigen sind mit der gegebenen Situation einverstanden). Die praktische Umsetzung dieser Vorstellung kann einen Konflikt zwischen der Verbesserung schulischer Ausbildung für die Jungen und der industriellen Expansion verursachen, da viele industrielle Facharbeiten ja kein Studium erfordern. Darüber hinaus ist die Bereitschaft gering, denjenigen, die einen akademischen Beruf erlernt haben, die Erlaubnis zu erteilen, außerhalb des Kibbutz arbeiten zu dürfen. Und in gleichem Maß widersetzt man sich der Vorstellung, für industrielle und landwirtschaftliche Arbeiten, die geringere Fachkenntnisse voraussetzen, Arbeitskräfte heranzuziehen, die nicht im Kibbutz leben. Tatsache jedoch ist, daß ein gewisser Prozentsatz von Arbeitskräften – besonders in der Industrie – im Kibbutz arbeitet, aber nicht im Kibbutz lebt, und daß ein gewisser Prozentsatz von Kibbutzniks in Berufen außerhalb des Kibbutz arbeitet, obwohl doch augenblicklich die Maxime gilt, dieses Phänomen einzugrenzen.

Diese gleichzeitige Unterstützung der traditionellen Haltung, daß Kibbutzniks weiterhin in allen Bereichen des Handwerks arbeiten sollten (wobei industrielle und landwirtschaftliche Arbeit miteinander zu vereinen wären), und der modernistischen Haltung – mit ihrer humanistischen und sozialistischen Legitimation für die Ausweitung der schulischen Bildung und der Möglichkeiten zur Selbstverwirklichung – ist die ideologische Basis für die ununterbrochenen Bemühungen, den qualitativen Gehalt des Arbeitslebens im Kibbutz zu verbessern. Mit der Expansion der Industrialisierung sind diese Bemühungen systematischer und organisierter geworden.

Der Kibbutz stellt sich der Herausforderung, die Situation zu schaffen, daß junge Kibbutzniks mit höherer Schulbildung ihre Fähigkeiten und Talente in allen Arbeitsbereichen verwirklichen können – an erster Stelle jedoch im produktiven Bereich in der Industrie und in der Landwirtschaft. Natürlich ist es unmöglich, dieses Ziel innerhalb eines traditionellen Systems von Arbeitsorganisation und beruflicher Klassifizierung in Landwirtschaft und Industrie zu erreichen. Während neuartige Lösungen dieser Probleme bzgl. der Arbeitsorganisation mit den Jahren auf dem landwirtschaftlichen Sektor durch größtmögliche Rezeptivität der agro-technischen Entwicklung erarbeitet wurden, war die Haltung auf dem industriellen Sektor viel konventioneller. Hier wurden die Produktionssysteme – den akzeptierten Mustern entsprechend – von Ingenieuren festgelegt und die Regeln der Organisation und Verwaltung kopiert. Deshalb liegt die hauptsächliche Herausforderung, den qualitativen Gehalt des Arbeitslebens zu steigern, im industriellen Bereich.

Dennoch kann der Wunsch nach Verbesserung nicht allein wertbestimmenden Quellen zugeschrieben werden.

2. Das ökonomische System des Kibbutz und der Wunsch nach Selbstverwirklichung in der Arbeit

Das kollektive Wesen des ökonomischen Systems im Kibbutz trägt dazu bei, daß der Wunsch der Kibbutzniks nach Arbeiten bzw. Berufen, die es ihnen ermöglichen, ihre Fähigkeiten zu verwirklichen und weiterzuentwickeln, intensiviert wird. Persönliche materielle Entlohnung existiert im Kibbutz-System nicht, und es besteht keine Relation zwischen Arbeitsplatz oder Art der Arbeit eines einzelnen und seinem Lebensstandard. Materielle Entlohnung kann daher bei der Aufteilung der Arbeitskräfte auf die verschiedenen Arbeitsplätze nicht die gewohnte Rolle einnehmen. Wir sind uns darüber bewußt, daß der Arbeitsmarkt im ökonomischen System außerhalb des Kibbutz ebenfalls nicht dem theoretischen Modell vollkommenen Wettbewerbs entspricht, demgemäß die Löhne in verschiedenen Industriezweigen durch Angebot und Nachfrage geregelt werden und dadurch, daß das Verhältnis zwischen den Löhnen, die in verschiedenen Industriezweigen gezahlt werden, veränderlich ist und die Möglichkeit besteht, die Arbeit von Industriezweig zu Industriezweig mobil zu halten und zu korrigieren.

Der Kibbutz jedoch hat nicht einmal die begrenzte Möglichkeit, die Aufteilung der Arbeitskräfte innerhalb seiner Bereiche, den veränderten ökonomischen Bedürfnissen entsprechend, durch den Einsatz von Löhnen und Sonderzuwendungen, die es außerhalb gibt, anzugleichen.

Das traditionelle Konzept der Arbeitsaufteilung innerhalb des Kibbutz basiert auf der Annahme, daß der Kibbutznik sich weitgehend mit den Bedürfnissen des Systems identifiziere; und das hätte zur Folge, daß die Kibbutzniks bereit sein müßten, beständig und immer nur für eine gewisse Zeit einen Job auszufüllen und ihn dann wieder zu wechseln, wenn sie davon überzeugt sind, daß die Bedürfnisse des Systems dies erforderlich machen. Mit der Größe des Kibbutz und der zunehmenden schulischen und sozialen Differenzierung innerhalb des Kibbutz reicht Identifikation allein nicht länger aus, die optimale Verteilung der Arbeitskraft zu gewährleisten. Somit gewinnen die spezifischen Charakteristika verschieden gearteter Arbeiten – dem Inhalt nach und den Arbeitsbedingungen entsprechend –

einen höheren Stellenwert bei der Entscheidung eines Arbeiters für oder gegen einen Bereich. Die Ergebnisse der obigen Untersuchung zeigen, daß der entscheidende Faktor beim Wunsch, den Arbeitsplatz zu wechseln, das Empfinden ist, daß die gegenwärtige Arbeit nicht interessant sei. Ebenso sind der Arbeitsinhalt und das Maß des erforderlichen Fachwissens die hauptsächlichen Faktoren, die für den Arbeiter wichtig sind.

Da die Versetzung von einem Arbeitsplatz zum anderen freiwillig ist und das einzige dem Kibbutz zur Verfügung stehende Mittel in Überzeugungskraft besteht, wird der qualitative Gehalt des Arbeitslebens in verschiedenen Arbeitszweigen ein prinzipieller, regulierender Faktor. Die beruflichen Charakteristika und Arbeitsinhalte sind jedoch weit weniger manövrierbar als materielle Entlohnung, und sie sind kurzzeitigen Veränderungen nicht besonders zugänglich. Um die Kluft zwischen dem Bedarf an Arbeitskräften in bestimmten Berufen und dem mangelnden Wunsch der vorhandenen Arbeitskräfte, in eben diesen Stellen tätig zu werden, zu überwinden, wurden verschiedene Vorkehrungen getroffen – zum Beispiel für den Kantinenservice, für gewisse handwerkliche Berufe etc. Die grundlegende Änderung sollte jedoch in veränderten Arbeitsbedingungen und Stelleninhalten gefunden werden. Die Kluft zwischen der Notwendigkeit, gewisse offene Stellen zu besetzen, und der Bereitschaft der Kibbutzniks, dort zu arbeiten, wird natürlich mit dem steigenden Anspruch auf Selbstverwirklichung größer werden, wenn sich der qualitative Gehalt dieser Stellen nicht ändert. Der ausgeprägte Wunsch nach Selbstverwirklichung im Beruf und nach Arbeit innerhalb des Kibbutz, die Fachkenntnisse voraussetzt oder hohe Geschicklichkeit erfordert, kommt zum Ausdruck beim Vergleich zwischen der Bedeutung, die der Befriedigung gewisser Bedürfnisse unter im Kibbutz geborenen und im Kibbutz lebenden Erwachsenen beigemessen wird, und solchen, die den Kibbutz verlassen haben und in der Stadt leben.

Unter allen im Kibbutz Geborenen steht der Wunsch, das Bedürfnis nach Selbstverwirklichung zu stillen, an erster Stelle, und das allgemeine Bild entspricht weitgehend der Hypothese A. Maslows, die die Hierarchie der Bedürfnisse zum Inhalt hat.

Die im Kibbutz Geborenen und dort Lebenden schenken materiellen Überlegungen nicht so viel Beachtung und sind mit diesem Aspekt ihres Lebens zufriedener als diejenigen, die in der

Stadt leben. Andererseits aber sind sie mit den Möglichkeiten ihrer eigenen Entwicklung, besonders mit den Möglichkeiten beruflichen Weiterkommens, weniger zufrieden. Die unterschiedlichen Resultate zwischen diesen beiden Gruppen in dieser Frage gleichen den Resultaten über die materielle Frage, jedoch umgekehrt. Aufgrund seines ökonomischen Erfolgs kann der Kibbutz deshalb seinen Bewohnern einen Lebensstandard bieten, der ihre Bedürfnisse und ihre Erwartungen erfüllt. Dies wurde unter den Bedingungen einer kollektiven Ökonomie erreicht, bei der keine Beziehung besteht zwischen dem Anteil des Beitrags, den eine Arbeitskraft leistet, und der Befriedigung ihrer materiellen Bedürfnisse, die auf gleicher Basis verteilt werden.

Gleichzeitig jedoch entstand eine Kluft zwischen den hohen Ansprüchen an Arbeit und Freizeit und den im Kibbutz vorhandenen Möglichkeiten. Den Grund dafür kann man anscheinend in der Ausbildung des im Kibbutz Geborenen und in dem geringen Bedarf für Kenntnisse finden, die in den akademisch orientierten Schulen des Kibbutz erworben wurden. Darüber hinaus scheint es, daß die Möglichkeiten beruflichen Weiterkommens geringer sind als die Möglichkeiten, Bedürfnisse der Freizeit wie Hobbys und künstlerische Neigungen zu befriedigen.

Ein großer Prozentsatz der im Kibbutz Geborenen – sowohl derjenigen, die im Kibbutz leben, als auch jener, die ihn verlassen haben – hat an Institutionen studiert, die eine höhere Bildung vermitteln. Während nun die meisten derer, die den Kibbutz verlassen haben, auch in ihren erlernten Berufen tätig sind, arbeiten viele von denen, die im Kibbutz blieben, in Bereichen, wo sie die erworbenen Kenntnisse und Fähigkeiten nicht anwenden können. In diesen Fällen können wir davon ausgehen, daß die Kluft zwischen der Ausbildung und den Möglichkeiten, das Erlernte anzuwenden, einen negativen Effekt auf die Befriedigung, die die Arbeit schenkt, der jungen Leute hat.

Diese Kluft läßt sich nicht dadurch eliminieren, daß die Möglichkeiten qualifizierter Ausbildung der im Kibbutz Geborenen reduziert werden. Das Gegenteil ist richtig: Wir sehen einer Zeit beständiger Expansion höherer Schulbildung und beruflicher Ausbildung entgegen. Nur durch Veränderung des beruflichen Systems sowie der Erweiterung und Bereicherung des Arbeitsinhalts kann diese Kluft verringert werden.

3. Die soziale Struktur des Kibbutz und interpersonale Beziehungen auf dem Arbeitssektor

Ungeachtet der gegenwärtigen Spannung zwischen dem hohen Anspruch auf persönliche Entfaltung sowie berufliches Weiterkommen und den relativ begrenzten Möglichkeiten, diese Ansprüche innerhalb des Systems einer kleinen Gemeinschaft, deren Angehörige größtenteils im landwirtschaftlichen und industriellen Bereich tätig sind, zu befriedigen, ist im Bereich der sozialen Beziehungen eine größere Übereinstimmung zwischen Ambitionen und Möglichkeiten vorhanden. Das Bemühen, Solidarität und sozialen Zusammenhalt innerhalb des Systems autonomer Arbeitsgruppen zu schaffen, ist eines der akzeptierten Ziele der weltweiten Bewegung, den qualitativen Gehalt des Arbeitslebens zu verbessern. Der Aufbau autonomer Gruppen mit aktiver öffentlicher Meinungsbildung und interner sozialer Kontrolle wird als eine Alternative zu den autoritativen und hierarchischen Managementsystemen angeboten, bei dem die wichtigste Funktion des Managements die Überwachung der ihm Untergebenen ist. Der Prozeß der sozialen Zersplitterung und der individualistischen Ausrichtung, Charakteristika der hochentwickelten Industrienationen, erschwert die Entwicklung sozialer Solidarität innerhalb der Arbeitsgruppen. Im Kibbutz jedoch ist das Bewußtsein der Verbindung zwischen der allgemeinen sozialen Struktur der Gemeinschaft und den sozialen Beziehungen innerhalb der verschiedenen Arbeitsgruppen stark ausgeprägt.

Im Kibbutz basierten die sozialen Beziehungen schon immer auf unmittelbaren Beziehungen der einzelnen untereinander, die durch soziale Homogenität (die meisten Kibbutzim wurden von Gruppen gegründet, die aus demselben Herkunftsland stammten, in den gleichen Jugendbewegungen groß geworden waren und gleichen Altersgruppen angehörten) und die geringe Größe der Kibbutzgemeinschaft getragen wurden.

Soziale Wechselbeziehungen schlossen sämtliche Lebensbereiche ein und basierten auf der »totalen« Auffassung vom Individuum, einer diffusen und partikularistischen Einstellung und einem Mangel an Förmlichkeit. Die Prozesse funktioneller und beruflicher Differenzierung – die mit der industriellen Expansion und der Größe des Kibbutz wuchs – schadeten diesem Charakteristikum der sozialen Beziehungen im Kibbutz und der Art und Weise, wie es in den interpersonalen Beziehungen bei der Arbeit reflektiert wird, in der Regel nicht. Selbst im industriellen Bereich, in dem normalerweise eine hierarchische Organisationsstruktur das Bild bestimmt, wurde dieser Typus sozialer Beziehung aufrecht erhalten.

Das hohe Maß formloser Mitwirkung beim Fällen von Entscheidungen das in einer vergleichenden internationalen Untersuchung mit vier weiteren Ländern (Jugoslawien, USA, Italien und Österreich) (Tannenbaum u. a., 1974) festgestellt wurde – ist Folge dieses Systems sozialer Beziehungen. Das besondere Naturell der sozialen Beziehungen in den Industriebetrieben des Kibbutz kann – im Vergleich mit den anderen Ländern – damit erklärt werden, daß in diesen anderen Ländern eine enge Beziehung besteht zwischen dem Status einer Person innerhalb der Fabrikhierarchie und ihrer sozialen Klasse sowie zwischen ihrer sozio-ökonomischen Klasse und ihrem Bildungsstand. Im Kibbutz gibt es keinen unterschiedlichen sozialen Hintergrund zwischen demjenigen, der eine Managerposition innehat und den anderen Arbeitern. Die obige internationale Untersuchung fand im Gegensatz zu den Ergebnissen in den übrigen Ländern auch keine Bildungsunterschiede zwischen Managern und Arbeitern. Die Untersuchung zeigte darüber hinaus, daß Arbeitsgruppen im Kibbutz eine wichtige Rolle bei der sozialen Kontrolle spielen.

Die meistgenannte Antwort auf die Frage, was geschieht, wenn ein Arbeiter gute Arbeit leistet, war in allen untersuchten Ländern die, daß sein Vorgesetzter ihn lobt. Im Kibbutz indes war die Antwort die, daß seine Kollegen ihn respektieren. Andererseits aber war auch im Kibbutz die meistgenannte Antwort auf die Frage, was geschieht, wenn ein Arbeiter schlechte Arbeit leistet, daß der Vorgesetzte ihn kritisiert (49%). Ein geringerer Prozentsatz (36%) (ähnlich wie in Jugoslawien und höher als in den übrigen Ländern) gab zur Antwort, daß seine Kollegen ihn kritisierten. Als eine Folge des großen Zusammengehörigkeitsgefühls erfüllt die Arbeitsgruppe zumindest teilweise die Funktion des Vorgesetzten innerhalb des sozialen Kontrollbereichs.

Daher können wir darauf schließen, daß trotz der besonderen Bedingungen hierarchischer industrieller Organisation, die von der einheitlicheren Struktur in anderen Produktions- und Dienstleistungsbereichen des Kibbutz abweicht, Kibbutzfabriken –

verglichen mit den industriellen Bedingungen in anderen Ländern – im allgemeinen qualitativ hochstehende soziale Beziehungen in den Arbeitsbereichen haben. Trotzdem ist der soziale Zusammenhalt im Betrieb geringer als im landwirtschaftlichen Bereich (Leviathan/Eden), und wir dürfen vermuten, daß der Ursprung hierfür nicht im organisatorischen System des Betriebs liegt, sondern im allgemeinen Charakter der sozialen Beziehungen der Kibbutzgemeinschaft. Der Charakter dieser sozialen Beziehungen und der allgemeinen Lebensqualität innerhalb des Kibbutz wird auch in dem hohen Grad psychologischer Anpassung reflektiert, ebenso wie in der Selbsteinschätzung und dem niedrigeren Grad des Entfremdungsgefühls, die man im industriellen Bereich des Kibbutz im Vergleich mit anderen Ländern feststellen konnte.

Als Folge der Veränderungen, die in der Konzeption der Arbeit in der Kibbutzideologie stattgefunden haben, können wir zusammenfassen, daß zwei grundsätzliche Fragen zum Thema »qualitativer Gehalt des Arbeitslebens« im ökonomischen System und der sozialen Struktur entstanden sind:

a) Wie können Berufsstruktur, Technologie und Arbeitsprozesse dem hohen Anspruch auf Entfaltung und Selbstverwirklichung bei der Arbeit der Kibbutzniks – in besonderem Maße für die jungen unter ihnen – angeglichen werden?

b) Wie kann das hohe Niveau der zwischenmenschlichen Beziehungen und der Solidarität innerhalb der Gruppen, die ihren Ursprung in der Natur der sozialen Beziehungen des Kibbutzsystems haben, beibehalten werden; und wie kann es von der hierarchischen und autoritären Struktur der akzeptierten industriellen Organisation unbeeinträchtigt bleiben?

4. Der Einfluß der Arbeit auf andere Bereiche des Kibbutzlebens

Welche Konsequenzen bringen die Veränderungen, die in der Arbeitsideologie, dem Erwartungsgrad der persönlichen Bedürfnisse, den Arbeitsprozessen und den organisatorischen Modellen innerhalb des Kibbutz entstanden sind, für andere Lebensbereiche der Kibbutzgemeinschaft mit sich? Unter dem Aspekt des zentralen Platzes, den die Arbeit im Leben eines Kibbutznik einnimmt, ist diese Frage besonders wichtig. Tatsächlich bestehen unterschiedliche Einstellungen bei den Generationen und den Geschlechtern – die Älteren messen der Arbeit größeren Wert bei als die Jungen, Männer mehr als Frauen –, im allgemeinen jedoch wird dieser Bereich als der wichtigste angesehen (Befriedigung durch die Arbeit ist der einflußreichste Faktor für das allgemeine Wohlbefinden des Kibbutznik).

Wir werden die Konsequenzen, die diese Veränderungen mit sich brachten, sowohl im individuellen Bereich als auch in der Kibbutzgemeinschaft untersuchen.

Normalerweise ist es möglich, zwei unterschiedliche Phänomene in der Interaktion zwischen den Aspekten, die die Arbeit betreffen, und jenen, die die übrigen Lebensbereiche betreffen, auszumachen:

a) Kreative Tätigkeit nach der Arbeit kann eine Art *Kompensation* für unbefriedigende und eintönige Arbeit sein. Die kreativen Fähigkeiten des Arbeiters, denen er während der Arbeitsstunden keinen Ausdruck geben kann, weil die Arbeit selbst nicht ausreichend Raum hierfür bietet, finden ein Ventil in den verschiedensten Hobbys, denen er in seiner Freizeit nachgeht.

b) Es gibt eine Art *gegenseitiger Verbindung* zwischen Arbeit und Freizeit, wobei es jenen, die in ihrer Arbeit keine Befriedigung finden, auch am Willen und der Möglichkeit mangelt zu kreativer Freizeitbeschäftigung. Ihre Freizeitbeschäftigungen sind meist begrenzt auf das passive Fernsehen, Radiohören etc. Andererseits entwickeln diejenigen, die einer befriedigenden Arbeit nachgehen oder Selbständigkeit oder Einfluß haben an ihrem Arbeitsplatz, auch ein höheres Maß an kreativer Tätigkeit in ihrer Freizeit oder an öffentlichen und politischen Aktivitäten.

In der modernen Gesellschaft, und dies ganz besonders in den Großstädten, besteht in der Regel eine klare Trennung zwischen der Arbeit und anderen Lebensbereichen. Der Arbeitsplatz liegt weit entfernt von der Wohnung. Beziehungen zu den Kollegen sind im allgemeinen auf die Arbeitsstunden beschränkt, und gesellschaftliche Beziehungen nach der Arbeit finden in anderem Rahmen statt: innerhalb der Familie, der Nachbarschaft, freiwilligen Organisationen etc. Im Gegensatz dazu steht der Kibbutz, in dem Arbeit und andere Lebensbereiche zum großen Teil ineinander übergreifen. Die meisten Kibbutzniks arbeiten im

Kibbutz selbst, und der Arbeitsplatz steht Familienangehörigen, Kindern etc. zu Besuchen offen. Im allgemeinen gehören die Arbeiter ein und demselben Kibbutz an, und nach der Arbeit treffen sie sich im Speisesaal, im Clubhaus, auf Sitzungen der Komitees, auf Kibbutzvollversammlungen etc. Daher liegt die Vermutung nahe, daß die Wechselbeziehung zwischen Arbeitszeit und Freizeit stärker ist als in anderen Gesellschaftsformen. Welcher Art sind diese Wechselbeziehungen? Forschungsergebnisse weisen darauf hin, daß die Wechselbeziehungen zwischen Arbeit und Hobbys abweichen von den Wechselbeziehungen zwischen Arbeit und öffentlichen Aktivitäten (wie z. B. die Mitgliedschaft in einem Komitee oder das Bekleiden eines öffentlichen Postens). Es hat den Anschein, als bestünde eine negative Beziehung zwischen der Befriedigung durch die Arbeit und der Wichtigkeit von Hobbys, die auf die Existenz des *Kompensations*phänomens hinweist. (In zwei voneinander unabhängigen Untersuchungen unter im Kibbutz Geborenen stellte man negative Wechselbeziehungen von -10 und -20 fest.)

Der Grund für diese negative Wechselbeziehung scheint in der Tendenz zu liegen, daß der Kibbutznik, der mit seiner Arbeit unzufrieden ist, seinen Hobbys einen höheren Stellenwert beimißt, obwohl es möglich wäre, daß es Fälle gibt, in denen Kibbutzniks mit künstlerischen Neigungen weniger in ihre Arbeit »investieren« und daher auch geringere Befriedigung darin finden. Andererseits konnte eine positive Wechselbeziehung festgestellt werden zwischen dem Maß an Einfluß, den der Betreffende an seinem Arbeitsplatz hatte, und dem Stellenwert der öffentlichen Posten, die er bekleidete (.26), was auf das Phänomen der »gegenseitigen Verbindung« hinweist. Dieses Phänomen scheint sich von der Tatsache ableiten zu lassen, daß diejenigen, die zu öffentlichen Aktivitäten und der Einflußnahme auf andere tendieren, dieser Neigung sowohl bei ihrer Arbeit als auch im allgemeinen Kibbutzleben Ausdruck geben, wohingegen diejenigen, denen diese Tendenz fehlt, in beiden Bereichen weniger aktiv sind. Wir sollten hervorheben, daß die Suche nach Kompensation für mangelnde Befriedigung durch die Arbeit sich auf individuelle Aktivität konzentriert – Hobbys sind im allgemeinen individualistisch, wohingegen die Neigung zu öffentlichen Aktivitäten eine kollektivistischere Haltung anzeigt. Die Vermutung, daß jene, die in öffentlichen Angelegenheiten aktiv sind, eine kollektivistische

Haltung haben, basiert auf der Tatsache, daß ihnen keinerlei direkte Entlohnung zugute kommt, und in vielen Fällen ist ihre Bilanz negativ. Wir vermuten, daß die Steigerung der Möglichkeit, Einfluß zu nehmen und Verantwortung im Arbeitsbereich zu tragen, als Teil des Bemühens, den qualitativen Gehalt der Arbeit zu verbessern, auch den Wunsch nach Aktivität in anderen Bereichen verstärkt. Obwohl die Entwicklung hobbyähnlicher Aktivitäten wichtig ist, kann sie nicht als Lösung für das Problem mangelnder Befriedigung durch die Arbeit angesehen werden. Die relativ schwache Korrelation zwischen der Befriedigung durch die Arbeit und der Wichtigkeit von Hobbys zeigt, daß es nur einigen Arbeitern, die keine Befriedigung durch ihre Arbeit finden, gelungen ist, dies durch ihre Hobbys kompensieren zu können. Angesichts der ausgeprägten Ambitionen auf Selbstverwirklichung können wir nicht davon ausgehen, daß viele Kibbutzniks – vor allem die jungen – dazu bereit sind, jahrelang in unbefriedigenden Stellungen zu arbeiten und nur in den Stunden nach der Arbeit nach befriedigenden Möglichkeiten Ausschau zu halten. Um diesen Ansprüchen Genüge zu tun, müssen die Arbeitsinhalte bereichert und die Möglichkeiten kreativer Aktivität sowohl im Arbeitsbereich als auch in der Freizeit erhöht werden.

Genauso, wie zwischen den Ambitionen des einzelnen in bezug auf Kreativität und den am Arbeitsplatz herrschenden Bedingungen – die ihm eventuell die Verwirklichung dieser Ambitionen verwehren – Spannungen möglich sind, können auch Widersprüche zwischen der Entwicklung eines autoritären und hierarchischen Organisationsmodells am Arbeitsplatz und den demokratischen Grundlagen des Kibbutz aufkommen.

Bei einer Anzahl Kibbutzim mit großen Industrieanlagen stellte man Tendenzen zu exzessiver Autonomie auf seiten des Betriebes fest, wenn dessen Manager mit den entscheidenden Kanälen der Kibbutzversammlung und seiner Institutionen nicht immer derselben Meinung waren. Unsere Untersuchungen zeigen, daß jene Betriebe, in denen diese Phänomene zutage traten, solche waren, die internen demokratischen Prozessen innerhalb des Betriebes weniger Beachtung schenkten, und größtenteils Betriebe waren, die eine relativ hohe Zahl von Arbeitern beschäftigte, die nicht im Kibbutz lebten (Rosner; Palgi). Den meisten Kibbutzim gelang es, diese Phänomene zu überwinden; größtenteils führten sie

Reformen ein, die die Integration des Betriebes in das demokratische Entscheidungssystem des Kibbutz gewährleisteten. Das Phänomen der großen Anzahl von Arbeitern, die nicht im Kibbutz leben, war in gewissen Betrieben schwieriger zu überwinden. Es hat den Anschein, daß die Anwesenheit der Arbeiter von außerhalb in einem Kibbutzbetrieb einen negativen Einfluß auf die Kibbutzniks, die in diesem Betrieb arbeiten, ausübt. Dieser negative Einfluß hat seinen Ursprung darin, daß die beiden Gruppen verschiedenen Normen und Entlohnungssystemen unterliegen. Während die Motivation der Kibbutzniks in erster Linie auf internen Entlohnungen (Zufriedenheit mit den Arbeitsinhalten, Identifikation mit der Arbeitsstelle und dem Betrieb etc.) beruht, beruhen die Motivationen der Arbeiter von außerhalb vor allem auf den konventionellen materiellen Entlohnungen. Während der Kibbutznik soziale Kontrolle von der Arbeitsgruppe erwartet, wird der Arbeiter von außerhalb durch die Hierarchie im Management kontrolliert.

Diese Situation bewirkt normative Verwirrung und Unklarheit und hat auf die sozialen Beziehungen zwischen Kibbutzniks auf verschiedenen Funktionsebenen einen negativen Einfluß. Unter den im Kibbutz herrschenden Bedingungen ist es unmöglich, diesen negativen Phänomenen an den Fabriktoren Einhalt zu gebieten, und sie können einen schädlichen Einfluß auf die gesamten sozialen Beziehungen innerhalb des Kibbutz ausüben. Andererseits jedoch entsteht eine positive Auswirkung auf das allgemeine soziale Leben, wenn sich zusammenhängende Arbeitsgruppen mit Solidaritätsgefühl herausbilden (was im landwirtschaftlichen Bereich häufiger geschieht, jedoch auch in vielen Industriebetrieben).

Mit dem Wachstum des Kibbutz und der Veränderung der Mitgliedsstruktur bilden dieselben Untergruppen das hauptsächliche Gerüst sozialer Integration. Die drei hauptsächlichen Untergruppen des heutigen Kibbutz sind:

a) die Ursprungsgruppe – für im Kibbutz Geborene ist dies die Gruppe, in der sie aufgewachsen sind, und für andere ist dies diejenige, mit der sie in den Kibbutz gekommen sind;

b) der Familienkreis mit weiter entfernten Verwandten;

c) die Arbeitsgruppe.

Die Arbeitsgruppe kann eine wichtige Rolle übernehmen, besonders bei der Eingliederung neuer Kibbutzniks. Während der Arbeitsstunden werden Verbindungen geknüpft, die später formlos weiterbestehen, und auf diese Weise wird auch die Familie des neuen Mitglieds in das Geflecht der sich entwickelnden Beziehungen einbezogen. Die Arbeitsgruppe spielt auch bei den demokratisch entscheidenden Prozessen eine wichtige Rolle. Innerhalb ihres Rahmens läßt sich ein Konsensus herstellen, was die allgemeinen Kibbutzangelegenheiten betrifft, also nicht nur jene Dinge, die den eigenen Arbeitsbereich betreffen. Entscheidungen innerhalb des eigenen Arbeitsbereiches zu treffen, ist eine Station im allgemeinen Entscheidungsbereich. Die Investitionen und Produktionspläne eines Arbeitsbereiches zum Beispiel werden zuerst im eigenen Rahmen diskutiert, erst dann in den Komitees und der Kibbutzvollversammlung. Verantwortliche Positionen innerhalb des eigenen Arbeitsbereiches auszufüllen, an den Diskussionen teilzunehmen und bei den Entscheidungen teilzuhaben, ist ebenfalls ein wichtiger Kanal, durch die der Kibbutznik Einfluß nehmen kann auf die Kibbutzangelegenheiten. Dieser Kanal ist um so wichtiger, je mehr der Kibbutz wächst und seine Probleme immer komplexer werden.

Die gegenseitige Wechselbeziehung zwischen dem System der Untergruppen und dem allgemeinen Kibbutzsystem kann auch mittels des Modells der Input-Output-Beziehung analysiert werden. Die besondere Natur der formlosen, weitgestreuten interpersonalen Beziehungen – die für das Kibbutzleben und für das akzeptierte Modell demokratischen Managements typisch sind – machen die Inputs aus, die der Kibbutz dem Untergruppensystem innerhalb der Arbeitsbereiche zur Verfügung stellt. Die Arbeitsbereiche führen dem allgemeinen System wichtige Outputs zu, indem sie zur sozialen Integration beitragen, und durch die Rolle, die sie innerhalb der Entscheidungsprozesse einnehmen.

Zusammenfassung

Viele Faktoren im Kibbutz tragen dazu bei, den qualitativen Gehalt des Arbeitslebens zu verbessern:
a) die ideologische Legitimation – die ihre Wurzeln in humanistischen und sozialistischen Werten hat – mit dem Aspekt, daß die Arbeit der Bereich ist, in dem menschliche Fähigkeiten verwirk-

licht werden können, indem man sowohl den vorhandenen Fähigkeiten bzw. Kenntnissen Ausdruck geben kann als auch der Entwicklung derselben durch Übung und Weiterbildung;

b) die zentrale Rolle, die der Wunsch nach Selbstverwirklichung einnimmt in bezug auf das Fehlen persönlicher materieller Entlohnung;

c) die Entwicklung der o. g. Erwartungen innerhalb des Ausbildungssystems, das den Schwerpunkt auf die Vielseitigkeit der persönlichen Fähigkeiten und Kenntnisse sowie auf die Kreativität in verschiedenen Bereichen legt;

d) die Möglichkeit, die Stelle zu wechseln – entweder als Folge der Anpassung an veränderte Bedürfnisse des Kibbutzsystems oder auf der Suche nach befriedigenderer Arbeit.

Zu den vorgenannten positiven Faktoren kommen jedoch gewisse Begrenzungen hinzu, die die Erreichung des Zieles erschweren. Die begrenzte Vielfalt der Posten, die innerhalb der kleinen Gemeinschaft zu besetzen sind, die wertende Betonung produktiver Arbeit im landwirtschaftlichen und industriellen Bereich und der Widerstand gegen eine große Zahl von Arbeitern, die nicht aus dem Kibbutz kommen, begrenzen die Möglichkeiten aller Kibbutzniks, eine Stellung zu finden, die ihren Wünschen und Fähigkeiten bzw. Kenntnissen entspricht.

Die Tatsache, daß der Kibbutz ein geschlossener Arbeitsmarkt ist – infolge des ideologischen Widerstands gegen Arbeitskräfte von außerhalb und der konsequenten Notwendigkeit, die Kibbutzniks davon zu überzeugen, daß sie in den innerhalb des Kibbutz vorhandenen Posten tätig werden –, ist ein starker Zwang beim fortwährenden Bemühen, das berufliche System zu verändern, die Arbeitsinhalte zu bereichern und die Arbeitsplätze den Wünschen und Kenntnissen der Arbeiter anzupassen. Im landwirtschaftlichen Bereich haben Kibbutzim beachtliche Erfolge in dieser Hinsicht erreicht; die wachsende Industrie jedoch hat neue Herausforderungen gebracht. Diese Herausforderungen stellen sich beim Auswählen neuer Industriezweige – besonders bei deren Technologie – und auch mittels sozio-technologischer Systeme, um den Charakter der bestehenden Betriebe zu verändern.

Wir glauben, daß die Kibbutzerfahrung auf diesen Gebieten eine Bedeutung erlangt hat, die weit über die eigenen Grenzen hinausgeht. In Ländern mit hohem Lebensstandard und umfassender sozialer Sicherheit ist materielle Entlohnung für die Motivation des Arbeiters weniger wichtig geworden. Das hohe Bildungsniveau der Jugend hat höhere Erwartungen mit sich gebracht, was Art und Inhalt der Arbeit betrifft, und hat manchmal – besonders gegen industrielle Arbeit – einen »jugendlichen Widerwillen gegen das Arbeiten« bewirkt. Der Versuch, die Knappheit an jungen Industriearbeitern zu überwinden, indem man auswärtige Arbeitskräfte einführte, ist auf soziale und qualitative Grenzen gestoßen. Das Bewußtsein für die Notwendigkeit wächst, den gut ausgebildeten jungen Leuten, die Befriedigung und Kreativität bei ihrer Arbeit suchen und nicht nur lediglich Gehälter, die Industriearbeit anziehender zu machen.

Daher besteht sowohl im Kibbutz als auch in den hochentwickelten Industrienationen die Notwendigkeit, den qualitativen Gehalt der Arbeit zu verbessern. Die wachsende Gleichheit der Faktoren, die in diese Richtung stoßen, ermutigt zu der reziproken Untersuchung von Erfahrung und allgemeiner Suche nach neuen Lösungen.

Aus dem Englischen von Ingrid Westerhoff

Literatur

Leviathan, U.; Eden, D. (1974), *Farm and Factory in the Kibbutz*, in: *Journal of Applied Psychology* 59 (5).

Maslow, A. (1954), *Motivation and Personality*, New York.

Rosner, M., u. a. (1978), *Die zweite Generation*, Tel Aviv (hebräisch).

Rosner, M.; Palgi, M. (1977), *Ideology and Organization. The Case of Kibbutz Industrialization*, in: *Mens en onderneming* 31, 6, S. 323 ff. Alkmaar.

Tannenbaum, A., u. a. (1974) *Hierarchy in Organizations*, San Francisco u. a.

Menachem Rosner
Ist direkte Demokratie in der modernen Gesellschaft machbar?
Lehren aus der Kibbutzerfahrung

Während des letzten Jahrzehnts hat sich in vielen Ländern ein wachsendes Interesse – sowohl theoretisch als auch praktisch – an grundlegenden Veränderungen der herkömmlichen Muster von Entscheidungsprozessen und Management entwickelt. Konzepte wie partizipatorische Demokratie, industrielle Demokratie, Selbstverwaltung und Selbstbestimmung, die ursprünglich im 19. und frühen 20. Jahrhundert als Teil sozialistischer und anarchistischer Ideologie oder der klassischen Demokratietheorie formuliert wurden, erlangen wieder Bedeutung und Anziehungskraft für ein größeres Publikum und besonders für die junge Generation. Einer der Theoretiker der Selbstverwaltung in Frankreich hat sogar behauptet, daß das Ziel dieser Bewegung als Sozialisierung der Regierungsmittel bezeichnet werden sollte. Selbstverwaltung ist der Leitgedanke dieses Jahrhunderts so wie Sozialisierung der Produktionsmittel der Leitgedanke des vorangegangenen war (Rosenvallon, 1973). Vor diesem Hintergrund ist es verständlich, daß das Interesse an dem Experiment der 230 Kibbutzim in Israel anwuchs, wo direkte Demokratie nicht nur von einer wöchentlichen Generalversammlung praktiziert wird, die den Brennpunkt des Entscheidungsprozesses darstellt, sondern auch durch die weit verbreitete Verteilung von Autorität und Einfluß unter den Mitgliedern mit Hilfe des Rotationsprozesses bei den Leitungsfunktionen, der Verwaltung durch Komitees und einer unbürokratischen, nicht hierarchischen Organisationsstruktur. Auf der anderen Seite haben verschiedene Forscher den Kibbutz als Beispiel benutzt, um zu zeigen, daß direkte Demokratie in ihren verschiedenen Aspekten nur unter ganz speziellen und zeitweiligen Bedingungen verwirklicht und nicht als dauerhaftes soziales Phänomen angesehen werden kann. Dahrendorf (1957) befaßt sich vor allem mit der Institution der »Rotation« und räumt ein, daß nach seiner Definition von Klasse die Personalfluktuation die Bildung von Klassen und von Konflikten zwischen ihnen verhindert.

Aber ohne den Beweis bezüglich des Kibbutz anzutreten, schließt er: »Der ständige Wechsel des Personals von Herrschaftspositionen ist als Strukturprinzip funktionierender Gesellschaften keine sinnvolle Annahme« (S. 184).

Auf derselben Ebene argumentiert Schoeck (1971), der den Kibbutz als eine der wichtigsten Stätten zur Untersuchung menschlicher Verhaltensweisen unter besonderen Bedingungen ansieht, aber von einem Circulus vitiosus bezüglich der Autorität im Kibbutz spricht. Da die Inhaber von Leitungsfunktionen keinerlei Kompensation für zusätzliche Verantwortung erhalten, wird sich die Zahl der Mitglieder, die zur Übernahme solcher Positionen bereit sind, ständig verringern. Wie in primitiven egalitären Gesellschaften gehören diejenigen, die schließlich zur Übernahme von Ämtern bereit sind, zu der begrenzten Anzahl besonders aggressiver und ehrgeiziger Menschen oder aber zu jenen, die besonders um das Wohlergehen der Gruppe besorgt sind. Doch die Anzahl dieser Personen ist klein, und daher bestehen kaum Chancen, sie zu ersetzen. Daraus ergibt sich unweigerlich ein wachsender Konflikt zwischen den Amtsinhabern und den übrigen Mitgliedern (S. 242). Während Schoeck den Mangel an Anreizen für die Übernahme von Funktionen in egalitären Gesellschaften und die negative Belohnungsbilanz für Amtsinhaber betont, sieht eine weitere Forschergruppe im Kibbutz ein Paradigma für den Konflikt zwischen den funktionalen Erfordernissen rationeller und wirkungsvoller Leitung (besonders wirtschaftlicher Organisationen) und demokratischem Entscheidungsprozeß und Verwaltung. Vallier (1962) betont den Konflikt zwischen den Erfordernissen von Arbeitsleistung, Spezialisierung, Disziplin und vielseitiger Einsatzfähigkeit einerseits und den demokratischen und egalitären Normen des Kibbutz andererseits. Cohen (1966) legt das Gewicht auf den Konflikt zwischen der Notwendigkeit beruflicher Kompetenz und fachmännischen Geschicks auf der einen Seite und demokratischem Entscheidungsprozeß, an dem keine Berufspolitiker beteiligt sind, auf der anderen Seite. Der umfassendste Versuch, die Schwierigkeiten bei der Ausübung der direkten Demokratie in der modernen Gesellschaft zu benennen, stammt von Meister (1973), der die Entwicklung einer großen Zahl von freiwilligen Organisationen, Kooperativen und Arbeitsgemeinschaften in Italien und Frankreich während eines längeren Zeitraums analysiert hat. Auf der Grundlage dieser Analyse entwickelte er die Theorie eines – wie man es nennen könnte – »eisernen Gesetzes der Entartung der direkten Demokratie« und behauptete, in der Entwicklung der jugoslawischen Selbstverwaltung und der Kibbutzdemokratie weitere Beweise für seine Theorie gefunden zu haben. Meister glaubt, daß bei allen untersuchten Organisationen eine allgemeine Tendenz in eine bestimmte Richtung vorherrscht:

1) Von *ideologischer* Verpflichtung zu rationalen Kriterien.

2) Von *Multifunktionalität* zu *einseitiger Funktionalität*.

Die meisten Organisationen wurden mit dem ideologischen Ziel gegründet, die kapitalistische Gesellschaft, der sie ablehnend gegenüberstanden, zu verändern. Ihre ursprüngliche Grundlage war die starke Solidarität zwischen den Gründern, die versuchten, den Wirkungskreis der Organisation auszudehnen und sie in eine Gemeinschaft umzuwandeln, die auch Funktionen wie gemeinsames Wohnen, gemeinsame kulturelle Aktivitäten und sogar manche Formen gemeinsamen Konsums erfüllt. Fast alle Organisationen beschränkten sich schließlich auf einen (meistens ökonomischen) Tätigkeitsbereich, verzichteten auf die ideologischen Ziele und gingen in der Gemeinschaft auf.

3) Vom *Engagement* der Mitglieder für die Organisation zur *Apathie*.

4) Von *direkter Demokratie* (Beschlußfassung in einer Generalversammlung) zu *repräsentativer Demokratie* (Delegierung der Macht an eine gewählte Körperschaft).

Nach Meister resultiert die Apathie der Mitglieder zum einen aus dem Mangel an ideologischer Motivation zu aktiver Teilnahme und zum anderen aus der Tatsache, daß die Organisation aufgrund ihrer Einseitigkeit nur einen relativ kleinen Teil der Bedürfnisse der Mitglieder befriedigt. Apathie ist eine der Ursachen des Übergangs zur repräsentativen Demokratie, da direkte Demokratie auf der aktiven Teilnahme an Versammlungen und Komitees beruht. Andere Ursachen sind der Bedarf an Sachverstand und beruflichem Wissen sowie die Notwendigkeit, Entscheidungen rasch und sinnvoll zu treffen, ohne Zeit durch lange Diskussionen zu vergeuden.

5) Vom *Rotationsprinzip* bei der Besetzung leitender Positionen zu *dauerhafter Besetzung*.

6) Von *gleichmäßiger Verteilung* der Entgelte zur *Lohndiffe-*

renzierung entsprechend der Position in der Leitung.

7) Von *solidarischen sozialen Beziehungen* zu *Konflikten* zwischen Leitung und Mitgliedern.

Der Übergang von der Rotation zum dauerhaften Verbleib im Amt wird von Meister durch die Notwendigkeit von Fachwissen und die Weigerung der Mitglieder, verantwortungsvolle Ämter ohne materielle Vergünstigungen zu übernehmen, erklärt. Die Folge war die Einführung differenzierter Entlohnung, Stellenbesetzung auf Dauer durch Experten und die Monopolisierung der höchsten Posten durch Mitglieder, denen es gelang, demokratische Kontrollen zu umgehen und die Informationskanäle der Organisation zu manipulieren. Daraus entstand eine wachsende Entfremdung zwischen Mitgliedern und Leitung und die Institutionalisierung dieses Konflikts durch die Errichtung von Vertrauensleutekomitees, die die Mitglieder gegenüber der Leitung vertraten. Eine ähnliche Entwicklung, wenn auch mit anderen Merkmalen, fanden Ostergaard und Halsey (1965) in den Zusammenschlüssen englischer Einzelhändler. »Wenn man mehr die Praxis und weniger die Theorie betrachtet, dann erscheint Demokratie in Kooperativen eher als Oligarchie« (S. 219). Die wichtigsten Tatsachen, die diese Behauptung unterstreichen, sind: 1) der Rückgang der Teilnahme der Mitglieder an Versammlungen (geschäftlichen Konferenzen), die sinkende Zahl der Versammlungen und ihre eingeschränkten Funktionen; 2) der wachsende Einfluß von Angestellten und Funktionären, die Verlängerung der Amtszeit für Mitglieder der Verwaltungsbehörden und die Tatsache, daß Mitglieder, die ständig an Sitzungen teilnehmen, bei Wahlen selten unterliegen.

Sowohl Meister als auch Ostergaard und Halsey erkennen die Ähnlichkeit zwischen ihren Analysen und Michels' eisernem Gesetz der Oligarchie, wonach die Logik der Organisation zur Oligarchie führt – d. h. zur Herrschaft der Gewählten über die Wähler. Michels betonte besonders den psychologischen Teufelskreis, in dem sich die Leitung durch ihr Bedürfnis befindet, ihre Positionen zu monopolisieren, um aus ihnen und der Apathie der Mitglieder Nutzen zu ziehen. Aber er erwähnte auch technische Gründe für die Errichtung der Oligarchie, die sich hauptsächlich aus der beträchtlichen Größe der untersuchten Organisationen (politische Parteien und Gewerkschaften) und aus dem für komplexe Probleme notwendigen Sachverstand ergaben. Der zuletzt erwähnte Punkt war eine der Hauptgrundlagen von M. Webers Theorie der Bürokratie, deren Ausgangspunkt die funktionellen Erfordernisse von Organisationen waren und nicht die psychologische Motivation. Meister und Ostergaard/Halsey stimmen in ihren programmatischen Empfehlungen für die von ihnen untersuchten Organisationen überein. Beide betrachten die Rückkehr zur direkten Demokratie als unrealistisches Ziel und schlagen vor, das Funktionieren des repräsentativen Systems hauptsächlich durch die Einführung eines Zwei-Parteien-Systems und formaler demokratischer Kontrollen für die Tätigkeit der Leitung zu garantieren. Beide geben zu, daß ihre Empfehlungen von der soziologischen Analyse der American International Typographical Union (amerikanische Druckergewerkschaft) beeinflußt wurden. Diese Gewerkschaft wurde als Ausnahmefall dargestellt, denn sie war in der Lage, oligarchische Tendenzen, die in anderen Gewerkschaften häufig sind, zu vermeiden und auf der Grundlage ihres Zwei-Parteien-Systems eine gut funktionierende Demokratie mit häufigen Führungswechseln, aktiven Mitgliedern und einer eher geringen Kluft zwischen dem Ansehen der Führer und dem der Mitglieder aufrechtzuerhalten (Lipset, Trow, Coleman, 1962).

Wir werden versuchen, die Kibbutzerfahrung als einen weiteren Ausnahmefall vorzuführen, bei dem von den Mustern, die Meister für die »Degeneration der direkten Demokratie« festgestellt hatte, abgewichen wird. Wir werden die Kibbutzerfahrung auf der Grundlage von Ergebnissen aus neuen umfassenden Forschungen und Untersuchungen analysieren und versuchen, die folgenden Fragen zu beantworten:

1) Wie groß ist der Anteil der Mitglieder am Prozeß der Entscheidungsbildung, an der Leitung und an der Verwaltung? Welche Formen der Mitwirkung gibt es und aus welchen Motiven wird mitgearbeitet? Wie sind Autorität und Funktion der Generalversammlung und anderer Selbstverwaltungsgremien (Abteilungsversammlungen, Komitees etc.) zu bewerten?

2) Gibt es Tendenzen in Richtung auf oligarchische Konzentration von Autorität und Macht? Wenn nicht, wie wurden sie vermieden?

3) In welcher Weise wirken sich zufällige Faktoren wie ideologische Verpflichtung und sozialer Zusammenhalt von Mitgliedern, Größe und Komplexität der Organisation auf die Mitwir-

kung von Mitgliedern und auf oligarchische Tendenzen aus?

4) Gibt es eine Beziehung zwischen der Art der Demokratie – direkt oder indirekt –, dem Grad der Mitwirkung und der Verhinderung oligarchischer Tendenzen? Was ist die theoretische Grundlage der Kibbutz-Demokratie?

Wenn man die Zweifel an der Möglichkeit eines dauerhaften und wirkungsvollen Funktionierens der Kibbutz-Demokratie (Dahrendorf, Schoeck, Vallier usw.) und die allgemeineren Analysen von Meister und Ostergaard, die auf den Theorien von Michels und Weber fußen, auf einen gemeinsamen Nenner bringen will, muß man von der Annahme ausgehen, daß zwischen struktureller Differenzierung und direkter Demokratie ein unvermeidlicher Widerspruch besteht. Während auf der einen Seite strukturelle Diffenzierung (Spezialisierung und Sachverstand) für die Leistungsfähigkeit als notwendig erachtet wird, verhindert sie die gemeinsame Entscheidung der Mitglieder über Probleme des Kollektivs, denn solche Entscheidungen setzen spezialisiertes Wissen voraus. Sie verhindert auch die Möglichkeit der Rotation in leitenden Positionen, denn dort werden berufliches Können und Sachverstand verlangt.

Aufgrund dieser Feststellungen können wir eine negative Beziehung zwischen struktureller Differenzierung und Demokratie annehmen; andere Theorien postulieren ein positives Verhältnis zwischen beiden. Bei diesen Theorien liegt der Hauptakzent auf der engen Bindung zwischen struktureller Differenzierung, Modernisierung und wirtschaftlicher Entwicklung einerseits sowie dem Niveau der Ausbildung in verschiedenen Ländern und dem demokratischen Niveau andererseits.

Eine weitere Theorie, die diese positive Beziehung betont, wurde kürzlich von Hondrich (1973) entwickelt, der von der These ausging, daß ein höherer Grad von Spezialisierung zu engerer Verflechtung führt und demzufolge nicht-demokratisches Regieren einschränkt.

Während sich die erste Gruppe besonders mit direkter Demokratie auseinandersetzt, befaßt sich die zweite mehr mit Demokratie im allgemeinen. Es ist daher notwendig, die Unterschiede zwischen direkter Demokratie und den konventionelleren Formen der repräsentativen Demokratie zu untersuchen, um ihre Beziehung zur strukturellen Differenzierung besser zu verstehen.

Die theoretische Grundlage der Kibbutzdemokratie

Ist der Übergang von direkter zu repräsentativer Demokratie ein schlichter Wechsel des organisatorischen Musters oder impliziert er eine grundlegendere Umwandlung, die sowohl mit philosophischen Positionen als auch mit der Sozialstruktur der betreffenden Organisation oder Gemeinschaft zusammenhängt? Diese Frage ist bei der Analyse der Anpassung der Kibbutzdemokratie an strukturelle Veränderungen der Kibbutzgesellschaft und -wirtschaft und an bestimmte ideologische Wandlungen von besonderer Bedeutung. Die letzteren sind Funktionen des Verhältnisses zwischen dem Kibbutz und der israelischen Gesellschaft und der Generationenfolge im Kibbutz. Einige Autoren (Dahl, 1970) betrachten die verschiedenen Formen der Demokratie als Stadien einer kontinuierlichen Entwicklung und gehen davon aus, daß für eine bestimmte Größe und Komplexität die angemessene Art der Demokratie gewählt werden muß[1]. Andere Autoren (Schumpeter, 1950; Gellner, 1967; Pateman, 1970) behaupten, daß ein grundlegender Unterschied zwischen zwei Demokratiekonzeptionen besteht: (a) der klassischen Konzeption, die auf direkter Beteiligung der Bürger an Entscheidungsbildung und Leitung beruht, und (b) der modernen Konzeption, nach der sich die Mitwirkung der Bürger in erster Linie auf die Wahl von Delegierten beschränkt, die die rechtmäßige Regierungsgewalt im Namen der Bürger ausüben. Wir stimmen mit den zuletzt genannten Autoren überein, daß die zwei Konzeptionen auf verschiedenen Wertsystemen und unterschiedlichen sozialen Bedingungen basieren. Das Modell der liberalen repräsentativen Demokratie wird in unterschiedlichen Ausprägungen und Ausmaßen in den Ländern mit demokratischem Regierungssystem angewandt. Konkrete Beispiele von modernen Gesellschaften oder bloß Gemeinden und Organisationen, die über längere Zeit nach der klassischen Konzeption der Demokratie regiert wurden, gibt es kaum – die Kibbutzerfahrung ist ein Ausnahmefall.

Obwohl weder von den Gründern noch von den verschiedenen Kibbutzbewegungen eine Theorie der Kibbutzdemokratie formuliert wurde, werden wir versuchen, ein theoretisches Modell der Kibbutzversion der klassischen Demokratie zu entwickeln und es mit dem modernen Konzept in seiner liberalen Version zu vergleichen. Dieses Modell basiert sowohl auf den Meinungen von Kibbutzleitern und -forschern als auch auf der Analyse der Grundlage, auf der die demokratischen Muster und die Praxis des Kibbutz beruhen.

Tabelle 1: Zwei Arten der Demokratie

	Kibbutzdemokratie	liberale Demokratie
1) Das Ziel:	Abschaffung der Kluft zwischen Regierenden und Regierten. Identifikation mit der Gemeinschaft, Abstimmung zwischen persönlichen und Kibbutzbedürfnissen.	Einschränkung des Machtmißbrauchs durch die Regierenden. Garantie individueller Rechte und Wahl von Delegierten.
2) Verhältnis zwischen den verschiedenen Gewalten:	Legislative, Exekutive und Judikative liegen bei der Generalversammlung.	Gewaltenteilung zur Vermeidung der Dominanz der Exekutive.
3) Prozeß der Entscheidungsfindung:	Zweckbestimmung der Mittel durch Mehrheitsvotum auf der Grundlage gemeinsamer Wertvorstellungen. Keine dauerhaften Interessengruppen.	Fairer Wettbewerb zwischen Interessengruppen nach anerkannten Spielregeln.
4) Die Grundlage der Entscheidungsfindung:	Partikularistisches Vorgehen mit wenigen geschriebenen Regeln.	Universalistische geschriebene Gesetze und Regeln.
5) Machtverteilung:	Breite Verteilung der Macht und Rotation bei Ämterbesetzung.	Hierarchie formaler Autorität und dauerhafter Verbleib im Amt.

1) Wir gehen davon aus, daß das höchste Ziel der liberalen Demokratie in der Garantie individueller Rechte und Freiheiten, der Abhaltung ordentlicher Abgeordnetenwahlen und in der Kontrolle der Abgeordneten-Tätigkeit besteht. Dieses Ziel entwickelte sich aus einem ständigen Ringen zwischen Regierenden

und Regierten und aus dem Versuch der Regierten, den möglichen Machtmißbrauch durch die Regierenden einzuschränken.

Das oberste Ziel der Kibbutzdemokratie besteht in der Aufhebung der Aufteilung in Regierende und Regierte und in der Vermeidung eines möglichen Konflikts zwischen den privaten Bedürfnissen der Mitglieder und den allgemeinen Bedürfnissen des Kibbutz. In der Kibbutzdemokratie sieht man ein Hilfsmittel zur wachsenden Identifikation eines Mitglieds mit der Kibbutzgemeinde.

Durch seine Mitwirkung in der Kibbutz-Generalversammlung und seine Mitgliedschaft in Komitees erfährt der Kibbutznik mehr über die Bedürfnisse der übrigen Mitglieder, die der Kibbutzgemeinde und ihrer Untergliederungen, der Arbeitszweige, sozialen Gruppen etc. Die Konkretisierung der individuellen Bedürfnisse und Interessen der Mitglieder würde durch dieses wechselseitige Bewußtsein beeinflußt werden.

2) Entsprechend der liberalen und pluralistischen Konzeption der Demokratie sollte der demokratische Entscheidungsprozeß, der in erster Linie durch die Wahl der Abgeordneten bestimmt wird, akzeptable Grundregeln für den Wettbewerb zwischen verschiedenen Interessengruppen sicherstellen. Diese Interessengruppen werden durch ihre Stellung innerhalb der Sozialstruktur bestimmt, und als ihr verbindendes Element könnten Klassenzugehörigkeit, berufliche Interessen, ethnischer Ursprung etc. dienen. Das Wesen der Demokratie besteht in der Sicherung von Bedingungen für fairen Wettbewerb zwischen verschiedenen Interessen und den damit verbundenen Meinungen oder Ideologien.

Die Kibbutzdemokratie beruht auf der Hypothese, daß es keine dauerhaften Interessengruppen gibt. Die freiwillige Mitgliedschaft im Kibbutz beinhaltet eine Übereinstimmung mit den grundlegenden Zielen der Kibbutzgemeinschaft. Der Prozeß der Entscheidungsbildung ist hauptsächlich ein Mittel zur Verwirklichung dieser Ziele. Die Ideallösung wäre, Konsens durch allgemeine Überzeugung zu erreichen; da dies aber zu zeitraubend sein könnte, werden Entscheidungen durch Mehrheitsvoten herbeigeführt.

3) Aufgrund der Notwendigkeit, den möglichen Machtmißbrauch der Regierenden zu begrenzen, beruht die liberale Demokratie auf der Gewaltenteilung zwischen Legislative, Exekutive

und Judikative sowie auf einem System der Kontrolle und des Ausgleichs zwischen ihnen. Das Hauptziel dieses Systems besteht darin, die Unabhängigkeit von Legislative und Judikative vor der möglichen Vorherrschaft durch die Exekutive zu schützen.

Da die Kibbutzdemokratie auf hochrangigen Voraussetzungen basiert – Konsens und soziale Solidarität –, befaßt sie sich nicht mit Gewaltenteilung. Im Gegenteil, das zentrale Gremium der Kibbutzdemokratie, die Generalversammlung, übt alle drei Funktionen aus.

Die Legislative befaßt sich mit Entscheidungen über Grundregeln und Statuten, über langfristige Vorhaben und Planungen: Die exekutive Funktion drückt sich in der Tatsache aus, daß die Generalversammlung jede Entscheidung der diversen Komitees und Abteilungen ändern oder widerrufen kann; die richterliche Funktion wird durch die Diskussion und Schlichtung von Konflikten zwischen Mitgliedern oder Unterabteilungen erfüllt.

4) Während die wichtigsten Garantien der liberalen, formalen Demokratie geschriebene Gesetze mit universalistischem Charakter sind, ist im Kibbutz die Diskussion jeder Frage »unabhängig auf einen bestimmten Fall in einem bestimmten Zusammenhang gerichtet«.[2]

Es gab viele Versuche, in verschiedenen Bereichen des Kibbutzlebens geschriebene Statuten mit universalistischem Charakter einzuführen. Die meisten dieser Versuche scheiterten, wofür es zwei mögliche Erklärungen gibt.

a. Die Ablehnung allgemeiner Gesetze ist auf den partikularistischen Anspruch der Grundprinzipien des Kibbutz zurückzuführen – jeder nach *seinen* Fähigkeiten und jedem nach *seinen* Bedürfnissen –, der bestimmte Individuen und keine anonymen Einheiten betrifft. Diese Einstellung wurzelt in einer organischen Sozialstruktur, in der die Mitglieder ein persönliches Verhältnis zueinander haben und nicht nur Rädchen im Getriebe sind (Rosner, 1962).

b. Die andere Begründung ist in der Exekutivfunktion der Generalversammlung zu suchen und beruht auf dem Umstand, daß administrative und allokative Entscheidungen nicht nur nach universalistischen Kriterien getroffen werden können (Shapiro, 1976).

5) So bestimmen die zentrale Rolle der Generalversammlung und die partikularistische Vorgehensweise den Entscheidungs-

prozeß der Kibbutzdemokratie. Der Hauptunterschied zwischen der Organisationsstruktur der beiden Modelle besteht in der Autoritätshierarchie und der dauerhaften Besetzung von Herrschaftsfunktionen, die für die liberale Demokratie charakteristisch sind, bzw. in der Verteilung der Autorität und dem Rotationsprinzip bei der Besetzung von Herrschaftsfunktionen im Kibbutzsystem.

Die Kibbutzdemokratie stützt sich nicht auf die völlige Gleichstellung des Einflusses der Mitglieder. Als Teilnehmer der Versammlung haben sie theoretisch alle den gleichen Einfluß auf den Entscheidungsprozeß. Autorität kann jedoch an Komitees und Ämter delegiert werden, und die Mitglieder, die Ämter innehaben oder in Komitees vertreten sind, haben auf bestimmten Gebieten mehr Autorität als andere. Es gibt jedoch keine eindeutige Autoritätshierarchie innerhalb der Komitees und Ämter, und der Verbleib im Amt ist in Übereinstimmung mit dem Rotationsprinzip zeitlich begrenzt. Das Kibbutzprinzip beinhaltet demzufolge die Aufteilung der Autorität; d. h. nicht alle Mitglieder können zu jeder Zeit den gleichen Einfluß ausüben.

Unterschiede zwischen den Kibbutz-Föderationen in der Vergangenheit

Wie bereits erwähnt, wird dieses theoretische Modell der Kibbutzdemokratie heutzutage wahrscheinlich von allen Kibbutzbewegungen als grundlegend anerkannt. Aber in der Vergangenheit – vor allem der weiter zurückliegenden – gab es Unterschiede hauptsächlich im Hinblick auf drei Faktoren: die Sozialstruktur des Kibbutz, seine Ideologie und die Organisationsstruktur der Föderation.

1) Bewegungen, die die besondere Qualität »organischer« zwischenmenschlicher Beziehungen betonten, und deren Mitglieder vorher eine Erziehung in Jugendbewegungen erhalten hatten oder aufgrund sozialer Anpassung ausgewählt wurden, standen dem Modell der direkten Demokratie näher als andere.

2) Die Bewegung mit einer eher »instrumentalen« Ideologie, die die Kibbutzbewegung in erster Linie als Instrument ansah, mit dessen Hilfe man eine nationale Heimat für das jüdische Volk auf sozialistischer Grundlage aufbauen konnte, betonte mehr die

funktionalen und formalen Gesichtspunkte und bewertete die zügige Erreichung dieses Ziels höher als den demokratischen Prozeß. Die anderen Föderationen sahen in den sozialen Beziehungen einen Wert an sich.

3) Zu der Betonung der instrumentalen und funktionalen Elemente gehört eine eher zentralisierte Organisationsstruktur der Föderation und eine begrenzte Autonomie für den einzelnen Kibbutz

Der Unterschied zwischen diesen beiden Richtungen konnte im frühen Stadium der Kibbutzbewegung beobachtet werden, als in den eher »organischen« Kibbutzim die Versammlung auf Verlangen irgendeines Mitglieds mehrmals in der Woche ohne Formalitäten einberufen wurde. Auf der anderen Seite erklärte einer der Führer der mehr zentralistischen Bewegung »Gdud Ha'avoda« (Arbeitslegion) schon 1925: »Im Rahmen der Vergrößerung der ›gdud‹ (Föderation) werden wir einen Verwaltungsapparat, geschriebene Statuten, ein Kontrollkomitee und eine regierungsähnliche repräsentative Demokratie benötigen« (Margalit, 1978). Während dies die Prinzipien der nationalen Organisation waren, lauteten die Vorschläge für die Organisation der lokalen Untergliederungen: Aufteilung in kleine Berufsgruppen, die wöchentlich zusammentreten; die Gruppen sollten Delegierte in einen gewählten Rat entsenden, und die Generalversammlung sollte alle drei Monate tagen. Das obige Zitat zeigt, daß verschiedene Auffassungen der Kibbutzdemokratie gleichzeitig existierten, und daß selbst dann die Realität nicht immer dem vorgeschriebenen normativen Modell entsprach. Dieser historische Exkurs sollte jedoch weder die Bedeutung der Strukturwandlungen schmälern, die die meisten Kibbutzim in den letzten 15 bis 20 Jahren durchlebt haben, noch sollte die Notwendigkeit bestritten werden, die Auswirkungen dieser Veränderungen auf die Kibbutzdemokratie zu untersuchen.

Strukturwandel und seine Auswirkungen

Den folgenden strukturellen Faktoren wird im allgemeinen Einfluß auf den Grad der Demokratie zugeschrieben: (a) Größe, (b) Differenzierung der Sozialstruktur, (c) Differenzierung der ökonomischen Struktur, (d) wirtschaftlicher Überfluß.

(a) Seit Anfang der sechziger Jahre haben sich die meisten Kibbutzim durch die Aufnahme von Mitgliedern der zweiten Generation und deren Ehepartnern vergrößert. Während in der Vergangenheit nur wenige Kibbutzim mehr als 300 Mitglieder bzw. eine Gesamtbevölkerung von mehr als 550 Personen hatten, gab es 1976 schon 76 derartige Kibbutzim, d. h. fast ein Drittel der Gesamtzahl.

(b) Schon die Eingliederung der jüngeren Generation selbst verursachte eine Veränderung der sozialen Zusammensetzung, die sich auf die Struktur auswirkte. Dazu gehörte auch die wachsende strukturelle Bedeutung der Kernfamilie und die Entstehung großer Familien. Manche Soziologen sahen in diesen Veränderungen eine Entwicklung, die drei soziale Strukturtypen durchlief; diese waren durch verschiedenartige soziale Beziehungen vom »Bund über die Kommune zur Vereinigung« gekennzeichnet (Cohen, 1975).

(c) Die Differenzierung der beruflichen und ökonomischen Struktur wurde vor allem durch die Industrialisierung, d. h. die Errichtung von Industrieanlagen in fast allen Kibbutzim, hervorgerufen. Dieser Prozeß ging mit der zunehmenden »Industrialisierung« der Landwirtschaft durch Mechanisierung und Spezialisierung einher. Die wachsende Vielfalt der Dienstleistungen führte zu ähnlichen Ergebnissen. Eine gewisse Zahl von Kibbutzniks begann außerhalb des Kibbutz in Unternehmen zu arbeiten, die (durch regionale Unternehmensföderationen) zum Kibbutz gehörten, oder sie wurden als Fachleute außerhalb des Kibbutzrahmens tätig.

(d) Der steigende Lebensstandard war das Ergebnis sowohl der wirtschaftlichen Entwicklung der Kibbutzim als auch der größeren Vielfalt der Bedürfnisse einer zunehmend heterogenen Bevölkerung mit einer wachsenden Zahl älterer Leute. Dies zeigte sich an besseren Wohnungen, verbesserten kommunalen Einrichtungen, höherer Bildung etc.

Die folgenden Thesen werden meistens bezüglich der Auswirkungen der strukturellen Differenzierung auf die Kibbutzdemokratie aufgestellt: 1) Wachsende Größe und Komplexität erfordern größeres berufliches Wissen; daraus ergibt sich die Notwendigkeit zur Spezialisierung und zur dauerhaften Besetzung der qualifizierteren Positionen; 2) zunehmende Größe und Komplexität führen auch dazu, daß sich der einzelne Kibbutznik auf verschiedenen Gebieten des Kibbutzlebens nicht mehr zu engagieren braucht und zu wachsender Apathie gegenüber den Angelegenheiten neigt, die nicht ihn selbst oder seine Familie betreffen. Steigender Wohlstand und eingeschränkte soziale Kontakte könnten ebenfalls eine apathische Einstellung begünstigen.

Auf der anderen Seite können wir sowohl bei der Erforschung des Kibbutzlebens als auch in der nach Meister und anderen zitierten Faktorenliste noch andere Faktoren und Variablen entdecken, die die Art der Demokratie beeinflussen könnten, ohne direkt mit dem Grad der strukturellen Differenzierung zusammenzuhängen.

Einige dieser Faktoren beziehen sich auf die Geschichte des Kibbutz oder seiner Mitglieder, wie z. B. Bildungsgrad der Kibbutzniks, ihre Verpflichtung gegenüber der Kibbutzideologie, ihre Anhänglichkeit an den Kibbutz oder das organisatorische Klima. Nachfolgend wollen wir die Auswirkungen der Strukturveränderungen und anderer, unabhängiger Faktoren auf die Praxis der Kibbutzdemokratie untersuchen.

Formale Autoritätspositionen und Einflußverteilung

Wir werden versuchen, die Entwicklung der direkten Demokratie im Kibbutz anhand der Fragen, die am Ende des Einführungskapitels aufgeführt sind, zu analysieren. Die Analyse wird auf zwei Ebenen vorgenommen: (a) der Ebene der formalen Herrschaftsstruktur, wie sie sich in der Organisationsstruktur des Kibbutz und der Machtverteilung zwischen und innerhalb der Ämter, Komitees, Abteilungen usw. darstellt, und (b) der Ebene der Generalversammlung als oberstem Entscheidungsgremium der Kibbutzgemeinde.

Der Zweck der Organisationsstruktur besteht in der Befriedigung der Bedürfnisse der Kibbutzniks und der übrigen Kibbutzbevölkerung in fast allen Lebensbereichen (durch Dienstleistungen, direkte Zuteilung von Konsumgütern wie Nahrungsmitteln, Kleidung, Möbel etc. oder Zuteilung finanzieller *Mittel* zur Befriedigung von Bedürfnissen innerhalb oder außerhalb des Kibbutz) und in der Schaffung der ökonomischen Grundlagen zur Finanzierung dieser Bedürfnisse. Obwohl der einzelne Kibbutz Teil einer Marktwirtschaft ist und keine Tendenz zur

Autarkie besteht, sind die Kibbutzim in ihrem Entscheidungsprozeß weitgehend autonom. Obwohl sie sowohl in regionale Zusammenschlüsse als auch in die Kibbutzföderationen eingebunden sind, genießen sie doch ein höheres Maß an Unabhängigkeit als andere ökonomische Einheiten oder Gemeinden ihrer Größe.

Trotz der grundlegenden Veränderungen, die die meisten Kibbutzim in den letzten 15 bis 20 Jahren durchgemacht haben, hat sich die Organisationsstruktur nicht wesentlich geändert, und die Beschreibung der Strukturprinzipien im Gegensatz zum bürokratischen Idealtypus trifft noch auf die meisten Kibbutzim zu (Rosner, 1973). Bei den Einzelheiten der Struktur (die Zahl der Komitees und ihre Aufgliederung, das Ineinandergreifen der Komitees und die Vertretung der verschiedenen Bereiche im Sekretariat) finden wir Unterschiede zwischen den Kibbutzim und selbst zwischen verschiedenen Entwicklungsstufen innerhalb desselben Kibbutz. Die fehlende Uniformität läßt sich auf unbürokratische Prinzipien, die Anpassung der formalen Funktionsdefinitionen an die Fähigkeiten und Vorlieben der Amtsinhaber und auf lokale Besonderheiten zurückführen.

Es gibt zwei gegenläufige Tendenzen innerhalb des Prozesses der Zentralisierung und Hierarchisierung der Organisationsstruktur. In einigen größeren Kibbutzim wurde ein stärker hierarchisch gegliedertes Modell vorgeschlagen: Neben den beiden bereits bestehenden Ebenen – den Komitees, die in ihrem jeweiligen Verantwortungsbereich autonom sind, und dem Sekretariat als zentrale Exekutivorgan zwischen den Versammlungen – sollte eine dritte Ebene eingeführt werden. Diese dritte Ebene sollte aus Koordinationskomitees bestehen, von denen jedes die Tätigkeit einer Reihe von Komitees in einem bestimmten Bereich koordinieren und kontrollieren würde. Ein Resultat dieser Tendenz ist zumeist die Stärkung der Autorität des Sekretariats gegenüber den anderen Komitees. Auf der anderen Seite werden Tendenzen zur Dezentralisierung in der relativen Stärkung der Autorität der Komitees sichtbar, indem man ihnen erlaubt, Fragen direkt der Generalversammlung ohne vorherige Diskussion im Sekretariat vorzulegen, oder ihnen mehr Freiheit bei der Verwendung der zugeteilten Mittel einräumt. Endgültige Forschungsergebnisse über die relative Stärke dieser beiden widersprechenden Tendenzen liegen uns nicht vor.

Der Grad der Hierarchisierung in der Organisationsstruktur ist in der Kibbutzgemeinde niedriger als in den meisten Industrieanlagen des Kibbutz, aber bei der Einflußverteilung zwischen den hierarchischen Ebenen entdecken wir in der Kontrollgraphik[3] auffallende Ähnlichkeiten in beiden Bereichen.

Tabelle 2: Die Einflußverteilung in der Kibbutzgemeinde und in der Industrieanlage[1] (Durchschnittswerte)

| | Gemeinde[2] | | Industrie[3] | |
	tatsächlich	ideal	tatsächlich	ideal
Inhaber leitender Ämter	4,1	4,0	4,2	4,3
andere Amtsinhaber (Verwaltungspersonal)	3,4	3,8	3,4	3,7
Mitglieder als Gruppe	3,0	3,9	3,2	4,1

1 Die Ergebnisse basieren auf folgenden Fragen mit fünf Antwortmöglichkeiten:
i) Wieviel Einfluß haben die folgenden Gruppen auf die Geschehnisse im Kibbutz (der Fabrik)? (tatsächlicher Einfluß)
ii) Wieviel Einfluß sollten die folgenden Gruppen auf die Geschehnisse im Kibbutz (der Fabrik) haben? (idealer Einfluß)
2 Unveröffentlichte Angaben aus der Untersuchung der Generalversammlung der Kibbutz-Artzi-Gruppe.
3 Tannenbaum, Kavcic, Rosner, Vianello und Wieser, 1974, *Hierarchy in Organisations*, San Francisco.

In beiden Bereichen existiert eine sehr ähnliche Kluft in bezug auf den tatsächlichen Einfluß zwischen den drei Ebenen. Der Einfluß, der sowohl dem Inhaber leitender Ämter als auch den Mitgliedern zugeschrieben wird, ist in der Fabrik größer als in der Gesamtgemeinde. Erstaunlich ist, daß den Fabrikarbeitern als Gruppe vor allem durch die Betriebsversammlung mehr Einfluß zugeschrieben wird als den Kibbutzniks als Gruppe. Das widerspricht der Vermutung einer eher begrenzten Autorität der Betriebsversammlung (Rosner, 1974). Der Unterschied ließe sich durch die Tatsache begründen, daß die Zahl der Fabrikarbeiter meistens viel kleiner ist als die Zahl der Kibbutzniks. Es besteht kein Unterschied zwischen mittleren Angestellten in der Fabrik und Komiteemitgliedern und Vorsitzenden in der Gemeinde. Was den »idealen« Einfluß angeht, so wird der Fabrikleitung ein größerer Einfluß als den Arbeitern zugebilligt, weniger aber der Kibbutzleitung gegenüber den Kibbutzniks. Sowohl in der

Gemeinde als auch in der Fabrik ist die Kluft zwischen der obersten Führungsschicht und anderen Amtsinhabern größer als die Kluft zwischen dieser Gruppe und den Arbeitern. Für den Mittelbau und die Mitglieder wünscht man sich gleichermaßen mehr Einfluß. In der Fabrik und in der Gemeinde entsprechen die Angaben über die tatsächliche Einflußverteilung nicht dem Ideal eines fast gleichen Einflusses für die Mitglieder als Gruppe und die gewählten Amtsinhaber.

Welche Art Macht?

Was bedeutet aber ungleich verteilte Macht? Kann die bestehende Kluft als Bestätigung von Dahrendorfs Behauptung angesehen werden, daß »nicht nur jede Gesellschaft, sondern überhaupt jede soziale Organisation eine Unterscheidung von Positionen, denen Leitungs- und Herrschaftsaufgaben zufallen, und solchen, die von der Herrschaft ausgeschlossen sind, verlangt« (S. 181).

Wir haben gesehen, daß die einzelnen Führungspositionen mit unterschiedlichem Einfluß ausgestattet sind. Aber beinhaltet die Machtverteilung immer eine Unterscheidung von Herrschaft und Unterordnung, von Befehlsausgabe und Befehlsausführung? Kann Einfluß nicht als Korrelat angesehen werden, als Verantwortung für die Durchführung von Aufgaben im Hinblick auf die Erreichung gemeinsamer Ziele, ohne daß andere Menschen gezwungen werden, gegen ihren Willen zu handeln?

Im Kibbutz wird Macht als rollenspezifisch betrachtet, als organisatorisches Mittel bei der Erreichung von Zielen, das nicht zur Beherrschung anderer Menschen führt. Der Einfluß, der zur Verwaltung im Marxschen Sinne notwendig ist, wird positiv bewertet, und Kibbutzniks in verschiedenen Positionen wünschen sich mehr, als sie besitzen. Macht über Menschen, d. h. Positionen mit persönlicher Überlegenheit, wird negativ beurteilt. Viele Leute in Führungspositionen hätten gern weniger derartige Macht, als sie tatsächlich besitzen, und dieser unerwünschte Überfluß wirkt sich hinsichtlich der Zufriedenheit mit ihrer Arbeit negativ aus (Rosner, 1972). Nach Lukes' Definitionen (1974) sollten wir auch annehmen, daß die Autorität des Amtsinhabers im Kibbutz *auf Einfluß*, nicht auf *Macht* basiert, denn mit Macht sind Interessenkonflikte verbunden, während

Einfluß auf Überredung, Ermutigung und Überzeugung beruht – den einzigen Mitteln, die den Verantwortlichen im Kibbutz zur Verfügung stehen, da sie Sanktionen oder materielle Vergünstigungen nicht einsetzen können.

Das Kibbutzkonzept von Autorität und Einfluß geht davon aus, daß Macht in erster Linie als Hilfsmittel bei der Erreichung sozialer Ziele eingesetzt wird und nicht dazu dient, die Interessen einer Gruppe oder Person in Konfliktsituationen zu fördern.

Dahrendorf spricht auch von der Möglichkeit, daß jemand in der einen Gruppe eine Herrschaftsposition einnimmt und in der anderen eine untergeordnete Rolle spielt. Diese Situation ist sicherlich im Kibbutz häufiger als in jeder anderen Gesellschaft. Es ist durchaus üblich, daß z. B. der Fabrikleiter, der gegenüber einem Arbeiter in der Fabrik die dominierende Position innehat, in anderen Lebensbereichen von der Entscheidung des Arbeiters abhängig ist, wenn der Arbeiter etwa Vorsitzender eines Komitees ist, von dem der Fabrikleiter die Erfüllung bestimmter Wünsche erwartet.

Selbst im Rahmen der Arbeitssituation besteht eine relative Abhängigkeit des Leiters vom Arbeiter. In der Kibbutzsituation, bei der in vielen Branchen der Bedarf an Arbeitskräften größer ist als das Angebot, könnte die Drohung eines Arbeiters, seine Stelle zu wechseln, eine warnende Wirkung haben. Diese Wirkung wird sicherlich noch verstärkt, wenn der Arbeiter über Spezialwissen verfügt und nicht leicht zu ersetzen ist.

In den Kibbutzim, die Lohnarbeit nicht strikt ablehnen, verringert sich diese Wirkung. Diese Beziehung zwischen den Möglichkeiten der Mitglieder, Druck auszuüben, und der Lohnarbeit könnte sogar teilweise die negative Korrelation zwischen der Zahl der Lohnarbeiter und dem Grad der Mitwirkung der Kibbutzniks am Entscheidungsprozeß in Industriebetrieben erklären (Rosner und Palgi, 1977)

Eine weitere Einschränkung der Autorität des Amtsinhabers ist seine Abhängigkeit von den Entscheidungen der Generalversammlung, die gegen alle seine Beschlüsse ihr Veto einlegen kann. Die meisten Beschlüsse können ohne Zustimmung der Generalversammlung nicht durchgeführt werden.

Rotation – die Anwendung von Normen

Wir wenden uns nun der Frage der Rotation zu, die von Dahrendorf als möglicher Prüfstein für die Klassenlosigkeit der Kibbutzgesellschaft angesehen wurde. Er war falsch informiert, als er behauptete, daß zumindest anfänglich vereinbart worden war, daß »die Leitungsfunktionen von jedem Mitglied des Kollektivs in regelmäßigem, stets auf relativ kurze Zeiträume beschränktem Turnus wahrgenommen werden« (S. 182). Es gibt so gut wie keine Führungsfunktion, die von jedem Mitglied irgendwann einmal ausgeübt werden soll. Über die Besetzung fast aller Positionen entscheidet die Wahl, und das Hauptkriterium für die Wahl ist die Eignung der betreffenden Person.

Was die Häufigkeit der Rotation angeht, besteht große Übereinstimmung zwischen den Antworten auf normative Fragen in der Forschung und den tatsächlichen Gegebenheiten in den meisten Kibbutzim. Die Amtszeit der meisten wichtigen mit sozialen, kulturellen und Ausbildungsfragen befaßten Ämter und Komitees beträgt 1 bis 2 Jahre, während sie bei den wichtigsten ökonomischen Führungspositionen wie Wirtschaftskoordinator und Finanzverwalter drei Jahre beträgt. Die Angaben aus Fragebogenaktionen zeigen ebenfalls einen hohen Zufriedenheitsgrad der Befragten (75%) mit dem Ausmaß der Rotation in Führungspositionen. Früher war die Situation hinsichtlich der Position des Leiters der Fabrik eher anders geartet. In zwei der Kibbutzbewegungen befürwortete die Mehrheit der Befragten ihre dauerhafte Besetzung. Man ging wahrscheinlich davon aus, daß für sie besonderer Sachverstand notwendig wäre. In der Zwischenzeit wird das Rotationsprinzip auch auf diese Position in fast allen Fabriken angewendet, und zwar in einem Rhythmus von 4 bis 5 Jahren. Jüngere Forschungsergebnisse zeigen die positiven organisatorischen und ökonomischen Wirkungen dieses Vorgehens (Leviathan, 1975).

Wie groß ist die Anzahl der Leute in zentralen Positionen? Gibt es eine Personengruppe, die von einer Führungsposition in die nächste wechselt?

Im Verlaufe der Untersuchungen über die Generalversammlung wurde in 13 Kibbutzim der Kibbutz-Artzi-Föderation mit insgesamt fast 4 000 Mitgliedern Material über die Rotation gesammelt. Man stellte fest, daß in den Jahren 1966-1976 200

Leute die vier Führungspositionen des Kibbutz ausfüllten – Generalsekretär, Wirtschaftskoordinator, Finanzverwalter und Leiter der Fabrik. Das sind 5% der Mitglieder; da aber eine große Mehrheit der Amtsinhaber Männer sind, erhöht sich der Prozentsatz der relevanten Bevölkerungsgruppe auf 8%.

Die durchschnittliche Amtsperiode beträgt 2 Jahre. Nur sehr wenige Personen hatten in diesen 10 Jahren mehr als eine Führungsposition inne. Aber eine große Anzahl übte vor oder nach ihrer Amtsübernahme im Kibbutz ähnliche Tätigkeiten außerhalb des Kibbutz aus – in den Kibbutzföderationen oder in regionalen Unternehmen und Organisationen. Die Zahl der Personen, die während der letzten 10 Jahre mehr als 5 Jahre lang solche Funktionen ausfüllten – ob innerhalb oder außerhalb des Kibbutz –, betrug 50, d. h. durchschnittlich weniger als 4 pro Kibbutz.[4]

Diese Angaben zeigen durchaus überzeugend, daß es keine Tendenz zur Monopolisierung der Führungspositionen gibt und der Mechanismus der Rotation in Übereinstimmung mit den normativen Prinzipien funktioniert. Wenn man diese Angaben mit früheren Untersuchungen vom Anfang der sechziger Jahre (Rosner, 1973) vergleicht, stellt man trotz der seither erfolgten Industrialisierung, des Wachstums und der strukturellen Differenzierung keine Abnahme der Rotationshäufigkeit fest. Es gibt auch keinen Beweis für einen Rückgang der Rotation im Vergleich mit früheren Jahren.

Die Bilanz der Kompensationen

Wie vermied der Kibbutz die Tendenz zur Monopolisierung von Herrschaftspositionen, die von Meister fast als neues ehernes Gesetz der Oligarchie in Organisationen angesehen wurde? Gibt es den von Michels und Meister behaupteten psychologischen Mechanismus im Kibbutz nicht? Wie steht es mit dem funktionalen Bedarf an Spezialisierung und Sachverstand? Die Antwort auf die erste Frage ist nicht psychologisch, sondern soziologisch. Die besondere Vergütung im Kibbutz und die soziale Stellung der Amtsinhaber führen zu einer negativen Bilanz der Kompensationen bei vielen Ämtern, die für viele Mitglieder nicht attraktiv sind oder sie jedenfalls nicht motivieren, lange Zeit im selben Amt zu verbleiben.

Einfluß und Autorität können nicht für andere Belohnungen eingetauscht werden, und bei vielen Positionen besteht ein Mißverhältnis zwischen ihrem Status und der Tatsache, daß ihr zunehmender Einfluß nicht mit höherem Ansehen oder größerer Sympathie seitens der übrigen Kibbutzniks verbunden ist (Tabelle 3).

Tabelle 3: Mitgliedergruppen, denen ein hohes Maß an Einfluß, Wertschätzung und Sympathie von Befragten der ersten Generation zugeschrieben wird[1]

	Einfluß		Wertschätzung		Sympathie	
	Rang	%	Rang	%	Rang	%
leitende Amtsträger	1	71	4	32	6	13
Abteilungsleiter	2	38	6	26	7	9
andere Amtsinhaber	3	29	5	30	5	23
fähige Mitglieder	4	26	3	35	4	29
leistungsstarke Arbeiter	5	22	1	60	3	34
treue Mitglieder	6	17	2	56	1	51
leistungsstarke Sportler oder Künstler	7	6	7	15	2	39

Quelle: M. Rosner, I. Ben David, A. Avnat, N. Cohen, U. Leviathan (1978), *The Second Generation*, Sifriat Poalim (hebräisch)

1 Aus räumlichen Gründen haben wir hier nur die Angaben der ersten Generation aufgeführt. Es wurden keine bedeutsamen Unterschiede in der Rangordnung zwischen den Generationen festgestellt.

Das höhere Ansehen und die Sympathie werden von den Befragten jenen Mitgliedern entgegengebracht, die keine Ämter innehaben, sich aber im Einklang mit den Kibbutzwerten befinden – als loyale Mitglieder, hervorragende Arbeiter. Tüchtigkeit als solche verdient weniger Wertschätzung und Sympathie als die beiden oben erwähnten Kategorien, während der größte Einfluß den Amtsinhabern entsprechend ihrer Position in der quasiformalen Hierarchie zugeschrieben wird. Es besteht keine Verbindung zwischen Amtsausübung und materiellen Vergünstigungen, im Gegensatz zur Situation in den meisten Organisationsformen, bei denen man eine enge Beziehung zwischen den Tendenzen zur Monopolisierung von Herrschaftspositionen und der wachsenden Ungleichheit bei der Verteilung materieller Entlohnungen festgestellt hat. Einige Funktionsträger im Kibbutz –

hauptsächlich im ökonomischen Bereich und vor allem im Industriemanagement – können materielle Vergünstigungen in Anspruch nehmen, z. B. Autos, häufigere Reisen in die Städte und sogar ins Ausland. Diese Vorteile unterliegen jedoch der sozialen Kontrolle der öffentlichen Meinung des Kibbutz, sind daher begrenzt und können sicherlich auch nicht so wie in anderen Gesellschaften akkumuliert werden. Andere, wichtigere Arten der Belohnung, die mit der Ausübung eines Amtes zusammenhängen, beziehen sich auf den Inhalt der Rolle, wie z. B. die Möglichkeit, Fähigkeiten einzusetzen und zu entwickeln, Autonomie, Vielseitigkeit etc. In welchem Ausmaß solche Möglichkeiten vorhanden sind, ist von Amt zu Amt sehr verschieden; so können Belohnungen von manchen Personen und in bestimmten Situationen jeweils als positiv oder negativ angesehen werden, und die Kombination von positiven und negativen Entlohnungen schafft deren Gleichgewicht.

Da die meisten der oben erwähnten Belohnungen quantitativ nicht bestimmbar sind, ist deren Gleichgewicht eine theoretische Konstruktion, die nicht objektiv meßbar ist. Aber Forschungsergebnisse beweisen: (a) Viele Befragte glauben, daß sich das Gleichgewicht der Belohnungen negativ auf viele Ämter auswirkt; (b) es gibt eine ziemlich enge, positive Verbindung zwischen der Bereitschaft der Befragten, bestimmte öffentliche Ämter zu bekleiden, und ihrer Einschätzung des Verhältnisses zwischen positiven und negativen Aspekten, die mit dem betreffenden Amt verbunden sind. Die am häufigsten erwähnten, negativen Aspekte waren: Streitigkeiten mit anderen Mitgliedern (Sympathieverlust), viele Sorgen, beträchtlicher Zeitaufwand, Verlust an Wertschätzung, Abhängigkeit von vielen Leuten usw. Die positiven Belohnungen, die erwähnt wurden, sind im allgemeinen die oben aufgezählten, mit einer wichtigen Ergänzung, die von den meisten Befragten aufgeführt wird – die Möglichkeit, zum Aufbau des Kibbutz beizutragen.

Die oben zitierten Fakten, die die Vorstellung einer negativen Bilanz der Kompensation in vielen Ämtern betreffen sowie die Korrelation zwischen dieser Vorstellung und der Bereitschaft, Ämter zu bekleiden, führt uns zu Schoecks in der Einleitung zitierter Annahme zurück. Er behauptete, daß die Bereitschaft der Mitglieder, Leitungspositionen zu übernehmen, wegen des Mangels an Privilegien ständig abnehmen werde und nur eine

Minderheit dazu willens sei. Diese Gruppe werde aus denjenigen bestehen, die sich stark mit der Gemeinde identifizieren (s.o.: Bereitschaft, zum Wohlergehen der Gemeinde beizutragen) oder aufgrund ihrer Persönlichkeitsstruktur an Macht und Einfluß um ihrer selbst willen Gefallen finden.

Da es immer nur wenige Menschen dieser Art gibt, postuliert Schoeck die Monopolisierung der Leitungspositionen durch wenige, meist ständige Amtsinhaber. Wir stellten bereits fest, daß dies nicht eintrat. Es ist wahrscheinlich realistischer, daß in der Kibbutzsituation zwei andere Dinge eintreffen. 1) Das Vorhandensein zusätzlicher, mit der Funktion verbundener Belohnungen könnte zu höheren Erwartungen und Widerwillen gegen die Rückkehr in frühere Arbeitsstellen führen (Yuchtman, 1972); 2) manche Ämter könnten zu bestimmten Zeiten unbesetzt bleiben, da kein Mitglied bereit ist, sie auszuüben und weder objektiv noch aus ideologischen Gründen Personen von außerhalb eingesetzt werden können. Das kann sowohl im Bereich der Arbeit geschehen – was nicht Gegenstand dieser Untersuchung ist –, als auch auf dem Gebiet der öffentlichen Tätigkeiten. Wenn das eintritt, und zwar in mehreren zentralen Ämtern, wird es meistens als Krisensymptom angesehen, und man ergreift besondere Maßnahmen, um die menschlichen Beziehungen in dem betreffenden Kibbutz zu verbessern. In den weniger bedeutenden Ämtern kann es bis zur Neubesetzung länger dauern; dies führt zu negativen Auswirkungen auf die Bedürfnisbefriedigung der Mitglieder oder das Funktionieren des Produktionssystems. Wir haben keine Zahlen über das Ausmaß dieses Phänomens, das meistens nur zeitweise auftritt und daher schwerer zu ergründen ist. Daß man sich dieses Problems bewußt ist, zeigt sich darin, daß fast ein Drittel der Teilnehmer an der Untersuchung der Generalversammlung Unzufriedenheit über die von den übrigen Mitgliedern in der Gemeinde und in Ämtern geleistete Arbeit äußern. Der von den Befragten genannte Hauptgrund für diesen Mangel an Aktivität ist die fehlende Bereitschaft der Mitglieder, ihre Zeit für öffentliche Aufgaben zu verwenden. Sind das Anzeichen für das weiterreichende Phänomen der Apathie der Mitglieder?

Die Bereitschaft, Ämter zu übernehmen

Unser Beweismaterial ist nicht eindeutig, was die Bereitschaft, öffentliche Ämter zu bekleiden, angeht. Die Angaben der zweiten Generation zeigen durchaus eine hohe Bereitschaft, in bestimmten öffentlichen Bereichen mitzuwirken. Es zeigt sich, was die bevorzugten Tätigkeitsfelder angeht, eine deutliche Differenzierung nach Geschlechtern — die Männer (75%) ziehen eine Betätigung im ökonomischen Bereich vor, wogegen die Frauen den Erziehungssektor bevorzugen (71%). Soziale (60%) und kulturelle Aktivitäten (50%) sind nicht geschlechtsgebunden. Die meisten der Befragten sind nur bereit, in einem Komitee mitzuarbeiten; die Zahl derer, die zur Übernahme leitender Funktionen bereit waren, war sehr gering (nur 8% der Männer und 1% der Frauen zeigten sich bereit, eine der beiden ganztägigen Leitungsfunktionen zu übernehmen). Die unterschiedliche Bereitschaft in bezug auf Tätigkeitsbereiche und jeweilige Positionen kann insbesondere durch die Geschlechtsgebundenheit, die Beurteilung der bestehenden Bilanz der Entlohnungen und die Bindung an den Kibbutz erklärt werden. Ein zusätzlicher Faktor ist jedoch die persönliche Neigung. Die häufigste Erklärung der aktiveren Befragten lautete, daß sie an solchen Tätigkeiten mehr Interesse hätten oder sich dem Druck des Komitees, das sie für ein Amt nominiert hatte, nicht widersetzen könnten.

Die Fähigkeit, dem Druck zu widerstehen, könnte sowohl von der Persönlichkeit als auch von der Anhänglichkeit an den Kibbutz abhängen, während die Neigung wahrscheinlich von der positiven oder negativen Einschätzung der zu erwartenden Belohnungen bestimmt wird.

Abschließend läßt sich sagen, daß sich der Kibbutz anscheinend immer noch zwischen der Szylla der Monopolisierung der Herrschaftspositionen und der Charybdis der Apathie und der mangelnden Motivation, Ämter zu bekleiden, bewegt. Es scheint, daß die Gefahr der Apathie die größere ist und der Kibbutz auch noch vor dem Problem steht, daß die in der Hauptsache psychologischen Entlohnungen des Kibbutzsystems leicht manipuliert werden können. Phantasievolle soziale Planung ist in Zukunft erforderlich, um der Gefahr der wachsenden Apathie und des Zuviel an rollenbezogenen oder materiellen Vergünstigungen in bestimmten Ämtern zu begegnen.

Der Einfluß der Generalversammlung

Die beiden Gefahren – die Apathie der Mitglieder sowie Zentralisierung und Monopolisierung des Einflusses in den Händen weniger Amtsinhaber – drohen auch der wichtigsten Institution der direkten Demokratie im Kibbutz – der Generalversammlung.

Wie aus allen Dokumenten der Kibbutzföderationen hervorgeht, soll die Generalversammlung die höchste Autorität des Kibbutz darstellen. Rousseaus Definition der Beziehung zwischen gewählten Amtsträgern und dem Volk: »Sie [. . .] dürfen nichts beschließen. Jedes Gesetz, das das Volk nicht persönlich bestätigt hat, ist null und nichtig: es ist kein Gesetz« (zitiert bei Dahl, 1970), kann auch heute als normative Grundlage für die Autorität der Versammlung angesehen werden. Die Versammlung besitzt das Vetorecht im Hinblick auf jede Entscheidung, die von einem Komitee, einer Abteilung oder einem Amtsträger getroffen wird. Alle grundlegenden Entscheidungen über Planungen (Produktion, Investitionen, Verbrauchsgüterbudget, höhere Bildung usw.) müssen von der Versammlung gefällt werden. Die Versammlung beschäftigt sich jedoch nicht nur mit »Gesetzen« und langfristigen Entscheidungen. Sie ist auch der Ort der Diskussionen und Entscheidungen, die einzelne Kibbutzniks betreffen, wie z. B. den Wunsch, einen Urlaub anzutreten, Verwandte eines Mitglieds im Kibbutz aufzunehmen oder einem Kibbutznik bzw. seinen Angehörigen ein Studium zu ermöglichen usw. Trotz der weitreichenden Machtbefugnisse, die die Kibbutznormen der Versammlung einräumen, stellten wir (mit Hilfe der Kontrollgraphik) fest, daß eine relativ große Kluft zwischen dem Einfluß der Kibbutzmitglieder als Gruppe (d. h. hauptsächlich in der Versammlung) und dem der leitenden Funktionäre besteht. Dies ist jedoch nicht das einzige Anzeichen einer möglichen Diskrepanz zwischen dem normativ vorgeschriebenen und dem tatsächlichen Einfluß der Versammlung. In Kibbutz-Publikationen werden verschiedene Klagen über die Arbeit und den Einfluß der Versammlung geäußert. Diese Klagen lassen sich in zwei Gruppen einteilen: 1) Versagen der Amtsinhaber und 2) Apathie der Mitglieder.

(1) Am häufigsten warf man den Funktionären die Auswahl der Diskussionsthemen in der Versammlung, fehlende vorherige

Bekanntmachung dieser Themen, autoritäre Versammlungsleitung und – last, not least – unzulängliche Durchführung der Versammlungsbeschlüsse vor. Manchmal schreibt man dieses Versagen den mangelnden Fähigkeiten der Amtsinhaber und manchmal ihrer Mißachtung der Versammlung zu, die sie als Zeitverschwendung und Hindernis für einen wirkungsvollen Entscheidungsprozeß ansehen. Die Frage der Effizienz kann auch mit der Frage der Kompetenz der Versammlung zusammenhängen, über komplexe Probleme zu entscheiden, die berufliches Wissen verlangen.

(2) Die Apathie der Mitglieder zeigt sich durch geringe Teilnahme an den Versammlungen (passive Mitwirkung), aber auch durch geringe Beteiligung an Diskussionen (aktive Mitwirkung) und sogar bei Abstimmungen. In manchen Klagen offenbart sich ein Teufelskreis, wenn die Apathie der Mitglieder die Mißachtung der Amtsinhaber gegenüber der Versammlung verstärkt und umgekehrt.

Trotz der Klagen erfüllt die Generalversammlung weiterhin ihre formale zentrale Rolle in jedem Kibbutz. Ein Versuch, die Generalversammlung abzuschaffen und durch eine Ratsversammlung gewählter Abgeordneter zu ersetzen, wurde vor zwei Jahren in einem der ältesten Kibbutzim unternommen. Nach einer Versuchsperiode von einem Jahr wurde aber beschlossen, die Generalversammlung wieder auf gewohnte Weise einzuberufen. Es gibt zwischen den Kibbutzim Unterschiede, was die Häufigkeit der Versammlungen anbelangt, und in einer kürzlichen Untersuchung wurden auch Unterschiede zwischen Föderationen festgestellt. In 144 Kibbutzim lag die durchschnittliche Häufigkeit bei drei im Monat. In denen der Kibbutz-Artzi-Föderation lag der Durchschnitt bei 3,6 gegenüber 2,7 in den beiden anderen Föderationen (Schätzung von Informanten). Bei der Kibbutz-Artzi-Föderation waren es ca. 35% der Mitglieder gegenüber 30% bei der Kibbutz-Hameuchad-Föderation und 25% bei den Kibbutzim der Ichud Ha'kibbutzim-Gruppe. Die Unterschiede zwischen den Kibbutzim waren in der Artzi-Föderation am kleinsten. Aber die bloße Tatsache, daß die Versammlungen relativ häufig einberufen werden, gibt uns noch nicht genügend Hinweise auf ihre Bedeutung für die Entscheidungsbildung und ihren Gesamteinfluß.

In der Untersuchung über die Generalversammlung in der

Kibbutz-Artzi-Föderation erwähnten 40% der Befragten, daß die Versammlung großen Einfluß besitzt, während 12% nur geringen Einfluß feststellten. Eine Mehrheit sagte auch aus, daß die Entscheidungen der Versammlung im allgemeinen der Auffassung der Kibbutzniks entsprechen, trotz der Tatsache, daß nur ein Teil der Mitglieder an der Versammlung teilnimmt und die Entscheidungen der Versammlung meistens von den Funktionären durchgeführt werden. Eher unerwartete Ergebnisse fand man bei der Analyse des unterschiedlichen Einflusses der Versammlung in verschiedenen Lebens- und Arbeitsbereichen des Kibbutz. Die größte Zufriedenheit mit dem Einfluß der Versammlung zeigten die Befragten im wirtschaftlichen Bereich, während man die geringste Zufriedenheit über den Einfluß im persönlichen und sozialen Bereich äußerte. Diese Ergebnisse sind unerwartet, da die meisten Analysen der Versammlung bisher den ökonomischen Bereich als den problematischsten ansahen, da hier die Kompetenzkluft zwischen dem durchschnittlichen Mitglied, das an Versammlungen teilnimmt, und dem Fachwissen des Abteilungsleiters, Ökonomen, Buchhalters usw. am größten sein müßte. Der am häufigsten aufgeführte Grund für den unzureichenden Einfluß der Versammlung lautete, daß viele Mitglieder

Tabelle 4: Rangordnung der Zufriedenheit mit dem Einfluß der Versammlung in verschiedenen Bereichen, Vertrautheit mit Diskussionsthemen, Teilnahme[1]

	Wirtschaft	Konsum	Bildung	Sozialer und persönl. Bereich
1) Mit dem Einfluß der Versammlung zufrieden	1	2	3	4
2) Mit Diskussionsthemen vertraut	3,5	3,5	2	1
3) Verständnis d. Themen	3	2	1	–[2]
4) Teilnahme an Diskussionen	3	–[2]	2	1

1 Quelle: Unveröffentlichtes Zahlenmaterial aus der Untersuchung der Generalversammlung in den Kibbutzim der Artzi-Föderation.
2 Es wurde keine Frage gestellt.

mit den diskutierten Themen nicht vertraut genug wären (46%). Nur geringes Fachwissen wird für den Bereich der persönlichen und sozialen Angelegenheiten benötigt (siehe Tabelle 4). Diese Fragen können ohne berufliches Wissen und Fachkenntnisse auf der Grundlage des gesunden Menschenverstandes und der Kibbutzwerte besprochen und entschieden werden.

Wir schlagen folgende Erklärungen für diese Ergebnisse vor, die ein umgekehrtes Verhältnis zwischen dem Grad des Verständnisses und der Vertrautheit und Zufriedenheit zeigen:

(a) Möglicherweise gibt es ein niedrigeres Erwartungsniveau, was die Entscheidungsfindung in ökonomischen gegenüber sozialen und persönlichen Fragen angeht. Bei ökonomischen Angelegenheiten stimmen Kibbutzniks darin überein, daß eine große Anzahl spezifischer Entscheidungen, die die tägliche Arbeitsroutine betreffen, von Funktionären gefällt werden müssen. Sie würden daher akzeptieren, daß in der Versammlung nur die grundlegenden Planungen ökonomischer Vorgänge diskutiert werden. Die Diskussion dieser Pläne bewegt sich in einem relativ stark institutionalisierten und rationalisierten Rahmen[5], und die Befragten sind der Meinung, daß die Versammlung ein Maximum an Einfluß erreicht hat, und sind daher ziemlich zufrieden. Unzufriedenheit wird vor allem dann geäußert, wenn vom institutionalisierten Muster abgewichen wird.

(b) Andererseits ist das Erwartungsniveau bezüglich persönlicher und sozialer Fragen hoch, da hier nach Auffassung aller Mitglieder jede Meinung das gleiche Gewicht haben soll. Mindestens zwei Faktoren können jedoch der demokratischen Willensbildung durch die Versammlung im Wege stehen:

a. Manchmal sind die persönlichen Fragen intim und heikel, so daß man sie schwerlich in einem großen, öffentlichen Forum erörtern kann. In diesen Fällen könnten die Komitees nur begrenzte Informationen zur Verfügung stellen oder das Recht fordern, im Namen der Versammlung zu entscheiden.

b. Da die Beschlüsse in solchen Angelegenheiten vom durchschnittlichen Kibbutznik ausgeführt werden müssen und nicht von den Komitees und Amtsinhabern, könnten Mitglieder solche Beschlüsse nicht in die Tat umsetzen, die nach ihrer Meinung ihren Rechten und Interessen zuwiderlaufen.

In einer Freiwilligengemeinschaft wie dem Kibbutz gibt es keine Zwangsmittel, und da der Kibbutz gewöhnlich nicht daran interessiert ist, Mitglieder zu verlieren, wird in vielen Fällen ein Kompromiß zwischen dem persönlichen Wunsch des Mitglieds und der ursprünglichen Entscheidung der Versammlung ausgearbeitet werden. Dieser Kompromiß muß in der Versammlung im Rahmen einer Revisionsprozedur erneut diskutiert werden, was als Zeitverschwendung angesehen werden kann. Daher lautet unsere Erklärung, daß möglicherweise mehr Unzufriedenheit mit dem Grad der Zustimmung der Mitglieder zu Entscheidungen in persönlichen Angelegenheiten herrscht, als mit der Durchführung von ökonomischen Entscheidungen seitens der Komitees und Amtsinhaber.

Die Gründe, die die Befragten für ihre geringe Zufriedenheit mit dem Einfluß der Versammlung nennen, lassen erkennen, daß man die Schuld hierfür mehr beim Durchschnittsmitglied als bei den Funktionären sucht. Wir haben schon erwähnt, daß die Mitglieder nicht mit den Themen vertraut sind. Die zweithäufigste Antwort lautete, daß viele Mitglieder nicht interessiert oder motiviert sind (36%). Die Vorwürfe gegenüber Institutionen und Amtsinhabern sind weniger häufig – mangelhafte Durchführung von Versammlungsbeschlüssen (24%), mangelnde Vorbereitung der Versammlung (23%) und schließlich Mißachtung der Versammlung auf seiten der Funktionäre (4%).

Was aber sind die Gründe für die Apathie, da sie keine Reaktion auf Machtzentralisierung und Monopolisierung darstellt? Wie weit reicht diese Apathie?

Teilnahme an der Versammlung

Auf der Grundlage der Forschungsergebnisse über die Generalversammlung in der Kibbutz-Artzi-Föderation können wir die Faktoren analysieren, die drei Größen der Teilnahme an der Versammlung beeinflussen – Anwesenheit, Meinungsäußerung und Abstimmung.

Wie oben erwähnt, nehmen – dies geht aus einem Vergleich mit anderen Bewegungen hervor – durchschnittlich 35% der Mitglieder von Kibbutzim der Artzi-Föderation an der Versammlung teil. Aus den 15 Kibbutzim, die hier untersucht wurden, steht uns zusätzlich zum allgemeinen Durchschnitt noch exakteres Material über die Teilnahme der Mitglieder an der Versammlung zur

Verfügung. Von 550 Befragten gaben 23% an, daß sie an keiner der letzten fünf Versammlungen teilgenommen hatten, 15% waren bei 1 bis 2 Versammlungen anwesend und 62% bei 3 bis 5 Versammlungen. Unter den Nicht-Teilnehmern waren mehr Frauen als Männer (30% Frauen gegenüber 17% der Männer); umgekehrt verhielt es sich bei denen, die sich am häufigsten beteiligten. Die ungleichmäßige Verteilung der Geschlechter ist bei der Teilnahme an Diskussionen noch größer. 59% der Frauen und 29% der Männer beteiligen sich im allgemeinen nicht, und nur 11% der Männer und 4% der Frauen bezeichneten sich als häufige Redner. Bei den Diskussionsthemen tritt diese Disparität der Geschlechter noch deutlicher zutage und läßt sich mit dem Bereich der öffentlichen Betätigung vergleichen. Männer sprechen häufiger über wirtschaftliche Themen, Frauen über Erziehungsfragen, während in sozialen und kulturellen Angelegenheiten die Unterschiede geringer sind. Die Zahl der Diskussionsteilnehmer richtet sich auch nach der verfügbaren Zeit. Bei einer durchschnittlichen Versammlung werden vier verschiedene Themen behandelt. Die durchschnittliche Zahl der Diskussionsteilnehmer beträgt ca. 6. Zu jedem Thema muß sich mindestens ein Funktionär äußern und mindestens 1 oder 2 der Betroffenen. Die Anzahl der Sprecher, die keiner der beiden Kategorien angehören, ist daher begrenzt. Die Teilnahme an der Abstimmung ist weniger eingeschränkt und geschlechtsgebunden – nur 9% gaben an, sich oft der Stimme zu enthalten.

Eine viel diskutierte Frage in diesem Zusammenhang war die Einführung der geheimen Wahl mit der Begründung, daß sich viele Mitglieder bei persönlichen Angelegenheiten der Stimme enthalten, weil sie die Betroffenen oder deren Verwandte und Freunde nicht öffentlich verletzen wollen, indem sie gegen sie stimmen. Diejenigen, die diese Neuerung ablehnten, wendeten ein, daß sie von den Prinzipien der direkten Demokratie weg- und zur Formalisierung hinführe. Andere meinten, daß die Offenheit der zwischenmenschlichen Beziehungen darunter leiden könnte. Schließlich wurde diese Änderung in einer Reihe älterer und größerer Kibbutzim hauptsächlich für persönliche Angelegenheiten und Wahlen von Funktionsträgern eingeführt, während über andere Fragen und in anderen Kibbutzim weiterhin offen durch Handzeichen abgestimmt wird.

Was sind die Gründe für das unterschiedliche Verhalten der

Kibbutzniks hinsichtlich der verschiedenen Mitwirkungsarten? Einige Erklärungen ergeben sich aus den Antworten auf weniger scharf umrissene Fragen, während eine Regressionsanalyse eher quantitative Resultate erbringt. Die Befragten wurden sowohl nach ihren Gründen für die Teilnahme als auch für die Nicht-Teilnahme gefragt. Die Gründe für die Teilnahme hängen hauptsächlich mit der allgemeinen Bindung an den Kibbutz zusammen: »Wissen, was vorgeht« (54%), »Teilnahme am Entscheidungsprozeß«, »Anwesenheit bei der Versammlung zeigt Anhänglichkeit an den Kibbutz« (38%). Ein anderer Grund bezieht sich auf das eigene Interesse: »Ich bin an den Diskussionsthemen interessiert« (34%), wobei dies nicht bedeuten muß, daß der Befragte persönlich betroffen ist.

Unter den für die Nicht-Teilnahme aufgeführten Gründen waren die objektiven am häufigsten: Krankheit, Arbeit (38%) und Erschöpfung (25%). 25% erwähnten aber auch als Hauptgrund, daß sie an den Diskussionsthemen nicht interessiert wären, während eine kleinere Anzahl der Befragten ihre Enttäuschung über die Versammlung ausdrückten (17%) oder behaupteten, daß die Versammlung nicht genügend Einfluß besitze (13%) oder Beschlüsse nicht ausgeführt würden (8%).

Die Antworten auf diese Fragen lassen eine enge Beziehung zwischen der Teilnahme an der Versammlung und der Bindung an den Kibbutz erkennen, wobei die Teilnahme als symbolischer Akt, der Anhänglichkeit ausdrückt, angesehen werden kann. Andererseits zeigte eine Minderheit eine andere Einstellung, da sie in der Teilnahme an der Versammlung in erster Linie ein Mittel sieht, persönliche Bedürfnisse zu befriedigen, und zwar durch Beteiligung an interessanten Diskussionen und Mitwirkung an Entscheidungen, die persönliche Belange betreffen.

Diese spezifische und pragmatische Einstellung zur Versammlung (wir können nicht zwischen interessanten Fragen und Eigeninteresse der Betroffenen unterscheiden) herrscht eher bei der jüngeren Generation vor. 52% der zweiten Generation sagten aus, daß sie dann teilnehmen, wenn das Thema interessant ist (gegenüber 22% der Älteren); 51% der Älteren sehen ihre Teilnahme als Zeichen ihrer Bindung an den Kibbutz gegenüber 30% der Jungen.

Die Hauptgründe, bei der Versammlung nicht das Wort zu ergreifen, liegen in einem Mangel an Selbstvertrauen – »ich habe

Angst, vor einem großen Publikum zu sprechen« (36%), »ich kann meine Gedanken nicht klar genug ausdrücken« (31%). Eine kleinere Gruppe der Befragten hat nicht das Bedürfnis zu sprechen (22%) oder stimmt anderen zu, die ihre Ansicht äußern (15%).

Unter den Gründen, sich der Stimme zu enthalten, wird am häufigsten die Schwierigkeit erwähnt, sich zwischen Alternativen zu entscheiden (54%). 17% erklärten jedoch, daß sie mit ihrer Stimmabgabe andere Mitglieder nicht verletzen wollten, und 45% sind der Meinung, daß andere Kibbutzniks sich aus diesem wichtigen Grund der Stimme enthalten. Das unterstreicht die Tatsache, daß viele Aspekte der Kibbutzversammlung sowohl von zwischenmenschlichen Beziehungen beeinflußt werden als auch diese beeinflussen. Welches Gewicht kommt quantitativ den verschiedenen Faktoren zu, die die Mitwirkung der Versammlung beeinflussen?

Tabelle 5 zeigt die Beziehungen zwischen den drei Partizipationsformen und einer Reihe von Variablen, die mit Hilfe sowohl der Korrelationsanalyse als auch der multiplen Regressionsanalyse ermittelt wurden. Die Ergebnisse zeigen deutliche Unterschiede zwischen den Variablen, die mit den verschiedenen Formen des Partizipationsverhaltens verknüpft sind.

Die Unterschiede bei der Versammlungsteilnahme erklären sich vor allem durch die Bindung der Mitglieder an den Kibbutz und weniger durch den persönlichen Einfluß des Befragten.[6] Die Wortmeldung in der Versammlung wird hauptsächlich durch die status-bezogenen Variablen des persönlichen Einflusses und der Rollenbedeutung bestimmt, während die Bindung an den Kibbutz hier kaum eine Rolle spielt. Bei der Abstimmung ist der persönliche Einfluß von großer Bedeutung und – überraschenderweise – ein demographischer Faktor: das Alter. Während jüngere Mitglieder seltener teilnehmen und sich zu Wort melden als ältere, stimmen sie häufiger ab. Vielleicht lautet die Erklärung hierfür, daß sie weniger vorsichtig und zurückhaltend sind und selbstbewußter über Alternativen entscheiden als die erfahreneren Veteranen. Ein weiteres unerwartetes Ergebnis ist, daß die Bewertung des Grades der Demokratie bei der Kibbutzleitung durch den Befragten fast keine unmittelbaren Auswirkungen auf die verschiedenen Formen der Teilnahme hat.

Diese Analyse der Faktoren, die das partizipatorische Verhalten

Tabelle 5: Der Einfluß verschiedener Variablen auf die Teilnahme an Versammlungen[1]

	Teilnahme		Wortmeldung		Abstimmung
	r^2	Varianz[3] in %	r	Varianz in %	r
Alter	12		29	5	−14
Geschlecht (männlich = 1)	−11		−26	3	ohne Bedeutung[5]
Dienststellung in den letzten 3 Jahren	19	1	28	2	ohne Bed.
persönl. Einfluß	42	9	45	20	18
Status[4]	29		44	8	
Bindung an den Kibbutz	43	19	33		11
Einstellung zur allg. Kibbutzwertvorstellung	19		23	1	ohne Bed.
Einfluß d. Mitglieds durch d. Versammlung	35	4	ohne Bed.		ohne Bed.
		33		39	

1 Quelle: Unveröffentlichtes Zahlenmaterial aus der Untersuchung der Generalversammlung in der Kibbutz-Artzi-Föderation.
2 Korrelation nullter Ordnung laut Pearson.
3 Prozentsatz der Varianz erklärt sich durch multiple Regression.
4 Beruht auf der Selbsteinschätzung der Bedeutung des Status im Kibbutz.
5 Grad der Signifikanz niedriger als 0,05.

des einzelnen Kibbutzniks beeinflussen, führt uns zu einem weiteren Thema, das bei der Untersuchung der Versammlung zur Diskussion stand, d. h. zu den Faktoren, die die Unterschiede in der Teilnahme bei den Kibbutzim beeinflussen.

Kibbutzim mit hoher und mit niedriger Teilnahme

Wir haben die Unterschiede zwischen Föderationen, was die Teilnahme angeht, schon erwähnt. Aber selbst in der Artzi-Föderation gibt es auffallende Unterschiede zwischen Kibbutzim in bezug auf Teilnahme, die nicht durch einfache Faktoren wie Größe, Alter usw. erklärt werden können. Um die Ursachen dieser Unterschiede zu erforschen, wurde ein Vergleich zwischen sechs ähnlichen Kibbutzpaaren angestellt; die Ähnlichkeit bezog sich auf Alter und Mitgliederzahl, Unterschiede bestanden in bezug auf den Grad der Teilnahme. Mit Hilfe des T-Tests werden durch die unterschiedlichen Durchschnittsergebnisse einer Reihe von Variablen die Korrelate relativ hoher und geringer Beteiligung bei den Versammlungen ermittelt.

In Tabelle 6 zeigen wir sowohl objektiv quantifizierbare Eigenschaften des Kibbutz als auch Zusammenfassungen der Antwor-

Tabelle 6: Unterschiede zwischen 6 Kibbutzim mit hoher Teilnahme bei Generalversammlungen und 6 ähnlichen Kibbutzim mit niedriger Teilnahme

Variable	hohe Teilnahme	niedrige Teilnahme	Signifikanz des Unterschieds[1]
Rückzug ins Privatleben			
Größe des Privathauses	45 m^2	50,5 m^2	
Fernsehgerät im Privathaus	83%	73%	.006
Bildungsgrad			
Mitgl. mit höherer Bildung	21,4%	16,7%	
Mitgl. ohne höhere Bildung	14,5%	24,6%	
Ideologische Einstellung (Einstellung zu Werten)			
Allgemeine Werte			
Hohe Bedeutung der Gleichheit	40%		keine Bedeutung
Hohe Bedeutung der eig. Arbeit	29%	23%	.05
Demokratischer Wert			
Hohe Bedeutung d. Demokratie	67%	48%	.004
Sehr wichtig, Einfluß zu besitzen	73%	63%	.02
Ökonomische Entwicklung wichtiger als Demokratie	34%	51%	.001

Variable	hohe Teil- nahme	niedrige Teil- nahme	Signifikanz des Unterschieds[1]
Einstellung zu direkter Demokratie			
Für Problemlösung mit Hilfe geschriebener Statuten	33%	40%	.06
Für Verlagerung der Autorität von der Versammlung in Komitees	49%	60%	.06
Für geheime Abstim- mung über persönli- che Angelegenheiten	53%	69%	.001
Für gewählten Rat, der die Versammlung ab- löst	15%		keine Bedeutung
Für Verlagerung der Autorität vom Sekre- tariat in die Komitees	58%	46%	.002
Bindung an den Kib- butz			
Enge Bindung	49%	39%	.002
Zufriedenheit mit Leben im Kibbutz	72%		keine Bedeutung
Gründe für Teilnahme			
Teilnahme, um Neuig- keiten zu erfahren	59%	46%	.008
Teilnahme bei inter- essanten Diskus- sionsthemen	29%	42%	.004
Einschätzung des de- mokratischen Klimas			
1. Großer Einfluß der Mitglieder durch Versammlung	53%	38%	.001
2. Großer persönl. Einfluß	38%	28%	.03
3. Entscheidungen d. Generalversamml. werden durchgeführt	30%	26%	.05
4. Zufrieden mit Rotation	76%		keine Bedeutung

Variable	hohe Teil-nahme	niedrige Teil-nahme	Signifikanz des Unterschieds[1]
5. Großer Einfluß d. wichtigsten Amtsinhaber	75%		keine Bedeutung
Beurteilung der Kibbutzversammlungen			
1. Zufrieden mit Versammlungsleitung	42%	35%	.05
2. Häufige Einberufung	27%	37%	.03
3. Keine Interessenkonflikte	24%	17%	.06
4. Sachverstand in Diskussionen kaum notwendig (4= kein Bedarf)	3,15	1,95	.02
5. Häufige Wortmeldung	12%		keine Bedeutung
6. Häufige Stimmenthaltung	9%		keine Bedeutung

1 Die Signifikanz des Unterschiedes wurde auf der Grundlage der durchschnittlichen Ergebnisse des T-Tests ermittelt. Der Einfachheit halber vorwiegend prozentuale Angaben.

ten auf Fragebogenthemen und der aus ihnen gewonnenen Indikatoren. Wir erwähnen nur die objektiven Eigenschaften mit signifikanten Unterschieden, während wir andererseits auch einige gebündelte Variablen anführen, bei denen keine derartigen Unterschiede gefunden wurden, die Ergebnisse aber dennoch für unsere Hypothesen relevant sind.

Aufgrund des Forschungsplans konnten keine Unterschiede im Hinblick auf Größe und Alter des Kibbutz erwartet werden, da diese beiden Variablen bei der Gegenüberstellung der Paare konstant gehalten wurden. Zahlenangaben aus anderen Quellen zeigen eine negative Korrelation zwischen der Größe – der Zahl der Mitglieder und Kandidaten – und der durchschnittlichen Teilnahme an der Versammlung. Diese Korrelation ist bei dem eher heterogenen Beispiel der 147 Kibbutzim der drei Hauptföderationen stärker (r = -.41) als bei den Kibbutzim der Artzi-

Gruppe (r = -.30). (Diese Korrelation basiert auf dem Zahlendurchschnitt aus drei nacheinander durchgeführten Untersuchungen.) Bei der letzten Untersuchung wurde eine kurvilineare Beziehung festgestellt, d. h. die niedrigste Anwesenheit fand man in den mittelgroßen, mittelalten Kibbutzim, die vermutlich eine Zeit der Veränderung hin zu größerer Formalisierung der sozialen Beziehungen durchleben und möglicherweise Anpassungsschwierigkeiten haben.

Unter den objektiven Eigenschaften des Kibbutz scheinen uns drei Ergebnisse von theoretischer Bedeutung zu sein: 1) Die Größe der Privatwohnung muß im Zusammenhang mit der Tendenz zum Rückzug ins Privatleben gesehen werden, d. h. mehr Zeit wird in der Privatwohnung verbracht als an kommunalen Treffpunkten (Speisesaal, Klubs etc.). Überraschenderweise gibt es keine negative Korrelation zwischen der Verbreitung von Fernsehgeräten und der Teilnahme. Dasselbe Ergebnis wurde auch auf individueller Ebene bestätigt, denn der Besitz eines Fernsehgerätes hat keinen Einfluß auf die Teilnahme, wie diejenigen, die sich gegen die Einführung von Fernsehen in den Privatwohnungen wandten, vermuteten. Der Typ und die Größe der Wohnungen scheinen daher ein besserer Indikator für den Rückzug ins Privatleben zu sein als Fernsehgeräte. 2) Die signifikanten Unterschiede der *Bildungsniveaus* weisen in die erwartete Richtung und zeigen, daß selbst in Gemeinden mit einem eher hohen durchschnittlichen Bildungsgrad die Unterschiede auf diesem Gebiet den Grad der Apathie beeinflussen können.

Werte und Normen

Die Ergebnisse, die sich auf die Einstellung zu Werten beziehen, sind, was *demokratische Werte* angeht, unzweideutig, bei allgemeinen Kibbutzwerten hingegen eher ambivalent. In den Kibbutzim mit mehr Mitwirkung findet man ein deutlich höheres Engagement für demokratische Werte, und zwar sowohl im allgemeinen als auch im besonderen. Während es keine Unterschiede hinsichtlich solch grundlegender Kibbutzwerte wie Gleichheit gibt, wurden bei der Einstellung einem spezifischen Wert gegenüber die erwarteten Unterschiede entdeckt: die Bedeutung, die der eigenen Arbeit zugemessen wird, und die

Nicht-Beschäftigung von Lohnarbeitern.

Die Unterschiede zwischen beiden Gruppen sind sogar noch deutlicher und auffallender bei der Einstellung hinsichtlich der Prinzipien und Normen der direkten Demokratie. Obwohl die Einführung der repräsentativen Demokratie generell abgelehnt wird – nur 15% in beiden Gruppen befürworten einen gewählten Rat, wie er in einigen der größeren Kibbutzim anderer Föderationen bereits existiert –, kann bei der Gruppe mit geringer Partizipation eine geringere Beachtung traditioneller Normen beobachtet werden. Positiver wird eine Formalisierung beurteilt – d. h. die Einführung geschriebener Regeln, geheime Abstimmung und eine begrenzte Verlagerung der Autorität von der Versammlung in die Komitees. Wir können Ursache und Wirkung nicht festlegen – führt die schwächere Bindung an demokratische Werte und Normen zu geringerer Teilnahme oder umgekehrt; besteht die Bereitschaft, die Versammlung wegen ihrer funktionalen Schwäche durch andere Mechanismen zu ersetzen? Interessanterweise ist die Tendenz zur Dezentralisierung in den Kibbutzim mit höherer Teilnahme stärker. Bei der Analyse der individuellen Ebene fand man keine Beziehung zwischen der Einstellung zu Werten und der Teilnahme an der Versammlung. Auf der anderen Seite bestand eine enge Korrelation zwischen einer positiven Einstellung zum Kibbutz und zu demokratischen Werten sowie der Bindung an den Kibbutz – dem Hauptgrund auf individueller Ebene für die Teilnahme. Es erstaunt daher nicht, daß signifikante Unterschiede zwischen den Gruppen in bezug auf diese Variable und die Häufigkeit zweier bestimmter Gründe, an den Versammlungen teilzunehmen, entdeckt wurden. In den Kibbutzim mit höherer Teilnahme gaben mehr Befragte die traditionelle Antwort, d. h. sie bezogen die Teilnahme auf die Bindung an den Kibbutz und das Engagement für ihn, während in der zweiten Gruppe eher pragmatische Gründe und eigenes Interesse hervorgehoben wurden.

Einschätzung des demokratischen Klimas

Die ersten drei Variablen dieses Abschnitts beziehen sich auf die Einflußverteilung unter den Mitgliedern. Der Index, der den Einfluß der Mitglieder durch die Versammlung mißt, beruht vor allem auf den oben diskutierten Fragen bezüglich des Einflusses der Versammlungen und der Mitglieder. Diese Variable kann als Maß des kollektiven Einflusses betrachtet werden. Der Einfluß der Versammlung hängt offensichtlich mit der zweiten Variablen zusammen – der Durchführung der von der Versammlung getroffenen Beschlüsse.

Die Unterschiede im Hinblick auf den persönlichen Einfluß sind weniger eindrucksvoll als diejenigen des kollektiven Einflusses, aber sie bewegen sich in der erwarteten Richtung. Auf der anderen Seite fanden sich keine signifikanten Unterschiede bei der Variablen, mit deren Hilfe die Zentralisierung des Einflusses und die Monopolisierung der Machtpositionen gemessen wurde. (Die Monopolisierung wurde nicht nur anhand der Zufriedenheit mit der Rotation gemessen, sondern auch mit Hilfe der oben zitierten Maßstäbe; es wurden keine signifikanten Unterschiede entdeckt.)

Die Tatsache, daß zwar Unterschiede bezüglich der Einflußverteilung entdeckt wurden, aber keine hinsichtlich Zentralisierung und Monopolisierung, unterstreicht die von den Befragten geäußerte Erklärung bei der Beantwortung der Frage, warum sie mit dem Einfluß der Versammlungen nicht zufrieden seien. Dies lag nach ihrer Meinung mehr an der Apathie der Mitglieder als an den Funktionsträgern.

Merkmale der Kibbutzversammlung

Die Angaben zeigen, daß die Versammlung in der Gruppe mit der höheren Beteiligung besser zu funktionieren scheint. Die aufgeführten Interessenkonflikte bestehen nicht zwischen Mitgliedern und Funktionsträgern oder ständigen Interessengruppen. Sie betreffen konkrete Fragen, und folgende Gruppen sind an derartigen Konflikten beteiligt: Altersgruppen, Arbeitszweige und größere Familien.

Bei der Beobachtung von Versammlungen beider Gruppen zeigte es sich, daß in der Gruppe mit der niedrigeren Beteiligung mehr Sachkenntnis zur Mitsprache bei Diskussionen notwendig war. Dies liegt vielleicht an Unterschieden bei der Auswahl der Diskussionsthemen, die vor ein größeres Forum gebracht werden, und an der Art und Weise, wie diese Fragen dargelegt und erläutert werden.

Im Hinblick auf die Häufigkeit der Wortmeldungen und der Stimmabgabe in beiden Gruppen fand man keine Unterschiede; dies unterstreicht die Ergebnisse der Analyse des individuellen Niveaus, wonach verschiedene Faktoren die unterschiedlichen Arten der Mitwirkung beeinflussen. Einige bedeutsame Unter-

Tabelle 7: Unterschiede zwischen sechs Kibbutzim mit hoher Teilnahme an Generalversammlungen und sechs vergleichbaren Kibbutzim mit niedriger Teilnahme (theoretische Variablen) (basierend auf Ergebnissen aus Tabelle 6)

	hoch	niedrig
Rückzug ins Privatleben		+
Bildungsgrad	+	
Ideologische Einstellung		
(Einstellung zu Werten)		
a. Einstellung zu allg. Kibbutzwerten	=	
b. Einstellung zu demokratischen Werten	+	
c. Einstellung zur direkten Demokratie		
Bindung an den Kibbutz	+	
Gründe für Teilnahme		
a. Anteilnahme	+	
b. Eigeninteresse		+
Einflußverteilung[1]	+	
Zentralisierung u. Monopolisierung der Autorität[2]	=	
Funktionieren der Versammlung[3]	+	
Interessenkonflikte[4]		+
Bedarf an Sachverstand im Hinblick auf Diskussionen[5]		+
% Wortmeldung in der Versammlung	=	
% Stimmabgabe in der Versammlung	=	

1 Beruht auf den Fragen 1, 2 und 3 der Gruppe: Einschätzung des demokratischen Klimas.
2 Beruht auf den Fragen 4 und 5 der Gruppe: Einschätzung des demokratischen Klimas.
3 Beruht auf den Fragen 1 und 2 der Gruppe: Beurteilung der Kibbutzversammlungen.
4 Beruht auf Frage 3 der Gruppe: Beurteilung der Kibbutzversammlung.
5 Beruht auf Frage 4 der Gruppe: Beurteilung der Kibbutzversammlung.

schiede stellt man zwischen den Resultaten der individuellen und der Kibbutzanalyse fest, indem man Tabelle 5 mit unserer zusammenfassenden Tabelle vergleicht, in der wir die empirischen Variablen der Tabelle 6 durch eher theoretische Definitionen ersetzen und diverse Variablen demselben Oberbegriff zuordnen.

Verschiedene Variablen, die auf die Häufigkeit der Teilnahme des einzelnen Mitgliedes an der Versammlung keinen bedeutenden Einfluß ausübten, scheinen sich – wenn sie gehäuft auftreten – auf die Anzahl der Mitglieder, die teilnehmen, auszuwirken: Ausbildung, Einstellung zu demokratischen Werten, Einschätzung des kollektiven Einflusses und der Funktionsweise der Versammlung. Eine mögliche Erklärung wäre, daß zwar die Ausbildung eines einzelnen Mitgliedes nicht zu Unterschieden führt, wohl aber eine größere Gruppe von Mitgliedern mit bestimmtem Ausbildungsgrad. Eine relativ große Gruppe von Mitgliedern mit geringem Ausbildungsniveau oder nur loser Verbundenheit mit demokratischen Idealen könnte sich auf die Teilnahme in einem solchen Kibbutz negativ auswirken. Andererseits tendiert vielleicht ein Mitglied mit niedrigem Bildungsniveau oder geringer Verbundenheit mit demokratischen Werten, das in seinem Kibbutz relativ isoliert ist, zu einem mit den bestehenden Normen konformen Verhalten. Auf der Grundlage der zusammenfassenden Tabelle können wir jetzt versuchen, zu allgemeineren Schlüssen zu gelangen und unsere Ergebnisse mit unserem grundlegenden theoretischen Modell in Einklang zu bringen.

Schlußfolgerung

Auf der Grundlage der obigen Zahlen können wir die Wirkung verschiedener Faktoren sowohl auf die Ämterrotation – bezogen auf die Einflußverteilung – als auch auf die Arbeitsweise und den Einfluß der Generalversammlung untersuchen.

Eine grundlegende Einschränkung unserer Ergebnisse liegt darin, daß sie auf einer Querschnitt- und nicht auf einer Längsschnittuntersuchung beruhen. Wie bereits gesagt, läßt sich kein geradliniger Prozeß einer Degeneration der Kibbutzdemokratie feststellen, indem man verschiedene Zeitabschnitte miteinander vergleicht. In der Vergangenheit gab es sicherlich größere Unterschiede zwischen den Föderationen im Hinblick auf ihre Einstellung zur Demokratie, da sie von unterschiedlichen ideologischen Konzepten ausgingen. In den Kibbutzim, die sich einem eher »organischen« Konzept der direkten Demokratie verpflichtet fühlten, nahm die Teilnahme an der Versammlung und deren Einfluß ab; die Teilnahme ist jedoch weiterhin relativ hoch. Eine detaillierte Untersuchung der Diskussionsthemen in den Versammlungen dreier Kibbutzim hat über einen Zeitraum von 35 Jahren keine wesentlichen Veränderungen ermittelt (Shalev, 1976). Vergleichszahlen beweisen, daß das Ausmaß der Rotation mit dem Eintritt der Mitglieder der zweiten Generation in das öffentliche Leben sogar zugenommen hat. In der vor kurzem erstellten Analyse von 12 Kibbutzim war es nicht möglich, die Wirkung struktureller Faktoren wie Größe und Alter des Kibbutz und Industrialisierung zu beurteilen, da diese absichtlich konstant gehalten wurden, um dadurch den Einfluß anderer Faktoren aufzudecken. Durch das Konstanthalten dieser Faktoren läßt sich vielleicht auch erklären, daß zwischen den beiden Gruppen auf Gebieten wie soziale Beziehungen, Spezialisierung in bezug auf die Größe, Sozialstruktur und Industrialisierung keine Unterschiede bestehen.

Andererseits fanden wir deutliche Unterschiede hinsichtlich der Teilnahme, die wir auf Faktoren zurückführen konnten, die wahrscheinlich von den Prozessen der strukturellen Differenzierung nicht abhängig sind, sondern das Resultat idiosynkratischer Merkmale diverser Kibbutzim darstellen, z. B.: soziale Zusammensetzung der Mitgliedschaft im Hinblick auf das Ursprungsland, unangenehme Erfahrungen in der Vergangenheit, die sich auf die Einstellung gegenüber der Versammlung auswirken könnten, etc.

Unterschiede zwischen Kibbutzim bei Variablen wie Bildungsniveau, Ausmaß des Rückzugs ins Privatleben und verschiedene Komponenten der ideologischen Haltung wie Einstellung zu Kibbutzwerten, zur Demokratie und vor allem die Bindung an den Kibbutz zeigen deutliche Bezüge zu den Unterschieden bei der Teilnahme an der Generalversammlung. Wir können daraus schließen, daß die Teilnahme an der Versammlung, ihre Funktionsweise und zentrale Rolle zu einer Reihe von Faktoren in Beziehung stehen, die von der strukturellen Differenzierung relativ unabhängig sind. Zumindest im Kibbutz führen strukturelle Faktoren nicht, wie von Dahl (1970) erwartet, dazu, daß mit wachsender Komplexität die Demokratie von direkten zu repräsentativen Formen fortschreiten müßte. Im Kibbutz, und möglicherweise vor allem in den untersuchten Föderationen, kann der Übergang zur repräsentativen Demokratie nicht als bloß formale Änderung betrachtet werden. Die positivere Einstellung zu manchen Eigenschaften der repräsentativen Demokratie in einer Gruppe von Kibbutzim scheint sowohl mit der niedrigeren Teilnahme und der eingeschränkten Arbeitsweise der Versammlung zusammenzuhängen als auch mit grundlegenderen Faktoren, etwa stärkeren Interessenkonflikten, geringerer Bindung an den Kibbutz und geringerem Engagement für demokratische Werte. Die positive Einstellung zu geschriebenen Regeln, geheimer Wahl und Übertragung der Macht von der Versammlung an die Komitees zeigt, daß trotz der fast einstimmigen Ablehnung der Wahl eines Repräsentantenrats die Komponenten des theoretischen Modells der Kibbutzdemokratie schwächer geworden sind. Die Ergebnisse können auch als eine Art Gültigkeitserklärung für das theoretische Modell und unsere ursprüngliche Annahme einer Verbindung zwischen direkter Kibbutzdemokratie, ideologischem Engagement (Wertekonsensus) und gesellschaftlicher Solidarität (keine Interessengruppen und starke Identifikation mit dem Kibbutz) angesehen werden. In einer solchen Situation könnte das Resultat des Übergangs zur repräsentativen Demokratie keine bessere Anpassung an veränderte Bedingungen bedeuten, sondern eine Schwächung der ideologischen und sozialen Fundamente des Kibbutz.

Diese Ergebnisse können auch im größeren Rahmen der grundlegenden Unterschiede zwischen modernen und klassischen demokratischen Theorien gesehen werden. Die Kibbutzdemokratie stellt selbst heute eine konkrete Verwirklichung der klassischen Theorie dar. Die Verknüpfung zwischen Kibbutzdemokratie, ideologischem Engagement und gesellschaftlicher Solidarität zeigt wahrscheinlich, daß die mögliche Anwendung des klassischen Modells in der modernen Gesellschaft nicht nur vom Grad der Komplexität und der strukturellen Differenzierung abhängt, sondern von der Ideologie und der gesellschaftlichen Solidarität. In seinem besonderen Rahmen und selbst in einem Bereich mit dem höchsten Grad an struktureller Differenzierung – den Industriebetrieben – hat der Kibbutz gezeigt, daß zwischen

Effizienz und ideologischer Konformität nicht notwendigerweise ein Widerspruch bestehen muß (Rosner und Palgi, 1977). Im Rahmen seiner Gesamtorganisation hat der Kibbutz einen Weg zur Überwindung des Dilemmas gefunden, das Dahl zwischen *Bürgereffektivität* und *Systemkapazität* konstatiert hat. Das Dilemma beruht auf der Annahme, daß höhere Systemkapazität von größerer Ausdehnung und Komplexität abhängt, so daß Bürgereffektivität im Hinblick auf Einflußnahme abnimmt und Machtlosigkeit hervorgerufen wird. Dem Kibbutz ist es gelungen, die Systemkapazität durch Kooperation zwischen Kibbutzim auf regionaler und nationaler Ebene zu vergrößern.[7] Diese Vergrößerung führte nicht zu einer Abnahme des Einflusses der Mitglieder in der Gemeinde, obwohl ein Teil der Kibbutzautonomie auf regionale Organisationen und Föderationen überging. Die regionalen Organisationen und die Föderationen beruhen zwar auf der repräsentativen Demokratie, haben aber ihre Wurzeln in der direkten Demokratie des einzelnen Kibbutz. Es gibt daher auch in diesen Organisationen klare Grenzen für den Autoritätsmißbrauch. (Eine detaillierte Beschreibung dieser beiden organisatorischen Strukturen übersteigt den Rahmen dieser Arbeit.)Was kann aus der Kibbutzerfahrung für andere Gesellschaften und Organisationen abgeleitet werden?

Die Kibbutzerfahrung leugnet nicht, daß die Gefahr der Degeneration in der direkten und kooperativen Demokratie besteht. Das Kibbutzbeispiel zeigt, unter welchen Bedingungen diese trotz der fortschreitenden strukturellen Differenzierung bewahrt werden können. Die drei grundlegenden Voraussetzungen ideologischen Engagements, gesellschaftlicher Solidarität und Gleichheit entwickelten sich im Kibbutz unter besonderen historischen Gegebenheiten. Unter anderen Bedingungen könnte eine absichtlich herbeigeführte Entwicklung dieser Faktoren den oligarchischen Tendenzen entgegenwirken, die durch ein rein instrumentales Anstreben der Ziele von Gemeinschaft und Organisation und eine ungleiche Verteilung der Kompensationen hervorgerufen werden.

Wichtige soziale Entwicklungen wie die Hebung des Bildungsniveaus, die Zunahme gehobener Bedürfnisse, die die Menschen motivieren könnten, ohne materielle Privilegien gesellschaftlich aktiv zu werden, die wachsende Interdependenz von Menschen, die über Wissen und Fachkenntnisse auf verschiedenen Gebieten verfügen, könnten in anderen Gesellschaften Bedingungen schaffen, die denen des »abweichenden« Beispiels der Kibbutzdemokratie ähnlich sind.

Aus dem Englischen von Nina Weller

Anmerkungen

1 Dahl unterscheidet zwischen verschiedenen Demokratieformen, die in eine Reihe gestellt werden können: (1) Urdemokratie, (2) Komitee-Demokratie, (3) repräsentative Demokratie, (4) plebiszitäre Demokratie, (5) Polyarchie.

2 Dies ist ein Zitat aus Kamenka/Tays Diskussion (1971) eines sozialistischen Modells einer organischen Gemeinde, das sich sehr gut auf den Kibbutz anwenden läßt.

3 Die Kontrollgraphik wurde von A. Tannenbaum (1967) entwickelt, um mit ihrer Hilfe das Ausmaß des Einflusses zu messen, das Befragte verschiedenen Gruppen in einer Organisation beimessen. Im Kibbutz und anderen Gemeinden überall in der Welt durchgeführte Untersuchungen haben ein hohes Maß an Übereinstimmung zwischen diesen allgemeinen subjektiven Messungen und anderen spezifischeren oder objektiveren Messungen gezeigt.

4 Wegen des begrenzten Beispiels und seiner besonderen Eigenheiten, die weiter unten beschrieben werden, entdeckte man keine signifikante Korrelation zwischen dem Ausmaß der Rotation und der Größe, der Industrialisierung und anderen Strukturvariablen. Aber die Richtung der Korrelation war positiv – mit der Größe (0,31), mit dem Grad der Industrialisierung (0,28). Diese Ergebnisse scheinen die Annahme zu bestätigen, daß die Rotation in größeren Kibbutzim häufiger ist als in kleineren, denn dort besteht die größere Wahrscheinlichkeit, geeignete Kandidaten für die verschiedenen Ämter zu finden. Die Größe korreliert positiv mit der Industrialisierung.

5 Die grundlegenden Planungen umfassen den Produktionsplan, den Investitionsplan und den Konsumplan. Die beiden ersten werden vom Wirtschaftskoordinator vorbereitet und im Wirtschaftskomitee erörtert, während der letztere, der früher auch im Wirtschaftskomitee diskutiert wurde, jetzt in vielen Kibbutzim in einem besonderen Konsumkomitee besprochen wird. Alle Pläne müssen von der Versammlung bewilligt werden.

6 Hohe Korrelationen wurden zwischen dem persönlichen Einfluß, der mit Hilfe der Kontrollgraphik-Methode gemessen wurde, der Bedeutung des während der letzten drei Jahre ausgeübten Amtes und dem Status im Kibbutz gefunden. Der Status wurde mit Hilfe der folgenden Methode ermittelt: Der Befragte mußte seine Position in einem Feld mit konzentrischen Kreisen markieren und so diese als zentral oder eher peripher charakterisieren.

7 Dies ist ein Beispiel für die Möglichkeit, die Entwicklung struktureller Differenzierung in einem bestimmten System einzuschränken, ohne Effizienz einzubüßen, wie dies kürzlich von Rueschemeyer (1977) auf theoretischer Ebene behauptet wurde. Der Autor bezweifelt die Annahme einer notwendigen Verbindung zwischen struktureller Differenzierung und Effizienz und betont die Möglich-

keit, daß strukturelle Differenzierung von den Machtinhabern in ihrem eigenen Interesse begünstigt wird. Das Grundprinzip für die Begrenzung ist nicht das Interesse der Amtsinhaber, sondern die Notwendigkeit, die besonderen Kibbutzwerte wie Demokratie und Gleichheit zu bewahren, die gefährdet werden könnten.

Literatur

Cohen, E. (1966), *Progress and Communality – Value Dilemmas in the Collective Movement*, in: *International Review of Community Development*, 15/16.

Cohen, E. (1976), *The Structural Transformation of the Kibbutz*, in: Zollschan, G. und Hirsch, W. (Hg.), *Social Change – Explorations, Diagnoses and Conjectures*, New York. Siehe die Übersetzung in diesem Band, S. 289 ff.

Dahl, R. (1970), *After the Revolution, Authority in a Good Society*. New Haven. Zitiert nach der deutschen Ausgabe: *Und nach der Revolution? Herrschaft in einer Gesellschaft freier Menschen*, Frankfurt 1975.

Dahl, R., und Tufte (1973), *Size and Democracy*, Stanford University.

Dahrendorf, R. (1959), *Class and Class Conflict in Industrial Society*, London. Zitiert nach der deutschen Ausgabe: *Soziale Klassen und Klassenkonflikt in der industriellen Gesellschaft*, Stuttgart 1957.

Gellner, E. (1967), *Democracy and Industrialization*, in: *Archives Européennes de Sociologie*, Bd. VIII, S. 47-70.

Hondrich, K. (1973), *Theorie der Herrschaft*, Frankfurt.

Kamenka, E., und Tay, A. (1971), *Beyond the French Revolution: Communist Socialism and the Concept of Law*, in: *University of Toronto Law Journal*.

Leviathan, U. (1975), *Organizational Effects of Managerial Turnover*, Givat Haviva Publications (hebräisch).

Lipset, S., Trow, Coleman, J. (1962), *Union Democracy*, New York.

Lukes, S. (1974), *Power – A Radical View*, London.

Margalit, A. (1978), *Gdud Haavoda*, in: *Cathedra*, Nr. 7, Jerusalem (hebräisch).

Meister, A. (1973), *La Participation dans les Associations*, Paris.

Michels, R. (1959), *Political Parties*, New York.

Ostergaard, G. N., Halsey, A. H. (1965), *Power in Cooperatives*, Oxford.

Pateman, C. (1970), *Participation and Democratic Theory*, London.

Rosenvallon, P. (1973), *L'âge de l'autogestion*, Paris.

Rosner, M. (1973), *Principles, Types and Problems of Direct Democracy in the Kibbutz*, in: Kanter, R. (Hg.), *Communes – Creating and Managing the Collective Life*, New York.

Rosner, M. (1974), *L'autogestion Industrielle dans les Kibboutsim*, in: *Sociologie du Travail*, Bd. 16, Nr. 1.

Rosner, M. (1972), *Hierarchy and Democracy in Kibbutz Industry*, Givat Haviva Publications (hebräisch).

Rosner, M. (1962), *Changes in the Social Structure of the Kibbutz*, Hedim, Nr. 69-70 (hebräisch).

Rosner, M., und Palgi, M. (1977), *Ideology and Organization. The Case of Kibbutz Industrializations*, in: *Mens en onderneming*, Bd. 31, Nr. 6.

Rueschemeyer (1977), *Structural Differentiation, Efficiency and Power*, in: *American Journal of Sociology*, Bd. 83, Nr. 1.

Schoeck, H. (1971), *Der Neid. Eine Theorie der Gesellschaft*, Freiburg.

Schumpeter, J. (1950), *Capitalism, Socialism and Democracy*, New York.

Shalev, S. (1976), *Changes in the Patterns of Direct Democracy in the Kibbutz*, University of Haifa.

Shapiro, A. (1976), *Law in the Kibbutz: a Reappraisal*, in: *Law and Society Review*, Bd. 10, Nr. 3, 1976.

Tannenbaum, A. (1967), *Control in Organizations*, New York.

Vallier, Y. (1962), *Structural Differentiation, Production Imperatives and Communal Norms*, in: *Social Forces*, Nr. 40.

Yuchtman, E. (1972), *Reward Distribution and Work-Role Attractiveness in the Kibbutz*, in: *American Sociological Review* 35 (5).

Menachem Rosner
Veränderungen der Freizeitkultur in den Kibbutzim

Eine Studie der Veränderungen, die in der Freizeitkultur der Kibbutzim während der letzten Jahre stattgefunden haben, bietet eine ungewöhnliche Gelegenheit, eine Reihe der anerkannten Konzepte der Freizeitkultur und ihrer weiteren Entwicklung in der modernen Gesellschaft zu untersuchen.

Diese Konzepte beruhen im allgemeinen auf der Prämisse, daß Dichotomien zwischen den Polen bestehen, durch die die Bedingungen der Freizeitgestaltung bestimmt werden sowie unsere Einstellung zu ihr und zu den Formen und Voraussetzungen von Freizeit und Erholung.

A. Es wird als gegeben angenommen, daß die *Stadt* den Brennpunkt kultureller Kreativität darstellt, da sie sowohl den schöpferischen, künstlerischen und kulturellen Rahmen – wie Theater, Orchester etc. – besitzt, als auch die Verteilerzentren wie Museen, Verlage und natürlich die Massenkommunikationsmittel Fernsehen, Radio, Kino, Presse etc. Im Gegensatz dazu ist das *Dorf*, das in der Vergangenheit in vielen Ländern die Quelle ursprünglicher, volkstümlicher kultureller Kreativität war, in den meisten industrialisierten Ländern zum Konsumenten kommerzialisierter Kultur und der Kommunikationsmedien geworden. Die vereinzelten Reste von Volkskunst, die überlebt haben, wurden zu Touristenattraktionen degradiert und haben ihre Ursprünglichkeit verloren.

B. Der Gegensatz zwischen Arbeit und Freizeit ist nicht mehr eindeutig und klar. Die geltenden Definitionen der Freizeitforschung von heute bezeichnen nicht mehr sämtliche arbeitsfreie Zeit als Zeit, die für die Freizeitkultur zur Verfügung steht. Sie unterscheiden innerhalb des Rahmens der Nicht-Arbeitszeit zwischen Aktivitäten, die als Verpflichtungen wie Familien- und Haushaltspflichten, öffentliche Pflichten religiöser Art (Einhalten religiöser Gebote z. B.) und öffentlich-politische Pflichten angesehen werden können. Freizeit beginnt erst, nachdem diese Verpflichtungen erfüllt worden sind.[1]

Es ist eine gültige Prämisse, daß verringerte Arbeitsstunden eine notwendige Voraussetzung für die Entwicklung einer reichen Freizeitkultur sind. Einige der Diskussionen darüber, ob sich in den Industrienationen eine Freizeitzivilisation entwickelt, konzentrieren sich auf die Frage, ob die Verminderung der Arbeitsstunden pro Arbeitswoche sich wie erwartet entwickelt, und zwar in dem Ausmaß, das der Fortschritt in Automation und elektronischer Technologie ermöglicht. Außerdem erhebt sich die Frage, ob die neugewonnene freie Zeit zur Muße genutzt wird oder für zusätzliche Arbeit bzw. Verpflichtungen.[2]

Grundlage für die Prämisse der Polarität zwischen Arbeitszeit und Freizeit ist die Erkenntnis, daß ein großer Teil der Arbeit in der modernen Gesellschaft durch verschiedene Arten der *Entfremdung* charakterisiert wird, die einmal aus der arbeitsteiligen Produktionsweise und der Routinearbeit herrühren und zum anderen aus dem Gefühl der Machtlosigkeit des Arbeiters angesichts der Technologie und Bürokratie, die ihn kontrollieren, und aus der Natur seines Status als abhängig Beschäftigter. Im Gegensatz zu dieser Vorstellung der Arbeit als entfremdeter wird die freie Zeit als jener Bereich angesehen, in dem der Mensch seine Beschäftigungen und Zerstreuungen frei wählen und nach Selbstverwirklichung streben kann.

C. In diesem Zusammenhang ist von einer weiteren Dichotomie auf dem Gebiet des sozialen Wertesystems und der persönlichen Wünsche zu sprechen: zwischen Betonung der *produktivökonomischen* Sphäre und Betonung der *Konsumentenwünsche* und des wachsenden Lebensstandards. Die Prämisse dieses Widerspruchs basiert auf dem Konzept der »protestantischen Ethik«, das in der westlichen Kultur weitverbreitet ist; danach werden wirtschaftliche Entwicklung und Produktionssteigerung in den Mittelpunkt des Lebens gerückt und nicht die Befriedigung von Bedürfnissen und persönlichem Wohlbehagen.

D. Wir erwähnten oben den Wettstreit um freie Zeit zwischen *reiner Muße* und *öffentlichen Verpflichtungen* verschiedener Art. Können wir daraus schließen, daß die für Mußestunden verbleibende Zeit abnimmt und ihr von der Gesellschaft eine niedrigere Priorität und Wertschätzung eingeräumt wird, wenn eine bestimmte Gesellschaft mehr kollektiviert ist und die Verpflichtung zu kommunaler Aktivität und Mitarbeit wächst?

E. Durch die Existenz starker kollektivistischer Elemente kann auch die *freie Wahl* der Freizeitaktivitäten und des Strebens nach Selbstverwirklichung des Individuums eingeschränkt werden durch Formen gemeinschaftlicher Freizeitgestaltung, die von Gemeinschaftsinstitutionen initiiert werden, und durch den Wunsch nach Einheit in den Formen und Inhalten von Erholung und Beschäftigung.

F. Auf der anderen Seite können die kollektivistischen Elemente und Institutionen auch eine Bremswirkung auf das Eindringen kommerzialisierter Konsumkultur ausüben. Die kollektivistischen Einrichtungen trennen das Individuum vom kommerzialisierten Kultur»markt« und ermöglichen individuelle Kreativität auf einem von der Gemeinschaft definierten Gebiet.

Wir können aus dem Dargestellten die folgenden Gegensatzpaare zusammenfassen, die für die Diskussion der Freizeitkultur im Kibbutz relevant sind:

a. Dorf gegen Stadt
b. Arbeit gegen Freizeit
c. produktiv-ökonomische Orientierung gegen Konsumorientierung
d. kommunale und familiäre Pflichten gegen reine Muße
e. kollektive Erholung gegen freie Wahl der Erholung
f. produktive Freizeit gegen passives Konsumieren

In diesen Gegensatzpaaren ist die Stellung des Kibbutz anscheinend klar. Sie bedarf jedoch einer detaillierteren Untersuchung:

a. Kibbutzim sind kleine Gemeinden in einer ländlichen Umgebung. Trotz der abnehmenden Bedeutung der Landwirtschaft und der zunehmenden Bedeutung der Industrie in ihrem ökonomischen System kann man sie sicherlich nach allen bestehenden Definitionen als Dörfer bezeichnen, sogar als kleine Dörfer.

b. Arbeit hat einen zentralen Rang sowohl im Wertsystem als auch im täglichen Leben des Kibbutz. Das Wertsystem betont nicht nur Arbeit im allgemeinen, sondern insbesondere landwirtschaftliche, körperliche Arbeit. Diese Betonung entspricht der sozialistisch-zionistischen Ideologie. Die Kibbutzim sahen sich selbst als Pioniere beim Wiederaufbau der Beschäftigungsstruktur in der Diaspora und bei der Schaffung einer Klasse von Bauern und Arbeitern. Es gibt sogar einen philosophischen Aspekt, der Feldarbeit als Ausdruck der Einheit des Menschen mit Natur und Kosmos betrachtet. Dieses Wertsystem ist immer noch einflußreich trotz der Veränderungen, die in der ökonomischen und beruflichen Struktur des Kibbutz vor sich gegangen sind.[3]

Die Länge des Arbeitstages im Kibbutz wurde gegenüber den zwanziger und dreißiger Jahren stark verkürzt, und es gibt jetzt mehr Urlaub und Feiertage. Aber selbst heute ist der Arbeitstag im Kibbutz lang. Für die arbeitsfähige Bevölkerung hat er acht Stunden bei einer 6-Tage-Woche mit verschiedenen zusätzlichen Pflichten laut Dienstplan (beim Abendessen, im Kinderhaus, Viehversorgung am Sabbath und an Feiertagen und überdies Wachdienst), die durch die kollektive Lebensweise begründet sind.

Ein Vergleich der Zeiteinteilung innerhalb und außerhalb des Kibbutz zeigt, daß die durchschnittliche Arbeitszeit im Kibbutz an einem normalen Werktag eine Stunde länger war als außerhalb des Kibbutz.

c. Das jüdische Wertsystem und die »protestantische Ethik« sind sehr verschieden. Parallelen bestehen jedoch zwischen den produktiv-ökonomischen Aspekten der »weltlichen« Askese des Protestantismus, die Sparsamkeit, Einfachheit und Genügsamkeit verlangt, und der Kibbutz-Ideologie der Pionierzeit (Y. Talmon-Garber, 1970). Während dieser Zeit galt die Hauptanstrengung der Errichtung einer wirtschaftlichen Grundlage für die jüdische Gemeinde im Land. Der Kibbutz-Bewegung oblag die Besiedlung neuer Gebiete, die landwirtschaftliche Entwicklung durch Leute ohne vorherige Erfahrung und der Aufbau von Farmen und ökonomischen Einheiten ohne Kapital. Überschüsse, soweit erwirtschaftet, wurden in Produktionsausweitung und Infrastruktur neu investiert. Der materielle Lebensstandard war sehr niedrig.

Wenn wir über den ländlichen Charakter der Kibbutzgemeinde sprechen, die Arbeit als Lebensmittelpunkt und die Betonung der produktiv-ökonomischen Elemente, alles Dinge, die die Entwicklung einer reichen Freizeitkultur verhindern können, sollten wir auch einige andere Aspekte erwähnen, die die entgegengesetzte Wirkung haben. Die Kibbutz-Bewegung sah sich selbst vom frühesten Stadium ihrer Entwicklung an als Pionier bei der Schaffung einer säkularen jüdischen Kultur, besonders bei der Entwicklung neuer Festbräuche. Diese neuen Formen und die Lieder und Tänze, die sie begleiteten, wurden zum integralen Bestandteil israelischen Lebensstils und der Atmosphäre jener

Zeit. Die Kibbutzim versuchten auch die städtische und allgemeine Kultur direkt zu beeinflussen: mit ihren Verlagshäusern, durch Errichtung eines Netzes von Kulturclubs in den Städten und durch Aktivitäten im Rahmen der Gewerkschaft und der übrigen jüdischen Bevölkerung.

Die Mitglieder der ersten Kibbutzim waren im allgemeinen Leute mit hohem Bildungsniveau, die aus Ost- und Mitteleuropa zu einer Zeit kulturellen und ideologischen Aufbruchs kamen und die von neuen, fortschrittlichen kulturellen Trends beeinflußt waren. Trotz der langen und anstrengenden Arbeitstage entfalteten viele Kibbutzim ein lebhaftes kulturelles Leben. Selbst die Betonung von Einfachheit und Genügsamkeit in materieller Hinsicht resultierte nicht nur aus der Sparsamkeit, die zur wirtschaftlichen Weiterentwicklung notwendig war. Sie basierte auch auf der Erkenntnis eines Widerspruchs zwischen materiellen Bedürfnissen und materialistischer Einstellung auf der einen Seite und schöpferischer kultureller und geistiger Aktivität auf der anderen, wobei letztere höher eingeschätzt wurde.

Zusätzlich zu diesen Faktoren, die im Zusammenhang mit dem ländlichen Charakter des Kibbutz und der Pionier-Ideologie der frühen Zeit stehen, gibt es noch weitere wichtige Aspekte, die sich auf den kollektiven Charakter des Kibbutz beziehen.

d. Wir erwähnten oben die Verpflichtungen außerhalb der Arbeit, die die reine Mußezeit vermindern, in der man seine Zerstreuungen und Beschäftigungen frei wählen kann. Die kollektive Organisationsform des Kibbutz beeinflußt die Art und relative Bedeutung dieser Pflichten. Außerhalb des Kibbutz sind familiäre Pflichten wie Kinderbetreuung und Haushalt relativ klar und unzweideutig, während soziale und gemeinschaftliche Aufgaben weitgehend der freien Wahl des einzelnen überlassen werden. Im Kibbutz ist diese Situation umgekehrt.

Wegen der gemeinschaftlichen Erziehungseinrichtungen und der kollektiven Bewirtschaftung muß das Mitglied nicht viel Zeit mit Kinderbetreuung und Hausarbeit verbringen. Für die Kinderbetreuung ist das zuständige Personal verantwortlich, so daß die Eltern-Kind-Beziehung von Nützlichkeitsaspekten fast frei ist. Die Eltern müssen weder Essen zubereiten für die Kinder, noch sie waschen oder für andere Bedürfnisse sorgen. All dies wird von den Kinderbetreuerinnen im Kinderhaus besorgt. Die Eltern können diese Dinge erledigen, soweit sie es wünschen. Es sind keine bindenden Verpflichtungen, sondern sie können ebenso wie andere Freizeitaktivitäten *frei gewählt* werden. Auch bei anderen Aufgaben wie Essenszubereitung, Nähen und Flicken von Kleidung zu Hause ist die Situation ähnlich. Die kollektiven Einrichtungen übernehmen all diese Arbeiten, aber wenn jemand zu Hause einen Kuchen backen will als Ergänzung zur Gemeinschaftsverpflegung oder etwas nähen will, was über das Angebot der Schneiderei hinausgeht, so sind Mittel vorhanden. Das sind dann jedoch frei gewählte Aktivitäten.[4]

Auf der anderen Seite haben öffentliche Dienstleistungen obligatorischen Charakter. Sicherlich ist die Verpflichtung, an der wöchentlichen Kibbutzversammlung und den vielen Komitees teilzunehmen, die das Kibbutzleben verwalten, nicht so zwingend festgelegt wie die Verpflichtung zu arbeiten. Während es für alle Kibbutzniks selbstverständlich ist zu arbeiten und keiner sich dem entziehen würde, so gibt es doch eine ganze Anzahl von Mitgliedern, die nicht an den Kibbutzversammlungen teilnehmen, während andere sich nicht an sonstigen kommunalen Aktivitäten beteiligen. Sie verletzen damit jedoch eine allgemein gültige Verhaltensnorm, aber obwohl ihnen keine formalen Sanktionen drohen, wird ihr Verhalten doch mit Mißfallen betrachtet.

Es gibt große Unterschiede zwischen den Mitgliedern, was die für öffentliche Aufgaben verwendete Zeit anbetrifft, die gewöhnlich nach der Arbeitszeit, vorwiegend abends, erledigt werden. Während die Mitglieder mit wichtigen Ämtern fast jeden Abend und oft auch nachmittags beschäftigt sind, nehmen Komiteemitglieder nur ein- oder zweimal wöchentlich an Sitzungen teil. Diese Unterschiede im Ausmaß der öffentlichen Verpflichtungen werden ausgeglichen durch ein Rotationssystem, bei dem die meisten Amtsinhaber und Komiteemitglieder jährlich wechseln und die Inhaber wichtiger Ämter alle zwei bis drei Jahre ausgetauscht werden.

Generell kann man sagen, daß öffentliche Verpflichtungen die freie Zeit zwar verringern, aber die Kollektivwirtschaft das Mitglied von familiären Pflichten wie Kinderbetreuung und Hausarbeit befreit. Wenn das Mitglied sich solchen Tätigkeiten zuwendet, so sind sie Teil seiner Freizeiterholung. Tatsächlich unterscheidet sich die Gestaltung der Zeit, die mit den Kindern im familiären Rahmen verbracht wird, nicht von anderen Freizeitaktivitäten, und die Entscheidung darüber ist eine individuelle Angelegenheit.[5] Die Zeit, die den Kindern gewidmet wird, füllt einen Teil des täglichen Kibbutz-Zeitplans aus; während dieser Stunden, meistens von 16 bis 20 Uhr, werden keine anderen Aktivitäten organisiert, man versucht vielmehr, die Mitglieder von jeglicher Arbeit zu befreien. (Besondere Vorkehrungen werden in Fabriken getroffen, in denen in Schichten gearbeitet wird.)

e. Es gibt andere Gebiete außerhalb öffentlicher Dienstleistungen, wo es keine klar umrissene Definition gibt, ob es sich hierbei um obligatorische oder freiwillige Betätigungen handelt. Dies betrifft auch einige der sozialen und kulturellen Aktivitäten, die vom Kibbutz organisiert werden. Wir erwähnten bereits die Feste im Kibbutz. Außerdem gibt es eine Reihe kultureller Angebote, bei denen früher erwartet wurde, daß ein Großteil der Kibbutz-bewohner teilnehmen würde, wie z. B. gesellige Veranstaltungen am Sabbathabend, Vorträge und diverse Studiengruppen. Obwohl niemals eine ausdrücklich bindende Verpflichtung existierte, zeigte die Tatsache, daß diese Aktivitäten von den Kibbutzeinrichtungen organisiert wurden, daß man mit der Teilnahme der Kibbutzniks rechnete. In den meisten Kibbutzim ist es üblich, ein wöchentliches Programm zu veröffentlichen, in dem die für die folgenden Abende geplanten Veranstaltungen aufgeführt sind und bei denen die Teilnahme der Mitglieder erwartet wird.

So wurden ziemlich einheitliche Formen der Freizeitgestaltung entwickelt. Wenn wir noch die Gleichförmigkeit hinzufügen, die aus der Einteilung des Tages in Segmente herrührt, die von Essenszeiten und Kinderbetreuung bestimmt werden, so stellen wir fest, daß sich ein institutionalisierter Rahmen gebildet hat, der die Entscheidungs- und Wahlfreiheit des einzelnen auf dem Gebiet der Freizeitgestaltung einschränken kann.

Der schmale Gemeinderahmen, fern von städtischen Zentren, legt den freien Wahlmöglichkeiten ebenfalls Beschränkungen auf. Der Film, der jede Woche vom Kulturkomitee bestellt wird, hat keine Konkurrenz durch andere Kinos. Dies trifft auch auf die Auftritte auswärtiger Künstler zu, die vom Kulturkomitee in den Kibbutz gebracht werden oder auf andere von ihm organisierte Aktivitäten.

Diese Einschränkungen waren in der Vergangenheit nicht sehr

gravierend, wenn wir die große Homogenität all jener Faktoren bedenken, die die Erwartungen bei der Freizeitgestaltung beeinflußten und die für die Kibbutz-Bewegung typisch waren. Faktoren wie Klassenunterschiede, große Bildungsunterschiede und unterschiedliche ethnische Herkunft, die im allgemeinen verschiedene Freizeitwünsche hervorrufen, fehlen im Kibbutz fast gänzlich. Es gibt natürlich keine Klassenunterschiede; das Bildungsniveau ist relativ einheitlich und ziemlich hoch, und die meisten Mitglieder sind europäischen Ursprungs oder Israelis europäischer Abstammung.

f. Die relativ begrenzten Möglichkeiten der freien Wahl von Freizeitbetätigungen sollten unter einem bestimmten Gesichtspunkt nicht nur als Mangel angesehen werden. Die kollektiven Kultur- und Freizeiteinrichtungen waren in der Lage, die Auswirkungen von bestimmten Arten der kommerzialisierten Kultur, die den Idealen des Kibbutz entgegenstehen, einzudämmen. Der Kibbutz war vom Kultur- und Unterhaltungsmarkt isoliert. Die lokalen und nationalen Einrichtungen der Kibbutz-Bewegung, die die in den Kibbutz importierte Kultur kontrollierten, konnten als eine Art Schutzwall wirken. Auf der anderen Seite konnten sie ermutigen und geeignete Bedingungen schaffen, die mit dem Wertsystem des Kibbutz vereinbar sind, wie Chor- und Tanzgruppen, Theaterclubs etc. oder individuelle Tätigkeiten auf diversen künstlerischen Gebieten. Oft mußten die Organisatoren solcher Aktivitäten mit den Wirtschaftsinstitutionen des Kibbutz über die knappen Mittel an Geld und Arbeitskraft streiten. Es bestand jedoch kein Zweifel, daß diese Betätigungen mit dem Wertsystem des Kibbutz in Einklang standen und es ermöglichten, den Einflüssen kulturellen Imports zu widerstehen.

Wir können nun die Stellung des Kibbutz bezüglich der drei letzten Gegensatzpaare zusammenfassen.

d. Öffentliche Dienstleistungen werden in der Tat zu einer Verpflichtung, die die freie Zeit einschränken, aber familiäre Pflichten und Hausarbeit sind verringert und können frei gewählt werden.

e. Die kollektive Organisationsstruktur und die geringe Größe der Gemeinde bedingen Homogenität bei den Formen und Angeboten der Freizeitgestaltung und schränken die Wahlmöglichkeiten ein.

f. Die kollektive Organisationsstruktur wirkt als Filter beim

Import kommerzialisierter Kultur und begünstigt schöpferische kulturelle Betätigungen, die vorzugsweise innerhalb eines kollektiven Rahmens stattfinden.

Veränderungen in der Freizeitkultur

Die obigen Charakteristika kennzeichneten lange Zeit den Kibbutz. In der jüngeren Vergangenheit scheint es jedoch, daß eine Reihe interner Veränderungen in Gesellschaft und Wirtschaft des Kibbutz, Veränderungen im Verhältnis zur Umgebung außerhalb des Kibbutz und die Entwicklung der Massenkommunikationsmittel in Israel, insbesondere des Fernsehens, die Frage aufwerfen, ob die Eigentümlichkeit des Kibbutz auf dem Gebiet der Freizeitkultur erhalten geblieben ist.

Wir möchten kurz die wesentlichen Veränderungen und ihre Wirkung auf die Freizeitkultur darstellen.

1. Veränderungen der Sozialstruktur. Die Kibbutzim, die einst kleine, junge Gruppen waren, sind jetzt Siedlungen, in denen alle Altersgruppen vertreten sind. Die soziale Stellung der Familie im Kibbutzleben ist gestiegen, und es entstanden Großfamilien, die aus mehreren Kernfamilien bestehen, da die Mehrzahl der Kinder, die im Kibbutz geboren wurde, auch dort blieb. Die Zahl der Mitglieder, die keine vorbereitende Ausbildung für das Kibbutzleben erhielten, ist gestiegen. Die wachsende Vielfalt der Sozialstruktur kann zu einer größeren Verschiedenartigkeit der Freizeiterwartungen führen. Diese Verschiedenartigkeit kann auch zum Ausdruck kommen in der relativen Bedeutung, die Freizeitaktivitäten, verglichen mit anderen Beschäftigungen, beigemessen wird sowie in der Bevorzugung bestimmter Freizeitbetätigungen und in Geschmacks- und Stilfragen. Diese Unterschiede, die von Entwicklungen außerhalb des Kibbutz beeinflußt werden, sind besonders auffällig bei verschiedenen Altersgruppen und Generationen; aber auch innerhalb der einzelnen sozialen Gruppen wachsen die persönlichen Unterschiede. Auf der Basis des vorhandenen Forschungsmaterials können wir im allgemeinen davon ausgehen, daß Freizeitgestaltung im Leben der Jungen einen bedeutenderen Platz einnimmt als im Leben der Veteranen, für die die Arbeit einen höheren Stellenwert hat. Geschmacks- und Stilunterschiede werden ebenfalls die Altersgruppen und Generationen trennen.[6]

2. Die Veränderungen der Kibbutzwirtschaft und besonders das rapide Wachstum der Industrie führten zu einer verstärkten Spezialisierung in Beruf und Verwaltung. Man unterscheidet stärker zwischen qualifizierter, vielseitiger und einförmiger, unbefriedigender Arbeit (Leviathan/Eden, 1974). Dieser Umstand trägt zur wachsenden Bedeutung der Freizeit für diejenigen bei, deren Arbeit weniger zufriedenstellend ist, und weckt den Wunsch nach Befriedigung in der Freizeit als Ausgleich für mangelnde Zufriedenheit bei der Arbeit.

3. In den letzten Jahren war ein relativ schneller Anstieg des Lebensstandards im Kibbutz als Ergebnis der wirtschaftlichen Entwicklung zu verzeichnen. Dieser Anstieg hat die Lebensbedingungen der Familie zu dem Zeitpunkt verbessert, als ihre Bedeutung innerhalb der Sozialstruktur zugenommen hat. Er ermöglichte eine verbesserte Ausstattung der Wohnung mit dem Erwerb langlebiger Konsumgüter von kultureller Bedeutung wie Fernsehgerät, Tonbandgerät, Plattenspieler usw. Die meisten dieser Gegenstände wurden von den Familien je nach ihren persönlichen Vorlieben erworben, mit Ausnahme des Fernsehgeräts, das in den meisten Kibbutzim nach ausgedehnten Debatten im Kibbutz selbst und in den obersten Gremien der Bewegung auf allgemeinen Beschluß hin gekauft wurde. Der Grund hierfür lag in der sozialen Bedeutung, die man der Einführung des Fernsehens in den Privatwohnungen des Kibbutz beimaß[7] (Gurvitz/Levi, 1973; Shur, 1974). In einigen Kibbutzim führte der wachsende Lebensstandard auch zum Bau öffentlicher Einrichtungen für kollektive Freizeitgestaltung wie Schwimmbäder, Clubhäuser und Sportanlagen.[8]

4. Durch diese Vorgänge war der Kibbutz in erhöhtem Ausmaß den Einflüssen seiner Umgebung ausgesetzt. Das Fernsehen ermöglicht das Eindringen anderer Wertsysteme in den Kibbutz, aber es erweitert auch den Horizont, verkürzt Entfernungen und führt die Zuschauer näher an die kulturellen Zentren heran. Der Bau öffentlicher Einrichtungen und der steigende Lebensstandard erlauben den verstärkten »Import« diverser Kulturformen aus der Stadt.

Wir können folgendermaßen die Konsequenzen zusammenfassen, die diese Veränderungen für die Stellung des Kibbutz zwischen den anfangs aufgeführten Gegensatzpaaren haben.

a. Das Kibbutzdorf hat seine Eigentümlichkeit als schöpferisches Zentrum, das mit der Stadt wetteifert, verloren und ist in größerem Umfang Abnehmer importierter Kultur. Ein Teil dieses »Imports« wird direkt von den Massenkommunikationsmitteln zur Verfügung gestellt, und ein weiterer Teil kommt durch die Vermittlertätigkeit der Kibbutzinstitutionen ins Dorf.

b. Die Rangfolge von Arbeit und Freizeit wurde modifiziert; nicht mehr die Arbeit, sondern die Freizeit rückt in den Mittelpunkt des Lebens. Diese Tendenz ist besonders deutlich bei den jungen Mitgliedern der zweiten Kibbutz-Generation. Man kann davon ausgehen, daß einige Mitglieder in Freizeitbeschäftigungen die Kompensation für die mangelnde berufliche Befriedigung suchen.

c. Der steigende Lebensstandard kann die Ausrichtung auf die Entwicklung und Befriedigung materieller Wünsche verstärken, die in der Vergangenheit wegen der Ideologie der Genügsamkeit »unterdrückt« wurden. Die Untersuchungen von Y. Talmon-Garber ergaben, daß schon in den fünfziger Jahren die Tendenz bestand, von einer asketischen Arbeitsmoral abzuweichen und statt dessen Befriedigung durch Konsum zu erwarten.

d. Zwei entgegengesetzte Tendenzen, die sich nicht auf Arbeitspflichten beziehen, können das Ausmaß der »reinen« Muße beeinflussen. Mit der steigenden Bedeutung der Familie und der Ausweitung ihrer Belange können manche Familienaktivitäten wie Kinderbetreuung, Haushalt etc. zu Pflichten werden, statt wie bisher der Freizeitgestaltung zugeordnet zu sein. Andererseits kann die Bedeutung öffentlicher Pflichten abnehmen, da ein Teil der Bevölkerung, besonders die Jungen, weniger daran teilnehmen. Dies wird eine Schwächung der Normen bewirken, die die Teilnahme an diversen Gemeindeveranstaltungen fordern.

e. Die zunehmende Heterogenität der Sozialstruktur kann den Kibbutzeinrichtungen erschweren, Freizeitangebote zu machen, die die Wünsche und Erwartungen verschiedener Altersgruppen zufriedenstellen. Daher bemüht man sich, verschiedene Freizeitangebote zu machen und überläßt es den Mitgliedern, welche sie wahrnehmen möchten. Diese mannigfaltigen Möglichkeiten sehen folgendermaßen aus:

1. Die Ausdehnung der Aktivitäten auf regionaler Ebene und die daraus folgenden Größenvorteile ermöglichen ein vielfältigeres – auch kulturelles - Angebot, für das ein Publikum in nur

einem Kibbutz nicht ausreichen würde.

2. Die größere Mannigfaltigkeit der Aktivitäten im einzelnen Kibbutz. Die größeren, schon älteren Kibbutzim haben mit der Planung gleichzeitig laufender Veranstaltungen für ein unterschiedliches Publikum, besonders für verschiedene Altersgruppen, begonnen. Die Veteranen opponierten zunächst gegen diesen Vorstoß, da sie glaubten, er schade der sozialen Einheit des Kibbutz. Heutzutage erhält er jedoch wachsende Zustimmung. Durch steigende Teilnahme vereint er die einzelnen Gruppen als Bindeglied im großen, vielfältigen Rahmen des Kibbutz.

3. Die Schaffung von Einrichtungen für die individuelle Freizeitgestaltung, etwa öffentliche Sport- und Hobbyzentren, und fachmännische Anleitung. Das Gemeinsame dieser Vorgänge besteht darin, daß sie zur freien Wahl auf dem Gebiet der Freizeitgestaltung anregen und Uniformität und Kollektivismus abschwächen.

f. Die Verringerung gemeinschaftlicher Formen und Bezugsrahmen sowie die Stärkung des Wunsches nach Wahlfreiheit schränken die Möglichkeiten der Kibbutzinstitutionen ein, die Orientierung kulturellen Konsums und die Formen der Freizeitgestaltung zu beeinflussen. So wächst die Gefahr, daß die Bedeutung schöpferischer und eigengestalteter Freizeit abnimmt und das passive Konsumieren kommerzialisierter Freizeitprodukte ansteigt, wie dies bei der Bevölkerung außerhalb des Kibbutz bereits der Fall ist.

Sind solche Prozesse wirklich im Gange, wie dies manche Autoren glauben?

Bis heute gibt es keine systematische und umfassende Untersuchung der Freizeitkultur; Aufsätze darüber basieren auf Studien über begrenzte Gebiete wie Fernsehen (Gurvitz/Levi, 1973), Zeiteinteilung (Katz/Gurvitz, 1973) oder auf der Sekundäranalyse der Ergebnisse einer Studie über die zweite Generation (Meri, 1973).[9]

Wir hatten auch keinen Zugang zu einer Spezialstudie, aber zusätzlich zu der Untersuchung über die zweite Generation können wir spätere Untersuchungen auf diesem Gebiet verwenden, die sich mit der Verwurzelung der im Kibbutz aufgewachsenen zweiten Kibbutz-Generation und mit der Freizeitgestaltung der älteren Kibbutzniks befaßt.[10]

Die erste Frage, mit der wir uns beschäftigen wollen, bezieht sich auf die Behauptung, daß die Bedeutung der Arbeit als Mittelpunkt des Lebens ab- und die der Freizeit zunimmt. Wir wollen dies mit Hilfe der 1. Tabelle untersuchen, die Ergebnisse der Studie über die zweite Generation darstellt.

Tabelle 1 Relative Bedeutung der Lebensbereiche nach Geschlecht und Generation (Durchschnittsergebnis der Rangordnung[1])

	Geschlecht		Generation	
	Männer	*Frauen*	*I*	*II*
Arbeit	*1.6*	*1.8*	*1.3*	1.7
Familie	1.8	*1.4*	*1.4*	1.7[2]
Bildung	3.0	2.7	2.8	2.8
Öffentliche Aktivitäten	3.5	3.7	3.0	3.8
Hobbys	3.8	3.5	3.8	3.7
Sport	4.1	4.9	4.5	4.5
Zahl	726	738	357	822

1 Ein niedriges Ergebnis steht für größere Bedeutung und ein hohes für geringere. – Eine kursive Zahl zeigt an, daß die betreffende Gruppe diesem Bereich erheblich mehr Bedeutung einräumt.
2 Eine Aufgliederung nach Familienstand beweist, daß die verheirateten Mitglieder der zweiten Generation der Familie die gleiche Bedeutung beimessen wie die der ersten Generation (Ergebnis – 1.4).

Diese Tabelle zeigt die Unterschiede zwischen den Geschlechtern und Generationen im Kibbutz, was die relative Bedeutung von Arbeit und öffentlichen Aktivitäten anbelangt. Beide Gebiete sind für Männer und Veteranen beider Geschlechter wichtiger als für Frauen und die zweite Generation beider Geschlechter. Der Haupt»rivale« der Arbeit ist jedoch nicht die Freizeitbetätigung, sondern die Familie, deren Bedeutung gewachsen ist. Heutzutage fällt es schwer zu unterscheiden, ob die familienorientierten Tätigkeiten zur Freizeitbeschäftigung gehören oder als Verpflichtung angesehen werden.

Jede Gruppe führt Lernen als wichtigste Freizeitbeschäftigung an. Gemeint ist hier nicht formeller Unterricht, da nur eine Minderheit in dieser Weise engagiert ist, sondern verschiedene Formen unabhängigen Studiums oder Teilnahme an nichtformellen Studienangeboten. Der Unterschied zwischen den Geschlechtern und besonders der Unterschied zwischen den Generationen ist insofern bemerkenswert, als Männer und Veteranen die eindeutigen Freizeitaktivitäten, also Hobbys, für weitaus unwichtiger halten als Betätigungen im Dienste der Allgemeinheit, deren Ausübung, wie bereits erwähnt, normalerweise nicht allein im Ermessen des einzelnen liegt. Dieser Unterschied verschwindet bei der zweiten Generation, die die neuen, zukünftigen Tendenzen vertritt. Frauen legen sogar noch mehr Wert auf Hobbys. Hieraus können wir einen relativen Bedeutungszuwachs bei Freizeitbeschäftigungen ableiten im Vergleich zu öffentlichen Aktivitäten, aber nicht im Vergleich zur Arbeit, und außerdem, daß Freizeitbetätigungen, mit Ausnahme des Lernens, relativ niedrig eingeschätzt werden.

Gibt es auch eine klare Unterscheidung zwischen den Generationen bei den Formen der Freizeitgestaltung, an denen sie teilnehmen?

Tabelle 2 Verbreitung der Formen von Freizeitgestaltung bei Mitgliedern der ersten und der zweiten Generation

	Geschlecht		Generation		
	Männer %[1] Std.[2]	*Frauen* % Std.	*1. Gen.* % Std.	*2.Gen.* % Std.	*And. Jug.* % Std.
Lektüre					
Belletristik	61 6.4	75 8.1	70 8.0	66 7.1	68 7.8
Fachliteratur	63 5.1	47 5.5	52 5.8	53 5.2	63 4.3
Politik	26 7.7	10 6.8	19 7.3	18 7.8	17 6.6
Hobbys					
Aktive Hobbys	24 5.5	19 5.2	10 4.3	25 5.5	25 5.6
Passive Hobbys	40 5.9	55 5.8	46 5.1	48 6.3	48 5.3
Sport u. Wandern	42 5.3	26 3.6	18 3.9	40 5.1	36 4.2
Andere Hobbys	6 4.9	31 5.3	16 4.6	17 5.3	27 5.4

1 Prozentsatz derjenigen, die diese Art Aktivität erwähnen.
2 Die durchschnittliche Stundenzahl pro Woche, in denen diese Aktivität ausgeübt wird.

Zwischen den Geschlechtern bestehen mehr Unterschiede als zwischen den Generationen, was die Wahl des Lesestoffes anbelangt. Frauen lesen mehr Belletristik und weniger politische Bücher; sie studieren auch verhältnismäßig weniger.[11]

Auf der anderen Seite gibt es deutliche Unterschiede zwischen den Generationen, was Hobbys und Sport anbelangt. Ein Viertel der zweiten Generation mit aktiven Hobbys sind Maler oder Bildhauer, ein weiteres Viertel Fotografen, 17% spielen ein Instrument und 12% sind Schauspieler. Bei den »passiven« Hobbys wie Musikhören oder Theater- bzw. Kinobesuch gibt es zwischen den Generationen keinen Unterschied. Auch bei anderen Hobbys wie Nähen, Sticken oder Stricken, die nur von Frauen ausgeübt werden, oder bei diversen Handwerken (Töpfern, Metallarbeiten, Schmuckherstellung etc.), die auch von Männern betrieben werden, sind klare Unterscheidungen nicht möglich. Die wichtigsten Sportarten, die im Kibbutz betrieben werden, sind Basketball, Volleyball, Schwimmen und Gymnastik.

Diese Zahlen über die Unterschiede in der Freizeitgestaltung stammen aus dem Jahre 1969, d. h. aus der Zeit vor dem Eindringen des Fernsehens in die Wohnungen der Kibbutzniks. Die einzigen Angaben über die Bedeutung des Fernsehens basieren auf einer Untersuchung, an der ungefähr 100 ältere Kibbutzniks (über 55 Jahre alt) beteiligt waren.

Tabelle 3 Freizeitaktivitäten älterer Kibbutzmitglieder (Prozentsatz der Beschäftigung und durchschnittliche Stundenzahl pro Woche). Zahl der Testpersonen = 95

Art der Beschäftigung	%[1]	Stunden[2]
Fernsehen	90	7.1
Lesen, Musikhören	86	6.3
Hobbys	46	5.5
Gartenarbeit und Spazierengehen	67	5.3
Besuche	76	3.9
Mit Enkeln verbrachte Zeit – im Kibbutz	76	5.8
Mit Enkeln verbrachte Zeit – außerhalb des Kibbutz	73	3.4
Kibbutzversammlungen und Komitees	53	2.9
Studiengruppen	46	4.0
Kino und Kulturclub	44	3.6
Freiwillige Arbeit außerhalb des Kibbutz	50	5.9

1 Prozentsatz derjenigen, die diese Art Aktivität erwähnen.
2 Die durchschnittliche Stundenzahl pro Woche, in denen diese Aktivität ausgeübt wird.

Es scheint, daß das Fernsehen den ersten Rang unter den Freizeitbeschäftigungen einnimmt, so daß eine weitere, im wesentlichen passive Beschäftigung, die in der Familienwohnung stattfindet, dieser Aufzählung hinzugefügt werden kann. Lesen und Musikhören nehmen nach dem Fernsehen die nächste Position ein. Der Prozentsatz von Mitgliedern mit Hobbys ist in dieser Gruppe größer als in der untersuchten Gruppe der zweiten Generation. Die Bedeutung der Erholung mit Enkelkindern ist herausragend. Auch diese wurde nach dem Muster der Eltern-Kind-Erholung im Kibbutz »institutionalisiert«, obwohl sie den Charakter einer freien Betätigung und nicht einer Verpflichtung bewahrte.

Der Prozentsatz derjenigen, die außerhalb des Kibbutz, besonders in benachbarten Aufbausiedlungen, freiwillige Arbeit verrichtet, ist in dieser Tabelle bemerkenswert, obwohl wir dies nicht als repräsentativ für die gesamte Altersgruppe in den Kibbutzim halten sollten. Im Gegensatz dazu haben öffentliche Aufgaben im Kibbutz relativ geringe Bedeutung. Wenn wir uns erinnern, daß ältere Mitglieder dieser Art Aktivität mehr Bedeutung beimaßen als jüngere, können wir das als weiteren Beweis für den Niedergang solcher Betätigungen gegenüber den sonstigen Freizeitaktivitäten aller Mitglieder ansehen.

Die Ergebnisse der 1. Tabelle und andere Untersuchungen (Leviathan, 1976) zeigen, daß die zentrale Bedeutung der Arbeit bei der zweiten Generation schwächer ausgeprägt ist als bei den Veteranen, trotz der Tatsache, daß die Veteranen kürzere Arbeitszeiten haben[12] und im allgemeinen weniger wichtige Positionen innehaben. Dies ist auf die unterschiedlichen Wertsysteme zurückzuführen.

Wie wichtig sind Freizeitaktivitäten für die zweite Generation, und inwiefern wirken sich Arbeitszufriedenheit und Freizeitgestaltung auf ihre allgemeine Zufriedenheit mit dem Leben im Kibbutz und ihre Bindung an den Kibbutz aus?

Wir haben versucht, diese Fragen anhand der Angaben in der oben erwähnten Studie über die Verwurzelung der im Kibbutz geborenen Mitglieder sowie mit Hilfe des folgenden theoretischen Modells zu untersuchen.

Unsere zugrunde liegende Hypothese lautete, daß Zufriedenheit auf einem bestimmten Gebiet wie Arbeit oder Freizeitgestaltung sowohl durch die Möglichkeiten des Individuums beeinflußt

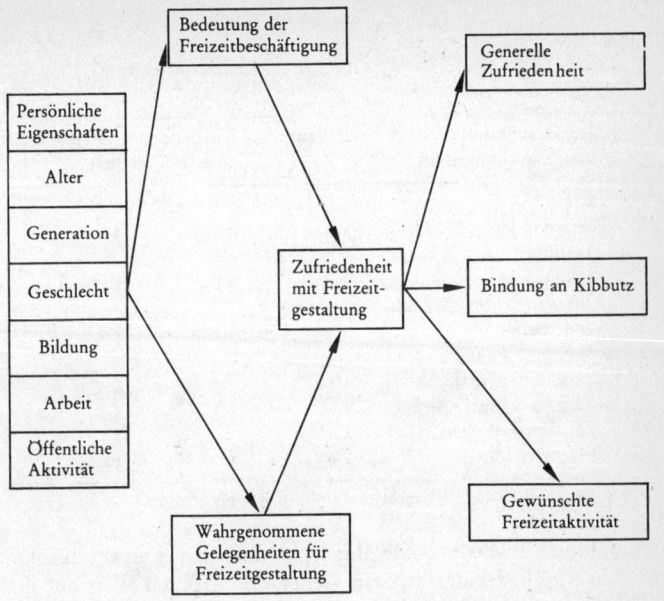

Tabelle 4 Ein Modell der Anzeichen für die Zufriedenheit mit Freizeitgestaltung

wird, seine persönlichen Bedürfnisse auf dem bestimmten Sektor zu befriedigen, als auch von der Bedeutung, die es der Befriedigung besonderer Wünsche beimißt.

Wir unterstellten auch, daß die Bedeutung eines vorhandenen Bedürfnisses und die Erkenntnis der Möglichkeiten zu seiner Befriedigung von diversen persönlichen Merkmalen des einzelnen wie Alter, Geschlecht, Erziehung, Berufsart etc. abhängig sind. Die Ergebnisse bezüglich der Wichtigkeit verschiedener Bedürfnisse, der Wahrnehmung der Möglichkeiten, diese Bedürfnisse im Kibbutz zu befriedigen, und der Grad der Zufriedenheit sind in der folgenden Tabelle dargestellt.

Die Untersuchung der relativen Bedeutung der verschiedenen Gebiete ergibt ein Bild, das A. Maslows Annahmen über die

Tabelle 5 Bedeutung von Bedürfnissen, Gelegenheiten zu ihrer Befriedigung und Zufriedenheitsgefühl.
Durchschnittsergebnis – Angehörige der zweiten Generation – Zahl der Testpersonen = 290.

Bedürfnis-Kategorie (Maslows Klassifizierung)	Bedeutung	Vorhandensein	Zufriedenheit
Physiologisch			
1) Lebensstandard	3.5	3.8	4.1
Anerkennung			
2) Anerkennung	4	4	3.7
Zugehörigkeit			
3) Enge Freunde	4.3	3.7	3.7
Selbstverwirklichung			
4) kulturelle u. sportl. Aktiv.	4.5	3.3	3
5) Hobbys u. künstl. Aktiv.	4	3.3	3.3
6) berufl. Fortkommen	4.4	3.4	3.1
7) Selbstentwicklung	4.6	3.6	3.4

Ein hohes Ergebnis steht für mehr und ein niedriges für weniger.

Rangfolge der Bedürfnisse ähnelt.[13] Diesen Ergebnissen zufolge legten Mitglieder der zweiten Generation größten Wert auf ihr Streben nach Selbstentwicklung, das nach Maslow zur Kategorie des Wunsches nach Selbstverwirklichung gehört. Wir haben in diese Kategorie auch den Wunsch nach beruflichem Fortkommen einbezogen und zwei Gebiete aus dem Bereich der Freizeitaktivitäten – kulturelle und sportliche Betätigungen sowie Hobbys und künstlerische Beschäftigungen. Mit Ausnahme des zuletzt genannten Gebiets haben die Testpersonen auf alle Gebiete aus dem Bereich der Selbstverwirklichung größeren Wert gelegt als auf sämtliche anderen Bedürfnisse.

Den geringsten Stellenwert nahm der materielle Lebensstandard ein und danach – in dieser Reihenfolge – soziale Anerkennung und der Wunsch, gute Freunde zu haben, der ein Zugehörigkeitsverlangen ausdrückt. Die einzige Abweichung von der von Maslow vorgeschlagenen Reihenfolge ist die Tatsache, daß auf das Zugehörigkeitsgefühl mehr Wert gelegt wird als auf die Anerkennung durch die anderen. Dies ist sicherlich auf die Natur des Kibbutz als einer egalitären Gemeinschaft zurückzuführen, in der soziale Bindungen eine besondere Rolle spielen, unterschiedliches Ansehen hingegen weniger legitim ist. Resultiert die relativ geringe Bedeutung des materiellen Lebensstandards aus einer Überfülle? Findet hier ein ähnlicher Prozeß statt wie bei manchen Studenten in westlichen Ländern, als sie begannen, Selbstverwirklichung und soziale Verantwortung vor wirtschaftlichen Wohlstand zu plazieren (siehe Kenniston, 1971)? Wir glauben nicht, daß die relativ geringe Bedeutung, die dem materiellen Wohlergehen beigemessen wird, auf einen besonders hohen Lebensstandard schließen läßt. Es ist das Vorhandensein kollektiver Einrichtungen, die dem einzelnen die Sorge um materielle Bedürfnisse abnehmen. Dies kann man auch aus Angaben schließen, welche bei der Befragung von Personen ermittelt wurden, die im Kibbutz geboren wurden, aber nun in der Stadt leben. Nach unseren Untersuchungen war ihr Lebensstandard nicht niedriger als der jener, die im Kibbutz geblieben sind. Für sie nimmt jedoch der Lebensstandard einen wesentlich höheren Rang ein. Ihre Wertung der Wichtigkeit dieses Punktes (4,2 gegenüber 3,5 bei Kibbutzniks der zweiten Generation) ist sogar höher als die des Ansehens (3,8), der Hobbys (3,8) und entspricht der Wertung, die sie kulturellen und sportlichen Aktivitäten gaben.

Unsere Ergebnisse zeigen also die relativ große Bedeutung der Freizeit für die junge Kibbutz-Generation. Die Bedeutung kultureller und sportlicher Aktivitäten ist sogar größer als die des beruflichen Fortkommens. Das Streben nach Selbstentwicklung, das am höchsten bewertet wurde, kann sowohl bei der Arbeit als auch bei der Freizeitbeschäftigung befriedigt werden.[14]

In scharfem Gegensatz zu dem großen Gewicht, das den Bedürfnissen nach Selbstverwirklichung zukommt, steht die Tatsache, daß der Grad der Befriedigung dieser Bedürfnisse geringer ist als auf anderen Gebieten und der Grad der Zufriedenheit mit dem materiellen Lebensstandard am höchsten. Die Reihenfolge der Kategorien, was den Zufriedenheitsgrad anbelangt, steht im umgekehrten Verhältnis zur Reihenfolge ihrer Bedeutung. Ist dies lediglich das Resultat verschiedener Erwartungshaltungen bei unterschiedlichen Kategorien? Bestehen unterschiedliche Erwartungshaltungen bei den einzelnen Gruppen der zweiten Generation? Anhand der Angaben der Tabelle 6 können wir den Einfluß erkennen, den verschiedene Faktoren auf die Bedeutung von Freizeitgestaltung und Selbstverwirklichung und auf die Erreichung dieser Ziele ausüben.

Tabelle 6 Pearson-Korrelationen zwischen persönlichen Eigenschaften und der Bedeutung von Selbstentwicklung und Freizeitaktivitäten

Pers. Eigenschaften	Selbstentwicklung	*Bedeutung* Hobbys & künstl. Aktivitäten	Kulturelle & sportl. Aktivitäten
Alter	n. s.	−*12*	n. s.
Geschlecht (1 männlich, 2 weiblich)	*16*	n. s.	−*16*
Bildung	n. s.	n. s.	n. s.
Leitungsfunktion bei der Arbeit	−*11*	−*16*	n. s.

Wahrnehmung von Gelegenheiten zur Selbstentwicklung und von Freizeitaktivitäten

	Selbstentwicklung	Hobbys & künstl. Aktivitäten	Kulturelle & sportl. Aktivitäten
Alter	n. s.	*10*	n. s.
Geschlecht	n. s.	n. s.	−*16*
Bildung	n. s.	n. s.	n. s.
Leitungsfunktion bei der Arbeit	n. s.	n. s.	n. s.

Anscheinend gibt es eine negative Beziehung zwischen der Bedeutung von Hobbys, Lebensalter und leitenden Positionen im Beruf. Dies würde bedeuten, daß Verantwortung und Verpflichtungen einer Führungsposition, die erst zu einem späteren Zeitpunkt erreicht wird, mit der Ausübung von Hobbys kollidieren. Auf der anderen Seite gibt es eine positive Beziehung zwischen dem Lebensalter und den Gelegenheiten, Hobbys zu betreiben. Frauen legen mehr Wert auf Persönlichkeitsentwicklung und weniger auf kulturelle und sportliche Aktivitäten als Männer. Der bestimmende Faktor ist hier anscheinend, daß hauptsächlich die Männer sich sportlich engagieren. Im allgemeinen sind die Korrelationen unbedeutend, und demographische Faktoren üben wohl keinen großen Einfluß aus. Die bestimmenden Faktoren der großen Bedeutung der Selbstverwirklichung sind wohl eher soziologischer und struktureller Art.

Woher rühren die unterschiedlichen Zufriedenheitsgrade für die einzelnen Kategorien? Mehrere Studien, die untersuchten, ob der Zufriedenheitsgrad mehr von den vorhandenen Gelegenheiten oder mehr vom Grad seiner Bedeutung abhängt, zeigen unzweifelhaft, daß die Wahrnehmung von Gelegenheiten der bestimmende Faktor ist und die Erwartungshaltung (die relative Bedeutung) fast keinen Einfluß ausübt.

Wie werden die Gelegenheiten, verschiedene Bedürfnisse zu befriedigen, gesehen? Wir beziehen uns auf die zweite Kolumne der Tabelle 5. Die Gelegenheiten zur Selbstverwirklichung werden für begrenzter gehalten als die materiellen und sozialen Möglichkeiten. Bedeutet das nur, daß eine Kluft besteht zwischen den vorhandenen Möglichkeiten und dem Grad, den die zweite Generation erreichen möchte, oder glaubt sie auch, daß die Möglichkeiten im Kibbutz begrenzter sind als außerhalb? Die Antwort auf diese Frage findet man in Tabelle 7.

Tabelle 7 Einschätzung der Möglichkeiten zur Befriedigung persönlicher Bedürfnisse auf verschiedenen Gebieten im Kibbutz, verglichen mit den Möglichkeiten in der übrigen Gesellschaft – nach Generationen – Durchschnittsergebnis

Interessengebiete	1969		1976	
	I	II	I Mitglieder	II Ehemalige Mitglieder
Familienleben	1.9	1.9	1.8	2.1
Öffentl. Aktivitäten	1.4	1.5	1.6	1.7
Höhere Bildung	1.9	2	1.7	1.6
Sport	1.8	1.7	1.7	1.5
Kunst	1.9	2.1	1.8	1.6

Ein Ergebnis, das niedriger ist als 2, zeigt, daß im Kibbutz relativ mehr Möglichkeiten gegeben sind.

Wenn man die Ergebnisse der Studie über die zweite Generation mit denen der Untersuchung über die Verwurzelung der im Kibbutz geborenen Mitglieder vergleicht, so zeigt sich, daß die Testpersonen in der 1976 verfaßten Studie wesentlich häufiger als die in der Studie von 1969 die Vorteile des Kibbutz erwähnen, wenn es um die Verwirklichung von Bedürfnissen auf den

Gebieten der höheren Schulbildung, des Sports und der Künste geht. Noch interessanter ist die Tatsache, daß diejenigen, die den Kibbutz verließen, um in der Stadt zu leben, die Vorteile des Kibbutz auf diesen Gebieten stärker hervorheben als ihre Kollegen, die dort geblieben sind. Wir können die Erklärung hierfür in den Ergebnissen finden, die sich beim Vergleich des Kulturkonsums in den Kibbutzim mit dem im übrigen Israel zeigten und im Buch von Katz und Gurvitz (1973) dargestellt wurden. Trotz der kleinen Bevölkerungszahlen in den Kibbutzsiedlungen fanden dort mehr künstlerische und kulturelle Veranstaltungen statt als im übrigen Israel, und auch die Teilnahme ist die höchste im Land.[15]

Durch die zentralisierte und regionalisierte Organisation von kulturellen Aktivitäten ist es möglich, viele und verschiedenartige Kulturveranstaltungen anzubieten. Die nationalen und regionalen Organisationen haben auch jenen, die Interesse an verschiedenen künstlerischen Tätigkeiten oder Hobbys haben, die Möglichkeit eröffnet, sich weiterzuentwickeln und zu lernen.

Auch was das Privateigentum an Geräten der Freizeitgestaltung angeht, ist die Situation der Kibbutzniks der zweiten Generation nicht schlechter als die ihrer Altersgenossen in der Stadt, die nicht in einem kollektiven Rahmen leben und nicht von kollektiven Einrichtungen profitieren.

Tabelle 8 Besitz von Geräten zur Freizeitgestaltung bei Angehörigen der zweiten Generation in und außerhalb des Kibbutz (in Prozent)

Gerät	Mitglieder	Ehemalige Mitglieder
1) Fernseher	41	89
2) Stereo-Plattenspieler	64	58
3) Tonbandgerät	41	52
4) Kamera	66	84
	Zahl = 286	Zahl = 141

Der einzige bemerkenswerte Unterschied, die Fernsehgeräte, ist heute sicherlich verschwunden, da die meisten Kibbutzim in den letzten zwei, drei Jahren Fernsehgeräte gekauft haben. Die Vorstellung beschränkter Möglichkeiten scheint daher objektiv nicht gerechtfertigt, obwohl sie den niedrigen Zufriedenheitsgrad bestimmte. Wie können wir die geringe Zufriedenheit mit den kulturellen, künstlerischen, sportlichen und anderen Möglichkeiten erklären, die im Gegensatz zur großen Zufriedenheit mit dem materiellen Lebensstandard steht? Wir meinen, daß bei der Befriedigung materieller Bedürfnisse ein gewisser Sättigungsgrad erreicht wurde, daß aber die Befriedigung kultureller Wünsche und des Wunsches nach Selbstverwirklichung diesen Punkt noch nicht erreicht hat und es fraglich ist, ob das jemals möglich sein wird.

Der materielle Sättigungsgrad ist relativ niedrig, da durch die kollektiven Versorgungseinrichtungen gewisse Normen vorgegeben sind, die vom einzelnen nicht außer acht gelassen werden können. So darf z. B. bei der Wohnungseinrichtung ein bestimmtes Niveau nicht überschritten werden; private Fahrzeuge und aufwendiger Lebensstil sind verpönt. Auf dem Gebiet der Freizeitgestaltung gibt es keine einschränkenden Normen dieser Art, und individuelle Wünsche nach erweiterter Freizeitaktivität sowohl als Verbraucher als auch sicherlich als Produzent sind legitim. Es werden große Anstrengungen unternommen, um solche Interessen bei den Mitgliedern wachzurufen.

Bis zu welchem Punkt beeinflußt der Zufriedenheitsgrad bei

Tabelle 9 Relativer Beitrag der Bedürfnisbefriedigung bei der Freizeitgestaltung und anderen Lebensbereichen zur allgemeinen Zufriedenheit und zur Bindung an das Kibbutzleben (Beta Regressionskoeffizienten)

Zufriedenheit mit:	Allgem. Zufriedenheit	Bindung an Kibbutzleben
	Beta	Beta
1. Lebensstandard	0,05 (6)	− 0,07 (5)
2. Anerkennung im Kibbutz	− 0,11 (3)	0,01 (7)
3. Gute Freunde	0,25 (1)	0,23 (2)
4. Kult. & sportl. Aktivitäten	0,09 (4)	0,09 (3)
5. Hobbys & künstl. Aktivitäten	0,02 (7)	− 0,08 (4)
6. Berufl. Fortkommen	0,06 (5)	− 0,03 (6)
7. Selbstentwicklung	0,12 (2)	0,24 (1)
R^2	0,397	0,32

der Freizeitgestaltung und den Möglichkeiten zur Persönlichkeitsentfaltung die Gesamtzufriedenheit der zweiten Generation und ihre Bindung an den Kibbutz?

Die gegebenen Wertungen zeigen den direkten Einfluß jedes einzelnen Faktors auf alle anderen Faktoren, die statistisch konstant bleiben.

Es ist klar, daß der Zufriedenheitsgrad bei der persönlichen Entwicklung und der Befriedigung darüber, gute Freunde zu haben, den größten Einfluß auf die beiden Resultate hat. Der Einfluß der Zufriedenheit mit Freizeitbeschäftigungen ist kleiner als diese, aber größer als der Einfluß der Zufriedenheit mit Lebensstandard, Anerkennung und sogar beruflichem Aufstieg.

Die Mittelpunktsstellung der beiden Freizeitgebiete ist recht beträchtlich. Zufriedenheit mit kulturellen und sportlichen Aktivitäten hat mehr Gewicht als Zufriedenheit mit Hobbys oder künstlerischen Betätigungen. Es scheint sogar, daß diejenigen Personen, die mit Hobbys oder künstlerischen Tätigkeiten zufrieden sind, eine schwächere Bindung an den Kibbutz haben. Möglicherweise rührt dies daher, daß künstlerische Interessen oder Hobbys von Natur aus privat bzw. individualistisch sind und von der Teilnahme an gemeinschaftlichen Aktivitäten fernhalten, die eng mit der Bindung an den Kibbutz zusammenhängen. In dieser Beziehung besteht ein großer Unterschied zwischen Hobbys und künstlerischen Betätigungen, die eher privater Natur sind, einerseits und kulturellen bzw. sportlichen Aktivitäten, die in einem kollektiven Rahmen ausgeübt werden, andererseits. Die Beziehung zwischen der Zufriedenheit auf kulturellem und sportlichem Gebiet und der Bindung an den Kibbutz ist positiv.

Welche Schlüsse können wir aus unseren Ergebnissen über die Position des Kibbutz ziehen, was die verschiedenen Gegensatzpaare angeht?

Schlußfolgerungen

Nachdem wir die Entwicklungen und die Forschungsergebnisse geprüft haben, versuchen wir, die Position des Kibbutz in bezug auf die Gegensätze neu zu bewerten, die am Anfang dieser Abhandlung vorgestellt wurden.

Dorf gegen Stadt: Die Spannweite der Aktivitäten der Kibbutzbewegung auf verschiedenen Ebenen – national, regional und lokal –, auf den Gebieten der Kultur, der Kunst, des Sports, der Hobbys etc. übertrifft sicherlich alles, was in ländlichen Gegenden selbst der am höchsten entwickelten Länder vorhanden ist, und bietet dem Kibbutznik viele Gelegenheiten zur Freizeitgestaltung. Nach Aussage der im Kibbutz Geborenen, selbst derer, die die Kibbutzim verlassen haben, um in der Stadt zu leben, und die aufgrund persönlicher Erfahrungen Vergleiche ziehen können, sind die Möglichkeiten, Bedürfnisse auf den Gebieten Kunst, Sport und Studium zu befriedigen, im Kibbutz größer als außerhalb, d. h. in der Stadt. Jedoch übt der Kibbutz heute weniger Einfluß auf die allgemeine israelische Kultur aus als in den Zeiten vor der Staatsgründung. Das resultiert aus den großen Veränderungen, die in Struktur und Charakter der Bevölkerung außerhalb des Kibbutz stattgefunden haben, und aus dem Wertsystem und den kulturellen Mustern, die sie anerkennt. Auch der Prozeß der Professionalisierung auf dem kulturellen und künstlerischen Sektor hat dazu beigetragen. Dieser Prozeß wurde mit Hilfe der Massenkommunikationsmittel in letzter Zeit stark beschleunigt.

Innerhalb des Kibbutz jedoch wurde der besondere Charakter einer ländlichen Siedlung mit »städtischer« Freizeitkultur bewahrt. Dieser Charakter wurde in erster Linie durch die organisatorischen Bemühungen der Kibbutzbewegung erhalten, auf nationaler und regionaler Ebene Rahmen und Mittel für künstlerische und kulturelle Aktivitäten zu entwickeln, künstlerische Anfänger zu ermutigen und die Möglichkeiten der Freizeitgestaltung zu vergrößern.

Die organisatorische Anstrengung wurde durch die kollektive Natur des Kibbutz begünstigt, die die Mobilisierung finanzieller und menschlicher Ressourcen ermöglichte, welche üblicherweise arbeitenden Menschen mit privatem Lebensstil nicht zur Verfügung stehen.

Arbeit gegen Freizeit: Trotz der großen Bedeutung der Freizeitbeschäftigungen und der Gelegenheiten dazu im Kibbutz spielt die Arbeit im Leben des Kibbutzniks eine zentrale Rolle. Diese Mittelpunktsrolle findet ihren Ausdruck im Wertsystem, in der Anzahl der Arbeitsstunden und in der Tatsache, daß die meisten Mitglieder und sicherlich die jüngsten Mitglieder, die unser Studienobjekt waren, in Landwirtschaft und Industrie körperliche Arbeit verrichten. Hier unterscheidet sich der Kibbutz deutlich von der Müßiggängerklasse, die Veblen (1957) beschrieben hat. Möglicherweise kann man daraus schließen, daß der Widerspruch zwischen Arbeit und Freizeit nicht so absolut ist, wie es auf den ersten Blick scheint. Die grundlegende Einstellung der Kibbutzbewegung zur Arbeit wertete sie nicht nur als Verpflichtung, wenn nicht gar als »Sakrament«, sondern auch als ein Feld der freien, schöpferischen Entfaltung.

Da der Lebensstandard eines Mitglieds nicht von seiner Position abhängig ist, wurde die Berufswahl eines Mitgliedes vor allem durch die Möglichkeit bestimmt, seine Fähigkeiten anzuwenden und sich persönlich weiterzuentwickeln. Diese Faktoren sind vor allem in der zweiten Generation stark vertreten (Ben-David, 1975). Der Ausbau der Industrie erhöhte die Gefahr, daß Gefühle der Entfremdung entstehen würden, in stärkerem Maße als die landwirtschaftliche Produktion. Daher wurden bei der Auswahl der Industrien und der Anpassung ihrer technologischen und organisatorischen Struktur große Anstrengungen unternommen, um das Phänomen der Entfremdung so weit wie möglich auszuschalten und die Arbeitswelt zu verbessern.

Anstatt einen Gegensatz zwischen Arbeit und freier Zeit anzunehmen, wo Arbeit Zwang ist und erst danach das Reich der Freiheit beginnt[16], schlagen wir eine andere, passendere Betrachtung der Kibbutzwirklichkeit vor. Dieses Konzept sieht sowohl in der Arbeit als auch in der Freizeitgestaltung Wege zur Selbstverwirklichung, zur Entwicklung und Entfaltung der angeborenen Fähigkeiten, da die Beziehung zwischen den verschiedenen Möglichkeiten von der Persönlichkeit des Individuums und seinen spezifischen Lebensbedingungen abhängt.

Produktiv-ökonomische Orientierung gegen Konsumorientierung: Unsere Ergebnisse zeigen, daß sogar der Widerspruch zwischen ökonomischen Erwägungen, die Sparsamkeit und Genügsamkeit verlangen, und dem Wunsch, Bedürfnisse zu befriedigen, nicht unzweideutig ist; die Grundfrage besteht darin, welche Bedürfnisse im Vordergrund stehen sollen. Im Gegensatz zu der merklichen Betonung materieller Wünsche zu Beginn der Zeit, als der Lebensstandard nach vielen Jahren der Armut langsam anstieg, liegt heute die Betonung auf den Bedürfnissen, die weiter oben in Maslows Bedürfnis-Hierarchie zu finden sind, wie etwa persönliche Entwicklung und kulturelle sowie künstlerische Aktivitäten, die auch im ursprünglichen ideologischen Rahmen legitim waren. Unsere Resultate lassen vermuten, daß bei den materiellen Wünschen ein gewisser Sättigungsgrad erreicht wurde, während es bei den Wünschen nach Selbstverwirklichung noch ein weiter Weg bis zur vollen Befriedigung ist und man sich hier in einem Stadium konstanter Entwicklung befindet.

Kommunale und familiäre Pflichten gegen reine Muße: Die meisten dieser Pflichten im Rahmen des Kibbutz unterliegen der freien Entscheidung des Mitglieds. In einigen Kibbutzim wurden gewisse Familienaktivitäten mehr zu Pflichten als in der Vergangenheit, und Leistungen für die Allgemeinheit haben den verpflichtenden Charakter verloren. Es scheint jedoch, daß im allgemeinen im Kibbutz mehr als in anderen Gesellschaften die Erfüllung besonders wichtiger Aufgaben trotz des kollektiven Rahmens und der Vielzahl öffentlicher Ämter, die auf das System der Selbstverwaltung und direkten Demokratie zurückzuführen sind, den Mitgliedern überlassen bleibt.

Kollektive Erholung gegen freie Wahl der Erholung: Auch auf diesem Gebiet hat der Kibbutz anscheinend einen Mittelweg gefunden. Regionale Organisationen ermöglichen eine größere Auswahl an Freizeitbeschäftigungen. Das Mitglied erhielt mehr Gelegenheit, selbst zu entscheiden, welche Freizeitbetätigung es bevorzugt. Trotzdem bleibt eine gewisse wertbezogene Orientierung bestehen. Die regionalen Institutionen und die der Bewegung sind in der Lage, als Filter zu wirken. Im Kibbutz selbst wird noch ein großer Teil der Aktivitäten gemeinsam unternommen, und alle Vorhaben werden von den Kibbutzeinrichtungen organisiert. Die Einführung der Massenkommunikationsmittel hat das Problem verstärkt, die Gemeinschaft zur verantwortungsvollen Auswahl der angebotenen Programme und Möglichkeiten zu erziehen.

Kreative Freizeit gegen passives Konsumieren: Daß Fernsehgeräte jetzt auch in den Privatwohnungen der Mitglieder zu finden sind, hat zweifellos die Bedeutung passiven Kulturkonsums erhöht. Es scheint jedoch, daß dies auf Kosten anderer »passiver« Betätigungen wie Lesen oder Musikhören ging, denen in der Regel auch in der Familienwohnung nachgegangen wurde. Wir besitzen keine Informationen, die über den Einfluß dieses Wechsels auf den Gehalt der Beschäftigung Aufschluß geben. Zeigt sich hier ein Wechsel von ernsthafteren Betätigungen, die den Horizont erweitern und Eigenständigkeit fördern, zu »leichteren« Beschäftigungsarten? Es läßt sich auch nur schwer beurteilen, ob ein Wechsel bei den Formen der schöpferischen Freizeitbetätigungen stattgefunden hat. Möglicherweise gab es früher mehr gemeinschaftliche Unternehmungen wie Chorgruppen, Theaterclubs etc. Heutzutage gibt es sicherlich eine steigende Anzahl von Möglichkeiten zu künstlerischer Entwicklung und zu schöpferischen Beschäftigungen für den einzelnen im gleichen Maße, wie das Bedürfnis danach angewachsen ist.

Zukunftsaussichten: Der Kibbutz und die Einrichtungen der Kibbutzbewegung gaben sich nicht mit der bloßen passiven Anpassung an die Veränderungen der Freizeitkultur zufrieden. Neue organisatorische Rahmenbedingungen und Mittel wurden geschaffen, um mit den veränderten Bedürfnissen des kulturellen Konsums und der individuellen Kreativität Schritt zu halten; sie waren teilweise erfolgreich. Es scheint uns jedoch, daß der Kibbutz in Zukunft mit drei drängenden Fragen konfrontiert wird, die bereits ihre Spuren hinterlassen haben.

1. Wie begegnet man der hohen Erwartungshaltung auf dem Gebiet der Freizeitaktivitäten und bewahrt gleichzeitig den Charakter einer kollektiven Arbeitsgemeinschaft? Unsere Ergebnisse zeigen, daß sich die Testpersonen der Überlegenheit des Kibbutz gegenüber anderen Lebensstilen auf dem Gebiet der Freizeitgestaltung bewußt sind, der Grad der Zufriedenheit mit den gebotenen Möglichkeiten trotzdem aber relativ niedrig ist. Die Spannung zwischen Ideal und Erreichbarem ist an sich eine wichtige Voraussetzung des Fortschritts in jeder Gesellschaft. Die Frage bleibt jedoch, ob die Einschränkungen, die aus der Beschäftigungsstruktur des Kibbutz und seiner geringen Größe herrühren, die Verwirklichung aller Wünsche ermöglichen, insbesondere jener, die sehr zeit- und geldaufwendig sind.

2. Gemeinsame kulturelle Betätigungen aller Kibbutzniks war einmal ein wichtiger Faktor bei der Bewahrung der sozialen Einheit des Kibbutz. Die Tendenz, die Anzahl der den diversen Interessengruppen im Kibbutz angebotenen Aktivitäten zu erhöhen, und das Anwachsen der Freizeitgestaltung im familiären Rahmen haben die Frage verstärkt, wie sichergestellt werden kann, daß diese Aktivitäten zur Einheit der Kibbutzgemeinschaft

beitragen. Es besteht die Tendenz, kollektive Betätigungen so zu organisieren, daß sich die einzelnen Gruppen darstellen können, z. B. durch das Zusammensitzen von Familien bei Kibbutzveranstaltungen und durch die Integration von Gruppenaktivitäten mit solchen der Allgemeinheit, aber diese Bemühungen haben gerade erst begonnen.

3. Im Gegensatz zu manchen Befürchtungen hat die Einführung des Fernsehens die Formen der Freizeitgestaltung im Kibbutz nicht grundlegend verändert. Sein Einfluß auf das Wertsystem der Mitglieder und insbesondere auf die jüngere Generation ist jedoch schwer einzuschätzen. Die Frage ist, ob es durch die Kibbutzerziehung gelingen wird, die Kibbutzwerte zu verinnerlichen und die kulturellen Maßstäbe, die diesem Wertsystem innewohnen, so zu prägen, daß der Kibbutznik in die Lage versetzt wird, das von den Massenkommunikationsmitteln Dargebotene mit Unterscheidungsvermögen und kluger Auswahl aufzunehmen.

Zusammenfassend könnte man sagen, daß es dem Kibbutz als Kollektivdorf, das mit den Problemen von Arbeit und Freizeit in der modernen Gesellschaft umzugehen versucht, gelungen ist, die Gegensätze und Widersprüche, die in Theorie und Praxis vieler Länder vorherrschend sind, zu überwinden.

In einer ländlichen Umgebung hat der Kibbutz eine kulturelle Vielfalt und Rahmenbedingungen für künstlerische und kulturelle Kreativität geschaffen, die mit denen in der Stadt vergleichbar sind und sie auf manchen Gebieten sogar übertreffen.

Die kollektiven Grundlagen des Kibbutz haben die Entwicklung von Bestrebungen nach Selbstverwirklichung und der vielseitigen Entfaltung des einzelnen nicht behindert.

Ist die Bewältigung dieser Widersprüche und Gegensätze nur unter den besonderen Bedingungen der Entwicklung der Kibbutzbewegung in Israel möglich, oder zeigen sich hier Entwicklungstendenzen der spätindustriellen Gesellschaft? Die Antwort auf diese Frage geht über den Rahmen dieser Arbeit hinaus.

Aus dem Englischen von Nina Weller

1 Wir folgen der vierten Definition von J. Dumazedier in seinem Buch *Sociologie Empirique du Loisir* (1974). Er schlägt vor, daß das Wort »loisir« (Freizeiterholung) sich nur auf die Zeit bezieht, die der Selbstverwirklichung des Individuums gewidmet ist. Dies ist die Zeit, die dem Individuum zur Verfügung steht, nachdem es entsprechend den bestehenden sozialen Normen seine beruflichen, familiären, religiösen und politischen Verpflichtungen erfüllt hat.

2 Ein Beispiel dafür ist die Diskussion zwischen Friedman und Dumazedier über die Möglichkeit, daß die technologische Zivilisation eine Freizeitzivilisation wird (Friedman, 1970).

3 In der Untersuchung über die zweite Generation haben sich 70% der Jungen und 76% der Veteranen gegen einen zunehmenden Übergang von körperlicher zu anderer Arbeit ausgesprochen. Auf der anderen Seite unterstützen 63% der Jungen und 53% der Veteranen die Ausweitung der Industrie gegenüber der Landwirtschaft (Cohen, 1974).

4 Ein Vergleich der Zeiteinteilung im Kibbutz mit der der städtischen Bevölkerung zeigt, daß wesentlich weniger Zeit im Kibbutz mit Hausarbeit verbracht wird und erheblich mehr Zeit mit Freizeitgestaltung mit den Kindern (Katz/Gurvitz, 1973).

5 Die mit den Kindern verbrachte Zeit sollte als »reine Muße« angesehen werden, besonders in den Kibbutzim (die Mehrzahl), in denen die Kinder in Kinderhäusern schlafen. In den Kibbutzim, in denen die Kinder in der elterlichen Wohnung schlafen, hat ein Teil der mit ihnen verbrachten Zeit anscheinend eher Pflichtcharakter.

6 Die im Kibbutz geborenen Mitglieder sagen aus, daß der größte Unterschied zwischen ihnen und den Veteranen in der Art bestehe, sich zu kleiden. Dann kommen musikalischer und künstlerischer Geschmack. Der geringste Unterschied besteht bei der Literatur (Rosner/Avnat, 1975).

7 Die Hauptargumente gegen das Fernsehen waren, daß es die Isolierung zu Hause verstärken, an die Stelle der gemeinschaftlichen Aktivitäten treten und passiven Kulturkonsum begünstigen werde.

8 Schwimmbäder und Clubhäuser findet man in fast allen Kibbutzim. Nach der neuesten Untersuchung haben 1/3 der Kibbutzim der Kibbutz-Artzi-Gruppe auch einen Sportplatz oder einen Festsaal.

9 Die Untersuchung über die zweite Generation wurde 1969 durchgeführt und erfaßte über 900 Mitglieder der zweiten Generation in 50 Kibbutzim der 3 wichtigsten Kibbutzbewegungen und ungefähr 400 junge Mitglieder, die nicht im Kibbutz geboren waren. Die Ergebnisse dieser Studie wurden in zwei Büchern und vielen Artikeln veröffentlicht. Das Buch, das die gesamte Studie auf englisch und hebräisch zusammenfaßt, heißt: Rosner, N.; Ben-David, Y.; Avnat, A.; Cohen, N.; Leviathan, U.: *The Second Generation in the Kibbutz*, Sifriat Hapoalim (hebräisch) 1978 und Tur Press (englisch), siehe S. 275 ff. dieses Bandes.

10 A. Die Verwurzelung der im Kibbutz Geborenen wurde 1976 in 9 Kibbutzim der Organisation HaArtzi untersucht und erfaßte 290 Mitglieder der Altersgruppe von 23 bis 25 (Leviathan, U.; Orchan, A.; Avnat, A. 1977).

B. Die Untersuchung über die Freizeitaktivitäten der älteren Generation erfaßte 95 Mitglieder über 55 Jahre in 4 »Ur-Kibbutzim« und wurde von G. Nechuschtan durchgeführt.

11 Der Vergleich der Zeiteinteilung (Katz/Gurvitz, 1973) zeigt, daß Kibbutz-

mitglieder wesentlich mehr Zeit fürs Lesen aufwenden als die Stadtbewohner.

12 Es ist in den Kibbutzim nicht üblich, einen krassen Wechsel von einem vollen Arbeitstag zu völliger Pensionierung in einem bestimmten Alter zu vollziehen. Normalerweise wird die tägliche Arbeitszeit – bei Frauen ab 50 und bei Männern ab 55 – allmählich reduziert. Frauen mit zwei Kindern arbeiten nur 7 Stunden am Tag. Ab 65 müssen Mitglieder beiderlei Geschlechts nur noch 4 Stunden pro Tag arbeiten, aber viele ziehen es vor, länger zu arbeiten.

13 Der amerikanische Psychologe A. Maslow, einer der führenden Vertreter der humanistischen Psychologie, behauptet, daß es eine Hierarchie der menschlichen Bedürfnisse in folgender Reihenfolge gibt: 1) physiologische Bedürfnisse, 2) Sicherheitsbedürfnisse, 3) Eingliederungsbedürfnisse, 4) Anerkennungsbedürfnisse, 5) Selbstverwirklichungsbedürfnisse. – Die Bedeutung der gehobeneren Bedürfnisse steigt mit der Befriedigung der einfacheren Bedürfnisse (Maslow, 1954).

14 Die Korrelation zwischen Zufriedenheit mit der persönlichen Entwicklung und Zufriedenheit mit dem beruflichen Fortkommen (0,33) entspricht der Korrelation zwischen Zufriedenheit mit persönlicher Entwicklung und Zufriedenheit mit Hobbys und künstlerischen Aktivitäten. Im Gegensatz dazu ist die Korrelation zwischen Zufriedenheit mit der Persönlichkeitsentwicklung und Zufriedenheit mit kulturellen und sportlichen Aktivitäten geringer (0,17).

15 Die Kibbutzim hatten die höchste Pro-Kopf-Rate an kulturellen Veranstaltungen. Die Zahl kultureller Veranstaltungen in den Kibbutzim entsprach der in Kleinstädten, deren Bevölkerungszahl aber ungefähr zehnmal so groß war. Die Pro-Kopf-Rate von Veranstaltungen war vierzigmal größer als in den 4 großen Städten. Nach der Definition der Forscher mißt die Pro-Kopf-Rate von Veranstaltungen das kulturelle Angebot einer Siedlung im Verhältnis zu ihrer Größe. Während 43% der Testpersonen in anderen Dörfern, wie z. B. Moshavim, den Mangel an Freizeiteinrichtungen im Dorf als wesentliche Schwierigkeit bei der Freizeitgestaltung erwähnten, war dies in den Kibbutzim nur bei 14% der Fall. Andere Zahlen aus der Studie zeigen, daß die Teilnahme an kulturellen Veranstaltungen im Kibbutz besonders hoch ist. Außer bei Museumsbesuchen ist die Kibbutz-Rate bei allen Aktivitäten außergewöhnlich. Kibbutzniks aller Bildungsstufen gehen öfter ins Theater, ins Kino, in Konzerte und in Unterhaltungsveranstaltungen. Der Unterschied ist besonders augenfällig in bezug auf Kino und Theater. 72% der Kibbutzniks gingen 1970 jede Woche ins Kino gegenüber 20% der Stadtbevölkerung; 89% gingen mehrmals im Jahr ins Theater gegenüber 50% in den großen Städten.

16 Diese Formulierung fußt auf den Worten von Karl Marx in Band III des *Kapital*: »Das Reich der Freiheit beginnt in der Tat erst da, wo das Arbeiten, das durch Not und äußere Zweckmäßigkeit bestimmt ist, aufhört« (Marx, 1972, S. 828).

Zu einem späteren Zeitpunkt jedoch sagte Marx selbst, daß in einer kommunistischen Gesellschaft Arbeit nicht mehr nur ein Mittel zur Existenzsicherung wäre, eine äußere Notwendigkeit, sondern zu einem hauptsächlichen Lebensbedürfnis würde, d. h. ein Feld, auf dem der Mensch die vielen Facetten seiner Entwicklung darstellen kann (Marx, 1875, *Kritik des Gothaer Programms*). Nach seiner Meinung ist dies eine der Bedingungen für die Verwirklichung des Prinzips: Jeder nach seinen Fähigkeiten, jedem nach seinen Bedürfnissen. Es scheint uns, daß im Kibbutz, der ja auf diesem Prinzip basiert, die Tendenz zunimmt, in der Arbeit nicht nur einen äußeren Zwang zu sehen, sondern eine Möglichkeit zur Selbstverwirklichung. Parallele Entwicklungen sehen wir in den Industrienationen besonders bei der jüngeren Generation.

Literatur

Ben-David, Y. (1975), *Work and Study in the Kibbutz*, The Center for Settlement Studies, Rehovot (Hebräisch).

Bien, Y. (1973), *The Culture of Leisure in the Kibbutz*, in: *Kibbutz Changes*, Givat Haviva Publications.

Cohen, N. (1974), *The Kibbutz in the Eyes of its Founders and its Perpetuators*, The Center for Settlement Studies, Rehovot (Hebräisch).

Dumazedier, J. (1974), *Sociologie Empirique Du Loisir*, Paris.

Friedman, G. (1970), *La Puissance Et La Sagesse*, Paris.

Gurvitz, M., Levi, T. (1973), *Television in the Kibbutz – A Study of the Spread of a Novelty*, in: *The Kibbutz*, Nr. 1 (Hebräisch).

Katz, A., Gurvitz, M. (1973), *Leisure Culture in Israel*, Tel Aviv (Hebräisch).

Kenniston, K. (1971), *Youth and Dissent*, New York.

Leviathan, U., Eden, D. (1974), *Farm and Factory in the Kibbutz*, in: *Journal of Applied Psychology* 59 (5).

Dies. (1976), *The Centrality of Work in the Lives of the Elderly in the Kibbutz*, in: *Gerontology*, Nr. 6; Tel Aviv (Hebräisch).

Leviathan, U., Orchan, E., Avnat, A. (1977), *Reducing Attrition Among Kibbutz-born Members, Research Report*, in: *Center for Social Research on the Kibbutz*, Givat Haviva.

Maslow, A. (1954), *Motivation and Personality*, New York.

Marx, K. (1875), *Kritik des Gothaer Programms*.

Ders. (1894), *Das Kapital*, Bd. 3, Hamburg.

Meri, A. (1973), *Changes in Leisure Patterns in the Kibbutz*, in: *The Kibbutz*, Nr. 1 (Hebräisch).

Nechuschtan, G. (1977), *Leisure Activities for the Elderly in the Kibbutz*, School of Social Work, Haifa University (Hebräisch).

Rosner, M., Avnat, A. (1975), *The Second Generation's View of the Kibbutz Family*. Givat Haviva Press (Hebräisch).

Rosner, M., Ben-David, Y., Avnat, A., Cohen, N., Leviathan, U. (1978), *The Second Generation – Continuity and Change – Sifriat Poalim* (Hebräisch).

Shur, S. (1974), *Social-Cultural Planning – The Distribution of Television Sets in the Kibbutz Movement*, in: *The Kibbutz*, Nr. 2 (Hebräisch).

Talmon-Garber, Y. (1970), *Individual and Society in the Kibbutz*, Jerusalem (Hebräisch).

Veblen, Th. (1957), *The Theory of the Leisure Class: An Economic Study of Institutions*, London.

Kibbutzstatuten
der Vereinigten Kibbutzbewegungen

Kapitel 1 – Name und Ort

§ 1 Der Name der Gemeinde ist: Kibbutz ......
(nachfolgend »der Kibbutz« genannt)
§ 2 Der Sitz des Kibbutz ist ......

Kapitel 2 – Prinzipien des Kibbutz

§ 3 Der Kibbutz ist eine freie Vereinigung von Personen zum Zweck der Errichtung, Integration und Bewirtschaftung einer kollektiven Siedlung, die nach den Prinzipien von gemeinschaftlichem Eigentum an Grundbesitz, eigener Arbeit, Gleichheit und Zusammenarbeit in den Bereichen der Produktion, des Konsums und der Erziehung organisiert ist. Der Kibbutz ist eine eigenständige Siedlung. Der Kibbutz versteht sich als integraler Teil der Arbeiterbewegung in Israel, als Pionier des nationalen Neubeginns, und sein Ziel ist die Errichtung einer sozialistischen Gesellschaft in Israel, die auf wirtschaftlicher und sozialer Gleichheit basiert.

§ 4 Jedes Mitglied des Kibbutz soll seinen ständigen Wohnsitz im Kibbutz nehmen, seine volle Arbeitskraft dem Kibbutz zur Verfügung stellen und sein ganzes Einkommen und Vermögen dem Kibbutz übertragen; der Kibbutz soll dem Mitglied seine Arbeit und alles, was damit verbunden ist, zuweisen, für seine Bedürfnisse und die seiner Angehörigen, die im Kibbutz wohnen, aufkommen (nachfolgend: »die Angehörigen des Mitglieds« genannt), soweit dies im Bereich des Möglichen liegt und immer unter Berücksichtigung der hier praktizierten Regeln, die von den entsprechenden Gremien festgesetzt und in diesen Statuten dargelegt werden.

Mitgliedschaft in der Kibbutzbewegung

§ 5 Der Kibbutz ist ein Mitglied der »... Zentralen Kooperativen Gesellschaft mbH« (nachfolgend: »die Bewegung« genannt).*

Ziele

§ 6 Die Ziele des Kibbutz sind folgende:

(a) Eine Siedlung zu errichten und zu unterhalten, die sich auf Landwirtschaft, Industrie und Handwerk sowie jede andere Arbeit stützt und zum ständigen Wohnort ausschließlich von Kibbutzniks und ihren Angehörigen bestimmt ist;

(b) Errichtung, Aufrechterhaltung, Inbetriebnahme und Weiterentwicklung landwirtschaftlicher, industrieller und handwerklicher Unternehmungen jeder Art, um Arbeitsplätze für die Mitglieder des Kibbutz und ihre Angehörigen zur Verfügung zu stellen und ihnen Arbeitsplätze außerhalb der eigentlichen Kibbutzwirtschaft zu vermitteln;

(c) für die ökonomischen, sozialen, kulturellen, individuellen und die Ausbildung betreffenden Bedürfnisse der Kibbutzniks und ihrer Angehörigen zu sorgen, Gesundheitsvorsorge zu betreiben und die dafür notwendigen Dienstleistungen, Institutionen und Unternehmen einzurichten und zu unterhalten; einen angemessenen Lebensstandard für die Kibbutzniks und ihre Angehörigen innerhalb der ökonomischen Grenzen des Kibbutz und in Übereinstimmung mit seiner wirtschaftlichen Entwicklung und anderen Zielen sicherzustellen;

(d) innerhalb der Grenzen** der Kibbutzsiedlung öffentliche Dienstleistungen anzubieten und zu diesem Zweck den Status einer anerkannten örtlichen Leitung mit den zugehörigen Funktionsträgern, die die Leitung, die Institutionen oder die öffentlichen Unternehmen vertreten, zu wah-

* Anmerkung des Herausgebers: Die Paragraphen 3, 4 und 5 beruhen auf dem Entwurf des Kooperativen Gesetzes von 1972, der in seinem Artikel 174.13 die »Kibbutzbewegung« definiert als »einen zentralen Zusammenschluß von Kibbutzim, dessen Ziel es ist, Kibbutzim zu errichten, die Werte und den Lebensstil des einzelnen und der gesamten Gemeinde zu fördern und zu formen, für Ausbildung zu sorgen, die Kibbutzim bei ihren Aktivitäten zu unterstützen, gegenseitige Hilfe und Zusammenarbeit zu fördern und sie bei übergeordneten Kibbutzeinrichtungen und staatlichen Behörden und Institutionen zu vertreten«.
** »Grenzen der Kibbutzsiedlung« – Der Grundbesitz, der dem Kibbutz gehört oder auf den er einen Rechtsanspruch hat.

ren; weiterhin aus diesem Grund die notwendigen Dienstleistungen, Institutionen und Unternehmen einzurichten und zu unterhalten;

(e) Freundschaft und Brüderlichkeit zwischen den Kibbutzniks zu fördern;

(f) die Persönlichkeit sowie die individuellen und die für die Allgemeinheit einzusetzenden Fähigkeiten der Mitglieder sowohl im sozialen als auch im ökonomischen, kulturellen, wissenschaftlichen und künstlerischen Bereich zu fördern;

(g) die weiblichen Kibbutzmitglieder zu fördern, so daß tatsächliche Gleichheit auf ökonomischem und sozialem Gebiet wie auf dem Gebiet der Bildung, bei öffentlichen Tätigkeiten und solchen im Rahmen der Bewegung erreicht wird;

(h) die Kinder des Kibbutz zu erziehen, das Niveau ihrer Erziehung und ihren Wissensstand zu entwickeln und zu erweitern; ihre Ausbildung und Integration sicherzustellen, so daß sie die Intention des Kibbutz fortführen können;

(i) Neueinwanderer und -siedler zu integrieren;

(j) die jungen Einwanderer und die jungen Israelis einzugliedern und sie im Sinne der Kibbutzlebensart zu erziehen;

(k) zusammen mit anderen Kibbutzim, die dieselben Ziele haben, die Errichtung neuer Kibbutzim zu fördern, Kibbutzwerte wie gegenseitige Hilfe und gemeinsame Aktivitäten zu propagieren; zu diesem Zweck Mitglied einer Kibbutzbewegung zu werden und die Einrichtungen der Bewegung im ökonomischen, sozialen, kulturellen Sektor und im Sicherheitsbereich in Übereinstimmung mit den Beschlüssen des Kibbutz oder denen der Bewegung, die vom Kibbutz übernommen wurden, zu unterstützen;

(l) anderen Kibbutzim und ländlichen Siedlungen Hilfe zu leisten und zu diesem Zweck an gemeinsamen Unternehmungen teilzunehmen;

(m) Aufgaben zu erfüllen, die die Position, die Wirtschaft und die Sicherheit des Staates Israel stärken, ebenso Aufgaben, die die Sache der Arbeiterklasse und der Kibbutzbewegung als ganze stärken, so wie sie von der Bewegung beschlossen und vom Kibbutz übernommen wurden.

Rechte

§ 7 Zur Erreichung seiner Ziele ist der Kibbutz mit folgenden Rechten ausgestattet:

(a) Auf folgenden Gebieten Unternehmen zu gründen und zu verwalten und zwar entweder ständig, zeitweise oder ad hoc: Landwirtschaft, Fischerei, Steinbruch, Industrie, Handwerk, Bauwesen, öffentliche Dienste, Transport, Erziehung, Kultur, Gesundheit, Wissenschaft und Künste, Tourismus, Erholung, Unterhaltung und Sport;

(b) sich im Geschäftsleben, im Bereich des Handels, der Finanzen, der

Versicherungen u. a. zu betätigen, die mit der Verwaltung und Weiterentwicklung der Kibbutzunternehmen zusammenhängen, die Lieferung des Rohmaterials und anderer Dinge für Landwirtschaft und Industrie sicherzustellen, für den Absatz der Produkte zu sorgen, die Bedürfnisse der Mitglieder und ihrer Angehörigen sowie anderer Personen, die, ohne Mitglied zu sein, aufgrund besonderer Vereinbarungen im Kibbutzgebiet leben, im Konsum- und Dienstleistungsbereich zu befriedigen;

(c) Verträge einzugehen, bewegliche und unbewegliche Besitztümer und Rechte jeglicher Art, einschließlich Patente, Warenzeichen, Produktionsrechte und Konzessionen jeder Kategorie zu erwerben und zu pachten, sie auf jede nur denkbare Weise zu wahren und zu übertragen; Vertragspartner bei jeder Verhandlung und Vereinbarung zu sein und Vertreter vor Gericht oder bei anderen Verfahren;

(d) von jeder Person oder Körperschaft ohne Einschränkung Darlehen, Einlagen, Garantien, Sicherheiten und Verpflichtungen, einschließlich Hypotheken, Belastungen und unbewegliche Habe sowie Rechte jeglicher Art zu übernehmen;

(e) Darlehen, Einlagen, Garantien und Kredite jeglicher Art zu vergeben und in diesem Zusammenhang Garantien, Sicherheiten und Verpflichtungen zu erhalten, einschließlich Hypotheken, Belastungen und unbewegliche Habe jeder Art;

(f) sämtliche Transaktionen im Zusammenhang mit Schuldscheinen, Wechseln, Obligationen und Anteilen zu zeichnen, ziehen, empfangen, indossieren, übertragen, verkaufen, einzutreiben, zu diskontieren, zurückzuziehen, auszuführen u. a., außer wenn es sich um Aktien, Frachtbriefe und andere verkäufliche oder übertragbare Urkunden jeglicher Art handelt;

(g) Versicherungen für sich selbst, seine Mitglieder und deren Angehörige, seine Angestellten und Gäste für den Fall von Personen- oder Sachschäden oder gegen andere Risiken abzuschließen und Vereinbarungen über gegenseitige Verantwortlichkeit mit anderen Siedlungen zu treffen;

(h) sich als Mitglied o. ä. an Gesellschaften, Firmen, Partnerschaften oder anderen legalen Körperschaften zu beteiligen;

(i) innerhalb der Grenzen der Kibbutzsiedlung Dienstleistungen, auch Wohnungen bereitzustellen für Unternehmen, Einrichtungen und Nichtmitglieder, und zwar in dem Ausmaß, das notwendig ist, um die Ziele des Kibbutz oder die Kibbutzunternehmen zu fördern, vor allem hinsichtlich der Ausbildung der Neueinwanderer, der Fortführung der Landbesiedlung, der Sicherheit der Nation und der gegenseitigen Hilfe zwischen Kibbutzim, und zwar unter Bedingungen, die zwischen dem Kibbutz und diesen auswärtigen Unternehmen oder zwischen dem Kibbutz und den für diese Unternehmen verantwortlichen Körperschaften vereinbart wurden;

(j) die Ordnung im Kibbutz aufrechtzuerhalten und zu diesem Zweck Mitglieder auszuwählen, die mit dieser Aufgabe betraut werden, und ihre Funktionen und Rechte zu bestimmen;

(k) als gesetzlicher Vertreter und Bevollmächtigter in allen Angelegenheiten aufzutreten, soweit dies nicht vom Gesetz anders vorgesehen ist;

(l) im Namen und im Auftrag eines Mitglieds dieses als Anwalt in seinen Vermögensangelegenheiten zu vertreten, und zwar auch bei jeder Art der Verwertung seines Eigentums,

Zur Erläuterung dieser Bestimmungen:

»Eigentum« bedeutet hier: Land, bewegliche Habe einschließlich Geld und aller Dokumente, die das Recht verleihen, Eigentum jeder Art, einschließlich Geld, in Besitz zu nehmen, sei es uneingeschränkt oder eingeschränkt, sowie Rechte, Gewinne jeder Art und Handlungsbefugnisse.

»Verfügung über Eigentum« bedeutet hier: Empfang von Eigentum und Unterzeichnung aller dazugehörigen Dokumente, Übertragung von Eigentumsrechten und Unterzeichnung der dazugehörigen Dokumente, Durchführung gesetzlicher Maßnahmen sowie die Verfügung über alle anderen Eigentumsrechte und alle damit verbundenen Verhandlungen.

(m) alle notwendigen Schritte zu unternehmen, die der Erreichung der Ziele des Kibbutz dienen und die Ausübung seiner Rechte gewährleisten.

Kapitel 3 – Mitgliedschaft

Bedingungen für die Mitgliedschaft

§ 8 Man kann Mitglied eines Kibbutz werden, wenn man folgende Bedingungen erfüllt:

(a) Vollendung des 18. Lebensjahres,

(b) Mitgliedschaft im israelischen Gewerkschaftsbund (der »Histadrut«),

(c) Mitgliedschaft im zionistischen Weltverband,

(d) Durchlaufen einer Zeit der Kandidatur, wie sie in diesen Statuten vorgesehen ist, sofern der Kibbutz nicht auf eine solche Kandidatur ganz oder teilweise verzichtet und man in Übereinstimmung mit den Statuten als Kibbutznik akzeptiert worden ist.

§ 9 Auf Empfehlung der »Bewegung« kann der Kibbutz in Ausnahmefällen eine Person als Mitglied akzeptieren, die nicht alle Bedingungen aus Paragraph 8 (b) und (c) erfüllt, wenn hierfür eine Zwei-Drittel-Mehrheit in der Kibbutz-Generalversammlung erzielt wurde.

Bewerbung um Kandidatur

§ 10 Wer sich um Aufnahme als Kandidat bewirbt, muß einen Fragebogen ausfüllen und eine entsprechende Erklärung unterschreiben. Dieser

Fragebogen, der vom Kibbutz erstellt wird, sollte Details über Alter, Familienstand, Kinder, Eltern und andere Angehörige, Gesundheitszustand, Lebenslauf, Besitz, finanzielle Verpflichtungen und Einkünfte enthalten sowie Auskunft über gerichtliche Verfahren geben, die gegen den Bewerber oder von ihm geführt werden. Die Bewerbung soll gleichzeitig als Bewerbung um volle Mitgliedschaft betrachtet werden.

§ 11 Der Kibbutz kann nach eigenem Ermessen und ohne Angabe von Gründen die Bewerbung annehmen oder ablehnen.

§ 12 Ein Kandidat ist verpflichtet, seinen Wohnsitz im Kibbutz innerhalb einer vom Kibbutz bestimmten Zeit zu nehmen. Seine Anwartschaft beginnt mit dem Tag seines Einzugs im Kibbutz.

§ 13 Die Dauer der Kandidatur beträgt ein Jahr, falls der Kibbutz bei der Beurteilung der Bewerbung oder während der Kandidatur selbst nicht eine kürzere oder längere Zeitspanne festlegt; sie soll aber nach den Bestimmungen des Paragraphen 27 zwei Jahre nicht überschreiten (nachfolgend »Kandidaturdauer« genannt).

Rechte und Pflichten eines Kandidaten

§ 14 Während der Wartezeit kommt der Kibbutz für die materiellen und sozialen Bedürfnisse des Kandidaten und seiner Angehörigen auf, die mit Zustimmung des Kibbutz und unter Befolgung der entsprechenden Regelungen ihren Wohnsitz in den Kibbutz verlegt haben.

§ 15 Während seiner Kandidaturdauer und solange er noch nicht als Mitglied aufgenommen ist, besitzt der Kandidat im Kibbutz nur eine vorläufige Aufenthaltsgenehmigung.

§ 16 Es wird vom Kandidaten erwartet, daß er sich dem Lebensstil des Kibbutz anpaßt und die Bestimmungen der maßgeblichen Gremien befolgt.

§ 17 Der Kandidat stellt seine volle Arbeitskraft dem Kibbutz zur Verfügung und befolgt die Anweisungen der entsprechenden Kibbutzgremien, die seine Arbeitsleistung, die Arbeitsregeln und damit zusammenhängende Fragen betreffen.

§ 18 Der Kibbutz kann die Kandidatur eines Kandidaten jederzeit, selbst vor Ablauf der vorgesehenen Frist, rückgängig machen, und die Bestimmungen der Paragraphen 29, 30 und 31 finden mutatis mutandis bei Versammlungen und Beschlüssen über diese Fragen Anwendung; die Rechte, die laut diesen Paragraphen der Generalversammlung zustehen, können aber auch während der ersten drei Monate der Kandidaturdauer vom Sekretariat des Kibbutz ausgeübt werden, sofern die Generalversammlung nicht anders beschließt.

§ 19 Der Kandidat kann seine Kandidatur jederzeit ohne Angabe von Gründen zurückziehen.

§ 20 Wenn seine Kandidatur von ihm oder vom Kibbutz annulliert wurde, so muß der Kandidat innerhalb von 2 Wochen nach Annullierung seiner Kandidatur – soweit nicht anderweitig schriftlich mit dem Kibbutz vereinbart – alles Land einschließlich sämtlicher Baulichkeiten, Zelte oder anderer Unterkünfte, selbst wenn es sich nicht um feststehende Behausungen handelt, die von ihm oder seinen Angehörigen bewohnt werden, räumen und die Gemarkung der Kibbutzsiedlung zusammen mit seinen Angehörigen verlassen. Er hat keinen Anspruch auf eine Entschädigung, Bezahlung oder andere Leistungen in Geld- oder Sachwerten, und er kann auch keine anderen Forderungen stellen. Die Bestimmungen der Paragraphen 15 und 16 finden auf ihn und seine Angehörigen Anwendung, bis er den Kibbutz verlassen hat.

§ 21 Der Kandidat überträgt die Besitzrechte an seinem gesamten laufenden Einkommen, einschließlich eventueller Rentenansprüche, die er und seine Angehörigen, die ihren Wohnsitz in den Kibbutz verlegt haben, während der Kandidatur erworben haben, dem Kibbutz. Über seinen übrigen Besitz wird eine schriftliche Vereinbarung zwischen dem Kandidaten und dem Kibbutz getroffen.

§ 22 Ein Kandidat kann keine Änderung seiner Eigentumsrechte herbeiführen, ohne vorher die schriftliche Zustimmung des Kibbutz erlangt zu haben.

§ 23 Wenn ein Kandidat bei Annullierung seiner Kandidatur – ob durch ihn selbst oder den Kibbutz – den Kibbutz verläßt und sein Eigentum teilweise oder vollständig bei den Kibbutzgremien im Rahmen eines Abkommens, wie in Paragraph 21 geschildert, deponiert hat, so ist der Kibbutz verpflichtet, ihm in Übereinstimmung mit besagter Vereinbarung sein deponiertes Eigentum sofort auszuhändigen. Wenn das Eigentum während seines Verbleibs im Kibbutz beschädigt wurde, so muß der Kibbutz den Schaden beheben oder ihm den Gegenwert erstatten, wobei Schäden durch natürliche Abnutzung unberücksichtigt bleiben.

§ 24 Wenn ein Kandidat als Mitglied aufgenommen wird, so übereignet er seinen gesamten Besitz dem Kibbutz, während das beim Kibbutz nach Paragraph 23 deponierte Eigentum automatisch in den Besitz des Kibbutz übergeht.

Aufnahme eines Mitglieds

§ 25 Wenn die Kandidaturdauer abgelaufen ist, kommt die Frage der Aufnahme des Kandidaten als Mitglied auf die Tagesordnung der Generalversammlung.

§ 26 Das Exekutivkomitee des Kibbutz (nachfolgend »Kibbutzsekretariat« genannt) oder jedes andere von der Generalversammlung zu diesem Zweck benannte Gremium wird der Generalversammlung seine Meinung zu dieser Frage unterbreiten.

§ 27 Die Generalversammlung kann über die Aufnahme oder Ablehnung eines Kandidaten als Mitglied oder die Annullierung seiner Kandidatur entscheiden, ebenso wie über die Verlängerung seiner Kandidaturdauer, solange die gesamte Kandidaturdauer zwei Jahre nicht übersteigt. Eine Verlängerung über diese zwei Jahre hinaus kann nur bei Vorliegen besonderer Gründe und mit Zustimmung des Kandidaten erfolgen.

§ 28 Ein Kandidat wird als Mitglied aufgenommen, wenn der Beschluß über seine Aufnahme mit Stimmenmehrheit von der Generalversammlung angenommen wurde. Dieser Tagesordnungspunkt muß mindestens drei Tage vor der Versammlung bekanntgegeben werden.

§ 29 Die Generalversammlung kann die Ablehnung eines Kandidaten mit jeder ihr geeignet erscheinenden Begründung – auch mangelnder sozialer Anpassungsfähigkeit und entsprechender Arbeitsauffassung – beschließen.

§ 30 Die Generalversammlung ist nicht verpflichtet, einen Grund oder mehrere Gründe für die Ablehnung eines Kandidaten als Mitglied anzugeben.

§ 31 Der Beschluß der Generalversammlung, einen Kandidaten nicht als Mitglied zu akzeptieren, ist endgültig, und der Kandidat hat kein Recht, dagegen bei irgendeiner Institution oder Körperschaft – auch keiner gerichtlichen – Einspruch zu erheben.

§ 32 Die Gründer des Kibbutz sind von dem Tag, an dem die Registrierung des Kibbutz erfolgte, Mitglieder. Die Bestimmungen des Paragraphen 8 (d) finden hier keine Anwendung.

§ 33 Die Generalversammlung kann beschließen, ein Mitglied ohne Kandidatur oder Bewerbung um Mitgliedschaft zu akzeptieren, wenn sich der Betreffende schriftlich um die Aufnahme als Mitglied innerhalb einer von der Generalversammlung gesetzten Frist beworben hat und einer der folgenden Gruppen angehört:

(a) wenn er Kind eines Kibbutzniks ist;

(b) wenn er mindestens während der letzten zwei Jahre vor der Bewerbung im Kibbutz ausgebildet wurde;

(c) wenn er aus einem anderen Kibbutz, in dem er Mitglied war, in diesen Kibbutz überwechseln will;

(d) wenn er ein Mitglied ist, das in einer der als »Kerngruppen« bezeichneten Jugendgruppen erzogen wurde;

(e) wenn der Bewerber unter – nach Meinung der Generalversammlung – besonderen Umständen, die den Verzicht auf eine Kandidatur rechtfertigen, akzeptiert wurde.

§ 34 Wenn ein Bewerber im Mitgliedsregister stand, als diese Bestimmungen in Kraft traten, und er seitdem die Bestimmungen in jeder Hinsicht beachtet hat, wird er als Mitglied betrachtet, selbst wenn die in diesem Kapitel dargelegten Bedingungen nicht oder zum Teil nicht erfüllt wurden.

Verfall der Mitgliedschaft

§ 35 Die Mitgliedschaft verfällt, wenn eines der folgenden Ereignisse eintritt:

(a) beim Tod eines Mitglieds;

(b) wenn es seinen ständigen Wohnsitz im Kibbutz ohne Genehmigung des Kibbutz aufgibt;

(c) wenn es den Kibbutzgremien mitteilt, daß es den Kibbutz verlassen wird;

(d) wenn es aus dem Kibbutz ausgeschlossen wird;

(e) wenn es außerhalb des Kibbutz für bankrott erklärt wird.

Ausschluß eines Mitglieds

§ 36 Der Kibbutz kann ein Mitglied ausschließen, wenn die Generalversammlung dies mit Zwei-Drittel-Mehrheit der abgegebenen Stimmen beschließt, und zwar aus einem der nachfolgenden Gründe:

(a) wenn es eines Betruges für schuldig befunden wurde;

(b) wenn es von der Generalversammlung einer gegen die Prinzipien, Ziele oder die Lebensweise des Kibbutz verstoßenden Handlungsweise für schuldig befunden wurde;

(c) wenn es gegen diese Statuten oder gegen einen Beschluß der Generalversammlung verstößt, vorausgesetzt, dieser Verstoß ereignete sich oder wurde fortgesetzt, nachdem die Generalversammlung entweder im allgemeinen oder im besonderen Fall beschlossen hatte, ein Mitglied bei Nichtbefolgung des erwähnten Beschlusses auszuschließen;

(d) wenn nach seiner Aufnahme bekannt wird, daß ein wichtiger Teil seiner schriftlichen Erklärung zur Kandidatur nicht der Wahrheit entsprach oder es eine in dieser Erklärung enthaltene Zusage gebrochen hat;

(e) wenn es nicht mehr Mitglied der Histadrut, dem israelischen Gewerkschaftsbund, ist;

(f) wenn es nicht mehr Mitglied im zionistischen Weltverband ist.

§ 37 Die Absätze (e) und (f) des Paragraphen 36 haben nur dann Gültigkeit, wenn Paragraph 9 bei der Aufnahme des Mitglieds in den Kibbutz keine Anwendung fand.

Vorgehensweise beim Ausschluß eines Mitglieds

§ 38 Das Kibbutzsekretariat benachrichtigt ein Mitglied zehn Tage im voraus davon, daß in der Generalversammlung sein Ausschluß beantragt werden wird und nennt die Gründe dafür.

§ 39 Das Mitglied kann spätestens sieben Tage nach Erhalt der o. a. Nachricht vor dem Kibbutzsekretariat oder einem anderen kompetenten Gremium, das die Generalversammlung zu diesem Zweck bestimmt hat, schriftlich eine Anhörung verlangen. Wenn eine solche Anhörung verlangt wird, so wird der Ausschlußantrag nicht auf die Tagesordnung der

Generalversammlung gesetzt, bevor das Kibbutzsekretariat oder das oben erwähnte Gremium diese Anhörung abgehalten und seine Entscheidung aufgrund der dort gewonnenen Erkenntnisse getroffen hat.

Wenn das Mitglied nicht zu der Anhörung an dem festgesetzten Tag erscheint, nachdem es dazu aufgefordert wurde, und keinen triftigen Grund für seine Abwesenheit angeben kann, wird sein Wunsch nach einer Anhörung als nichtig betrachtet.

§ 40 Wenn das Mitglied keine Anhörung verlangt oder bei der Anhörung das Kibbutzsekretariat oder das entsprechende Gremium nicht von der Notwendigkeit überzeugen kann, den Ausschlußantrag zurückzuziehen, wird dieser auf die Tagesordnung der Generalversammlung gesetzt, aber nicht früher als zehn Tage nach der Benachrichtigung des Mitglieds.

§ 41 Mindestens 48 Stunden vor der Generalversammlung, auf der über seinen Ausschluß beraten wird, wird das Mitglied darüber schriftlich benachrichtigt. Wenn sich das Mitglied im Kibbutz aufhält, wird ihm diese Nachricht persönlich überbracht, hält es sich außerhalb auf und hat seine Adresse hinterlassen, so erhält es die Nachricht per Einschreiben an die hinterlassene Adresse.

Wenn es sich ohne Adressenangabe außerhalb des Kibbutz aufhält, so muß ihm der Kibbutz keine Nachricht zukommen lassen. Das Mitglied sollte aber mit Hilfe einer Anzeige in mindestens einer Tageszeitung aufgefordert werden, sofort in den Kibbutz zurückzukehren. Wenn es innerhalb von 48 Stunden nach Erscheinen dieses Aufrufs im Kibbutz eintrifft, wird ihm die Nachricht wie geschildert überbracht.

Kapitel 4 – Das Kapital des Kibbutz

§ 42 Der Kibbutz hat kein Aktienkapital. Der Kibbutznik hat keine Besitzrechte im Kibbutz. Der Kibbutz erhebt keinerlei Aufnahmegebühr.

§ 43 Der Kibbutznik hat keine persönliche Verantwortung für Schulden oder Verpflichtungen des Kibbutz, weder während seines Bestehens noch bei seiner Liquidation.

§ 44 Der Besitz des Kibbutz kann nicht unter seine Mitglieder verteilt werden, weder während seines Bestehens noch bei seiner Auflösung.

§ 45 Der Kibbutz verteilt keinen Gewinn in irgendeiner Form, und jeder Profit wird dem unabhängigen Kapital des Kibbutz hinzugefügt.

Kapitel 5 – Pflichten und Rechte der Mitglieder
Verbot der Übertragung von Rechten und Pflichten

§ 46 Die Rechte und Pflichten eines Mitglieds im Kibbutz sind personengebunden und können nicht durch Vollmacht übertragen oder ausgeübt werden.

Pflichten des Mitglieds

§ 47 Der Kibbutznik ist verpflichtet, seinen ständigen Wohnsitz in der Kibbutzgemeinde zu nehmen, wie es in diesen Statuten vorgesehen ist.

§ 48 Der Kibbutznik muß seine volle Arbeitskraft dem Kibbutz zur Verfügung stellen und die Anordnungen der entsprechenden Kibbutzbehörden, die seine Arbeit, die Arbeitsweise und alles, was damit zusammenhängt, betreffen, befolgen.

§ 49 Ein Kibbutznik soll sich entsprechend der im Kibbutz praktizierten Lebensweise und seiner sozialen Werte betragen. Es muß die Autorität des Kibbutz im Hinblick auf Versorgung und Erziehung seiner minderjährigen Kinder anerkennen.

§ 50 Der Kibbutznik ist verpflichtet, Ämter innerhalb des Kibbutz zu übernehmen oder in seinem Interesse und als sein Beauftragter außerhalb der Kibbutzgemeinde tätig zu werden. Dies schließt auch Aufgaben innerhalb und Aufträge außerhalb der Kibbutzbewegung ein, soweit dies die Generalversammlung des Kibbutz beschlossen hat.

§ 51 Der Kibbutznik sollte in Übereinstimmung mit den nationalen und sozialen Prinzipien und den Zielen der Arbeiterklasse und der Kibbutzbewegung handeln, so wie sie in Beschlüssen der Generalversammlung festgelegt oder von der Kibbutzbewegung formuliert und vom Kibbutz übernommen wurden.

Dies soll die Ausdrucksfreiheit des Mitglieds nicht einschränken. Das Mitglied darf jedoch nicht an der Einführung oder Durchführung organisatorischer Methoden oder Aktivitäten innerhalb der Kibbutzgemeinde mitwirken, die Vorstellungen fördern sollen, welche zu den Prinzipien der Kibbutzbewegung und ihrer Entscheidungen im Gegensatz stehen.

§ 52 Der Kibbutznik ist verpflichtet, die Beschlüsse der Generalversammlung und der anderen Kibbutzgremien auszuführen und ihre Weisungen zu erfüllen, die in Übereinstimmung mit diesen Statuten angenommen oder herausgegeben wurden.

Die Generalversammlung prüft und bestimmt, welche Maßnahmen gegenüber einem Mitglied getroffen werden, das die Verpflichtungen nicht erfüllt, die diese Statuten ihm auferlegen.

§ 53 Der Kibbutznik ist verpflichtet, dem Kibbutz die Eigentumsrechte an seinem gesamten Besitz zu übertragen.

§ 54 Der Kibbutz hat die Vollmacht, über das Eigentum eines Mitglieds ganz oder teilweise in seinem Auftrag und an seiner Stelle zu verfügen.

§ 55 Das Mitglied muß, wenn es vom Kibbutz um die in Paragraph 54 aufgeführte Vollmacht gebeten wird, diese in der Form gewähren, die der Kibbutz bestimmt. Die Vollmacht kann allgemein oder spezifiziert sein, je nach Entscheidung des Kibbutz.

§ 56 Die dem Kibbutz in Paragraph 54 zugestandenen Rechte oder die nach Paragraph 55 ausgestellte Vollmacht können vom Kibbutz nur dann verwendet werden, wenn das Mitglied vorher davon informiert wurde.

§ 57 Der Kibbutznik darf keine geldlichen oder andere Eigentumsverpflichtungen übernehmen, die den Kibbutz direkt oder indirekt finanziell in Mitleidenschaft ziehen oder das Mitglied an der Erfüllung seiner Pflichten dem Kibbutz gegenüber hindern könnten; ferner darf er weder direkt noch indirekt Eigentum zugunsten einer anderen Person abtreten oder anders darüber verfügen, als in Paragraph 53 festgelegt, außer er hat die vorherige Erlaubnis des Kibbutz eingeholt.

§ 58 Der Kibbutznik darf Privateigentum, auch wenn es anderen gehört, im oder außerhalb des Kibbutz nur so benutzen, wie es von den Kibbutzregeln festgelegt wurde, sofern zwischen dem Kibbutz und dem Mitglied keine andere Vereinbarung getroffen wurde.

§ 59 Bei Beendigung der Mitgliedschaft – aus welchem Grund auch immer – muß ein Mitglied, das auf Kosten des Kibbutz studiert hat, dem Kibbutz die Kosten erstatten, sofern nicht eine Zeitspanne, die doppelt so lang ist wie die Studienzeit oder eine andere mit dem Kibbutz vereinbarte Zeitspanne (nachfolgend »die obligatorische Zeit« genannt) zwischen dem Ende der Studienzeit und der Beendigung der Mitgliedschaft verstrichen ist. Wenn die Mitgliedschaft eines solchen Mitglieds während der obligatorischen Zeit beendet wird, muß es die Studienkosten teilweise erstatten, die im gleichen Verhältnis zu den Studienkosten stehen wie die verbleibende obligatorische Zeit zur gesamten obligatorischen Zeit.

§ 60 Die Erstattung der Studienkosten nach Paragraph 59 erfolgt folgendermaßen: Wenn das ehemalige Mitglied zum Zeitpunkt der Beendigung seiner Mitgliedschaft oder unmittelbar danach irgendwelchen Besitz hatte, erfolgt die Erstattung sofort; andernfalls erfolgt die Erstattung in monatlichen Raten von mindestens einem Viertel seines Bruttogehaltes in jedem Monat, beginnend mit dem dritten Monat nach Beendigung der Mitgliedschaft.

§ 61 Zur Erläuterung des Paragraphen 59: »Studienzeit« bedeutet die Zeit, während der das Mitglied einen Kurs absolvierte oder sich in einem bestimmten Berufszweig spezialisierte, und zwar in einer Einrichtung oder Fabrik außerhalb der Kibbutzgemeinde oder auch – gemäß eines vorherigen Beschlusses der Generalversammlung – innerhalb der Gemeinde, gleichgültig, ob letztere dem Kibbutz gehört oder nicht.

»Studienkosten« beinhalten Ausgaben und Dienstleistungen, ob in Geld oder Sachwerten, die dem Kibbutz direkt oder durch das Mitglied für das erwähnte Studium oder die Spezialausbildung und für den Unterhalt des Mitglieds und seiner Angehörigen während seiner Studienzeit innerhalb oder außerhalb der Kibbutzgemeinde entstanden sind. Hierin eingeschlossen ist auch der Gegenwert eines Stipendiums oder anderer Rechte, die vom Kibbutz für Studium oder Spezialausbildung aufgewendet wurden.

§ 62 Wenn dem Kibbutz Kosten, sei es in Geld oder Sachwerten, bei der Verwertung von Eigentum des Mitglieds entstehen, über das dieses bei der Beendigung der Mitgliedschaft – gleich aus welchem Grund - verfügt hat, ist das frühere Mitglied zur Erstattung dieser Kosten zum frühestmöglichen Zeitpunkt verpflichtet, d. h. entweder nachdem es das betreffende Eigentum veräußert hat oder in der in Paragraph 60 vorgeschriebenen Form.

Falls eine Entschädigung für Personenschäden nach Zivil- oder anderem Recht notwendig ist, schließen die Gesamtausgaben, die bei der Verwertung des Eigentums eines Mitglieds gemäß diesem Paragraphen entstehen, ärztliche Behandlung und Leistungen sowohl in Geld und Sachwerten ein, die für das frühere Mitglied im Zusammenhang mit solchen Schäden aufgewendet wurden, sowie den Lebensunterhalt für das Mitglied und seine Angehörigen während seiner vollen oder teilweisen Arbeitsunfähigkeit als Folge der besagten Schäden.

§ 63 Die Berechnung der Ausgaben nach Paragraphen 61 und 62 erfolgt in Übereinstimmung mit der Verfahrensweise im Kibbutz. Die Buchhaltung des Kibbutz gibt bei der Festlegung dieser Ausgaben den Ausschlag.

§ 64 Wenn die Mitgliedschaft aus irgendeinem Grund beendet wird, so muß das Mitglied alles Land, einschließlich eventuell vorhandener Hütten, Zelte oder sonstiger Unterkünfte, selbst wenn es sich nicht um feststehende Behausungen handelt, zusammen mit seinen Angehörigen räumen, und zwar innerhalb von 60 Tagen nach Erhalt einer schriftlichen Aufforderung des Kibbutz, das besagte Land zu verlassen. Er hat keinen Anspruch auf eine Entschädigung, Bezahlung oder andere Leistung, weder in Geld- noch in Sachwerten, außer den in Paragraph 77 aufgeführten.

§ 65 Für den Fall, daß die Bestimmungen dieses Paragraphen Gesetzeskraft erlangen, wird davon ausgegangen, daß ein Kibbutznik im Falle seines Todes seinen gesamten Besitz und den daraus zu ziehenden Nutzen ausschließlich dem Kibbutz vererbt.

Die Rechte des Mitglieds

§ 66 Der Kibbutz sorgt für alle materiellen, sozialen und kulturellen Bedürfnisse seiner Mitglieder, soweit dies in seiner Macht steht, wobei die wirtschaftliche Entwicklung des Kibbutz und andere Verpflichtungen nicht außer acht gelassen werden dürfen.

Die Befriedigung dieser Bedürfnisse erfolgt nach dem Prinzip »Jedem nach seinen Bedürfnissen«, wobei die Prinzipien des gemeinschaftlichen Konsums und gleicher Rechte unter gleichen Bedingungen ebenfalls beachtet werden müssen, und zwar in Übereinstimmung mit den Regeln und Verfahrensweisen des Kibbutz im allgemeinen oder für bestimmte Gruppen von Bedürfnissen oder in Übereinstimmung mit den Beschlüssen der Kibbutzbewegung und ihrer Anweisungen, wie sie vom Kibbutz übernommen wurden.

§ 67 Zur Erläuterung von Paragraph 66: »Bedürfnisse der Mitglieder« schließt den Unterhalt und die Ausbildung der minderjährigen Kinder, die innerhalb und – mit Erlaubnis des Kibbutz – außerhalb der Kibbutzgemeinde leben, ein.

§ 68 Besitz, der dem Mitglied vom Kibbutz zur Nutzung überlassen wurde, bleibt Eigentum des Kibbutz, und das Mitglied hat nur Nutzungsrechte zu Zwecken, die vom Kibbutz bestimmt wurden. Das Mitglied hat kein Recht, diesen Besitz oder das Nutzungsrecht zu übertragen, außer wenn dies vom Kibbutz gestattet wurde. Wenn das Mitglied – aus welchem Grund auch immer – den Besitz nicht mehr nutzt, so geht er ipso facto an den Kibbutz zurück.

Diese Bestimmungen gelten nicht für Geld, das dem Mitglied für einen bestimmten Zweck gegeben wurde; wenn das Geld aber zum Kauf eines bestimmten Artikels gegeben wurde, so werden die oben genannten Regelungen auf diesen Artikel angewandt.

§ 69 Das Mitglied darf keine Geschenke von außerhalb annehmen, die den üblichen Standard des Kibbutz übersteigen, außer wenn dieser es genehmigt hat. Diese Genehmigung kann allgemein oder spezifiziert, explizit oder implizit sein. Die Regeln, die laut Paragraph 68 auf Besitz angewendet werden, treffen auch auf solche Geschenke zu.

§ 70 Die Regelungen des Paragraphen 66 dürfen nicht in dem Sinne verstanden werden, daß der Kibbutz automatisch verpflichtet wäre, dafür zu sorgen, daß Geldstrafen wegen Gesetzesverstößen oder Schulden bezahlt werden, zu deren Begleichung das Mitglied gerichtlich verurteilt wurde. Ein früherer Kibbutznik trägt auch die Verantwortung für vorsätzlich verursachten Schaden an Kibbutzeigentum sowohl während als auch nach seiner Mitgliedschaft.

§ 71 Bei der Zuteilung von Arbeit an ein Mitglied beachtet der Kibbutz folgende Prinzipien, die von seinen Kapazitäten und Möglichkeiten abhängig sind:

(a) Der Arbeitsplatz eines Mitglieds soll unter Berücksichtigung seiner Fähigkeiten und Neigungen und der wirtschaftlichen Bedürfnisse des Kibbutz festgesetzt werden;

(b) Fähigkeiten und Spezialisierung des Mitglieds sollen durch die Arbeit gefördert werden.

Hierdurch wird nicht das Recht des Kibbutz eingeschränkt, dem Mitglied, falls erforderlich, Aufgaben auf dem Dienstleistungssektor, bei Saisonarbeit oder in anderen Bereichen zuzuweisen oder seinen ständigen Arbeitsplatz zu ändern.

§ 72 Im Rahmen seiner Möglichkeiten gewährt der Kibbutz den Eltern des Mitglieds, die außerhalb des Kibbutz wohnen, und auch anderen Verwandten, die nach Meinung des Kibbutz Hilfe brauchen, finanzielle oder sonstige Unterstützung.

§ 73 In bestimmten Fällen kann der Kibbuz die Eltern eines Mitglieds in die Gemeinschaft aufnehmen – in besonderen Fällen auch andere Verwandte –, und zwar nach den in Paragraph 72 aufgeführten Richtlinien. Er kann aber auch die Aufnahme von Eltern oder Verwandten ohne Angabe von Gründen verweigern, wenn er dies für richtig hält.

Der Kibbuz kann die Hilfe oder die Aufnahme der Eltern oder Verwandten von der Mithilfe anderer abhängig machen, die im selben Verwandtschaftsverhältnis zu den Eltern oder Verwandten stehen wie das Mitglied, und zwar in dem Ausmaß, wie es der Kibbuz unter den gegebenen Umständen für richtig hält.

§ 74 Wenn ein Kibbuznik gestorben ist und sein Ehepartner den Kibbuz anschließend verläßt:

(a) Wenn letzterer sich verpflichtet hat, seine minderjährigen Kinder im Kibbuz zu lassen, bis sie herangewachsen sind, und zur Hälfte oder in geringerem Umfang – je nach Entscheidung des Kibbuz – für ihren Unterhalt aufzukommen, und er erhält gegenwärtig oder in Zukunft aus irgendeiner Quelle Zuwendungen für sie, die zwar mehr als die Hälfte, aber nicht mehr als den Gesamtbetrag der Aufwendungen des Kibbuz für sie ausmachen, so ist der Kibbuz verpflichtet, für die restlichen Unterhaltskosten aufzukommen.

(b) Wenn der hinterbliebene Ehepartner eine solche Verpflichtung ablehnt, kann sich der Kibbuz weigern, die Kinder zu unterhalten, und der überlebende Elternteil muß sie mitnehmen.

(c) Wenn der überlebende Elternteil seine Verpflichtungen nicht erfüllt, obwohl die Kinder noch nicht herangewachsen sind oder sie aufgrund eines Gerichtsbeschlusses oder aus einem anderen Grund aus dem Kibbuz entfernt wurden, so kann der Kibbuz von ihm verlangen, daß er die Kosten für den Unterhalt der Kinder bis zu ihrem Auszug aus dem Kibbuz erstattet.

(d) Wenn die Kinder den Kibbuz freiwillig verlassen, ist der Kibbuz berechtigt, die Unterhaltskosten von da an zu streichen.

§ 75 Die Berechnung der Unterhaltskosten für die Kinder erfolgt in Übereinstimmung mit der Verfahrensweise im Kibbuz. Die Buchhaltung des Kibbuz gibt bei der Festsetzung dieser Ausgaben den Ausschlag.

§ 76 Wenn ein Mitglied vom Kibbuz Sonderurlaub außerhalb der Gemeinschaft erhält, so ist es verpflichtet, die Bedingungen für diesen Sonderurlaub zu erfüllen. Vorbehaltlich dieser Bedingungen ist es dem Mitglied gestattet, während dieser Zeit zu arbeiten und Gehalt zu beziehen oder aus anderen Quellen seinen Lebensunterhalt zu bestreiten und ein angemessenes Leben zu führen, doch sind die Bestimmungen der Paragraphen 52 bis 57 auf jeden Fall anzuwenden.

§ 77 Wenn seine Mitgliedschaft – aus welchem Grund auch immer – beendet wird, so hat das Mitglied Anspruch auf:

(a) seine Kleidung, die ihm der Kibbutz zugeteilt hat, sowie die Kleidung seiner Kinder. Soweit diese keine eigene Kleidung haben, wird ihnen Kinderkleidung, die der im Kibbutz für Kinder dieses Alters üblichen entspricht, zur Verfügung gestellt;

(b) Möbel und bewegliche Güter, die ihm zur ständigen Benutzung im Kibbutz zugeteilt wurden, sowie Gebrauchsgegenstände und passende Möbel für seine Kinder oder den entsprechenden Gegenwert in bar. Auch hier gelten die gleichen Maßstäbe wie für die Kibbutzkinder gleichen Alters;

(c) eine Geldsumme, die im Einklang mit den Beschlüssen der Kibbutzbewegung und ihren vom Kibbutz übernommenen Weisungen berechnet wird.

§ 78 Wenn aus irgendeinem Grund die Mitgliedschaft eines Mitglieds beendet wird und der gegenwärtige oder frühere Ehepartner Mitglied bleibt, kann dieser die gemeinsamen Kinder bei sich im Kibbutz behalten. Dies beeinträchtigt jedoch nicht das Recht des Kibbutz, von dem ausgeschiedenen Mitglied nach Recht und Gesetz die Beteiligung am Unterhalt der Kinder zu verlangen. Ebenso kann er den verbleibenden Ehepartner auffordern, von dem ausgeschiedenen Partner durch Vereinbarung oder Gerichtsbeschluß eine Beteiligung am Unterhalt der Kinder und die Überweisung dieser Beträge an den Kibbutz zu verlangen.

§ 79 Ein Mitglied kann gegen die Entscheidung des Kibbutz bei den entsprechenden Gremien der Kibbutzbewegung Einspruch einlegen, und zwar in allen Fragen, bei denen die Bewegung Einspruch zugelassen hat, auch gegen die Entscheidung des Kibbutz, das Mitglied durch allgemeinen oder gesonderten Beschluß auszuschließen. Das Einspruchsverfahren wird von der Kibbutzbewegung festgelegt.

Wenn die entsprechenden Gremien der Bewegung es fordern, muß der Kibbutz erneut über den Beschluß beraten und entscheiden, der von den Gremien geprüft wurde. Dies kann unabhängig davon geschehen, ob ein Vertreter der Bewegung anwesend ist oder nicht.

Rechte und Pflichten der im Kibbutz lebenden Angehörigen eines Mitglieds

§ 80 Eltern oder andere Verwandte, die gemäß den Bestimmungen des Paragraphen 73 (nachfolgend »Angehöriger des Kibbutzniks« genannt) in den Kibbutz aufgenommen wurden, haben folgende Pflichten:

(a) den Anweisungen der Kibbutzinstitutionen zu folgen und sich der Lebensweise im Kibbutz anzupassen;

(b) dem Kibbutz ihre volle Arbeitskraft zur Verfügung zu stellen und die Anweisungen der entsprechenden Kibbutzgremien in bezug auf Arbeitsvorschriften und alles, was damit verbunden ist, zu befolgen.

(c) Wenn der Angehörige Vermögen oder Einkünfte aus irgendeiner Quelle hat, so ist er verpflichtet, sich an den Unterhaltskosten für sich und seine Angehörigen, die im Kibbutz aufgenommen wurden, zu beteiligen, und zwar nach Abzug des Gegenwerts der von ihm oder seinen Angehörigen geleisteten Arbeit und in Übereinstimmung mit den üblichen Bestimmungen und Berechnungen des Kibbutz.

(d) Der Kibbutz und der Angehörige des Kibbutzniks können einen schriftlichen Vertrag abschließen, um die Nutzung des Eigentums des Betreffenden zu regeln. Die Abschnitte (b) und (c) können Bestandteile dieses Vertrages sein.

§ 81 So lange er im Kibbutz lebt, ist der Angehörige eines Mitglieds nur im Besitz einer einstweiligen Aufenthaltsgenehmigung, und die Generalversammlung kann diese in alleiniger Entscheidung zu jeder Zeit zurücknehmen und seinen Aufenthalt im Kibbutz beenden, ohne dafür Gründe angeben zu müssen.

§ 82 Ohne die Allgemeingültigkeit des vorher Gesagten einzuschränken, verfällt bei Beendigung der Mitgliedschaft des Mitglieds die Aufenthaltsgenehmigung seines Angehörigen automatisch, falls der Kibbutz nicht anders entscheidet. Wenn er dazu aufgefordert wird, den Kibbutz zu verlassen, muß der Angehörige innerhalb eines Monats nach Erhalt der schriftlichen Aufforderung alles Land einschließlich eventuell vorhandener Hütten, Zelte oder anderer Unterkünfte, selbst wenn es sich nicht um feststehende Behausungen handelt, die sich aber in seinem oder seiner Angehörigen Besitz befinden, zusammen mit seinen Angehörigen räumen. Er hat kein Anrecht auf eine Entschädigung, Bezahlung oder andere Leistungen, weder in Geld- noch in Sachwerten.

§ 83 Die Versorgung des Angehörigen erfolgt nach der üblichen Kibbutzpraxis und entsprechend den Beschlüssen, in denen die Versorgung allgemein oder mit bestimmten Gütern geregelt ist.

§ 84 Ein Angehöriger kann seinen Wohnsitz im Kibbutz nach Belieben jederzeit aufgeben und soll die zuständigen Institutionen davon 14 Tage vorher unterrichten. Bei seiner Rückkehr in den Kibbutz muß jedoch ein neuer Beschluß der Kibbutz gemäß Paragraph 73 erfolgen.

§ 85 Ungeachtet der Bestimmungen der Paragraphen 81 und 82 muß der Kibbutz den Angehörigen eines verstorbenen Kibbutzniks weiter unterhalten, so lange er ständig im Kibbutz wohnt und die Bedingungen des Paragraphen 80 erfüllt. Der Kibbutz muß in Übereinstimmung mit Paragraph 72 auch weiter für den Unterhalt des Angehörigen eines verstorbenen Mitglieds sorgen, wenn dieser nicht im Kibbutz wohnt, und zwar im gleichen Umfang wie zu Lebzeiten des Mitglieds.

Kapitel 6 – Die Kibbutzinstitutionen

Die Generalversammlung

§ 86 Die Generalversammlung ist das oberste Gremium des Kibbutz und kann über alle Angelegenheiten entscheiden, die die Kompetenzen und

Rechte des Kibbutz betreffen und seinen Grundprinzipien nicht widersprechen.

§ 87 Die Jahresgeneralversammlung soll nach den gesetzlichen Bestimmungen einberufen und abgehalten werden. Ohne das eben Gesagte einzuschränken, kann aber auch jede Generalversammlung Beschlüsse über Angelegenheiten diskutieren und verabschieden, die im allgemeinen unter die Jurisdiktion der Jahresgeneralversammlung fallen.

§ 88 Die Generalversammlung wählt das Sekretariat und kann auch aus den Kibbutzniks Komitees bilden, den Kibbutzsekretär und andere Funktionäre ernennen und ihre Rechte und Funktionen festlegen. Sie kann keine Rechte übertragen, die laut Gesetz oder diesen Statuten der Generalversammlung vorbehalten sind.

§ 89 Das Kibbutzsekretariat kann zu jeder Zeit eine Generalversammlung einberufen, und es ist dazu verpflichtet, wenn mindestens 10% aller Kibbutzniks dies verlangen. Es muß innerhalb einer Frist von 30 Tagen nach Erhalt einer solchen Aufforderung die zur Debatte stehende Angelegenheit prüfen.

§ 90 Das Sekretariat muß mindestens 24 Stunden im voraus die Einberufung der Generalversammlung an einem zu diesem Zweck an einem öffentlichen Platz errichteten Schwarzen Brett bekanntgeben. Diese Bekanntmachung enthält die Zeit, den Ort und die vorgesehene Tagesordnung der Versammlung. Vorbehaltlich anderer Regelungen in diesen Statuten besteht keine Verpflichtung, den Mitgliedern persönliche Einladungen zuzuschicken oder die Bekanntmachung anderweitig zu veröffentlichen.

§ 91 Die Generalversammlung berät die vom Kibbutzsekretariat in der Tagesordnung aufgeführten Angelegenheiten, und zwar in der darin festgesetzten Reihenfolge. Die Generalversammlung kann aber die Tagesordnung ändern oder neue Punkte hinzufügen und bestimmen, an welcher Stelle diese in die Tagesordnung aufgenommen werden. Wenn eine Generalversammlung gemäß Paragraph 89 gefordert wurde, um einen Beschluß, der von einer anderen Generalversammlung gefaßt wurde, zu widerrufen, da die betreffende Angelegenheit nicht auf deren Tagesordnung gestanden hatte, so sollte mit der Durchführung dieses Beschlusses bis nach der geforderten Generalversammlung gewartet werden.

§ 92 Der Sekretär präsidiert bei der Generalversammlung, falls die Generalversammlung nicht beschließt, für eine bestimmte Sitzung oder auf Dauer einen anderen Vorsitzenden zu wählen.

§ 93 Die Generalversammlung kann stattfinden, gleichgültig, wieviele Mitglieder anwesend sind.

§ 94 Alle Beschlüsse der Generalversammlung gelten bei einfacher Stimmenmehrheit als angenommen, wenn nicht von diesen Statuten oder per Gesetz eine größere Mehrheit verlangt wird.

§ 95 Die Generalversammlung kann bei bestimmten, genau definierten Angelegenheiten festlegen, daß ein Beschluß nur mit einer besonderen Mehrheit angenommen werden kann, die nicht geringer sein darf als die von diesen Statuten oder vom Gesetz für diese Angelegenheiten geforderte. Diese Festlegung kann in bezug auf eine bestimmte Angelegenheit nur durch die gleiche besondere Mehrheit, die für einen Beschluß in dieser Angelegenheit gemäß dieser Festlegung nötig ist, ergänzt oder widerrufen werden. Solange die besagte Festlegung in Kraft ist, dürfen Beschlüsse nur mit der besonderen Mehrheit gefaßt werden, auch wenn die hier dargelegten Statuten eine geringere Mehrheit verlangen.

§ 96 Die Abstimmung erfolgt durch Handzeichen, aber die Generalversammlung kann beschließen, daß über eine bestimmte Angelegenheit geheim, per Referendum oder namentlich abgestimmt werden soll, und zwar bei dieser, einer anderen oder gar keiner Generalversammlung, je nach Festlegung.

Zur Erläuterung dieser Bestimmungen: Eine Abstimmung oder ein Beschluß per Referendum werden einer Abstimmung oder einem Beschluß der Generalversammlung gleichgestellt, vorausgesetzt, daß die Ergebnisse der Wahl in der Kibbutzzeitung oder am Schwarzen Brett veröffentlicht und bei der auf das Referendum folgenden Generalversammlung verkündet und ins Protokoll aufgenommen werden. Ein Beschluß, der per Referendum zustandekam, tritt am Tag der Veröffentlichung in Kraft.

§ 97 Jedes Mitglied hat bei jeder Wahl nur eine Stimme.

§ 98 Bei der Generalversammlung wird vom Vorsitzenden oder einer von ihm hierfür bestimmten Person Protokoll geführt. Es wird vom Vorsitzenden unterschrieben.

§ 99 Wenn ein Beschluß oder eine Anweisung von der Kibbutzbewegung herausgegeben wird, die gemäß den Statuten vom Kibbutz übernommen werden müssen, so kann jedes Mitglied auf der Generalversammlung eine Diskussion darüber verlangen. Wenn eine solche Diskussion verlangt wird, muß die Generalversammlung ihre Meinung über diesen Beschluß oder diese Anweisung erläutern.

Wenn innerhalb eines Monats nach der Veröffentlichung keine Diskussion über den erwähnten Beschluß oder die Anweisung verlangt wird, so wird der Beschluß oder die Anweisung als vom Kibbutz angenommen betrachtet und in diese Statuten aufgenommen.

Zur Erläuterung dieses Paragraphen: »Veröffentlichung« bedeutet den Abdruck in der Zeitung der Kibbutzbewegung oder des Kibbutz, den Aushang am Schwarzen Brett des Kibbutz oder die ins Protokoll aufgenommene Verkündung im Rahmen einer Generalversammlung.

Das Kibbutzsekretariat

§ 100 Die Anzahl der Mitglieder des Sekretariats wird von Zeit zu Zeit von der Generalversammlung festgelegt.

§ 101 Der Kibbutzsekretär ist Mitglied des Sekretariats und ex officio dessen Vorsitzender.

§ 102 Das Kibbutzsekretariat wird von der Generalversammlung für ein Jahr gewählt; seine Mitglieder können wiedergewählt werden.

§ 103 Das Kibbutzsekretariat soll so lange seine Pflichten erfüllen, bis von der Generalversammlung ein neues Sekretariat gewählt wurde. Seine Rechte werden selbst dann nicht berührt, wenn die Amtszeit eines oder mehrerer seiner Mitglieder beendet wurde, ohne daß neue Amtsinhaber gewählt wurden. Dadurch werden die Bestimmungen des Paragraphen 102 nicht eingeschränkt.

§ 104 Ein Mitglied des Kibbutzsekretariats verliert sein Amt:

(a) wenn es von der Generalversammlung auf oder ohne seinen Wunsch entlassen wird;

(b) wenn seine Mitgliedschaft aus irgendeinem Grund erloschen ist.

§ 105 Das Sekretariat tritt entsprechend seiner Satzung zusammen, wenn es nötig ist oder auf Wunsch des Sekretärs.

§ 106 Das Kibbutzsekretariat legt seine Arbeitsregeln selbst fest. Es ist verpflichtet, die Bücher des Kibbutz nach den gesetzlichen Vorschriften zu führen, einschließlich des Mitgliedsregisters und der notwendigen Eintragungen in dieses Register, wie sie in Paragraph 35, Absatz (b) und (c) angegeben sind.

§ 107 Das Sekretariat entscheidet über jede Angelegenheit mit der Stimmenmehrheit seiner wahlberechtigten Mitglieder. Jedes Sekretariatsmitglied hat nur eine Stimme.

§ 108 Während der Sitzungen des Sekretariats wird Protokoll geführt, das vom Kibbutzsekretär und in seiner Abwesenheit von einer dazu bestimmten Person unterschrieben wird.

§ 109 Das Recht, für den Kibbutz Unterschriften zu leisten, die diesem bindende Verpflichtungen auferlegen, soll vom Sekretariat von Zeit zu Zeit vergeben und eine Mitteilung darüber im Amtsblatt veröffentlicht werden.

§ 110 Vorbehaltlich der Funktionen wie der Entscheidungs- und Exekutivgewalt, die von der Generalversammlung an Komitees, Institutionen und andere Amtsinhaber übertragen werden, besteht die Aufgabe des Sekretariats darin, im Rahmen seiner Ziele und Rechte den Kibbutz zu leiten und die Beschlüsse der Generalversammlung und anderer Kibbutzgremien, die laut Generalversammlung bindende Entscheidungen treffen dürfen, in die Tat umzusetzen.

Zu diesem Zweck kann das Sekretariat alle Rechte nutzen, die dem Kibbutz zustehen, außer jenen, die ausdrücklich der Generalversammlung oder anderen Gremien vorbehalten sind, welche auf Beschluß der

Generalversammmlung oder aufgrund gesetzlicher Bestimmungen errichtet wurden.

Kapitel 7 – Verschiedenes

Einspruchsrecht

§ 111 Der Kibbutznik hat ein Einspruchsrecht gegen Entscheidungen der verschiedenen Kibbutzgremien. Das Einspruchs- und Anhörungsverfahren sowie die Bestimmung der zuständigen Instanzen erfolgt durch die Generalversammlung, und das Mitglied hat in jedem Fall das Recht, diesen seinen Einspruch vorzutragen, wenn diese Instanzen seinen Erwartungen nicht gerecht werden. Die Generalversammlung kann aber einer erneuten Anhörung zustimmen und die Regeln und Verfahrensweisen in bezug auf die Umstände festlegen, unter denen die besagte Anhörung stattfinden soll.

Wenn Einspruch eingelegt oder eine erneute Anhörung angesetzt wurde, wird die Durchführung des Beschlusses ausgesetzt, gegen den Protest erhoben wurde, wenn die Generalversammlung nicht eine allgemeine Entscheidung über bestimmte Fälle trifft oder die betreffende Angelegenheit selbst mit Hilfe eines Sonderbeschlusses regelt. Durch das Vorgenannte werden die Bestimmungen des Paragraphen 91 nicht eingeschränkt.

Regelung von Streitigkeiten

§ 112 Jede Auseinandersetzung zwischen Kibbutzniks soll zur Klärung und Schlichtung dem Sekretariat oder einem anderen, zu diesem Zweck von der Generalversammlung oder dem Sekretariat eingerichteten Gremium zugewiesen werden. Das Mitglied hat das gleiche Einspruchsrecht gegen jeden dort zustande gekommenen Beschluß wie gemäß Paragraph 111 gegen andere Entscheidungen des Kibbutz.

§ 113 Jede Auseinandersetzung zwischen dem Kibbutz und einem ehemaligen Mitglied, die sich aus dessen Mitgliedschaft ergibt oder damit in Zusammenhang steht, wird den Gremien der Kibbutzbewegung, die dafür zuständig sind, zugeleitet, vorausgesetzt, daß das ehemalige Mitglied dazu seine Zustimmung durch Unterschrift einer Schlichtungsurkunde gegeben hat, deren Form von der Bewegung festgelegt wurde. Wenn diese Zustimmung nicht erteilt wird, muß der Fall gemäß den Bestimmungen dieses Gremiums durch das Schiedsgericht entschieden werden. Diese Entscheidung wird als Schlichtungsurkunde angesehen, die vom Kibbutz und dem ehemaligen Mitglied ordnungsgemäß unterschrieben wurde. Die in diesen Statuten aufgeführten Regelungen sind für jegliche derartige Klärung oder Schlichtung bindend. Das Vorgenannte soll weder den Kibbutz noch sein ehemaliges Mitglied daran hindern, andere vereinbarte Schlichtungsversuche zu unternehmen.

Mitgliedschaft in den Vereinigungen der Siedlungsbewegung der Arbeiter

§ 114 Der Kibbutz ist Mitglied und soll seinerseits die Mitgliedschaft in folgenden Vereinigungen nicht kündigen:

(a) »NIR« – Cooperative Society of the Jewish Workers' Settlement Movement Ltd. (nachfolgend NIR-SHITUFIT genannt);

(b) Audit Union of the Workers' Agricultural Cooperative Movement Ltd.

Das Geschäftsjahr

§ 115 Das Geschäftsjahr des Kibbutz dauert 12 Monate und endet am 30. September jeden Jahres.

Kündigung der Mitgliedschaft in der Bewegung

§ 116 Der Beschluß zur Beendigung der Mitgliedschaft des Kibbutz in der Bewegung muß auf folgende Weise zustande kommen:

(a) Eine Generalversammlung, die nur zu diesem Zweck einberufen wurde, beschließt die Kündigung der Mitgliedschaft mit der Drei-Viertel-Mehrheit aller Kibbutzniks.

(b) Mindestens drei und höchstens sechs Monate nach der in Abschnitt (a) erwähnten Beschlußfassung wird eine Generalversammlung einberufen, um die Frage der Kündigung erneut zu beraten. Wenn bei dieser zweiten Versammlung wieder mit Drei-Viertel-Mehrheit beschlossen wird, die Mitgliedschaft zu kündigen, so ist die Entscheidung endgültig, und der Kibbutz informiert die Bewegung schriftlich über den Beschluß zur Kündigung der Mitgliedschaft.

§ 117 Um Zweifel auszuräumen:

(a) Eine gemäß Paragraph 116 angenommene Entschließung benötigt nicht die Zustimmung der Bewegung oder von NIR-SHITUFIT.

(b) Die Rechte der Bewegung laut diesen Statuten erlöschen mit der Kündigung der Mitgliedschaft durch den Kibbutz. Sie werden NIR-SHITUFIT übertragen, die sie ganz oder zum Teil ausüben kann, wenn dies von Zeit zu Zeit nötig sein sollte.

Ergänzung der Statuten

§ 118 Der Kibbutz kann beschließen, diese Statuten zu ergänzen oder zu ändern, wenn ein entsprechender Vorschlag eine Drei-Viertel-Mehrheit aller Kibbutzniks erhält und die schriftliche Zustimmung der Bewegung und die von NIR-SHITUFIT vorliegen.

Beachtung der Statuten

§ 119 Diese Statuten sollen als Vertrag zwischen dem Kibbutz und seinen Mitgliedern bzw. zwischen dem Kibbutz und der Bewegung und dem

Kibbutz und NIR-SHITUFIT gelten, um den in den vorgenommenen Ergänzungen enthaltenen Bestimmungen zu entsprechen.

Rechte der Bewegung und von NIR-SHITUFIT unter besonderen Umständen

§ 120 Wenn die Zahl der Kibbutzniks weniger als 25 beträgt, werden NIR-SHITUFIT folgende Rechte übertragen:

(a) einen Vertreter zu ernennen, der in ihrem Auftrag an allen Generalversammlungen und Sekretariatssitzungen teilnimmt;

(b) durch ihren Vertreter als ständiger Vorsitzender bei den Generalversammlungen und den Sitzungen des Sekretariats zu fungieren;

(c) durch ihren Vertreter bei den Generalversammlungen und den Sitzungen des Sekretariats die entscheidende Stimme abzugeben, so daß kein Beschluß dieser Gremien zustande kommt, wenn der Vertreter von NIR-SHITUFIT dagegen gestimmt hat.

§ 121 NIR-SHITUFIT kann auf die Ausübung der Rechte, die ihr in Paragraph 120 erteilt wurden, verzichten, oder aber zeitweise darauf verzichten und sie dann erneut ausüben.

Wenn NIR-SHITUFIT die ihr gemäß Paragraph 120 zustehenden Rechte angewendet hat, können sie ihr unter einer der folgenden Bedingungen aberkannt werden:

(a) wenn die Zahl der Kibbutzmitglieder wieder 50 oder mehr beträgt;

(b) wenn für den Kibbutz ein Liquidator ernannt wurde.

§ 122 Solange der Kibbutz Mitglied der Bewegung ist, werden die Rechte von NIR-SHITUFIT aus den Paragraphen 120 und 121 von der Bewegung im Auftrag von NIR-SHITUFIT und in Abstimmung mit ihr ausgeübt, es sei denn, die Bewegung habe NIR-SHITUFIT beauftragt, unmittelbar tätig zu werden.

Auflösung

§ 123 Der Kibbutz kann nur dann freiwillig aufgelöst werden, wenn drei Viertel der gesamten Mitgliedschaft einen entsprechenden Beschluß fassen und dieser schriftlich von der Bewegung und NIR-SHITUFIT genehmigt wurde.

§ 124 Bei der Auflösung des Kibbutz hat jedes Mitglied Anspruch auf die gleichen Rechte, die einem ausgeschiedenen Mitglied laut Paragraph 77 (c) zustehen, vorausgesetzt, daß die Höhe der in Paragraph 77 (c) genannten Geldsumme von der Bewegung und von NIR-SHITUFIT genehmigt wurde.

§ 125 Nach Bezahlung aller Schulden des Kibbutz, und nachdem die Ansprüche der Mitglieder gemäß Paragraph 124 befriedigt und die Kosten für die Liquidation entrichtet wurden, wird das verbleibende Vermögen des Kibbutz an NIR-SHITUFIT übergeben. Diese kann das Vermögen in Übereinstimmung mit der Bewegung für die Errichtung, Unterhaltung oder Konsolidierung einer oder mehrerer Gemeinden, die Mitglieder der Bewegung sind, verwenden. Voraussetzung ist aber, daß NIR-SHITU-FIT bei Erhalt dieses Vermögens eine den Umständen entsprechende, adäquate Vorsorge für die invaliden Kibbutzniks trifft, die nicht für sich selbst sorgen können, sowie für die minderjährigen Waisen eines verstorbenen Kibbutzniks oder seine Angehörigen, die bis zur Auflösung im Kibbutz lebten.

Aus dem Englischen von Nina Weller

II. Menschliche Beziehungen
im Kibbutz

Menachem Gerson
Die Grundlage (1934)

Vorbemerkung 1981:

Die hier folgende Rede wurde im Frühjahr 1934 vor der Älterenschaft der
»Werkleute«* in Berlin gehalten, kurz vor meiner Auswanderung nach
Palästina, wo die Werkleute den Kibbutz Hasorea gründeten.

Die Zeitumstände beeinflußten die Formulierung. Im Saale saß ein
Gestapo-Beamter, der eifrig mitschrieb. Wir konnten daher nicht sagen,
daß wir Links-Sozialisten waren, der Sozialistischen Arbeiterpartei (SAP)
nahestanden, vom marxistischen Denken beeinflußt. Daher mußte in der
Rede manches unklar gelassen werden, z. B. in der Passage über den
Kommunismus.

Liebe Freunde!

In einer Situation, wo sich dem Bunde viele Menschen neu
anschließen, veranlaßt vor allem durch unsere jüdische Haltung,
erscheint *ein* Hinweis besonders wichtig: unser Bund ist nicht
von einer jüdischen Fragestellung *ausgegangen*, und bei aller
zentralen Wichtigkeit der jüdischen Problematik kam uns unser
eigentlicher Anstoß vom Blick auf die Situation des modernen
europäischen Menschen.

Die Überwindung des Mittelalters war im Zeichen der kriti-
schen Vernunft und der Freiheit geschehen; diese geistigen
Mächte traten nun an die Stelle der bisher herrschenden, welche
die fraglos-gültige Ordnung des Mittelalters auf allen Lebensgebieten bestimmt hatten: Tradition und durch Tradition geheiligte
Autorität. Wir, am Ende dieser Befreiungsepoche stehend, haben
uns über ihre Ergebnisse Rechenschaft abzulegen. Da zeigt sich
zunächst einmal ein ungeheurer Aufschwung der Wissenschaften
und der Künste, der Technik und des Verkehrs, eine Geistesfrei-
heit, die für jeden modernen Menschen zur Lebensluft geworden
ist, von der gleichen Selbstverständlichkeit wie die physische
Luft, die er atmet. Wir können all dies nicht missen, – und

* Über den Einfluß von Martin Buber auf die Werkleute vgl. die 3 Bände der
Buber-Briefe, *Briefwechsel aus sieben Jahrzehnten*, Stuttgart 1972-1975.

dennoch sahen wir, daß diese Entwicklung zugleich auch ein Auseinanderfallen der einzelnen Kulturgebiete mit sich gebracht hatte, einen Mangel an einer Zusammenfassung, der für das Leben des einzelnen seine schweren Auswirkungen hat. Denn eben dadurch, daß nun die einzelnen Lebensgebiete nicht mehr einer einheitlichen, ordnenden Kraft unterworfen waren, ging auch im Leben des einzelnen die gültige, alle Lebensäußerungen bestimmende Mitte verloren. Dies Schwinden eines übergreifenden Lebenssinnes erschien uns für die Situation des modernen Menschen stets als das eigentliche Charakteristikum. Dies Auseinanderfallen der einzelnen Lebensgebiete brachte in seinem Verfolg eine Zersetzung der menschlichen Ganzheit, einen Anreiz zu »getrennter Buchführung« mit sich: jede Lebenssphäre, reinlich geschieden von der anderen, hat für sich Rechenschaft abzulegen; dementsprechend braucht etwa das Verhalten eines Menschen im Beruf sehr wenig mit seinem Verhalten im Privatleben zu tun zu haben. Diese Zerspaltung wird auch durch die Aufteilung begünstigt, die wir immer wieder gerade in der Großstadt (an die alle diese Ausführungen in erster Linie denken) finden: die Aufteilung in eine sinnleere Arbeit und in eine Muße nach der Arbeit, die sich vom Rhythmus, oder richtiger: von der Hetze der Arbeit ihr Tempo vorschreiben läßt. Die objektiven Lebensordnungen, in denen der einzelne ursprünglich drinsteht – Familie, Nachbarschaft, Bodengebundenheit usw. – sind weithin zerbrochen oder vollständig subjektiviert worden. Das Beispiel der *Ehe* mag das Gemeinte veranschaulichen: früher eine objektive Lebensordnung, mit klarer gesellschaftlicher Zielsetzung, sakramental gebunden, so wenig von den persönlichen Beziehungen der beiden Partner abhängig, daß Heirat ohne vorherige Bekanntschaft nichts Befremdendes hatte; – und heute eine Beziehung, die in ihrer echten Form ganz auf die subjektive Beziehungsstärke angewiesen ist. – Die Lösung aus den objektiven Ordnungen, die dadurch bedingte Radikalisierung der Eigenverantwortung, die sich kaum noch irgendwo anlehnen kann, – all das bringt eine große Erschwerung des Lebens mit sich. Wir meinen von daher eine Erscheinung zu verstehen, die zum Gesicht unserer Zeit zu gehören scheint: die Menge von nervösen Menschen, die mit sich selber nicht mehr zurechtkommen. –

Europa hat alle Arten des Geistes in sich eingesogen. Aus allen Zeiten, aus allen Zonen, aus allen Kulturen hat es Früchte geerntet, und nun ist es geist-übersättigt. Nun sieht der moderne Mensch neben jeder Entscheidung zugleich auch eine andere Möglichkeit. Nun ist er an dieser Übersättigtheit ungläubig geworden. Er hat nicht mehr die Einfältigkeit, die zu einer letzten Entscheidung, zum eindeutigen Eingreifen *einer* Möglichkeit und nur der einen gehört.

Nicht mehr der Gehorsam gegen die geistige Forderung schafft die Beziehung zum Geist, – der Geist ist weithin zum Mittel degradiert worden. Neben dem »Vergnügen« ist er die eine große Fluchtmöglichkeit des modernen Menschen vor dem drückenden Alltag, hinein in eine abgelöste Kunst, in einzelne »wissenschaftliche Interessen«. So können viele drohende Abgründe überdeckt werden. – Das ungeheure Wachstum der Menschenzahl Europas zwingt zu immer sorgfältigerer Organisierung der Bedarfsdekkung. Riesige Wirtschaftseinheiten entstehen; fast scheint es, als würden sie nicht mehr von Menschen gelenkt, als folgten sie einem mechanischen Eigengesetz. Die Menschen in diesen großen Betrieben werden durch den Stachel, sich im Erfolg zu beweisen, zum dauernden Mißtrauen gegeneinander gezwungen. Und so ist es dahin gekommen, daß eine wirklich offene persönliche Beziehung geradezu eine Seltenheit geworden ist. Die meisten sind heute gezwungen, den Alltag ohne das Bewußtsein eines tragfähigen Sinnes durchzustehen. –

Was soll man all dem gegenüber tun? Man muß ja zu irgendeiner *sinnvollen* Gestaltung kommen. Wir Menschen können ja nicht anders leben. Der jugendliche Mensch mag das vergessen, ihm mag der Schwung seiner Vitalität als Lebensgrundlage für eine ganze Weile genügen. Aber wenn man sich einmal vor Augen führt, daß man älter wird; daß die Kräfte, die heute mit Selbstverständlichkeit gespannt zur Verfügung stehen, schwinden; wenn damit die Frage nach der Bilanz näherrückt: »was habe ich nun in diesem Leben getan?«, – dann merken wir: dieser Wille zu einem sinnvollen Leben ist eine nicht zu überspringende Realität. Und natürlich können auch die Menschen von heute diese Realität nicht überspringen. Und da ihr Sinnwille enttäuscht ist, schaffen sie sich *Götzen*. Was der moderne Götze ist, sieht man am deutlichsten am Geld. Das Geld ist doch eigentlich das Mittel an sich, für hunderterlei verschiedene Zwecke anwendbar. Aber dieses Mittel an sich wird heute immer wieder zum letzten Maßstab, zum höchsten Gut erhoben. Vor der Einsicht in das

Fehlen eines Sinnes flüchtet man sich in die Vergötzung eines Mittels. – Auch der Beruf hat eine solche Überbewertung erfahren. Man rückt ihn in den Mittelpunkt des Lebens. Der berufliche Aufstieg ist das deutlichste Kennzeichen des Erfolges. Man übersieht dabei, daß der Beruf gerade heute etwas Spezialisiertes an sich hat, das ihn mit dem Ganzen des Lebens kaum in Beziehung bringt; daß er gerade heute allermeist nur Mittel zum Broterwerb ist. – Andere flüchten sich in die vier Wände der Familie, wollen sich hier einen Ruhepunkt schaffen, eine glückliche Insel, an die der trübe Alltag der beruflichen oder gar des öffentlichen Lebens nicht heranreicht. – Man hat keinen Glauben mehr, dem Leben fehlt die verbindliche Mitte; aber da die Menschen das anscheinend nicht aushalten können, versuchen sie sich in allerlei Arten des Glaubensersatzes. Man hängt etwa das Herz an die Wissenschaft oder die Kunst, erwartet sich – mit deutlicher Grenzüberschreitung – von hier das neue Zentrum des Lebens. Wieder andere versuchen, sich über der wirklichen Welt noch eine Geheimwelt, eine Hinterwelt, aufzubauen, erkennbar nur für den Eingeweihten, mit allen Schauern des Geheimnisses umgeben, und wollen nun immer wieder aus dem Alltag in diese Überwelt flüchten. All die unzähligen Formen der okkulten Wissenschaften, die den Alltag nicht gestaltend durchdringen, und die eine »höhere« Welt erschließen zu können glauben, sind in Wirklichkeit solche Versuche des Glaubensersatzes. Eine andere Flucht, heute vielleicht die geläufigste, ist die in das Kollektiv. Man ordnet sich ein; man geht mit und verzichtet bei diesem Mitgehen auf das eigene Person-Sein; man löst die Probleme der Person, indem man die Personalität tilgt. – Oder schließlich: denken wir an jenen Typ des Zionisten, dem mit dem Aufbau des Landes alle Aufgaben des jüdischen Menschen erfüllt scheinen; der über die politische Aufgabe nicht hinaussehen will. Ihm ist dieser Aufbau zum Gegenstand des Glaubens geworden. –

Wir müssen uns klarer Rechenschaft ablegen: Von wo aus wird der Lebenssinn zu Recht bestimmt? Unser Leben ist uns nur einmal gegeben. Wenn man diese »Binsenwahrheit« einmal in allem Ernst zur Kenntnis nimmt, so wird es unmöglich, das Leben nur als *Mittel* anzusehen, als Dünger für ein »Später«, das heute Verzicht auf sinnvolle Gestaltung verlangt. Wir wollen selber, heute und hier, so direkt wie möglich, etwas Sinnvolles beginnen. Und außerdem: Wir können an diesen Hinweis auf ein »Später«, der immer wieder den politischen Grundlegungen als Basis einverleibt wird, nicht glauben; wir sind tief davon überzeugt, daß jeder Weg nur zu einem ihm ähnlichen Ziel führt, und daß im Verzicht auf die *heutige* Verwirklichung schon die Enttäuschung der auf das »Später« gesetzten Hoffnung beschlossen ist. –

Unser Wille richtet sich auf die direkteste Möglichkeit der Verwirklichung. Wo liegt sie? An welcher Stelle sollen wir ansetzen? Wir meinen, diesen zentralen Punkt zu erfassen am Leben des einzelnen und seines Beziehungslebens. Ein Bild menschlichen Daseins und Zusammenlebens ist es auch, das den gesellschaftlichen Tendenzen ihre Menschen ansprechende und bewegende Kraft gibt. Denn versuchen wir, irgendeine politische Bewegung, sei es nun Liberalismus, Sozialismus oder Faschismus, auf ihren letzten Gehalt hin zu befragen, – auf dem Grunde wird sich uns ein Bild, eine Vorstellung vom menschlichen Sein zeigen, die hier zur Wirklichkeit gebracht werden soll. (Man ist nur im allgemeinen allzusehr daran gewöhnt, politische Richtungen als Selbstwerte zu nehmen und prüft sie nicht unter dieser Fragestellung nach ihrem letztlichen Zielbild!) Der einzelne ist das wertbeständige Wirklichkeitselement. Wenn in den politischen und gesellschaftlichen Zielsetzungen indirekt schließlich ein bestimmtes Bild menschlichen Lebens und Zusammenlebens angestrebt wird, so ergibt der Blick auf den einzelnen und sein Beziehungsleben den umweglosen, *direktesten* Ansatzpunkt der Verwirklichung.

Wir sprechen immer wieder vom Bild des Menschen; wie sieht es nun inhaltlich aus? Am Anfang steht für uns die Überzeugung von der *Wichtigkeit des Alltags*. Im Durchschnittlichen, Alltäglichen müssen wir die Anschauung von Menschen gewinnen, nicht im Blick auf seltene, herausgehobene Momente. – Unser Alltag ist schwer. Er ist kleinlich. Wie unglaublich viel von unserer Kraft müssen wir auf die Sicherung unseres Brotes wenden. Aber weiter: es ist doch merkwürdig, wenn wir uns ansehen, was jeder einzelne von uns für einen Packen mit sich zu tragen hat! Ein Bündel von Nöten und Sorgen, Krankheit und Leid. Denken wir daran, wie die liebsten Menschen uns plötzlich weggerissen werden, wie oft wir einsam sind, wie anlaufhaft und vorläufig unser Streben ist – –: es ist eine schwere Sache, eine verfluchte

Sache, dieser Alltag. Und wenn wir den Blick auf diesen Alltag richten, dann merken wir, daß das Menschenbild, welches das europäische Bewußtsein seit Jahrhunderten beherrscht, eigentlich gar nicht darauf paßt. Bis heute herrscht weithin ein Bild vom Menschen vor, das als Wesenskern die *Vernunft* oder die *Kraft* der freien *sittlichen* Entscheidung enthält. Aber wie merkwürdig: wenn wir dieses Bild vom Menschen am Alltag messen, wie wir ihn in Wirklichkeit erleben: wie auffällig unpassend! Gewiß: Der Mensch hat Vernunftkraft, und er hat gewiß auch die Kraft zur Entscheidung. Aber das ist ihm doch nicht in seiner Ungebrochenheit und Reinheit gegeben, als das Wesenhafte und den Alltag Bestimmende. Der Mensch ist im Grunde nicht Schöpfer, er ist Kreatur, Krankheit, Schicksal aller Art reißt ihn heraus, wie blind, aus allem, was er sich gewählt und aufgebaut hat. In dem, was er am tiefsten als eigene Schöpfung empfindet, ist stets noch etwas drin, was er nicht bewirkt hat, was wie ein Geschenk dazutritt. Denken wir daran, wie eine Erkenntnis oder ein Kunstwerk entsteht: immer gibt es dabei einen Punkt, an dem wir merken: das habe ich nicht mehr aus dem Meinen, hier ist mir etwas dazugegeben worden.

Der Mensch ist angewiesen auf die Welt, die ihm begegnet; auf das Du, das in ganz verschiedenen Formen auf sein Ich trifft. Wir wissen doch, wie der Mensch wächst: nicht, indem er sich aus eigener Kraft, wie eine Bohne, nach oben rankt, er wächst ja, indem er sich rechtschaffen an eine Aufgabe gibt. Wir wissen doch, welch tiefe Not das Wort Einsamkeit umschließt, das doch eigentlich höchstes Glück und höchstes Gelingen sein müßte, wenn der Mensch wirklich so »selbständig« wäre. Und wie tief die Sehnsucht nach einem menschlichen Du in uns ist. Der Mensch ist nicht der sieghafte, gelingensfrohe Sohn der Entscheidungskraft. Wir wissen doch, wie schwer der Kampf ist, den wir jedesmal gegen die eigene Herzensträgheit zu führen haben, – diesen Urfeind, der in uns ist, und der doch auch ganz zu unserem Wesen gehört, der ebenso ein Teil von uns ist wie jene sittliche Entscheidungskraft.

Uns allen wird irgendwann die Lebensaufgabe, die wir zu erfüllen haben, ganz gegenwärtig, so daß sie vor uns steht und wie mit Händen zu greifen ist. Aber sie versinkt immer wieder; immer wieder wird sie unaktuell, ungegenwärtig, immer wieder muß sie neu der Gewohnheit entrissen werden. Und es geht ja mit unseren bindenden menschlichen Beziehungen nicht anders. In den Momenten der höchsten Liebe mag es uns unmöglich erscheinen, daß dieser geliebte Mensch uns je fern und fremd anmuten sollte, – aber schon der nächste Tag kann es mit sich bringen. So sind wir allerorts in den leidvollen Wechsel von Gegenwärtigkeit und Versinken geworfen.

Wir haben die menschliche Grundsituation zu erfassen gesucht und erneuern vor ihr die Frage: was soll der Mensch? Wir sollen über uns, über die bloße Abwicklung des täglichen Lebens hinausgreifen. Wenn der Mensch dem Sterben-Müssen gegenübersteht, der Endlichkeit seines Wesens in allen ihren Erscheinungsformen, – dann merkt er als seine eigentliche Sehnsucht die nach Dauer, nach etwas Wertbeständigem, an das er sich binden kann. Er zerbricht die Götzen, die endlich sind, wie er selber. Er trägt sein Herz zu etwas Dauerndem, das in den Schicksalsschlägen Bestand behält und daher dem Leben, über alle Wirren und Wandlungen hinaus, Richtung gewähren kann. Diese Sehnsucht nach etwas Wertbeständigem scheint uns der Ariadne-Faden im Labyrinth des Lebens zu sein. Erst von hier aus versteht sich manches, was wir bisher sagten, in seiner Motivierung: die innere Nötigung, nach dem *Kerngehalt* der gesellschaftlichen Zielsetzungen zu fragen, ebenso wie unser Drängen nach dem *direktesten* Weg der Verwirklichung. –

Wir sprachen vom Willen zur Dauer. Aber welcher Art ist diese Dauer? Auch die politische Leistung reißt den Menschen über sich hinaus, auch sie gewährt ihm Dauer und hat die Kraft, dem Leben eine Richtschnur abzugeben. Und weiter: sie ist ja auf die Aktivität aufgebaut. Aktivität aber empfinden wir als unverlierbaren Bestandteil des von uns Geforderten! Immer wieder sehen wir, wie Menschen eine politisch-gesellschaftliche Aufgabe – wie z. B. den Aufbau Palästinas – als letzten Maßstab hinnehmen, den man nicht mehr mit der Frage nach seiner Bedeutung, seinem eigenen Sinn übergreifen muß, – der vielmehr seinerseits den Wertungsmaßstab für alle anderen Fragen abgibt. Wir können keine gesellschaftlich-politische Leistung in dieser Weise als Selbstwert empfinden, denn sie ändert stets nur Umstände, aber sie trifft nicht unmittelbar den Menschen. Sie erschließt Möglichkeiten, aber sie schafft als solche der letztgemeinten Verwirklichung noch keinen Ort. Sie trifft nicht den Kern der Wirklichkeit: das Einzelleben und das Beziehungsleben der einzelnen.

Dieses kann durch eine politische Tendenz gestört oder gefördert, – aber nie verhindert oder gar erfüllt werden. Die politische Bemühung trifft ein entscheidend wichtiges Teilgebiet unseres Lebens; aber sie kann nicht der Rahmen und die Sinngebung unseres Lebens im ganzen sein. Dazu fehlt es ihrem Verwirklichungsweg an Direktheit. –

Bei allem, was ich über die Begrenztheit und Brüchigkeit unserer Existenz sagte, – ich will nicht etwa die Kraft des Willens und der Entscheidung leugnen! Ich bin gegen Quietismus in jeder Form. Alle die Lehren, die aus ähnlichen Einsichten heraus dazu kommen, den Menschen zur Untätigkeit des Stillesitzens, zum Warten auf ein Heil des Jenseits zu verdammen, allen diesen Lehren kann ich nicht glauben, weil sie unsere größte Kraft ungenützt lassen. Denn *unser* Teil ist eben die Aktivität. Wenn wir versuchen, unser *Lebensgefühl*, das Grundgefühl, mit dem wir unserem Leben gegenüberstehen, zu treffen, – so wissen wir keinen besseren Ausdruck dafür, als jenen Spruch des Rabbi Tarphon, aus dem wir uns unseren Bundesnamen gebildet haben [WERKLEUTE]:

»Der Tag ist kurz, das Werk ist groß, die Arbeiter sind lässig, der Lohn ist groß und der Herr des Hauses drängt.« Und: »Nicht an dir ist es, das Werk zu vollenden, doch bist du nicht frei, dich davon zu entbinden.«

Es ist merkwürdig, wie sehr dieser Spruch alles enthält, was wir dazu etwa sagen könnten. Das Gefühl des Gedrängtseins durch einen Werkauftrag, denn »der Tag ist kurz und das Werk ist groß«; das Bewußtsein, daß die Arbeiter (nicht *jene* Arbeiter, sondern *wir* Arbeiter!) lässig sind; jenes Wissen: »ja, der Lohn ist groß«, so groß, wie es keinen höheren im Menschenleben sonst gibt! Und dann der gläubige Realismus, der – allem »Optimismus« weit entfernt – die *Grenze* des Gelingens ständig spürt und doch im geforderten Dienst verharrt: »nicht an mir ist es, das Werk zu vollenden, dennoch bin ich nicht frei, mich davon zu entbinden«. Die Lebensform, in die wir so hineinwachsen, empfängt Grundlage, Bestimmung und Prägung nicht mehr von persönlichen Neigungen und Glücksbestrebungen her; sie ist begründet auf einer überpersönlichen Sorge: wie kann das uns Aufgetragene verwirklicht werden? In unser Leben kommt durch diese Sorge eine *Mitte*. Sie unterscheidet das Leben eines solchen Menschen realiter von dem eines anderen, dem es um Selbsterfüllung geht; aber eine wesenhafte Unterschiedenheit besteht auch gegenüber jedem, dem politische Verwirklichung im Zentrum steht. Denn so sehr der Verwirklichungsweg uns in alle konkreten Fragen auch der politischen Verantwortung hineinführt, so unendlich vielfältig die Anwendungsformen sein mögen, – das Überpersönliche, an das wir unser Leben binden, weist uns als direktesten Ausdruck, als nächstliegende Aufgabe auf den Einzelmenschen und sein Beziehungsleben. –

Die Formulierungsschwierigkeit, die sich uns hier ergibt, hängt damit zusammen, daß wir uns in dieser Ebene nicht mehr auf das begriffliche Wissen stützen können. An den entscheidendsten Punkten unseres Lebens handeln wir nicht aus einem gesicherten Wissen heraus: wenn wir uns dem geliebten Menschen endgültig angeloben; wenn wir über die Richtung unseres Lebens im ganzen entscheiden, – es ist kein Wissen, was da Grundlage und Motiv abgibt. – Wir erwähnten schon den Wechsel von Gegenwärtigkeit und Versinken, der unser Dasein bestimmt: einmal steht ein Mensch, eine Forderung bildhaft-nahe vor uns, – das andere Mal *erinnern* wir uns nur noch an diese unsere Klarheit, sie selber ist verdeckt, versunken; dies letztere ist die durchschnittliche Lage unseres Lebens. Die *rechte* Entscheidung fällt nicht, weil unser Wissen eine Garantie ihrer Richtigkeit gäbe, – sondern weil ein Mensch, eine Situation, eine Lebensrichtung so nah, gegenwärtig und zwingend geworden ist, daß wir sie ergreifen. Dies Zugreifen aus der Gegenwärtigkeit heraus nennen wir *Glauben.* Denn Glauben ist ja nicht ein ungesichertes Wissen, kein »Meinen«, für das es schwer einen Beweis gibt. Das Glauben erfaßt Sinn und Bestimmung. Aber Sinnglaube kann nicht jenes überlegene Vorherwissen sein, daß alles Geschehen unbedingt sinnvoll sein muß, weil es ja eben einen Sinn »gibt«, der die Weltordnung beherrscht. Im Gegenteil: unser Glauben wird ja überhaupt erst durch das Leiden an der Wirklichkeit in Funktion gesetzt. Wir können vom Glauben nur als von einer Haltung sprechen, die sich der schweren Wirklichkeit je und je wieder zu stellen hat, – nicht als von einer Überzeugung, welche die Gegebenheit bestimmter Ordnungen versichert.

Unsere Sehnsucht nach direkter Verwirklichung findet ihren zentralen Ausdruck im Leben der *Gemeinschaft.* Gemeinschaft ist das unmittelbare Zusammenleben von Menschen, deren Leben einer gleichen überpersönlichen Mitte verbunden ist. Diese Mitte ergibt sich aus der Gemeinsamkeit der zu bewältigenden praktischen Situation, aus der Gleichheit der geistigen und gesellschaftlichen Richtung. Die tiefgreifendste und haltbarste Bindung der Gemeinschaftsglieder aber wird durch die gleiche Fragestellung und Antwortrichtung in den *Grundfragen* gegeben. Gemeinschaft ist für uns nicht ein Mittel zur Erreichung irgendeines übergeordneten Zweckes. Sie ist Weg, – aber sie nimmt in sich zugleich ein Stück des Zielbildes vorweg. So ist ja das Verhältnis von Weg und Ziel stets beschaffen; im Unterschied zum Verhältnis von Mittel und Zweck, wo das Mittel an sich gleichgültig und dem Zweck wesensmäßig fremd ist, geht es hier um einen Weg, der dem Ziele, auf das er hinführt, wesensverwandt ist und in sich jeweils schon etwas vom Werte des Ziels verwirklicht. – Wir setzen auf die Gemeinschaft – und mit diesem Wort meinen wir nichts Überhöhtes und Idealisiertes, sondern wirklich jenes reale und brüchige Miteinander-Leben – eine große Hoffnung. Gegenüber der heutigen, bis an die Wurzeln erschütterten Situation des Menschen glauben wir nicht daran, daß irgendeine neue gesellschaftliche Organisationsform oder eine Lehre letztlich das Heil bringen könnte. Wir vertrauen vielmehr der Kraft der Gemeinschaft; denn, wo sie gelingt, erfüllt sie ja eine zwiefache Grundsehnsucht des Menschen: den Drang zur Bindung an eine überpersönliche Mitte und den nach unmittelbarem Miteinander. Wir glauben an die Gemeinschaft als an den Ort, an dem sich eine neue Bindung des ganzen Lebens zuerst manifestieren kann. »Die wahre Gemeinschaft ist der Sinai der Zukunft« (Buber). –

Die immer wiederholte Betonung der Wichtigkeit des einzelnen kann uns leicht in die unerwünschte Nachbarschaft des *Individualismus* bringen: denn wie verträgt sich diese Bewertung z. B. mit unserer nationalen Haltung? Sagen wir damit nicht, wie es der Individualismus tut: die Substanzen des gesellschaftlichen Lebens sind die einzelnen, nicht die Völker? – Aber wir müssen dabei bleiben: die Individuen erleben nicht als solche Geschichte, die Völker sind die primären Träger des gesellschaftlichen Geschehens. Aber wir sprachen hier von der Aufgabe der sinnhaften Erfüllung des Lebens. Und so gewiß nur jeweils der einzelne Subjekt eines Glaubensaktes sein kann, so gewiß kann auch nur er gerade diese Aufgabe erfüllen. Fraglos werden alle unsere Entscheidungen, auch betreffs des öffentlichen Lebens, von unserer Grundhaltung beeinflußt sein; wir können auch nicht die Möglichkeit eines Konfliktes zwischen den beiden Verantwortungsinstanzen ausschalten; – aber all das ist grundsätzlich abgehoben gegen die Haltung des Individualismus, der das Volkstum als Rahmen des Einzellebens nicht anerkennen will. Aber wir sind nicht nur durch unsere historisch-gesellschaftliche Anschauung vom Individualismus abgegrenzt. Der Individualismus in allen seinen Formen sieht ja den Menschen als Schöpfer, als sieghaftes Wesen. Unser Blick auf den Menschen im Alltag zeigte uns, daß er gerade dieses *nicht* ist. Dann aber kann auch das »Werde, was du bist«, die Selbsterfüllung, – das letzte Wort jedes Individualismus – nicht Maß und Ziel abgeben. Der Mensch sehnt sich nach Dauer, er erlangt sie nur, wo er über sich hinausgreift und sein Leben bindet. Die tiefste Möglichkeit zur Überwindung des Individualismus ist nicht eine, die von außen kommt, die dem Individualisten irgendeine gesellschaftliche Forderung entgegenhält und sagt: »Du mußt dem nachkommen«. Meist stellt man in der Erziehung eine objektive Forderung – z. B. die zionistische Verwirklichung – vor den Jugendlichen hin, ohne nach seiner eigenen Beziehung dazu zu fragen, er muß sich ihr »unterwerfen«. Wir wollen nicht zu solcher »Unterwerfung« unter eine objektive Aufgabe erziehen, sondern zu echter, aus der Person selber entspringender Verantwortung. Ich will einige Zeilen aus einem Brief zitieren, den Buber Anfang 1932 an mich schrieb: »Ich bin überhaupt gegen Prinzipien, die nur zu leicht die personhafte Problemstellung – fundamentale Eignung und Strebung – vergewaltigen. Wer sich der Chaluziut anschließt, ›weil es das Richtige [= anerkannte Parole] ist‹, abdiziert (durch den Verzicht auf elementare Entscheidung) zugunsten ›der (einer fiktiven) Gemeinschaft‹, statt sich in echtem Personwerden der wirklichen Gemeinschaft zur Verfügung zu stellen. Wir brauchen nicht ›Gemeinschaft‹ an sich, sondern eine Gemeinschaft aus *Personen*, und die können wohl aus einer Entscheidung zum Verzicht, aber nicht aus einem Verzicht auf Entscheidung entstehen. Die echten Entscheidungen reißen den Boden der Individuität auf, zur Fruchtbarkeit, wie eine Pflugschar.« –

Wir erwarten uns Erneuerung nicht von einer neuen Lehre, sondern von einer bestimmten Art zu leben. *Offenheit gegenüber dem Geschehen* scheint uns ein entscheidend wichtiges Element dieser Haltung zu sein. Die meisten Menschen haben sich ja nicht nur einen Schutzpanzer gegen die anderen Menschen angezogen;

sie stecken auch in einer Isolierschicht, die sie vor der Berührung durch die Lebensereignisse bewahren soll. Offenheit – damit meinen wir die Fähigkeit, sich treffen, sich vom Geschehen etwas sagen zu lassen. Es mag fast so klingen, als wollte ich wieder einer individualistischen Meinung das Wort reden, die sagt: der Mensch muß möglichst viel in sich einsaugen, möglichst viel sehen und erleben, – dann wird er weit und reif. Diese Art des Erlebnishungers ist immer gerichtet auf die Vielheit der eignen Möglichkeiten, will sie alle in ihrer Nuancierung ausleben und so zur Erfüllung bringen. Nicht darum handelt es sich in der von uns gemeinten Offenheit. Hier will man nicht genießen, sondern hinhören auf die im Geschehen sprechende Forderung. – Wir Jungen müssen uns ganz klar vor Augen halten: all dies Wachsen und Reifen geschieht im *Alltag*. Die herausgehobenen Stunden der Besinnung können doch nur die Richtung weisen, Bewährung und Klärung geschieht nicht als Seelenaufschwung, wie der junge Mensch es in seiner Ungeduld zunächst immer will, nicht als das große, erschütternde Einmalige, was über einen kommt.

Schwerer Dienste tägliche Bewahrung,
Sonst bedarf es keiner Offenbarung,
– dieses Goethewort weist uns hier den Weg. Die Fähigkeit, einem Menschen richtig zuzuhören; die Kraft zur Hingabe an eine Arbeit, die gerade geleistet sein will; die Nüchternheit ruhigen Vorwärtsschreitens, die nicht zwischen beglücktem Aufschwung und trostloser Leere hin- und hertaumelt, sondern festgegründeten Sinns sich den geraden Weg bahnt, – das ist die Art, der wir vertrauen. Nur wer so entschlossen vorwärtsgeht, wird im Ansturm des Geschehens, dem er sich öffnet, nicht aus der Bahn geworfen werden. – Wer offen leben will, muß konkret, der jeweiligen Situation getreu sein. Die meisten Menschen wissen ja gar nicht, was eine Situation ist, weil sie nicht *zuhören* gelernt haben. Das Zuhörenkönnen – das ja nicht nur aufs Gespräch bezogen ist – bedeutet die ruhige Hinwendung zu anderen, in der sich nicht das eigene Ich aus innerer Unsicherheit störend in den Vordergrund drängen will. Es ist die innere Voraussetzung der dialogischen Haltung.

Für die Verwirklichung der hier geschilderten Lebensart ist es wichtig, daß man mit sich persönlich ins Reine gekommen ist, daß man sich kennt, daß man die eigene Entwicklung in ihren Anstößen und Konsequenzen übersieht. Erst diese Klärung setzt uns in den Besitz unserer vollen Kraft. Ohne sie wird es immer Bezirke in uns geben, die wir nicht recht begreifen, die aber trotzdem – und meist störend – in uns wirksam sind. Oft gibt gerade erst diese radikale Selbstkritik die Möglichkeit zu voller Hingabe an unsere Sache.

Oft werden wir auch erst durch diesen Prozeß klärender Selbstkritik fähig und reif dazu, wirklich in Beziehungen mit Menschen zu leben; dann sind wir nicht mehr trübe in unser Selbst hineingebannt, dann sind wir aufgeschlossen für den anderen. Der Beziehungsreichtum gegenüber der heute häufigen Isoliertheit ist wohl eines der Kennzeichen unseres ganzen Weges. In drei Stufen baut sich dies Beziehungsleben auf: zunächst in der unmittelbaren Nähe der Gefährten untereinander. Die Problematik eines echten Zusammenlebens eines größeren Kreises von Menschen wird ja um so schwerer, je mehr von den Kleinigkeiten des Lebens sie einschließt, je mehr Reibungsflächen geschaffen werden. Sie wird immer nur da fruchtbar gestaltet werden können, wo Menschen sich in der zentralen Lebensrichtung verbunden wissen und bereit sind, sich aufzuschließen, unmittelbar zusammenzuleben. Unmittelbarkeit bedeutet, den Menschen, der einem gegenübertritt, als Ganzes zu sehen, nicht als Mittel zu etwas anderem, es bedeutet, da zu sein für den anderen, direkt und ehrlich zu sein in seinen Äußerungen. Die hier gemeinte Rückhaltlosigkeit hat nichts gemein mit jener eilfertigen Haltlosigkeit, die sich nach Möglichkeit schon in der ersten Unterhaltung dem anderen nackt zeigen will. Wir meinen nur das einfache Sich-zur-Verfügung-Stellen; wir wollen nur, daß man direkt antwortet, wo direkte Antwort erbeten wird; daß man auch wohl von sich aus an den anderen offen herantritt, wo jener etwa nicht die Kraft findet, aus den Mauern seiner Ichbeschlossenheit herauszukommen. – Über dieser Stufe der Unmittelbarkeit steht die Freundschaft. Sie darf nicht mit Unmittelbarkeit verwechselt werden. Es ist unmöglich, aus einem Bund oder einem Kibbutz einen Freundeskreis zu machen. Freundschaft ist immer beschränkt auf jene Sympathie der Seele, jenes Glücken der Begegnung zwischen zweien, die, unwägbar und unbegründbar, aneinander innere Ergänzung finden. – Das Beziehungsleben gipfelt in der Liebe. Wir kennen sie als höchste Glücksmöglichkeit und Erfüllung, die dem Menschen geschenkt ist. Sie erlöst eine Grundkraft: das Geschlechtliche. Wir können den Trieb nicht als Satan ansehen, der uns vom Eigentlichen abziehen will; das ist er nur, solange er unerlöst ins dumpfe Schwelen der mutlosen Einsamkeit gebannt ist. In der ganzen, umfassenden Beziehung findet er seinen Dienst, hilft er zur Erfüllung der tiefen Sehnsucht nach dem Du, der Befreiung aus dem Kerker des Ich, wie sie die Liebe als ihr schönstes Geschenk mit sich bringt. Wir wollen die große Möglichkeit, die uns hier gewährt ist, nicht leichtfertig vertun. Wir wollen auch hier nicht das Vorläufige mit dem Endgültigen verwechseln. Das gilt besonders für die Ehe. Wir glauben an ihre Kraft und wollen sie uns als endgültige Formung erhalten, wohl behütet vor aller Übereiltheit und Vorläufigkeit. Zwei gereifte Menschen schließen sich in Treue zur gemeinsamen Bewältigung des ganzen schweren Lebens zusammen, – wie verblasen ist vor dieser Kraft all das experimentierende Herumtasten nach »neuen Formen«! – –

Die Gemeinschaft, an der wir bauen, ist unser Bund, von den Gruppen der Jüngerenschaft beginnend bis hin zum Aufbau unseres Kibbuz. Wir überschätzen die Jugend nicht, wir sehen, was ihr verwehrt ist, Jugendlichkeit ist uns kein Selbstzweck, – und dennoch halten wir die Jugend für »die große Glückschance der Menschheit« (Buber). Die Bereitschaft zur Hingabe an eine Sache, an die man glaubt, ist größer; die Bedingtheit durch die Wirtschaftssorgen geringer; der Schutzpanzer gegen alle den normalen Lebensweg störenden Einflüsse noch nicht so verfestigt. – Die Erziehung im Bunde ist uns deshalb so wichtig, weil sie den Jüngeren von vornherein auf die Bedeutung der lebensmäßigen Praxis gegenüber der bloßen geistigen Anschauung aufmerksam macht. Das Fahrtenleben, von Heimabenden unterstützt, kann immer wieder gegen die gerade bei jüdischen Jugendlichen so naheliegende Intellektualisierung angehen; es kann früh den zu substanzloser Radikalität neigenden jungen Menschen in die große Wahrheit einführen, daß alles angestrebte »Große« in den kleinen, alltäglichen Dingen begonnen werden muß. – Der Kern der erzieherischen Arbeit im Bund scheint mir: Vertrauen zu schaffen. Die Jüngeren, die zu uns in den Bund kommen, sind auch bereits enttäuscht, zurückgestoßen, mißtrauisch. Es ist die Grundlage für all unser späteres Wollen, daß sie in der Gruppe wieder lernen, *Vertrauen* zu haben. »Vertrauen, Vertrauen zum Leben. Weil es diesen Menschen gibt, kann all der Unsinn, der auf mich einstürmt, doch kein Widersinn sein« (Buber), – in der hier geschilderten Wirkung sehen wir den eigentlichen Kern der Beziehung von Führer zu Geführtem. Unsere Praxis ist sicherlich – wie sollte es bei beginnenden Jugendlichen anders sein?! – von diesem Bilde noch sehr fern. Aber wir müssen alles tun, um unseren Jungführern die elementare Bedeutung dieser Vertrauensbasis klar zu machen. – Daß in unserer Bundeserziehung eine individuelle Qualität derart stark betont wird, ist nur die folgerichtige Konsequenz der spezifischen Struktur unseres Bundes. Während die meisten Bewegungen von einer gesellschaftlichen Zielsetzung (z. B. »zionistische Verwirklichung«) ausgehen und in ihr den wesentlichen geistigen Gehalt ihres Gemeinschaftslebens finden, haben wir stets die Fragen des einzelnen – über alle von uns bejahte gesellschaftliche Einordnung hinaus – in den Mittelpunkt gerückt. Was in anderen Bewegungen meist dem einzelnen überlassen bleibt: die Auseinandersetzung mit den letztlichen Lebensfragen, die Lebenssinngebung, der Aufbau des ganz persönlichen Lebens, – das haben wir von vornherein zum Gegenstand gemeinsamer Fragestellung gemacht und zur eigentlichsten Grundlage erhoben. Nur so glaubten wir, unserem Willen zur Wandlung des ganzen Menschen gerecht zu werden. Dadurch wächst uns eine besondere Kraft zu: wir erfassen unsere Menschen wirklich im ganzen; mit der Stellung im Bund ist eine bestimmte Richtung in diesen persönlichen Lebensfragen mitgegeben. –

Allerdings hat diese Struktur auch ihre Gefahren in sich. Die Grundlegung vom einzelnen her bringt leicht in die Gefahr einer zu geringen Wertung der politischen Gegebenheiten; nicht weil das prinzipiell im Wesen des hier besprochenen Weges liegt, sondern weil die Herausarbeitung der spezifischen Fragestellung leicht alle Kräfte absorbiert. Wir haben uns mit den politischen Fragen befaßt, – aber wir haben auf dem Gebiet des öffentlichen Lebens weit weniger grundsätzlich gedacht, haben dementsprechend hier weit weniger ein eigenes Wort zu sagen. Gerade heute, wo wir in die Problematik Palästinas hereinzuwachsen beginnen, empfinden wir das als Mangel. Denn wir sehen ja, von unserer spezifischen Fragestellung ausgehend, sehr deutlich den Punkt, an dem das politische Leben seine fundamentale Bedeutung erweist. All unser Drängen nach echtem Miteinander unter den Menschen scheitert – außer an der ewigen Trägheit des Herzens – immer wieder an der sozialen Not, die den Menschen für alle

Fragen nach einer Sinngebung seines Lebens stumpf macht, die ihm alles Vertrauen nimmt. Wir wissen, daß wir diese Frage schließlich im Persönlichen anpacken müssen, von kleinen Lebenskreisen her. Aber wir wären beschränkte Utopisten, zu abgeschlossenem Sektierertum verurteilt, wollten wir uns damit begnügen. Wir wissen ja, daß die soziale Frage nur von der Struktur des öffentlichen Lebens her anzugreifen ist, das den Rahmen des Einzellebens abgibt. Von hier ergibt sich unser Zugang zur Politik. Wir begnügen uns an dieser Stelle mit dieser allgemeinsten Andeutung. Es wird eine der nächsten und wichtigsten Aufgaben sein, in die konkreten politischen Fragen des Landes hereinzuwachsen. Darüber hinaus aber werden wir auch auf diesem Gebiet versuchen müssen, grundsätzlich denken zu lernen; die grundsätzlichen Maßstäbe klarzulegen, an denen sich der Aufbau jedes Gemeinwesens und speziell des uns anvertrauten palästinensischen auszurichten hat. Was gibt diesen Maßstab rechtmäßg ab: das Streben zur Macht oder zur kulturellen Höchstleistung oder was sonst? Die Klarheit über solche Fragen scheint mir für die politische Aktivierung und Ausrichtung mindestens *unserer* Menschen fast ebenso wichtig wie die genaue Befassung mit den im Moment wirksamen politischen Faktoren.

Wenn man alles bisher Gesagte überprüft, so wird dem unbefangenen Blick die Ähnlichkeit mancher hier geäußerten Grundanstöße mit einer religiösen Haltung deutlich werden. Die Ansicht vom Menschen als Kreatur, die wir gaben, die Wichtigkeit, die wir dem Glauben beimaßen, die ganze Art der Bewertung des einzelnen, all das weist in diese Richtung. Die Bedeutung der Bibel für unsere Entwicklung, die Tatsache, daß der Spruch des Rabbi Tarphon der beste Ausdruck auch unseres Lebensgefühles ist – das gibt vom Praktischen her eine Bestätigung für unsere Nähe zu religiöser Haltung. Andererseits ist das Religiöse für uns notwendigerweise sehr belastet. Gerade in Palästina sehen wir wieder, wie es als Deckmantel für reaktionäre Interessen herhalten muß; wir merken auch, wie es im Leben vieler Menschen eine schädliche Beruhigungsfunktion erfüllt. Vor allem aber: wir wollen ja ganz ehrlich sein, nur das wirklich Erfahrene für real erklären. Und im Blick auf die großen Urkunden der Religion merken wir die Distanz; wir sprechen nicht aus der gleichen Stärke der Gewißheit Gottes, ja, die meisten unserer Gefährten werden heute nichts von einer Gottes-Erfahrung bei sich aussagen können. Und dennoch bleibt das Bewußtsein der Verwandtschaft zur religiösen Haltung. Wie sollen wir uns in diesem Widerstreit verhalten? Die erste Konsequenz ist der Verzicht auf die Formulierungen der religiösen Sprache (selbst wenn sich daraus bisweilen gerade in den letztlichen Fragestellungen Unklarheiten der Formulierungen ergeben!). Die religiösen Formulierungen – unter den deutschen Juden heute so beliebt – scheinen uns immer wieder Vorwegnahmen zu enthalten, die den nicht religiösen Hörer zu dem Gefühl bringen müssen: »All das ist unwirklich.« Demgegenüber scheint uns eine wichtige Aufgabe gerade darin zu bestehen, die religiösen Grundkräfte zu einer wirklichkeitsgestaltenden Auswirkung zu bringen, ohne Anleihen bei der religiösen Sprache zu machen. Dabei wird man die Kraft der religiösen Motive erproben, wird im Gelingen das Religiöse als eine rechtmäßige Macht erweisen können, wird den vielfältigen Gefahren der religiösen Formulierung (Unwirklichkeit, Vorwegnahme, reaktionäre Belastung) entgehen. In einer *Praxis*, wie wir sie als *eine* Ausformung hier zu beschreiben suchen, nicht aber in der religiösen Theorie oder *Predigt* – die wir eher als Hindernis ansehen – scheint uns heute die Aufgabe des religiösen Menschen zu liegen. – In der persönlichen Auseinandersetzung mit den religiösen Texten – so geht ja unsere Klärung dieser Fragen weithin vor sich – scheint mir *Unvoreingenommenheit* das erste Gebot zu sein: ein ehrfürchtiges, aber zugleich unbefangen-kritisches Hinhören auf den Text, das sich gleich entfernt weiß von billigen Verurteilungen (»Mystik«, »Priesterbetrug«) wie vom Überspringen der eigenen Realität mit ihrer ganzen inneren Nötigung zu geistiger Kritik. Und schließlich bedeutet Unvoreingenommenheit auch, daß man sich nicht einredet, man verstünde gar nichts von der entgegentretenden religiösen Welt, wo man etwa doch zu verstehen beginnt. – Das Zweite: im Lernen soll in der *persönlichen Konfrontation* mit dem Text immer wieder die Frage nach dem Verhältnis der Haltung der Bibel und der eigenen Haltung gestellt werden. Wir sind überzeugt: je tiefer unsere eigene Besinnung vordringt, desto klarer wird die Annäherung unserer eigenen Lebensgrundlage und

Lebenserfahrung an die gläubige Haltung z. B. der Bibel werden. Das darf nie ein willkürlicher Akt sein, wir dürfen dabei auch nie die Verschiedenheit der Zeit und des Weltbildes vergessen wollen; aber wir glauben in der Praxis zu sehen, wie in ernsthafter, kritisch-unbefangener Fragestellung dieser Prozeß des Hereinwachsens in die religiöse Welt sich uns klärt. –

Und nun zum Schluß: Was ist denn nun eigentlich unser letztes Ziel? Gerade dieser Frage gegenüber wird der Verzicht auf die religiöse Formulierung – etwa auf einige letztgültige Prägungen unserer Gebete – besonders schwer; aber es ist ja notwendig. Nur eins wollen wir von vornherein hinzufügen, zur Bestimmung der Ebene, auf der wir uns bewegen: das Beginnen liegt bei uns, unbedingt bei uns, das Gelingen anscheinend nicht mehr. – In der jüdischen Jugend wächst der Drang, als letztes Ziel etwas Greifbares, etwas »Reales und Unkompliziertes« zu haben, das alle Fragen des Lebens mit einem Schlage, wie eine jederzeit anwendbare Zauberformel, beantwortet. Zum Beispiel: Der Judenstaat. Wir müssen unseren Genossen deutlich sagen, abgesehen davon, ob wir nach einem so deutlichen und einfachen Ziele streben oder nicht: jedenfalls *haben* wir es nicht. Wir haben als *letztes* kein greifbares Ziel zu zeigen. Wir haben keinen nur aus unserer Kraft heraufführbaren, endgültigen Zielzustand zu zeigen. Wir haben einen *Weg* zu zeigen, und zwar einen unendlichen Weg. Wenn wir immer von dem Sinn und von der Bestimmung gesprochen haben, so soll man wissen: wir besitzen diesen Sinn nicht im voraus. Es ist nicht möglich, daß man erst weiß und dann beginnt zu gehen. Das ist nicht möglich, weil wir nicht Wissende sind, sondern nur Glaubende sein können. Der Sinn, von dem wir sprechen, ist niemals erfaßbar als Satzgefüge, das man in der Mitteilung formuliert weitergeben, mit dem man wie mit einem Gegenstand umgehen kann. Man spürt ihn im Gehen des Weges, in der Anwendung; er ist jeweils nur »Licht für das schauende Auge und Kraft für die wirkende Hand« (Buber). Wer etwas anderes bei uns sieht, ist fehl am Platze. Wir haben keine Geheimlehre zu bieten, die den »Wissenden« vor der drohenden Unendlichkeit sichert; kein Versprechen auf sicheren Erfolg, kein festes und einfaches Ziel. Wir wollen nur auf eine bestimmte Lebensform hinweisen. Wer mit uns diesen selten beschrittenen, abseitigen Pfad als direktesten Weg der Verwirklichung empfindet, der wird sich zu uns stellen.

Menachem Gerson
Menschliche Beziehungen
im Kibbutz von heute[1]

In dem vorangehenden Aufsatz dieses Bandes[2] haben wir unseren
Plan dargestellt, einen Kibbutz in Israel zu gründen. Die Gedan-
kenwelt von Martin Buber war damals unsere geistige Grundlage.
Inzwischen sind 45 Jahre vergangen, gelebt in schwerem Dienste
täglicher Bewahrung im Alltag des Kibbutz und der Kibbutz-
Bewegung. Es ist an der Zeit, die Frage nach dem Wesen der
menschlichen Beziehungen im Kibbutz erneut zu stellen, im
Lichte dessen, was wir inzwischen gelernt und erfahren haben.
Wir müssen da zunächst einige einschränkende Bemerkungen
machen. In der Wirklichkeit gibt es ja nicht »*den* Kibbutz«. Die
Kibbutzim haben freilich eine gemeinsame soziale Grundstruk-
tur, – aber daneben gibt es so viele Unterschiede zwischen
individuellen Kibbutzim, daß Verallgemeinerungen kaum möglich sind, auch und gerade in dem von uns behandelten Thema. Es
gibt kleine und große Kibbutzim. Es gilt für die größeren
Kibbutzim (200-600 erwachsene Mitglieder etwa), daß das Problem des täglichen Zusammenhanges aller Mitglieder besonders
aktuell wird. Buber hat als zentrales Kennzeichen des gemeinschaftlichen Lebens bezeichnet »Miteinander, nicht nur Neben-
einander«. Oder, in einer anderen Formulierung: »Nicht um
Intimität geht es, – diese stellt sich ein, wo sie sich einstellt, und
fehlt, wo sie fehlt; es geht um Aufgeschlossenheit«.[3] – Der kleine
Kibbutz hat seine speziellen Probleme. Intimität mag hier zur
Neugier und Einmischung in das Leben des Genossen führen, die
nicht gemeinschaftsfördernd ist und leicht zu großer Fluktuation
der Mitglieder führt. Auf der anderen Seite, im größeren Kibbutz,
wird die Problematik der Institutionalisierung vordringlicher. Es
besteht die Gefahr, daß die institutionelle Regulierung der Beziehungen für ein Ernstnehmen des einzelnen in seiner Besonderheit
zuwenig Raum läßt. Das Ärgste von beiden Welten ist natürlich
ein großer Kibbutz, in welchem die Organisation nicht klappt. –
Es gibt viele andere Unterschiede zwischen Kibbutzim als ihre
Größe: Unterschiede, die sich aus ihrer ökonomischen Situation

ergeben, aus dem Herkunftsland ihrer Mitglieder, aus ihren familiären oder kommunalen Tendenzen, aus ihrer Zugehörigkeit zu einer der drei sekulären Kibbutz-Föderationen, aus ihrer geographischen Lage (Nähe zu einer Stadt oder gefährlichen Position an der Grenze) usw.

Das Bild der Kibbutzbewegung wird noch vielgestaltiger dadurch, daß die genannten Faktoren untereinander verschiedene Kombinationen eingehen können. Um nur ein Beispiel zu geben: die von Deutschland für Juden deutscher Herkunft ausgesetzten Restitutionen. Die Herkunft aus Deutschland bringt gewisse charakteristische Züge auf kulturellem Gebiet mit sich und zugleich auch die genannten ökonomischen Vorteile. Das trifft natürlich nur dann zu, wenn die Restitutions-Summen an den Kibbutz abgegeben werden. – Aus unseren kurzen Andeutungen wird klar, wie schwer es ist, über »den Kibbutz« etwas zu sagen. Je weniger Tatsachen ein Besucher im Kibbutz kennt, desto leichter ist es für ihn, zu weitgreifenden Verallgemeinerungen zu gelangen, wie das Buch eines so bedeutenden Psychologen wie Bruno Bettelheim beweist.[4]

Wir ziehen aus der Komplexität unseres Themas zwei praktische Folgerungen. Wir werden die Fragen menschlicher Beziehungen auf einigen wichtigen Gebieten – wie z. B. Erziehung, Beziehungen zwischen den Geschlechtern, Alter – hier überhaupt nicht einbeziehen.[5] Zweitens, wir können diesen Aufsatz nicht auf eine systematische Untersuchung mit vielen Variablen aufbauen, sondern nur auf die Erfahrung eines aktiven Augenzeugen, der 45 Jahre im Kibbutz lebt, und dem seine jahrzehntelange, öffentliche Arbeit im Rahmen der Kibbutzbewegung die Möglichkeit gab, viele Kibbutzim kennenzulernen, – wenn auch keinen so intim und genau wie seinen eigenen.

Es hat in der Kibbutzbewegung lange Zeit eine Diskussion über die »kleine K'vutza« (Gruppe) gegeben. Die erste K'vutza Degania (1910 gegründet) war ihr Prototyp; ihr Plan war für 25 Familien bestimmt. Es ist wohl gerechtfertigt zu sagen, daß das Ideal der kleinen Gruppe heute nicht mehr in der Kibbutzbewegung besteht. Sicherlich, es gibt in der Entwicklung neuer Kibbutzim eine Phase, in der die beginnende Gruppe nur etwa zwei Dutzend Menschen umfaßt. Aber das ist eine Übergangsphase, nicht das Ideal. Jeder Kibbutz sieht für sich selber nicht nur die Aufgabe, eine positive Qualität des Lebens für seine Mitglieder zu schaffen; er will auch eine nationale und soziale Aufgabe im Leben Israels erfüllen. Die Erfahrung hat gelehrt, daß die kleine Gruppe dafür zu eng ist. Aber es besteht noch ein anderer, nicht minder wichtiger Faktor: Die Erfahrung hat auch gezeigt, daß die ersehnte Seelengemeinschaft, welche die Einsamkeit des »geworfenen Menschen« (M. Heidegger) lebensmäßig überwinden soll, anscheinend nicht für die Dauer lebensfähig ist. Nach unserer Kibbutz-Erfahrung führte die zahlenmäßige Begrenztheit der Gründer-Gruppe gerade zu vielen Reibungen und Zusammenstößen, und dies wurde nicht durch die Tatsache geändert, daß diese kleinen Gründer-Gruppen einer Kibbutz-Föderation angehörten, die weitere Horizonte im öffentlichen Leben des Landes für sie erschloß.

Der Kibbutz heute – Institutionalisierung

Buber hat betont, daß Gemeinschaft nicht nur dadurch geschaffen wird, daß Menschen sich die Hände reichen und miteinander leben[6], – es bedarf dafür auch einer gemeinsamen Mitte. Der Beginn eines Kibbutz vollzog sich – besonders in den früh gegründeten Kibbutzim – in einer Atmosphäre des gemeinsamen seelischen Aufschwungs; aber die alltägliche Fortsetzung, die Tatsache der Dauer, konnten nicht nur auf diesem Erlebnis begründet werden; der Zahn der Zeit nagte an der Macht des Gemeinschaftserlebnisses. Der Alltag forderte eine institutionelle Strukturierung. Yonina Talmon[7] war die erste, die diesen Prozeß systematisch in der Sprache der Soziologie dargestellt hat. Sie hat ihn als den Übergang vom »Bund« zur »Kommune« definiert. Der »Bund« war charakterisiert durch die Hingabe der Gründer an eine revolutionäre Mission, seine Mitglieder waren jung, durch lange Jahre in der Jugendbewegung und in landwirtschaftlicher Ausbildung für das neue Leben miteinander verbunden, kaum differenziert nach ihren Aufgaben im Kibbutz, da Gesellschaft und Ökonomie im jungen Kibbutz noch wenig differenziert sind. Diese Situation wird nach Talmon im weiteren Verlauf geändert durch Differenzierung in der Sphäre der Arbeit und durch die Gründung von Familien, durch eine Schwächung in der Macht der revolutionären Ideologie, einer Minderung in der Intensität der Identifizierung mit dem Kollektiv, einer Standardisierung in den Normen des Verhaltens und einer Formalisierung der sozialen Kontrollen. Wir sind überzeugt, daß diese Veränderungen notwendig sind im Leben einer Gemeinschaft, die nach Dauer strebt. Wo man diesen Preis nicht bezahlen will, ist u. E. eine Dauer der Gemeinschaft unmöglich – und die Geschichte der Kommunen bestätigt das. Nicht nur der einzelne, sondern auch eine Gemeinschaft kann nicht ständig im Jugendalter bleiben; aber die Wahrung der ursprünglichen Anstöße ist in ihrem Ausmaß bei Individuen wie bei Kibbutzim verschieden. Wir haben es in diesem Beitrag mit dem Kibbutz von heute, dem erwachsenen Kibbutz zu tun. Uri Merri[8] hat in seiner Schilderung des erwähnten Übergangs hervorgehoben, daß im heutigen Kibbutz es nicht, wie früher, selbstverständlich ist, daß bei allen Mitgliedern die allgemeinen Ziele den Vorzug vor den privaten Zielen haben, und daß daher früher keine Notwendigkeit vorlag, *Regeln* für soziales Verhalten aufzustellen; man konnte sich darauf verlassen, daß die Mitglieder auch ohne die Krücke ausdrücklich durch den Kibbutz festgelegter Verhaltensweisen leicht zu einer Übereinstimmung unter sich gelangen konnten. Im »Bund« brauchte man daher kaum Funktionäre, die nach ihrer Wahl durch die Kibbutzversammlung die Aufgabe der Organisation oder auch der Beeinflussung des Verhaltens der Mitglieder zu übernehmen hatten. Jedoch, wie wir später genauer darstellen werden, haben die ursprünglichen Ideale des »Bundes« auch heute im Bereich der Organisation nicht ihre Kraft verloren: der Kult der körperlichen Arbeit und das Streben nach Gleichheit aller Mitglieder machen es auch heute schwierig für den Kibbutz, die benötigten Funktionäre zu finden – besonders für die zentralen Aufgaben, die ganztägige, nicht-körperliche Arbeit erfordern; und der Kibbutz hat ja keinerlei Privilegien oder gesellschaftliche Auszeichnungen entwickelt, er gibt seinen Aktivisten keine Orden. In einer Hinsicht ist der heutige Kibbutz vom ursprünglichen Bund kaum verschieden: für das Lebensgefühl des einzelnen scheint es auch heute das Wichtigste zu sein, in der Kibbutzgemeinschaft voll drin zu stehen, durch sie voll akzeptiert zu sein – im Gegensatz zu einem Streben des einzelnen nach ständigem sozialen Aufstieg, der sowohl im Kapitalismus wie im Sowjet-Kommunismus als Grund-Motiv für den einzelnen hingestellt wird, durch entsprechende materielle Vergütungen verstärkt. In dieser Hinsicht ist der Kibbutz ein praktischer Gegenbeweis gegen die weit verbreitete Ideologie, daß das ständige Streben nach höheren ökonomischen Errungenschaften in der *Natur des Menschen* liegt. Und dennoch fehlt es ja im Kibbutz wirklich nicht an neuen Errungenschaften auf allen Gebieten! – In der Frühzeit des Kibbutz hat die gerade geschilderte Wertwelt recht ausgeprägte Probleme und Konflikte geschaffen (die zum Teil auch im heutigen Kibbutz bestehen, wie wir sehen werden). Die starke Identifizierung mit der Gemeinschaft und die daraus resultierende Bewertung der öffentlichen Meinung hat oft eine zu starke Abhängigkeit von ihr hervorgebracht. Die großen wirtschaftlichen Schwierigkeiten, die existierten, haben damals notwendigerweise auch eine recht einseitige Bewertung der Mitglieder hervorgebracht: nach ihrem Beitrag in der Arbeit. Die erstgenannte Tatsache brachte Tendenzen zum Konformismus hervor. Aus der zweiten erklärt sich, daß viele Mitglieder, deren lebensmäßiger Schwerpunkt im Künstlerischen oder im geistigen Schaffen lag, sich an den Rand gedrängt und beengt fanden und den Kibbutz verließen. Andere Menschen dieses Typs fanden einen positiven Ausweg aus dieser Problematik: jeder Kibbutz ist verpflichtet, einen bestimmten Prozentsatz seiner Mitglieder seiner Kibbutz-Föderation zur Verfügung zu stellen, die dann als Aktivisten auf verschiedenen Gebieten des öffentlichen Lebens tätig sind: Politik, Wirtschaftsberatung und Kulturarbeit der Kibbutzim oder auch in der allgemeinen Politik des Landes. Eines wollen wir klarstellen: was wir hier »öffentliche Meinung« nennen, ist und war nicht identisch mit gesellschaftlichem Klatsch (wie er in einer so dichten Form des Zusammenlebens einer zahlenmäßig beschränkten Gesellschaft wohl unvermeidlich ist). M. Rosner[9] hat den Unterschied herausgearbeitet: die öffentliche Meinung im Kibbutz kann den einzelnen in allen seinen Lebensäußerungen und Problemen sehen, während der Klatsch im wesentlichen auf die Kolportierung negativer Züge aus ist. –

Der Übergang vom Bund zur Kommune, d. h. zum heute bestehenden Kibbutz, war ein Übergang von der Herrschaft der Spontaneität der einzelnen zur Bildung fester sozialer Einrichtungen. Dieser wichtige Prozeß war nötig geworden durch das starke Wachstum der Mitgliedschaft in jedem Kibbutz, das zugleich eine weit größere Varietät unter den Mitgliedern schuf: es schlossen sich Menschen an, die jünger waren als die Gründer, die aus anderen Ländern kamen, und die derart die Gründerzeit, die Zeit des großen seelischen Aufschwungs, nicht mitgemacht hatten. Allmählich erreichten auch die Kinder des Kibbutz das erwachsene Alter. Die größere Zahl und die Varietät machten es nötig, zu festen und zahlreicheren sozialen Einrichtungen zu gelangen. Man kann ja nicht erwarten, daß zwischen 400 erwachsenen Mitgliedern des Kibbutz direkte persönliche Beziehungen bestehen, obschon durch die Arbeit und gemeinsame Mahlzeiten, Feste, Ausflüge usw. viele und vielfältige Berührungspunkte geschaffen werden; ein wichtiger Berührungspunkt dieser Art ist z. B. die Tatsache, daß Eltern Kinder in der gleichen Gruppe im Kinderhaus haben. Ein anderer, für die Beziehungsbildung wichtiger Grund ist, daß Menschen der jüngeren Altersschicht in der gleichen Erziehungsgruppe waren; oder daß sie für 2 oder 3 Jahre in dem gleichen Kibbutzkomitee tätig sind. Trotz dieser mannigfaltigen Berührungspunkte ist die Nähe dieser Beziehungen nicht mit der zu vergleichen, wie sie in der Gründer-Schicht, von der Zeit des gemeinsamen Erlebnisses der Jugendbewegung her bestanden. All dies, insbesondere die wachsende Zahl der Mitglieder und ihre Verschiedenheit, machten eine stärkere Organisierung des Kibbutz nötig; daher kommt den periodisch gewählten Instanzen wachsende Wichtigkeit zu, – den verschiedenen Komitees und besonders der obersten Instanz, der Leitung des Kibbutz (s. Anhang), während in den ersten Jahren des Kibbutz die persönlichen Beziehungen der Mitglieder und die Initiative des einzelnen die allein wichtigen Faktoren waren. Das machte damals die Festlegung einer klaren Organisationsform unnötig. Heutzutage strebt man oft nach einer von »oben« (Leitung) nach »unten« (die einzelnen Mitglieder) absteigenden Organisation der Initiative, mit den zahlreichen Komitees in der Mitte. In dieser neuen Form der Organisation sehen viele eine neue Lösung des Problems der Gleichheit im Kibbutz. Die Mitglieder eines Kibbutz sind persönlich recht verschieden voneinander; um von ihnen allen die höchste Leistung zu erzielen und allen die gleichen Rechte zu gewährleisten, ist man in vielen Kibbutzim dazu gelangt, auf vielen Lebensgebieten für alle Mitglieder verbindliche Regeln festzulegen und damit einen für alle gleichen Maßstab zu gewinnen, der die Rechte und Pflichten des einzelnen klar umschreibt. Die einzelnen Kibbutzim sind in ihrer Stellung zu einer derartigen festen Regulierung sehr unterschieden. Manche sehen in solcher Regelung die sicherste – und vielleicht einzig mögliche – Gewährleistung der erstrebten Gleichheit unter den neuen Lebensbedingungen; sie sind daher bestrebt, solche klar formulierten Regelungen auf möglichst vielen Lebensgebieten einzuführen und dadurch jedem Mitglied seine klar definierte gesellschaftliche Funktion und Position zuzuweisen. Andere beschränken die Zahl der so geregelten Lebensgebiete auf ein Minimum. Wieder andere finden in solcher Regelung etwas Mechanisches, das vergeblich versucht, einen institutionellen Ersatz zu schaffen für eine geminderte Identifizierung der einzelnen Mitglieder mit den Zielen und Werten des Kibbutz.[10] Man bringt in der Diskussion zwei Einwände gegen die Regulierung auf[11]: selbst wenn man in den festen Regelungen Differenzierungen einführt und allgemeine Kategorien wie Alter und Geschlecht, so bleibt doch ein anderer Faktor nicht erfaßbar: die individuell begründeten Unterschiede zwischen den *einzelnen*. Ein zusätzlicher Einwand gegen die Anhänger einer fortschreitenden Entwicklung zu allgemein verbindlichen Normen ist: man kann die *Zahl* der Arbeitsstunden verbindlich festlegen, – aber keine derartige Normierung kann die *Intensität* der geleisteten Arbeit vergewissern; und alle Teilnehmer an dieser internen Diskussion stimmen ja darin überein, daß im Kibbutz die Methode der Preise, respektive der Konventionalstrafen zwecks Erhöhung der Produktivität keinen Platz hat.

Eine innovative Gesellschaftsform, die Dauer erstrebt, kann nicht auf klare Normen verzichten; sie kann z. B. nicht erlauben, daß jeder zur Arbeit aufsteht, wann er Lust hat. Aber unter den Bedingungen des Kibbutzlebens ist die Sicherung der Normen nur durch die *innere Identifizierung des einzelnen* mit dem Kibbutz möglich. Wir werden sehen, daß die bestehenden menschlichen Beziehungen in dieser Identifizierung eine entscheidende Rolle spielen und daher eine Voraussetzung für jede Wirtschaftsplanung bilden.

Herrschaftsloser Sozialismus

Es ist wohl die wichtigste sozialistische Errungenschaft des Kibbutz, daß es in ihm keine Herrschaft gibt, die auf wirtschaftlicher Abhängigkeit begründet ist. Dies ist der wichtigste Inhalt eines der Grundprinzipien des Kibbutz: Gleichheit. Es gibt im Kibbutz keine Dauerbeziehung zwischen einem herrschenden einzelnen und einem von ihm abhängigen »einfachen« Mitglied; es gibt auch keine ökonomischen Privilegien für die Inhaber der vier wichtigsten Ämter im Kibbutz. Es scheint für einen Menschen, der nicht im Kibbutz lebt, schwierig zu sein, sich dies praktisch vorzustellen. Ein junger deutscher Wissenschaftler, hoch begabt und schon seit einem halben Jahr im Kibbutz arbeitend, erzählte mir, er sei einmal zu einem Besuch in der Wohnung des Sekretärs eingeladen worden. Zu seiner eigenen Überraschung ertappte er sich selber bei der unbewußten Annahme, daß die Wohnung dieses zentralen Funktionärs sicherlich größer sei als andere. Dieses kleine psychologische Erlebnis kann verdeutlichen, wie schwierig es ist, trotz allen rationalen Wissens über den Kibbutz, sich praktisch einen Lebensstil vorzustellen, der in unserer heutigen Welt ungewöhnlich ist. In kapitalistischen Ländern gibt es Wahlen der politischen Vertreter und diese bestimmen die hohen Amtsträger (in kommunistischen Ländern sind auch diese Wahlen manipuliert). Aber im Kapitalismus lebt die große Mehrheit in ständiger ökonomischer Abhängigkeit von Bossen verschiedener Art. Ist nicht im Kibbutz, in einem so engmaschigen Netz vielfältiger Beziehungen die soziale Abhängigkeit des einzelnen noch größer? Das im Kibbutz bestehende Grundrecht des einzelnen auf Arbeit hat die größte Geißel des Kapitalismus zerstört: die Arbeitslosigkeit. Und, nicht minder wichtig: die Gefahr der Beherrschung durch einen festen Boß ist aus den zwischenmenschlichen Beziehungen im Kibbutz dadurch ausgeschaltet worden, daß es eine *Rotation aller Funktionäre* gibt, von den Mitgliedern des zentralen Sekretariats[12] bis zu den Trägern rein technischer Aufgaben. Diese theoretische Idee des Utopischen Sozialismus ist im Kibbutz zur alltäglichen Wirklichkeit geworden, – so weitgehend, daß vielleicht die Mehrheit der Kibbutzmitglieder – besonders unter den im Kibbutz geborenen – gar nicht bewußt wissen, daß sie »Prosa sprechen«. Um Mißverständnisse zu vermeiden, wollen wir betonen, daß diese Rotation sich nur auf *Leitungsfunktionen* bezieht (wir werden später sehen, daß im Kibbutz auch die Ausübung technischer Funktionen verärgernde Abhängigkeiten bei Mitgliedern verursachen kann), aber *nicht* auf die *Sphäre der Arbeit*. Das bedeutet, daß alle Kibbutzmitglieder (leider Frauen weniger als Männer[13]) in einer festen Arbeit stehen und Ausbildung dafür erhalten; sie erfahren derart die große Befriedigung, welche diese Art der Arbeit dem Menschen geben kann, ohne die Furcht vor Entlassung und Perioden der Arbeitslosigkeit. Es ist diese gesellschaftliche Grundlage, welche es möglich macht, daß seine Menschen die für den Kibbutz spezifische *Qualität des Lebens* schaffen können: unter seinen Mitgliedern gibt es keine Kriminalität und es gibt auch keine nach sozialer Schichtung unterschiedenen Möglichkeiten für das kulturelle Leben. Da wir von der Wirklichkeit des Kibbutzlebens und nicht von einem Idealbild sprechen, wollen wir wiederholen: in jedem Kibbutz bestehen all die genannten Möglichkeiten, – aber nicht jeder Kibbutz wertet sie im gleichen Maße aus. Es besteht auch nicht überall das gleiche Niveau des kulturellen Lebens; die finanzielle Gleichheit ist wohl nie so vollkommen, daß es keinerlei Privatgeld unter den Mitgliedern gibt. Es gibt viele Kibbutzim, die auf eine kibbutzische Regelung der Auslandsreisen ihrer Mitglieder verzichten, so daß praktisch jede Familie ins Ausland fahren kann, die durch begüterte Verwandte eingeladen wird. Andererseits gibt es auch begabte Kibbutzmenschen, die insgeheim dauernd nach der Position in einer zentralen Funktion streben und dabei in Wirklichkeit weit mehr die damit gegebene Einflußposition schätzen oder ein bequemeres Leben, als den Dienst an der Gemeinschaft. Das ist eine Verfälschung der Grundbestrebungen, – aber solche Verhaltensart ist den Kibbutz-Normen derart entgegengesetzt, daß es wohl stets für den Verfälscher eine große innere Spannung mit sich bringt, wegen der Notwendigkeit seine wirklichen Absichten zu verheimlichen.

In der ›kommunistischen‹ und besonders in der kapitalistischen Gesellschaft besteht die grundsätzliche Anschauung, daß eine Rotation in Verwaltungsaufgaben zu einer großen Verschwendung im Leitungs-Potential führen muß und daher abzulehnen ist. Ich bin kein Sachverständiger für Wirtschaftsfragen. Aber ich weiß, daß in vielen Kibbutzim im Laufe der Jahre ein ständig wachsender Kreis von Menschen sich bildet, deren natürliches Talent und die bestehenden Ausbildungsmöglichkeiten die Rotation möglich macht. Es entstehen Gruppen von Menschen, die ein gemeinsames Interesse an einer bestimmten Arbeit verbindet: Industrie, Landwirtschaft, Erziehung in ihren vielen Formen, Dienstleistungszweige usw. Aus diesen Kreisen wachsen die jeweiligen Leiter heraus, ein Vorgang, der komplizierter wird, je größer und je abhängiger von technischem Wissen der zu leitende Wirtschaftszweig ist. Am schwierigsten ist die Rotation in der Industrieleitung und in den vier zentralen Ämtern des Sekretariats (s. Anhang). Jedenfalls ist es klar, daß die Situation sehr verschieden ist in einer sozialen Umgebung, in welcher die ständige Leitung durch *einen* Direktor als »natürlich« angesehen wird und in einem Kibbuz; im Kibbuz sieht und erlebt man, wie groß der soziale Gewinn ist, der durch die Rotation der Leitungsämter erzielt wird: die Aufhebung wirtschaftlicher Abhängigkeit des einzelnen von einem festen, nicht auswechselbaren Leiter.

Die Kibbutzwirklichkeit hat uns etwas weiteres gelehrt: diese »anarchistische« Lebensform ist in keiner Weise wesenhaft verbunden mit der Notwendigkeit, sich mit einem niedrigeren Lebensniveau abzufinden, wie es in früheren sozialistischen Verwirklichungsversuchen notwendig erschien. Andererseits, die Stimmen, die vor den Gefahren wachsenden Wohlstands für eine Kibbutzordnung warnen, können nicht einfach in den Wind geschlagen werden. Wer schon die dritte Generation im Kibbuz beobachten kann, gewinnt bisweilen den Eindruck, daß die Stärke der ursprünglichen Werte sich abschwächt, und daß diese vor kapitalistischen Bestrebungen nach Wohlstand als apriorischem Selbstzweck zurückweichen. Hier zeigt sich eine Frage, welche die Zukunft des Kibbuz bedrohen kann. Ein Mensch der Gründergeneration nimmt bisweilen mit einem gewissen Schrecken wahr, daß wertvolle Vertreter der jungen Generation ihre persönlichen Forderungen mit einer Schärfe vorbringen, die es in der Gründergeneration nicht geben konnte. Sie sind derart gewohnt, ihr Leben nach den bestehenden Beschlüssen einzurichten, daß sie leicht in die Lage geraten, sich an den Buchstaben des ihnen »Zukommenden« zu halten, ohne die spezifischen Umstände in Betracht zu ziehen. Um ein Beispiel zu geben: ein stets zu jeder geforderten Tätigkeit bereiter junger Mensch hat gerade auf Kosten des Kibbuz ein teures, 3-jähriges Studium beendet. Es gibt im heutigen Kibbuz eine Regelung, die den jungen Mitgliedern eine Art »Ferien vom Kibbuz« finanziell ermöglicht (s. nächsten Abschnitt). Die Ferien werden im wesentlichen für Reisen ins Ausland genutzt. Ohne nun eine besondere Problematik darin zu spüren, verlangte dieser junge Mann 3 Monate Auslandsferien, noch bevor er in seinem neu erworbenen Beruf zu arbeiten begonnen hat, – es kommt ihm ja formell zu. Daß sein Verlangen weit entfernt ist von der ursprünglichen Wertskala des Kibbutz, in welcher der *Dienst* am Kibbutz im Mittelpunkt stand, nicht die Nutznießung seines in schwerer Arbeit erworbenen Wohlstands, kommt ihm vielleicht gar nicht zum Bewußtsein. Da die jungen Mitglieder des heutigen Kibbutz (biologisch) in den Kibbutz hineingeboren werden, d. h. ihn nicht nach sozialen Werten *gewählt* haben, gibt es im Kibbutz von heute nicht wenige junge Menschen, die ihre Zugehörigkeit zum Kibbutz als selbstverständliche Gegebenheit betrachten, seine Arbeitsnormen gut erfüllen, aber nicht zu freiwilliger Tätigkeit politischer Art oder im Rahmen von Kibbutzkomitees bereit sind. Solche Menschen werden ihr Verbleiben im Kibbutz weitgehend von der Erfüllung ihrer privaten Forderung abhängig machen. Wenn solche »Normalisierung« sich durchsetzte, würde der spezifische, sozialistische Gehalt des Kibbutz leicht verloren gehen. Der Kibbutz, als eine auf gemeinsamen Werten aufgebaute soziale Gruppe, kann nicht einfach »natürlich«, biologisch fortgesetzt werden; wenn seine sozialen Grundwerte nicht in der jungen Generation fortleben, – oder aber eine neue Generation, motiviert durch die Wahrnehmung des inneren Niederganges der den Kibbutz bestimmenden Werte, einen Neubeginn setzt. In einer Situation, in welcher die geschichtlichen Ereignisse im Nahen Osten Israel vor tiefe Erschütterungen stellen kann, mag in der Kibbutzjugend durchaus die Kraft erwachsen, die Krisen zu bestehen. Die Chance solcher Erneuerung von innen wird m. E. dadurch gewahrt oder vielleicht gar gewährleistet, daß bisher – d. h. auch im Kibbutz, der im Wohlstand lebt – das Motiv des persönlichen Profits durchaus nicht im Mittelpunkt des Bewußtseins des Kibbutz-Menschen steht. Wir erwähnten bereits, daß im täglichen Leben sein Hauptmotiv ist, ob ihn die öffentliche Meinung in seinem Kibbutz hochschätzt und akzeptiert. Moni Alon[14] hat mit Recht betont, daß diese Wertschätzung vor allem in der Bewährung in der täglichen Arbeit und der täglichen Offenheit für die aktuellen Probleme des Kibbutz erworben wird und daß sie ihren Ausdruck findet in der Wahl zu Ämtern und Komitees des Kibbutz sowie in der Art, wie man solchen Menschen in der wöchentlichen Kibbutz-Versammlung zuhört.

Ich möchte zum Schluß dieses Absatzes eine allgemeine Frage

aufnehmen, die mir häufig gestellt worden ist. Es sind nun schon 60 Jahre, daß Kibbutzim existieren (ohne die ersten vereinzelten Kibbutzgründungen einzubeziehen): ist im Kibbutz ein neuer Typus des Menschen entstanden, unterschieden von anderen in seiner psychologischen Grundausstattung? Die Frage ist sehr allgemein gestellt, und es soll hier nicht mehr als eine allgemeine Richtung zu einer Antwort angedeutet werden, – und auch das nur an zwei Beispielen. Das eine betrifft die *Aggression*: die ökonomische und gesellschaftliche Situation im Kibbutz und die Auswahl der Menschen, die in ihm leben, hat keinen Raum für kriminelle Aggression gelassen. Wo die wirtschaftliche Konkurrenz und der privat geführte Lebenskampf abgeschafft sind[15], wird, mit anderen Umgebungen verglichen, der Aggression viel von ihrer Macht genommen. Was übrig bleibt, sind einerseits verbale Zusammenstöße zwischen einzelnen und zum anderen die nicht häufigen Fälle, in denen einem besonders begabten einzelnen aus Neid die gebührende Anerkennung versagt wird, bisweilen für Jahrzehnte. – Unser zweites Beispiel betrifft eine existenzielle menschliche Situation: die *Einsamkeit*. Es gibt dieses schwere Problem auch im Kibbutz; die Tatsache, daß man den Großteil des Tages, bei der Arbeit und den gemeinsam eingenommenen Mahlzeiten, viele Menschen um sich herum hat, löst dieses Problem nicht. Sowie ein Mensch, der im Kibbutz keine Familie und Freunde hat, seine Zimmertür schließt, ist er einsam. Es gibt auch im Kibbutz Menschen, deren Tür fast nie von außen geöffnet wird. Dennoch erleichtert das Kibbutz-Leben die Einsamkeit in vieler Hinsicht, – sogar in der Situation des einsamen Alterns. Der Einsame ist ja im Kibbutz nicht anonym; die Komitees des Kibbutz sorgen für ihn und finden dafür nicht selten recht persönliche Formen; er ist keiner wirtschaftlichen Not ausgesetzt und ist in der Krankheit unter guter Betreuung. Es gibt auch vielerlei kulturelle Veranstaltungen, bei denen der Einsame zumindestens als Zuhörer sich beteiligen kann.

Was wollen wir mit unseren Beispielen sagen? Es scheint uns, daß die menschlichen Grundsituationen im Kibbutz wie überall sonst bestehen; der Mensch ist hier nicht wesenhaft anders. Aber auf vielen Lebensgebieten werden seine schweren Erfahrungen gemildert; es bleibt ihm mancherlei Not erspart. Er hat allerdings auch spezifische Kibbutzprobleme zu bestehen, wie wir gleich sehen werden.

Die Dichte des Kibbutzlebens als Problem

Wir haben die großen Errungenschaften des Kibbutz im menschlichen Zusammenleben dargestellt. Es drängt sich die Frage auf: warum gibt es diese integrierte Form gemeinschaftlichen Lebens fast nur in Israel? Theodor Bergmann[16] hat die ökonomischen und sozialen Probleme, die in dieser Frage enthalten sind, einer umfassenden komperativ-deskriptiven Studie unterzogen. Wir wollen etwas Teilhaftes zu ihr beitragen durch einen Hinweis auf die spezifischen Probleme, die im Kibbutz im Bereich der menschlichen Beziehungen entstehen. Die Lebensform des Kibbutz gewährleistet seinen Mitgliedern ein Leben, das gesichert und frei von ökonomischer Abhängigkeit von einem Vorgesetzten ist. Menschliche Beziehungen können daher hier freier und zwangloser sein; das bringt auch eine größere Möglichkeit für vielfältige und unverfälschte Beziehungen mit sich. Aber auf der anderen Seite entstehen auch *vielerlei Abhängigkeiten in alltäglichen Dingen*. Sie entstehen z. B. im Verhältnis zu dem Arbeitskoordinator[17], der das Recht hat, jeden für eine gewisse – und manchmal lange – Periode aus seiner festen Arbeit herauszuziehen, um ein Loch auszufüllen, das plötzlich an einem der Arbeitsplätze entstanden ist; oft handelt es sich dabei um Arbeit in den Dienstleistungszweigen, die für den Facharbeiter unerwünscht ist. Solche Abhängigkeiten beziehen sich auch auf Handwerker, auf die Verwalterin der Kleiderkammer, auf den hauptamtlichen Einkäufer, auf das Komitee, das über Auslandsreisen beschließt, oder über Berufsausbildung oder medizinische Behandlung. All diese Beziehungen werden als persönliche Abhängigkeiten erlebt, denn das übliche neutrale Beziehungsmittel des Geldes existiert im Kibbutz nicht. Diese Tatsache macht den Kibbutzmenschen empfänglich für ein Gefühl der Abhängigkeit in vielen täglichen Problemen, über die in anderen sozialen Systemen der einzelne je nach seiner finanziellen Situation *selber* entscheidet. Die erste Kibbutzgeneration hat noch aus eigener Erfahrung die schweren Probleme kennengelernt, welche diese »Selbständigkeit« mit sich bringen kann. Die im Kibbutz geborene Generation, welche solche Erfahrung nie selber machte, empfindet zwar meistens die im Kibbutz bestehende Regelung als »natürlich«. Für jemanden, der in eine soziale Ordnung und Lebensform hineingeboren wurde, ist es viel schwerer, ihre

Vorzüge zu erkennen: er kann ja nicht vergleichen. Diese Einstellung zum Kibbutz als etwas natürlich Gegebenem kann dem Menschen der zweiten Generation leicht die Notwendigkeit einer dauernden Bemühung um ihre unverfälschte Erhaltung verstellen. Aber wenn so jemandem eine ihm wichtige Forderung versagt wird, kann er leichter zu einem seelischen Kurzschluß kommen und ärgerlich das Kibbutzleben verlassen, um finanzielle Unabhängigkeit zu erreichen, die ihm als Ideal erscheint, als »Freiheit«. Er empfindet dabei den Kibbutz als eine Unterdrükkung der freien Persönlichkeit. In solcher Krisensituation erscheint es ihm dann, daß die persönliche Beziehung, auf welcher die Kibbutzregelung von Arbeitsfragen aufgebaut ist, der üblichen Regelung gegenüber (durch Bezahlung) weit unterlegen ist: denn sie macht es möglich, daß Sympathie oder Antipathie des betreffenden Kibbutzfunktionärs ihm gegenüber eine entscheidende Rolle spielt, oder vielleicht auch eine in der Persönlichkeit des Funktionärs begründete Herrschsucht.

Die Abwesenheit ökonomischer Abhängigkeit von einer perpetuierlichen Leitung kann sicherlich echtere und tiefere menschliche Beziehungen ermöglichen. Andererseits schafft die *Dichte* des gesellschaftlichen Lebens im Kibbutz ihre spezifischen Probleme und Belastungen. Man trifft überall dieselben Menschen: in der Arbeit, im gemeinsamen Speisesaal, in den Komitees usw. Man trifft sie jeweils in verschiedenen Rollen: als Mutter, als Schulleiterin, als Komiteemitglied usw., – eine Tatsache, welche das Gefühl der begrenzenden Enge der Beziehungen beim einzelnen noch verstärkt. Diese Dichte ermöglicht zwar in höherem Maße die Nähe und Hilfe für den einzelnen, der in eine Notlage gerät. Aber andererseits bringt sie auch eine ständige Prüfung für den einzelnen mit sich, ob er seine gesellschaftlichen Ideale wirklich im täglichen Leben bewahrt. Das Kibbutzleben hat keinen Platz für Menschen, die sich eine gesellschaftliche Position durch das theoretische Bekenntnis zu hohen menschlichen Idealen schaffen wollen, – aber sie nicht in ihrem eigenen täglichen Leben verwirklichen. Diese Dichte bildet sicherlich in einem kleinen Kibbutz eine noch größere Belastung; aber auch in einem Kibbutz von einigen hundert Menschen bildet sie ein Problem. Die ständige Begegnung mit denselben Menschen schafft sicherlich auch ein Grundgefühl des Geborgenseins, der Vertrautheit. Aber wir wissen z. B. vom Dorfleben, daß sie auch negative Züge

214

zeitigt. Im Kibbutz ist einer von ihnen nicht vorhanden: das geizige Wahren und Vergrößern des persönlichen Besitzes, das im Dorf oft negative Eigenschaften und Zusammenstöße hervorbringt. Aber zwei andere Charakteristika des engen Zusammenlebens in einer kleinen Gesellschaft bleiben mindestens als Gefahren auch im Kibbutz bestehen: das eine ist eine Neigung zum Konformismus, da ja die öffentliche Meinung an den einzelnen so dicht und von allen Seiten herankommt; es gibt daher wenig Möglichkeiten, anonym zu bleiben, sogar in der rein persönlichen Lebenssphäre. Amos Oz, der bekannte Kibbutz-Schriftsteller, hat in einem seiner Romane[18] den Einfluß des *Klatsches* folgendermaßen beschrieben: »Klatsch spielt hier eine wichtige und anerkannte Rolle; auf seine Art trägt er zur Reformierung unserer Gesellschaft bei. Sein Geheimnis liegt in der Selbstreinigung. Das Geheimnis liegt darin, daß einer den anderen Tag und Nacht beurteilt, unbarmherzig und leidenschaftslos. Jeder urteilt hier und jeder wird beurteilt, und keiner Schwäche kann es für lange gelingen, der Beurteilung zu entgehen. Es gibt keine geheimen Winkel. In jeder Minute des Lebens wird man beurteilt. Dies ist der Grund dafür, daß jeder von uns genötigt ist, seine Natur zu bekämpfen, sich selber zu läutern. Wir polieren einander wie ein Fluß seine Kiesel poliert. Unsere Natur widersetzt sich dem nicht. Was ist Natur außer einem blinden selbstsüchtigen Instinkt, dem freie Wahl versagt ist?« (Übersetzt von M. G.). Dieses Zitat soll uns keinesfalls den Unterschied zwischen Klatsch und öffentlicher Meinung vergessen lassen, den wir oben erörtert haben. Und im Grunde ist es doch die öffentliche Meinung in ihrem sachlichen und verantwortlichen Gehalt, welche die Position eines Menschen im Kibbutz bestimmt. Ebensowenig sollte man vergessen, daß es wohl nirgends sonst ein so hohes Ausmaß von organisierter gegenseitiger Hilfe gibt wie im Kibbutz. Aber als ein Element des Problems der Dichte, mit dem wir uns hier befassen, besteht eben im Kibbutz auch der Klatsch. Und wir sind überzeugt, daß der Klatsch im Kibbutz einen besonders negativen Einfluß hat auf die Spontaneität menschlicher Reaktionen, zu einer Vorsicht und gewissen Zurückhaltung führt, welche die Möglichkeit spontanen Ausdrucks menschlicher Nähe negativ beeinflussen kann.

Die Gleichheit in den ökonomischen Mitteln, die dem einzelnen und der Familie vom Kibbutz zur Verfügung gestellt werden, ist m. E. die maximale Verwirklichung sozialistischer Ideale. Sie darf nur nicht verwechselt werden mit einer Tendenz zur Gleichmacherei der Persönlichkeiten; diese würde für den Kibbutz ebenso wie für den einzelnen einen unerträglichen Druck bedeuten, eine Verarmung des Lebens und des schöpferischen Potentials der Individuen. Menschen sind verschieden: in ihrer Begabung, die sich auf ganz verschiedenen Gebieten ausdrücken mag; und sie alle sind für den Aufbau des Kibbutz nötig und wichtig; in der Stärke ihrer Bedürfnisse nach nahen menschlichen Beziehungen und ihrer Aktivität, in ihrem sexuellen Appetit und in unzähligen anderen Bezirken. Die Atmosphäre, die Amos Oz geschildert hat, und der Versuch, für immer mehr Lebensgebiete feste, für alle verbindliche Regeln zu schaffen, bilden m. E. eine Gefahr für den menschlichen Gehalt des Kibbutz. Das Streben nach Reglementierung hat seinen Ursprung in der Schwierigkeit, jeden Tag von neuem sich mit Konflikten zwischen Forderungen des Kibbutz und den Forderungen und Bedürfnissen der einzelnen auseinanderzusetzen, – eine Schwierigkeit, die mit dem Wachstum des Kibbutz wächst. Die Festlegung klarer Pflichten für den einzelnen ist auf einigen Gebieten unentbehrlich, besonders auf dem Gebiet der Arbeit. Aber wenn dies sich auswächst zur Festlegung definitiver Rechte und Pflichten auf allen Lebensgebieten, so erleichtert das zwar den glatten Ablauf der alltäglichen Arbeit und der Tätigkeit der jeweiligen Amtsträger, aber es nagt an der menschlichen Substanz des Kibbutzlebens.

Es ist wohl die große Härte des Lebens in jedem Kibbutz, der auf lange unkultiviertem Land seinen Aufbau beginnt, welche anfangs in Kibbutzim gewisse asketische Neigungen hervorbrachte. Da es als selbstverständlich angesehen wird, daß jeder seine ganze Kraft einsetzt, so erscheint es als unangebracht, daß man jemandem für seinen vollen Einsatz oder sogar für eine besondere Errungenschaft dankt. Jemand, der bei der Arbeit im gemeinsamen Speisesaal stets freundlich ist und für all seine Klienten sorgt – was nicht leicht ist! –, würde es als merkwürdig empfinden oder vielleicht sogar als Schmeichelei mit einer verborgenen Absicht, wenn jemand ihm ein gutes Wort über seine Bemühungen sagte. Das gilt auch für nicht alltägliche Leistungen: man mag nach einer geglückten Baumwoll-Ernte oder einem besonders guten Absatz eines Industrieprodukts eine Feier für den betreffenden Arbeitszweig als Kollektiv veranstalten. Die

Leistung eines einzelnen muß schon etwas sehr Besonderes sein, um speziell erwähnt zu werden. Das betrifft in besonderem Maße Menschen, deren Werk in der geistigen Sphäre liegt. Und unter ihnen wird der Künstler eher den Ausdruck der Hochschätzung der Kibbutz-Gesellschaft als Ganzes erfahren als der Soziologe oder Politiker. Es liegt hier eine Art von Nivellierung vor, die wohl aus dem Kult der körperlichen Arbeit stammt, der den Umbruch jüdischer »Luftmenschen« und Intellektueller zur Arbeit in den Grundzweigen der Produktion begleitete. Den extremsten Ausdruck der »Danklosigkeit«, von der wir gerade sprachen, findet man im Kibbutz in den Dienstleistungsberufen (Küche, Kleiderkammer, Speisesaal); sie sind auch im Kibbutz mit der Sisyphus-Arbeit der Hausfrau zu vergleichen, die Simone de Beauvoir in treffender Weise charakterisiert hat: »Die Hausfrau [...] schafft nichts Neues; sie perpetuiert nur die Gegenwart.«[19] Auch im Kibbutz werden diese Arbeiten meist von Frauen geleistet. Ihre permanente Situation ist, daß sie ständig zu *geben* haben, aber sie sehen kein Resultat ihrer Arbeit, und niemand sagt ihnen Danke, – ihre Arbeit wird einfach als selbstverständlich hingenommen und nur bemerkt, wenn etwas *nicht* in Ordnung ist. Abgesehen von der Arbeit mit Kindern stehen diese Arbeiten nie im Rampenlicht der Öffentlichkeit. Diese Einstellung ist sachlich unbegründet. Die Organisation dieser großen Arbeitszweige und ihrer mannigfaltigen Unterabteilungen verlangt organisatorisches Talent und gute Ausbildung –, besonders da ja im Kibbutz die Leiterinnen dieser Zweige nicht permanent eingesetzt sind, sondern wechseln. Andererseits, wenn diese Dienstleistungszweige gut funktionieren, ersparen sie den einzelnen Familien viel Hausarbeit und haben einen wichtigen Einfluß auf das Lebensgefühl und die Zufriedenheit der Menschen im Kibbutz.[20] All die zuletzt behandelten Phänomene erscheinen uns als die negative Seite des Durchbruchs zu einem Leben, das auf Gleichheit aufgebaut ist. Die ständige Nähe mit Menschen innerhalb eines numerisch begrenzten Rahmens und unter ständiger gegenseitiger Kritik schafft die spezifische »*Dichte*« des Kibbutzlebens, die vielleicht der hauptsächliche Grund für die numerische Begrenztheit der Kibbutzbewegung ist – zusätzlich zu dem Verzicht auf finanzielle Unabhängigkeit.

Ernst-Nehmen des einzelnen

Gerade in der heutigen, etablierten Situation des Kibbutz erscheint uns die Qualität der menschlichen Beziehungen in ihm von besonderer Bedeutung zu sein. Wenn sie nicht genügend beachtet und gepflegt werden, besteht die Gefahr, daß die Beziehungen im Kibbutz rein organisatorisch und entfremdet werden. Und in einer auf Freiwilligkeit aufgebauten Lebensform ist die Qualität des Lebens die wichtigste Garantie für ihre Dauer. Man darf natürlich die hier vorgebrachte Anschauung nicht mit dem Individualismus des Beginns des 20. Jahrhunderts verwechseln. In jeder Schattierung des Individualismus steht das Streben des einzelnen nach wirtschaftlichem und kulturellem *Aufstieg* seiner selbst und seiner Familie im Mittelpunkt der Lebensanschauung und daher ist der *Gegensatz* zwischen Individuum und Gesellschaft ein wesenhaftes Element der individualistischen Anschauung. Wer mit dieser – bewußten oder nicht bewußten – Grundhaltung im Kibbutz lebt, dem werden der Professor, der Großindustrielle und – in Israel – der hohe Offizier als weit wichtigere und glänzendere Lebenswege erscheinen als sie der Alltag des Kibbutz bieten kann. Die Problematik ist notwendigerweise größer in der Generation, die schon in den Kibbutz als bestehende Wirklichkeit hineingeboren wurde.

Unsere Kibbutz-Auffassung – von Martin Buber entscheidend beeinflußt – ist ein Versuch, ein Gegengewicht gegen die »Dichte« der Kibbutzlebens zu schaffen. Wie alle Elemente des Kibbutzlebens, so hat auch diese unsere Grundhaltung viele *praktische Konsequenzen*, die im *Alltag* zum Ausdruck kommen. Wir wollen einige ihrer Ausdrucksformen hier aufführen.

Takt und Zurückhaltung in der Befassung von Mitgliedern des Sekretariats und der Komitee-Mitglieder mit Problemen des einzelnen oder einer Familie. Die erwünschte Atmosphäre wird eher bei einem Besuch bei der Familie als bei ihrer Vorladung in das Büro des Sekretärs geschaffen.

Ermöglichung von Fortbildung eines Mitglieds, auch wenn in ihr »nur« das Interesse des einzelnen gefördert wird und die Ausbildung nicht funktionell für den Kibbutz nötig ist. Das gilt natürlich in besonderem Maße für alle, die auf dem Gebiet des kulturellen Lebens etwas beizutragen haben (Musik, Tanz, Malen, Literatur usw.).

Vermeidung des Verlassens des Kibbutz durch ein Mitglied, das mit persönlichen Problemen zu tun hat dadurch, daß man ihm eine Periode des Lebens außerhalb des Kibbutz vorschlägt, in welcher er zu einer Entscheidung über seine Zugehörigkeit zum Kibbutz gelangen kann. Falls er zu diesem Zwecke psychologischer Hilfe bedarf, hilft ihm der Kibbutz bei ihrer Finanzierung.

Maßnahmen zur Vermeidung eines Gefühls der Anonymität bei den Kibbutzmitgliedern, z. B. dadurch, daß er (sie) zu jedem Geburtstag mit einem Kuchen von der Kibbutzküche bedacht wird.

Gründliche Fachausbildung eines ausreichenden Stabes von medizinisch geschulten Mitgliedern, die nach Einstellung und Wissen als willige Adresse für gesundheitliche Probleme aller Altersstufen dienen können, zusätzlich zum Arzt.

Tägliche Sorge für die altgewordenen Mitglieder des Kibbutz, um sie entsprechend ihren Möglichkeiten in einer sinnvollen Arbeit zu belassen, die sie im täglichen Zusammenhang mit dem Kibbutz hält, aktive Hilfe bei ihrer Freizeitgestaltung und Ermöglichung von Reisen.

Diese Beispiele sollen die wünschenswerte menschliche Atmosphäre veranschaulichen. Zusätzlich dazu wollen wir hier zwei strukturelle Voraussetzungen erwähnen, die uns unerläßlich für die Schaffung solcher Atmosphäre erscheinen.

a. Wir haben aus langjähriger Erfahrung gelernt, daß viele Probleme, die im heutigen Kibbutz erscheinen, in den langen Jahren, in denen wir arm waren, nicht existierten. Dennoch hat der Kibbutz nicht auf das asketische Ideal geschworen. Armut war eine Notwendigkeit in den Gründungs-Jahren des Kibbutz; sie war unsere Form der ursprünglichen Akkumulation, – und nicht mehr als das. Wir können, mit einiger Anstrengung, Menschen verstehen, die auf Askese aus eigener Wahl geschworen haben; aber der zur Weltanschauung erhobene Glaube an die Armen, derer das Himmelreich sei, ist im Laufe der Geschichte nur allzuhäufig als verschleiernde Ideologie der Herrschenden mißbraucht worden. Auf der Grundlage der Armut würden viele unserer gerade gegebenen Beispiele für das Ernst-Nehmen des einzelnen nicht möglich sein. Das Streben nach kollektivem Wohlstand erscheint uns als Sozialismus, der nicht zugunsten eines fernen Himmelreichs auf das Heute verzichten will, – trotz aller Probleme, die Wohlstand für die sozialistische Verwirklichung mit sich bringt.

b. Zu einer zweiten strukturellen Voraussetzung für die positive Gestaltung menschlicher Beziehungen im Kibbutz sind wir aus unserer täglichen Erfahrung gelangt. Wir denken hier an die Wichtigkeit der kulturellen Tätigkeit im Kibbutz und insbesondere an die Wichtigkeit der Gestaltung der gemeinsamen Feste. Wie die religiösen Feste (die für uns Atheisten in ihrer streng traditionellen Form weithin verschlossen sind) so haben auch unsere Feste die Bedeutung, über den Alltag mit seinen Spannungen und Schwierigkeiten herauszuheben, die Herzen aller Teilnehmer zu öffnen für ein kulturelles Erlebnis, das, vom Schulalter aufwärts, alle Schichten und Altersgruppen erfaßt und eint. Dazu ist ein allen verständlicher kultureller Ausdruck nötig. Die Vorbereitung der Feste (jüdisch-traditionelle, nationale sowie spezifische Gedenktage eines Kibbutz) erfordert daher eine große Investition zu ihrer Vorbereitung, die möglichst breite Schichten des Kibbutz, Erwachsene, Jugendliche und Kinder umfassen soll. Die gekaufte Kultur (Kino, Theater, Konzerte) existiert daneben und hat ihre Vorzüge, – aber sie kann die Wichtigkeit des eigenen kulturellen Schaffens nicht ersetzen. In diesen Festen kommen all die Lernkreise zum gemeinsamen Ausdruck, die im Laufe des Jahres sich mit Musik, Literatur, Theater, Photographie usw. befassen. Das literarische und an Symbolen reiche Erbe der traditionellen jüdischen Kultur fügt dieser Eigenarbeit eine bedeutungsvolle Tiefendimension hinzu. In Kibbutzim, in denen das eigene Kulturschaffen kümmerlich ist, kann man demgegenüber Sehnsüchte finden, die traditionelle Erbschaft nicht als Bereicherung anzusehen, sondern sie als *Ganzes*, als Ersatz des eigenen Schaffens, zu übernehmen und damit die allzu-menschliche Sehnsucht nach etwas Festem, Zeit-Überlegenem zu befriedigen, obschon der religiöse *Glaube* an die Tradition nicht vorhanden ist. Wir sehen solche Tendenzen als regressiv an.

Alles, was wir in diesem Absatz bisher sagten über die Sorge für den einzelnen und ihre ökonomischen und kulturellen Voraussetzungen, hat ein zentrales Ziel: die tätige Identifizierung des einzelnen mit dem Kibbutz zu erreichen. Diese hat mancherlei Manifestationen. Eine von ihnen ist dem Kibbutzmenschen selber kaum bewußt, weil er ihm als selbstverständlich erscheint; aber in Wahrheit ist er von exemplarischer Bedeutung: eine der großen

Geißeln der modernen Gesellschaft besteht im Kibbutz überhaupt nicht: es gibt *keine Kriminalität* – und diese Tatsache ist eine der klarsten Manifestationen der Identifizierung des einzelnen mit dem Kibbutz. Eine andere liegt in der Identifizierung eines ganzen Kibbutz mit dem Unglück, das einen einzelnen oder eine Familie betraf, – ein Ausdruck, der selbst in einem großen Kibbutz die Atmosphäre völlig bestimmt: im ganzen Kibbutz – mit Ausnahme der kleinen Kinder – breitet sich eine nicht organisierte, absolute Stille aus, die man regelrecht einatmen kann. Und, um ein positives Anzeichen dieser gegenseitigen Identifizierung zu nennen: in einem gelungenen Kibbutz fällt dem Besucher sofort der Reichtum und die Schönheit der Parkanlagen auf. In einem heißen Klima kann das nicht durch einige wenige erreicht werden, die in diesem Zweige arbeiten; es ist nur erreichbar, wenn jeder einzelne und jede Familie für die Entwicklung der Anlagen um die eigene Wohnung herum eifrig sorgt. Hier trifft das Wort des Dichters Ludwig Strauß zu, der einige Jahre im Kibbutz Hasorea lebte: »Dir glückte die Heimat.«[21] – Das praktisch wichtigste Resultat dieser Identifizierung mit dem Kibbutz ist jedoch die Bereitschaft des einzelnen, in seiner Freizeit für den Kibbutz tätig zu sein in einem der Komitees, in kulturellen oder politischen Aktivitäten, – ohne den Anreiz einer Herrschaftsposition oder einer geldlichen Entschädigung.

Wir haben von der Problematik der »Dichte« im Kibbutzleben gesprochen; die große Vielfalt der Beziehungen und Begegnungen, die das Kibbutzleben mit sich bringt, kann jedoch auch Positives mit sich bringen. Sie bringt sehr viele Nuancen in den tagtäglichen Begegnungen hervor: man kann einen Genossen grüßen und an einem anderen grußlos vorbeigehen; man kann ihn routinehaft grüßen oder mit variierbarem Gefühlsgehalt; man kann häufig mit einem Mitglied einer anderen Familie bei den Mahlzeiten zusammensitzen, ohne mit der ganzen Familie eine feste Beziehung zu haben. – Es gibt auch im Kibbutz Einsamkeit, eines Junggesellen, einer Witwe. Aber verglichen mit der Problematik der Einsamkeit, wie sie in der Großstadt besteht, ist sie wohl nie so bedrückend und hoffnungslos: für die primären Lebensbedürfnisse ist gesorgt und bei den vielen und vielfältigen Veranstaltungen und informellen Treffen – bei der Arbeit, im Speisesaal, bei kulturellen Veranstaltungen – kommt der alleinstehende Mensch weniger zu dem Gefühl der völligen Verlassenheit und »Geworfenheit« (M. Heidegger).

Auf der anderen Seite, eine Idealisierung der im Kibbutz bestehenden, menschlichen Beziehungen ist der sicherste Weg zur Enttäuschung. Die unter Kibbutzbedingungen erleichterte *Möglichkeit* zu menschlichen Beziehungen, wie sie zum mindesten innerhalb der verschiedenen Altersschichten besteht, ist weit entfernt von Bubers »wahrer Gemeinschaft«, wie Buber selber sehr wohl wußte. Es gibt keinen ständigen Aufschwung der Seele und ebensowenig besteht heute die am Anfang des Kibbutz hier und da geübte Praxis der öffentlichen Konfession des einzelnen vor der ganzen Gruppe, die große Nähe und eine Art Selbstaufhebung voraussetzt. Solche übertriebenen Erwartungen führen notwendigerweise zu Enttäuschung und Resignation. Es kann zwischen mehreren hundert Menschen keine Seelenverwandtschaft zwischen allen geben. Unter den Lebensbedingungen des Kibbutz kann der einzelne eher zu vielerlei Beziehungen kommen, viele von ihnen nur zeitweilig. Aber Buber sagte mit Recht, daß Gemeinschaft nicht dadurch zustande kommt, daß alle sich die Hände reichen. Was vor allem nötig ist, ist die allen gemeinsame Mitte; sie ist im Kibbutz vor allem durch das gemeinsame Aufbauwerk gegeben, das vielen und verschiedenartigen Typen von Menschen eine Gelegenheit zur Selbstaktualisierung schafft: dem für Landwirtschaft und Industrie Begabten, dem Erzieher, dem Ideologen wie dem Politiker, Männern und Frauen, verschiedenen Generationen. Jeder Kibbutz ist einer Kibbutz-Föderation angeschlossen, welche die Aufgabe hat, den einzelnen Kibbutz vor einem isolierten Versinken in seinem Alltag zu bewahren und derart die im Kibbutz bestehenden Kräfte zu einem wichtigen Faktor in Israels öffentlichem Leben zu machen, gerade auch in der Politik. Es gelingt ja dem Kibbutz und der Kibbutz-Bewegung, in kleinem Maßstab ein soziales System zu schaffen, das sowohl vom Kapitalismus als vom Sowjet-Kommunismus unterschieden ist. Uri Leviathan hat in einer Untersuchung gezeigt[22], daß die junge Kibbutzgeneration in höherem Ausmaß in *den* Kibbutzim verbleibt, die ihren Grundwerten die Treue halten.

Das ist für eine Generation der Fortsetzer schwieriger als für die Generation der Gründer. Nicht jeder, der in einem Kibbutz geboren wurde, ist fähig, die ererbten Werte zu erwerben, um sie innerlich zu besitzen, – besonders da die privatwirtschaftlich lebende große Mehrheit Israels stets die Neigung hat, ihre Art der individualistischen Existenz als »das Normale« hinzustellen.

Die innere Identifizierung des einzelnen mit dem Kibbutz ist die grundlegende Voraussetzung für ein Leben im Kibbutz. Es ist meine persönliche Überzeugung, daß die Tendenzen hin zur Familie[23], die in den letzten 20 Jahren sich in den drei Generationen umfassenden Kibbutzfamilien ständig verstärken, diese innere Identifizierung mit dem Kibbutz schwächen. Damit mag eine tiefgreifende Wandlung in der Stellung des einzelnen zum Kibbutz eintreten, die sich m. E. schon heute nicht selten bemerkbar macht. Der Kibbutz wird dann hauptsächlich als ein organisatorischer Rahmen für die Großfamilien angesehen. Damit verringert sich die Bereitschaft des einzelnen, dem Kibbutz zu *geben*; es wächst dann die Neigung, vom Kibbutz immer mehr die Erfüllung der persönlichen Eigen-Interessen zu fordern.

Es ist ja viel schwerer, nach sozialen Ideen tagtäglich zu *leben* als philosophisch zu idealen Höhen aufzusteigen. Es ist eine Lebensweise, in der Rückschläge und Enttäuschungen nicht ausbleiben können. Als ich Buber einmal über diese großen Schwierigkeiten befragte, antwortete er mir: »Sie vergessen, daß man Gemeinschaft nicht ›wirklichen‹, sondern nur ver-wirklichen kann.« Es klingt wie ein bloßes Wortspiel; aber für mich ist es bestärkendes Leitwort für's Leben geworden.

Anhang: Das Kibbutz-Sekretariat

> »Führung bedeutet im Kibbutz Dienst an den Mitgliedern, nicht Kontrolle oder Herrschaft über sie. Daher sind Individuen, denen zeitweilig die Wahrung von Führungsaufgaben übertragen wird, nicht zu einem privilegierten Leben berechtigt, sondern teilen den gleichen Lebensstil und die gleichen Anrechte wie andere Mitglieder ihres Kibbutz.«

Angesichts der Wichtigkeit, die wir der Rotation in den Ämtern der Kibbutzfunktionäre zuschreiben, erscheint es uns angebracht, einige konkrete Angaben über die zentrale Leitung des Kibbutz zu machen, die »Sekretariat« genannt wird. Es wird in direkten

Wahlen von der Versammlung des Kibbutz gewählt; die vier zentralen Funktionäre amtieren für 2-3 Jahre, die »Zivilisten« werden häufiger ausgewechselt.[24]

Das engere Sekretariat besteht aus vier vollamtlichen Funktionären: zwei Sekretäre des Kibbutz, die sich mit allen gesellschaftlichen Problemen und der politischen Repräsentation des Kibbutz nach außen befassen. Die beiden anderen sind der Schatzmeister und der Wirtschaftsplaner. Die beiden Sekretäre haben ein besonders schweres Amt, da ihre Funktion alles umfaßt, was nicht direkt als finanziell oder wirtschaftlich definiert ist. Einer von ihnen ist heute meist noch ein Angehöriger der Gründergeneration. Sie haben es mit der ganzen Vielfalt der persönlichen und gesellschaftlichen Probleme der Kibbutzniks zu tun. Das ist notwendigerweise eine aufreibende Aufgabe, die oft für die Amtsperiode den persönlichen Kontakt mit der Gesamtheit der Mitglieder beschränkt, – nicht nur aus Zeitmangel, sondern auch, weil dieses Amt eine Vorsicht verlangt, um jede Indiskretion und jeden Eindruck von »Protektion« von einzelnen zu vermeiden. Es ist von großer Wichtigkeit für das Gelingen der schwierigen Arbeit, die ein Sekretär zu bewältigen hat, ob er bereit ist, sich in persönlicher Begegnung mit dem Genossen einen eigenen Eindruck von ihm zu schaffen und sich nicht von stereotypischen Vorurteilen betreffs dieses Genossen abhängig zu machen. Die vier vollamtlichen Funktionäre bestimmen, welche Probleme von ihnen selber entschieden werden, ohne sie dem weiteren Sekretariat überhaupt mitzuteilen oder sie nur in der Form eines kurzen Berichts weiterzugeben. Das ist aus zwei Gründen nötig: das Kibbutzleben, das alle Lebensgebiete umfaßt, wirft häufig komplizierte persönliche Probleme auf; je sicherer die Diskretion gewährleistet ist, desto leichter ist es für den einzelnen möglich, sein Problem offen zwecks Beratung und Hilfe darzulegen. Nicht selten haben die beiden Sekretäre die einzigen Mitwisser zu sein, – und diese Prozedur ist entscheidend wichtig gerade wegen der Dichte des Zusammenlebens im Kibbutz, wie wir oben beschrieben haben. – Der zweite Grund ist organisatorisch: das gesamte Sekretariat trifft sich meist nur zu einer wöchentlichen Sitzung, die etwa zweieinhalb Stunden dauert. Die »Zivilisten« im Sekretariat arbeiten, abgesehen von diesen Stunden, in ihrer festen Arbeit. Es sind ihrer meist sechs; der jeweils Verantwortliche für die Organisation der Arbeit im Kibbutz ist stets ein Mitglied des

Sekretariats, die anderen werden persönlich gewählt und mit der Absicht, gerade Vertreter der jungen Generation mit den wichtigen Problemen des Kibbutz intim bekannt zu machen. Der Einfluß der »Zivilisten« ist natürlich sehr von ihrer Persönlichkeit abhängig, z. B. von ihrem Mut, schwierige Probleme anzuschneiden und von den vier hauptamtlichen Funktionären Rechenschaft zu verlangen. Die Bereitschaft zu offener Zusammenarbeit zwischen beiden Teilen des Sekretariats ist eine wesentliche Voraussetzung für die Existenz einer wirklichen Demokratie im Kibbutz. Gerade hier können große Verschiedenheiten der gesellschaftlichen Atmosphäre in verschiedenen Kibbutzim ihren Ursprung haben, – selbst wenn die Formen der Organisation die gleichen sind. Eine andere Ursache für die innere Verschiedenheit zwischen Kibbutzim kann im Ausmaß der *Diskretion* betreffs der Beratungen im Sekretariat liegen; wir haben ja oben die wichtige Rolle des Klatsches im Kibbutz beschrieben.

Anmerkungen

1 Ich möchte zwei meiner Kibbutzgenossen meinen Dank aussprechen: Arella Amir und Meir Meron. Ihre große Erfahrung und Einsicht hat viel Material zu diesem Aufsatz beigesteuert, – besonders zu der Schilderung der Arbeit des Kibbutzsekretariats.

2 Menachem Gerson, *Die Grundlage*, in: *Werkleute*, Berlin 1935. Vgl. S. 183-200 dieses Bandes.

3 Martin Buber, *Pfade in Utopia*, in: *Werke*, Erster Band, Heidelberg/München 1962, S. 987. – Alle Erwähnungen von Buber beziehen sich hier auf *Pfade in Utopia*, wenn nicht eine andere Quelle genannt ist.

4 Bruno Bettelheim, *The Children of the Dream*, New York 1969.

5 Der interessierte Leser wird viel Material über hier nicht behandelte Sachgebiete in dem kürzlich erschienenen Buch des Verfassers finden: Menachem Gerson, *Family, Women and Socialization in the Kibbutz*, Lexington (Mass.) and Toronto 1978.

6 Es sollte nicht übersehen werden, daß dies nicht identisch ist mit den »dialogischen Beziehungen«, von denen Buber gesprochen hat. Diese sind kein dauernder Zustand, sondern ein aktuelles Geschehen, das sich jeweils zwischen zwei Menschen abspielt. Er hat dies z. B. in seiner Darstellung einer solchen Begegnung mit einem Diskussionspartner dargestellt. Vgl. Martin Buber, *Zwiesprache*, in: *Werke*, Erster Band, S. 178.

7 Yonina Talmon, *Family and Community in the Kibbutz*, Cambridge (Mass.) 1972, S. 2/3. Vgl. auch Erik Cohens Beitrag in diesem Band.

8 Uri Merri, *Probleme der menschlichen Beziehungen im Kibbutz*, in: *Mibefnim*, Heft 32, 1970 (Hebräisch).

9 Menachem Rosner, *Organische Elemente im großen Kibbutz*, in: *Hedim*, Heft 69, 1962 (Hebräisch).

10 Der Autor identifiziert sich mit den Gegnern der Normierung.

11 Menachem Rosner, *Organische Elemente im großen Kibbutz*, in: *Hedim*, Heft 69, 1962 (Hebräisch).

12 Über seine Struktur und Aufgaben – siehe Anhang.

13 S. mein in Anmerkung 5 zitiertes Buch für eine Diskussion dieses Problems.

14 Moni Alon, *Über Beziehungen von Kibbutz-Genossen*, in: *Hedim*, 1967 (Hebräisch).

15 Moni Alon, op. cit.

16 Theodor Bergmann, *The Kibbutz in the Continuum of Forms of Cooperation*, in: Bartölke, K., Bergmann, Th., Liegle, L. (Hg.), *Problems of Integrated Cooperatives in the Industrial Society – The Example of the Kibbutz*, Assen 1980.

17 Da ich wegen meiner langjährigen Tätigkeit auf dem Gebiet der Lehrerausbildung und der Untersuchung der Kibbutzerziehung schon lange nicht mehr in der physischen Arbeit meines Kibbutz stehe, habe ich über menschliche Beziehungen im Bereich der Arbeit hier nicht geschrieben, – obschon dieses Thema von großer Wichtigkeit ist. Vgl. dazu M. Rosners Arbeit in diesem Band, S. 60-77.

18 Amos Oz, *Elsewhere Perhaps*, New York 1966, S. 8/9.

19 Simone de Beauvoir, *The Second Sex*, New York 1953, S. 451.

20 Für eine Behandlung der Frauenfrage im Kibbutz vgl. das in Anmerkung 5 erwähnte Buch des Verfassers.

21 Ludwig Strauss, *An einen Siedler*, in: *Land Israel, Dichtungen und Schriften*, München 1963.

22 Uri Leviathan, *Faktoren im Gelingen der Absorption der zweiten Generation im Kibbutz*, in: *Hedim*, Oktober 1978 (Hebräisch).

23 D. G. Gil, *Der Kibbutz – ein mögliches Modell für humanes Überleben und für Befreiung*, in: *Oasen der Freiheit*, Hg. v. H. von Gizycki und H. Habicht, Frankfurt-Main 1978.

24 Wir wissen wohl, daß es in manchen Kibbutzim andere Formen annimmt. Das ist nicht zuletzt von der Größe des Kibbutz abhängig: die vielen kleinen Kibbutzim und die wenigen besonders großen Kibbutzim haben andere Formen der Leitung. Aber in allen besteht das Prinzip der direkten Wahl und der Rotation.

Michael Nathan und Alisa Schnabel
Einstellungsveränderungen Kibbutzgeborener zu Freundschaft und Sexualkontakten

Ein Vergleich zwischen den Jahren 1968 und 1973

Würden wir das Bestehen von Sexualkontakten zwischen Heranwachsenden vor Ehe und Abschluß des Gymnasiums als einen unmoralischen Akt verurteilen? Oder würden wir solche Kontakte als eine natürliche, normale und wünschenswerte Erscheinung betrachten? Das ist für jeden von uns eine Ermessensfrage, die man nicht übersehen kann, denn solche Kontakte gab es und wird es geben.

Anscheinend ist der Gegensatz zwischen den verschiedenen Wertträgern so polarisiert, daß kein Übereinkommen zwischen ihnen, keine gemeinsame pädagogische Forderung möglich ist. Trotzdem besteht solch eine pädagogische Forderung, die nach Meinung von vielen minimal, unserer Meinung nach maximal ist: Ungeachtet dessen, wie sich die jungen Menschen verhalten, müssen wir von ihnen fordern, die Bedeutung ihres Verhaltens zu verstehen, mögliche Folgen zu akzeptieren und die Verantwortung für sie zu tragen, sowohl für sich selbst als auch für den anderen. Eine derartige pädagogische Forderung ist für sich sinnlos und unverantwortlich, wenn sie nicht auf Kenntnis von Einstellung und Verhalten der Heranwachsenden basiert.

In der Forschungsarbeit, über die wir im folgenden berichten, haben wir versucht, ein so zuverlässiges Bild wie möglich über Einstellung und Verhalten von 17- bis 18-jährigen im Bereich der Freundschaft und sexuellen Beziehungen zu erhalten und die Veränderungstendenzen in diesem Bereich zu beobachten.

Die Testpersonen dieser Untersuchung kommen alle aus einer Gesellschaftsgruppe, aus der Gruppe der Kinder der Kibbutzbewegung. Freilich vertritt unsere Modellgruppe, die den Kibbutz repräsentiert (ausgenommen den religiösen Kibbutz), nicht die israelische Jugend und ist für sie nicht charakteristisch. Es scheint uns, daß unsere Befunde dennoch von Interesse sind, zumal sie eine Jugend beschreiben, die in einer Gesellschaft aufgewachsen ist, die, im Vergleich zu anderen Teilen der israelischen Gesellschaft, dem Problem ihrer Werte und den pädagogischen Fragen sehr bewußt begegnet. Folglich kann man in unseren Befunden einen Hinweis finden für den Einfluß auf Einstellung und Verhalten, wie eine weltliche Erziehung sie heute erwarten läßt.

Wo immer wir auch mündlich über unsere Arbeit berichteten, wurde uns wiederholt die grundlegende Frage gestellt: »Wieso wissen Sie, daß Ihnen die Wahrheit erzählt wurde?« Zu unserem Bedauern ist die Antwort darauf, daß wir es leider nicht wissen. Alles, was wir tun konnten, war, Bedingungen zu schaffen, die den Heranwachsenden das aufrichtige Antworten zu Fragen in einem Bereich, in dem ihre emotionale Verwicklung enorm ist, nach Möglichkeit zu erleichtern. Wir nahmen an, daß Heranwachsende es vorziehen würden ehrlich zu sein, wenn keine besonderen Beweggründe zur Wahrheitsverheimlichung vorliegen.

Die Arbeit basiert auf einem Fragebogen, der anonym abgegeben wurde. Der Fragebogen hatte zwei Versionen. Die erste Version wurde im Frühling 1967 (vor dem Sechstagekrieg) und Anfang 1968, die zweite im Frühling und zum Sommeranfang 1973 abgefaßt. Beide Versionen enthielten gleichformulierte Fragen über das Maß der sexuellen Erziehung in verschiedenen Bereichen, über Quellen der Erziehung und der Information, über Einstellungen in bezug auf Freundschaft ohne Sexualkontakte und Freundschaft, die Sexualkontakte umfaßt, in der zehnten Klasse wie auch in den Klassen 11 und 12. Alle Fragen im Bereich dieser Einstellungen bezogen sich auf die Befragten, auf ihre Freunde, auf Vater und Mutter. Ebenso fragten wir nach ihrer Einstellung und der ihrer Freunde zu Sexualkontakten ohne feste Bindung. Die Befragten wurden gebeten, alle Einstellungen zu begründen. Auch fragten wir nach dem erwünschten Alter für den Beginn sexueller Kontakte und für die Eheschließung für Jungen wie auch für Mädchen. Bis zu diesem Punkt waren beide Versionen identisch. Die Version von 1973 hat ein paar wesentliche Punkte hinzubekommen. Nach Empfehlung der 1968 Befragten fügten wir Fragen über die erwünschten Quellen zur Sexualerziehung hinzu. Es sind auch Fragen über das Verhalten der Befragten hinzugekommen. Diese Fragen, die wir schon eher stellen wollten, wurden in der ersten Stufe, wegen des Widerstandes in den pädagogischen Abteilungen der Kibbutzbewegungen, nicht gestellt. 1973 bestand dieser Widerstand nicht mehr.

Selbstverständlich lassen sich die Veränderungen, die zwischen 1968 und 1973 entstanden sind, nur in dem Teil des Fragebogens, der in beiden Versionen identisch war, erkennen.

Die Modellgruppe und die Durchführungsart

Die Modellgruppe umfaßte Mädchen und Jungen aus dem 12. Schuljahr, die im Kibbutz geboren oder erzogen waren. Alle Daten, die wir im folgenden bringen, beziehen sich auf Kibbutzgeborene (ausgenommen Tabelle 1). Als »Kibbutzgeborener« wurde jeder definiert, der im Kibbutz geboren und aufgewachsen ist oder vor dem Alter von vier in den Kibbutz kam. Die Befragten kamen aus den drei Bewegungen: Hakibbutz Haartzi, Haichud und Hakibbutz Hameuchad.

Tabelle 1 Die Befragten nach Befragungsjahr, Geschlecht und Herkunft

Befragungsjahr	Kibbutzgeborene			Kibbutz-erzogene	Gesamt
	Jungen	Mädchen	Total		
1967-68	312	337	649	169	818
1973	113	144	257	61	318
Gesamt	425	481	906	230	1136

Das Durchschnittsalter der Jungen und Mädchen war 17,9 Jahre. Die Altersspanne reichte von 17 bis 19.

Die Umfragen wurden immer bei gemeinsamen Versammlungen der 12. Klassen von verschiedenen Kibbutzim (und nicht in den Schulen) durchgeführt. In der Einführung haben wir Forschungscharakter und Wert der Fragebogen wie auch die Anonymität der Antworten unterstrichen. Wir haben streng darauf geachtet, daß Lehrer und Erzieher sich nicht am Ort der Umfrage befanden und daß die Bedingungen während der Umfrage das Gefühl der Anonymität vollkommen bewahrten, auch während des Schreibens. Überwiegend handelte es sich um geschlossene Fragen und ihre Beantwortung dauerte im allgemeinen zwischen 30 und 50 Minuten.

Ergebnisse

a) Die Sexualerziehung

Wir fanden wesentliche Unterschiede in dem Maß des pädagogischen Aufwands, den die verschiedenen Bewegungen geleistet hatten. Der Kibbutz Haartzi steht an erster Stelle, was den gezielten pädagogischen Aufwand betrifft. Im Ichud war dieser Aufwand am geringsten. Der Kibbutz Hameuchad nimmt eine Zwischenposition ein, wesentlich näher zum Ichud. Trotz leichter Änderungen zeichnet sich diese Tendenz 1973 wie auch 1968 ab. Sie ist besonders interessant als Hintergrund für das Vorhandensein oder das Fehlen von unterschiedlichen Einstellungen der Kibbutzbewegungen, der Geschlechter und der verschiedenen Jahrgänge. Wir haben über die Befunde des Jahres 1968 andernorts berichtet (Nathan, 1969) und wiederholen diese nicht. Wir werden nur ein Beispiel bringen: die Stellung des Lehrers als einer bedeutungsvollen Person in der Sexualerziehung (siehe Tabelle 2).

Im Gegensatz zu den markanten Unterschieden im organisierten pädagogischen Aufwand tritt die Ähnlichkeit zwischen den verschiedenen Bewegungen in der Stellung der Eltern hervor (siehe Tabelle 2). Der Vater ist für die meisten Mädchen und Jungen kein Vermittler sexueller Informationen, während in bezug auf die Mutter ein klarer Unterschied zwischen Jungen und Mädchen besteht. Über die Hälfte der Töchter lernte über das Geschlechtsleben von den Müttern, bei den meisten Söhnen war das nicht der Fall. Diese Tendenz ist in allen Jahrgängen einheitlich.

Interessanter und überraschender ist, daß dieses Verhaltensmuster von Eltern-Sohn-Beziehungen im Bereich der Sexualerziehung sehr dem Muster ähnelt, das in einer Untersuchung gefunden wurde, die vor kurzem bei der lernenden Jugend in Israel abgeschlossen wurde (Lanzett u. a., 1974). Diese Autoren berichten, daß »die Mutter von etwa einem Viertel der Töchter, aber nicht von den Söhnen, als Hauptinformationsquelle erwähnt ist. Der Vater ist als Informationsquelle fast überhaupt nicht erwähnt – weder von den Mädchen noch von den Jungen«.

Dieser Befund weist auf eine Erscheinung hin, die von dem hier behandelten Thema abweicht: Die Beziehungsform zwischen

Tabelle 2 Prozentsatz der Schüler, die nichts über das Geschlechtsleben vom Lehrer, vom Vater und von der Mutter gelernt haben (nach Befragungsjahr, Bewegung und Geschlecht)

	1967-68					
	Jungen			Mädchen		
	Hakibbutz Haartzi	Hakibbutz Hameuchad	Ichud	Hakibbutz Haartzi	Hakibbutz Hameuchad	Ichud
Lehrer	4,0	36,0^x	34,7^{xxx}	9,5	41,3^{xxx}	33,9^{xxx}
Vater	69,4	63,3	70,2	78,2	82,2	74,5
Mutter	70,3	70,8	69,9	36,3	42,6	41,7

	1973					
	Jungen			Mädchen		
	Hakibbutz Haartzi	Hakibbutz Hameuchad	Ichud	Hakibbutz Haartzi	Hakibbutz Hameuchad	Ichud
Lehrer	11,4	28,6^{xxx}	58,3^{xxx}	5,5	37,5^{xxx}	46,9^{xxx}
Vater	65,9	75,0	70,8	83,6	76,3	85,7
Mutter	61,4	61,9	68,8	43,6	50,0	40,8

Signifikanz der Differenz im Test χ^2;
$P > 0,05^x = x^2$ im Vergleich zum Kibbutz Haartzi;
$P > 0,001^{xxx}$ im Vergleich zum Kibbutz Haartzi.

Eltern und Söhnen in der Gemeinschaftserziehung im Kibbutz unterscheidet sich nicht wesentlich von den Beziehungsformen, die in der städtischen Familienstruktur in Israel vorzufinden sind.

b) Einstellungen

Im Bereich der Einstellungen zeichnet sich von 1968 bis 1973 eine klare Veränderungslinie in einer permissiven Richtung ab.

In den Jahren 1967/68 bestanden klare und deutliche Unterschiede zwischen den Geschlechtern: Die Jungen waren in allen Bewegungen freier als die Mädchen. Ein solcher Unterschied fand sich in den meisten Untersuchungen. Es sollen hier nur zwei von ihnen erwähnt werden: Die hervorragende Untersuchung von Schofield (1968) in England und eine Untersuchung in Israel, die wir oben schon erwähnt haben (Lanzett u. a., 1974). Zwischen den Kibbutzbewegungen gab es damals deutliche Unterschiede, insbesondere in den Jungengruppen. Der Ichud war der liberalste und der Kibbutz Haartzi der konservativste.

Lediglich in einem Thema gab es eine fast völlige Übereinstimmung schon 1967/68, und hier hat sich nichts geändert. Alle waren sich einig, daß Freundschaft zwischen beiden Geschlechtern erlaubt und erwünscht war (ohne Bezugnahme auf das Thema Sex). Die Hauptbegründung beider Geschlechter war: »Der Mensch braucht einen nahen Freund«. Die Wahl gerade dieser Begründung widerlegt die Behauptung von B. Bettelheim in seinem Buch *Kinder der Zukunft*, daß Heranwachsende im Kibbutz das Bedürfnis einer intimen Beziehung zu einem anderen Menschen nicht verspüren.

Tabelle 3 Gründe für Freundschaft, nach Geschlecht und Befragungsjahr (in Prozent)

	Jungen		Mädchen	
	1968	1973	1968	1973
Ein Mensch braucht einen nahen Freund	70,3	74,5	76,3	79,5
Entwickelt die Persönlichkeit und verbessert den Charakter	63,3	59,9	59,7	50,0
Vermittelt ein Sicherheitsgefühl	38,0	38,8	46,7	53,7
Kann die Basis einer gemeinsamen Zukunft sein	21,3	20,0	14,6	12,3
Fördert den gesellschaftlichen Status	7,0	6,8	2,7	4,4

In jeder der Begründungen wurden die Prozentanteile von 2 Optionen zusammengerechnet.

Besonders deutlich wurde der Veränderungstrend in der Einstellung zu Sexualkontakten im Rahmen einer Freundschaft (die, wie oben erwähnt, erwünscht ist) in den Klassen 11 und 12. Während es im Jahre 1968 zu diesem Thema klare Unterschiede zwischen den Geschlechtern und den Bewegungen gab (siehe Tabelle 4 und Graphik 1), sind 1973 die Unterschiede verschwunden, und die

Entwicklung auf die permissive Richtung hin erreichte bei diesem Thema einen Punkt, an dem fast alle die liberalste Position einnahmen.

Tabelle 4 Antworten der Befragten bezüglich ihrer Einstellung und der ihrer Freunde und Eltern zu Sexualkontakten als Teil einer Freundschaft in den Klassen 11 und 12. (Prozentsätze der Befürworter dieser Beziehungen nach Geschlecht und Befragungsjahr)

	Jungen			Mädchen			Differenzen zwischen den Geschlechtern	
	1968	1973	Diff.	1968	1973	Diff.	1968	1973
Ich	76,3	92,9	16,6[xxx]	64,0	88,9	24,9[xxx]	12,3[xxx]	4,0
die Clique	68,9	93,8	24,9[xxx]	62,6	95,1	32,5[xxx]	6,3[x]	1,3
Vater	49,2	69,2	20,0[xxx]	30,5	54,2	23,7[xxx]	18,7[xxx]	15,0[x]
Mutter	44,9	63,8	18,9[xxx]	36,8	59,0	22,2[xxx]	8,1[xx]	4,8

Signifikanz der Differenz im Test χ^2. $P > 0,05^{x}$; $P > 0,01^{xx}$; $P > 0,001^{xxx}$.

Es muß nochmals unterstrichen werden, daß alle Zahlen, die hier und anschließend angegeben werden, die Auffassung der Befragten aus der 12. Klasse in bezug auf ihre Einstellung zu der »Clique«, zu »Vater« bzw. »Mutter« wiedergeben.

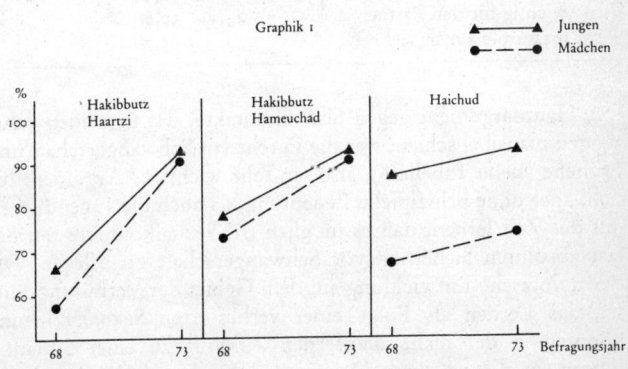

Prozent der Befürworter von Sexualkontakten als Teil einer Freundschaft in den Klassen 11-12 (nach Bewegung, Geschlecht und Befragungsjahr)

233

Zu diesem Zeitpunkt wurde die Loslösung von einer Norm erreicht, der die meisten Kibbutzerzieher anhingen, und die den Aufschub der vollen Sexualkontakte bis nach Beendigung des Gymnasiums befürwortete. Wir nehmen an, daß eine Erhebung der Anschauungen der Eltern und Erzieher diesbezüglich erbracht hätte, daß ihre Norm sich der Norm der Jüngeren angepaßt und sie sich mit der Wirklichkeit abgefunden haben.

Es wurden zwei Hauptgründe für Sexualkontakte im Rahmen einer Freundschaft angegeben (siehe Tabelle 5): »Weil es ein natürlicher Trieb ist, der nicht unterdrückt werden soll«, und weiter: »Weil sie die Grundlage jeder Liebe sind«. Mit kleinen Unterschieden blieb die Reihenfolge bei Jungen wie auch bei Mädchen gleich, trotz des herausragenden Unterschiedes in der Einstellung selbst. Es fällt auf, daß die triebbezogene Begründung die dominante ist.

Tabelle 5 Gründe zur Befürwortung von Sexualkontakten als Teil einer Freundschaft (nach Geschlecht und Befragungsjahr)

	Jungen		Mädchen	
	1968	1973	1968	1973
Das ist ein natürlicher Trieb, der nicht unterdrückt werden sollte	82,0	78,5	87,0	90,7
Sie sind die Grundlage jeder Liebe	58,0	53,6	58,7	43,6
Weil es Spaß macht	27,0	31,6	24,0	35,6
Es ist wichtig für den Partner	24,3	30,6	26,0	24,9
Sonst masturbiert man viel	8,7	5,7	4,3	5,2

Das Hauptargument gegen Sexualkontakte, das in beiden Jahrgängen plausibel schien, war die Furcht vor Schwangerschaft und Frühehe (siehe Tabelle 6), also ein sehr wichtiges Argument für sich, aber ohne prinzipielle Bedeutung, da auch die Jugendlichen mit der Zeit lernen, daß es möglich ist, Sexualkontakte mit der fast absoluten Sicherheit vor Schwangerschaft zu pflegen. Die technologische Entwicklung auf dem Gebiet der Verhütungsmittel, das Lernen als Folge einer verbesserten Sexualerziehung könnten in der nicht allzufernen Zukunft zu einer Situation führen, in der es, ihrer Meinung nach, kein Argument gegen Sexualkontakte mehr geben wird.

Tabelle 6 Argumente gegen Sexualkontakte als Teil einer Freundschaft
(nach Geschlecht und Befragungsjahr, in Prozent)

	Jungen		Mädchen	
	1968	1973	1968	1973
Sie können zu Schwangerschaft führen	69,7	64,5	73,3	64,3
Sie können zu Frühehe führen	48,0	37,0	54,7	43,3
Verbrauchen Lernkräfte	27,7	33,7	25,7	36,9
Führen zur Loslösung vom Gesellschafts-leben	31,3	33,8	20,7	28,0
Stören die Konzentration bei Arbeit und Studium	23,3	31,0	25,6	27,4

Ein markanter Unterschied zwischen den gegenwärtigen Normen der Erwachsenen und denen der Jüngeren bezüglich »sexueller Reinheit« findet sich in der Antwort, daß »Sexualkontakte zwischen einem Jungen und einem Mädchen, die kein Paar bilden, nichts Schlechtes enthalten« (siehe Tabelle 7 und Graphik 2).

Die Veränderung bei diesem Thema verlief schnell und ist offenkundig. 1968 bestand eine große und sehr wesentliche Diskrepanz zwischen Mädchen und Jungen und ein erkennbarer Unterschied zwischen den Jungen der verschiedenen Bewegungen. Die Anzahl der Vertreter dieser Meinung wuchs bei den Jungen um 26%, von 53% auf 79%, demgegenüber betrug bei den Mädchen der Zuwachs 48%, von 13% auf 61%! Es ist wichtig zu erwähnen, daß die Zahlen sich nicht auf diejenigen beziehen, die Sexualität praktizieren oder sagen, daß sie es tun werden, sondern auf diejenigen, die nichts Schlechtes darin erblicken. Aus vielen Gesprächen mit Eltern und Erziehern wurde uns klar, daß eine tiefe Diskrepanz zwischen den Generationen in diesem Punkt besteht.

Die Hauptbegründung für Sexualkontakte ohne Freundschaft war, daß »der Geschlechtstrieb ein natürlicher Trieb ist, der nicht an Liebe gebunden ist«. Und danach, daß »es erwünscht ist, Erfahrung zu sammeln, bevor man sich bindet«, und zwar bei Jungen wie auch bei Mädchen, 1968 genauso wie 1973 (siehe Tabelle 8). Rückblickend kann man sagen, daß die Stärke dieser Begründung schon 1968 die Veränderung in die permissive Richtung erklärt und erläutert.

Tabelle 7 Antworten der Befragten bezüglich ihrer Einstellung und der ihrer Freunde zu Sexualkontakten zwischen Jungen und Mädchen, die kein »Paar« bilden (Prozentsätze derjenigen, die diese Beziehungen ablehnen – nach Geschlecht und Befragungsjahr)

	Jungen			Mädchen			Differenzen zwischen den Geschlechtern	
	1968	1973	Diff. 1968/ 1973	1968	1973	Diff. 1968/ 1973	1968	1973
ich	47,2	20,7	26,5^{xxx}	87,0	39,0	48,0^{xxx}	39,8^{xx}	18,3^{xxx}
die Clique	60,5	33,0	27,5^{xxx}	80,6	53,2	27,4^{xxx}	20,1^{xx}	20,2^{xxx}

Signifikanz der Differenz im Test χ^2. $P > 0,01^{xx}$; $P > 0,001^{xxx}$.

Hierher gehört auch das bedeutende Sinken des erwünschten Alters für den Beginn der Sexualkontakte. Wir fragten Mädchen wie auch Jungen über das wünschenswerte Alter für den Beginn der Sexualkontakte für beide Geschlechter (siehe Tabellen 10 und

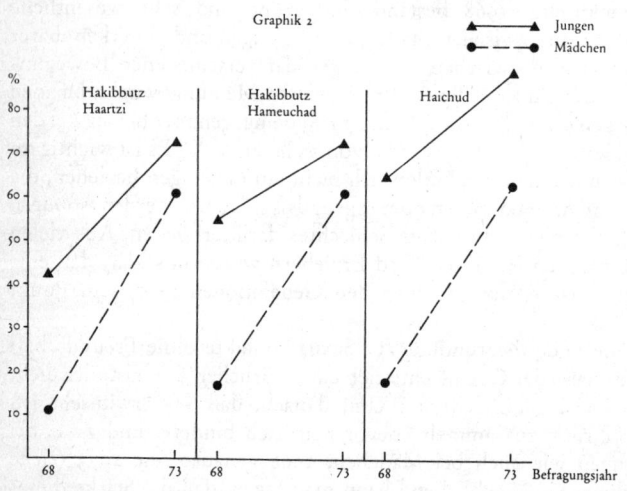

Prozent derjenigen, die mit Sexualkontakten zwischen Jungen und Mädchen, die kein »Paar« bilden, einverstanden sind
(nach Bewegung, Geschlecht und Befragungsjahr)

11). 1968 war das Durchschnittsalter, das beide Geschlechter erwähnten, höher als 1973. Es bestand ein klarer Unterschied im wünschenswerten Alter zwischen den Angaben der Jungen und denen der Mädchen.

Tabelle 8 Gründe für Sexualkontakte zwischen Jungen und Mädchen, die kein Paar sind (nach Geschlecht und Befragungsjahr – in Prozent)

	Jungen		Mädchen	
	1968	1973	1968	1973
Der Geschlechtstrieb ist ein Natur-trieb, nicht gebunden an Liebe	58,0	63,0	70,0	61,6
Man sollte Erfahrung sammeln, bevor man sich bindet	40,7	29,3	42,0	27,7
Mangels einer festen Freundschaft ist auch das eine Lösung	32,7	33,8	30,0	49,8
Es ist auf jeden Fall gesünder als Onanie	29,0	24,8	23,0	18,3
Es ist nichts Beschämendes dabei	22,6	32,6	25,3	35,1
Der Erfolgreiche gewinnt die Aner-kennung seiner Freunde	17,0	16,5	9,7	7,5

Tabelle 9 Gründe gegen Sexualkontakte zwischen Jungen und Mädchen, die kein Paar sind (nach Geschlecht und Befragungsjahr – in Prozent)

	Jungen		Mädchen	
	1968	1973	1968	1973
Befriedigende Sexualkontakte wachsen nur aus Liebe	48,0	46,8	51,3	52,6
Sexualkontakte ohne Freundschaft können Freundschaft verhindern	31,7	32,0	26,7	23,1
Sie zerstören die reine Liebe	27,3	24,0	29,3	34,2
Ohne Liebe erniedrigen sie den Menschen	17,3	21,8	36,0	25,6
Sie verhelfen dem Mädchen zu einem schlechten Ruf	30,7	26,5	18,7	22,6
Sie können katastrophale Folgen haben	19,7	24,5	24,7	20,1
Sie schaffen eine negative Meinung über alle Beteiligten	25,3	24,4	13,3	21,8

Jungen und Mädchen meinten, daß es für Mädchen besser wäre, früher mit Sexualkontakten zu beginnen als die Jungen. 1973 verschwand dieser Unterschied, und in der Tat bezeichnet jedes Geschlecht das gleiche Alter als erwünscht für sich und für das andere Geschlecht. Der einzige, übriggebliebene Unterschied besteht darin, daß 1968 wie 1973 die Jungen liberaler waren als die Mädchen, was das erwünschte Alter für sich wie auch das der Mädchen betraf.

Tabelle 10 Wünschenswertes Durchschnittsalter für den Beginn der Sexualkontakte für Jungen und Mädchen (nach Befragungsjahr und Geschlecht)

	Antworten der Jungen		Antworten der Mädchen	
	1968	1973	1968	1973
Für Jungen	17,4	16,6	18,1	17,1
Für Mädchen	17,0	16,5	17,5	17,1

Tabelle 11 Das wünschenswerte Alter für den Beginn der Sexualkontakte (nach Befragungsjahr und Geschlecht – in Prozent)

	Antworten der Jungen		Antworten der Mädchen	
	1968	1973	1968	1973
Für Jungen vor 18	52,7	76,2	30,2	64,3
Für Jungen ab 18	47,3	23,8	69,8	35,7
Für Mädchen vor 18	64,1	81,7	45,6	68,6
Für Mädchen ab 18	35,9	18,3	54,4	31,4

$\chi^2 = P > 0{,}001$ in allen Gegenüberstellungen der Jahrgänge.

Die Korrelation im Alter, das Jungen und Mädchen für sich selbst und für die anderen verzeichneten, war signifikant und erreichte 1968 für Jungen 0,85 und für Mädchen 0,78. 1973 war es 0,72 für die ganze Modellgruppe.

Aus all diesen Daten zeichnet sich ein sehr wichtiger Befund ab: Die im Kibbutz geborenen Jungen und Mädchen haben heute keine Doppelmoral in bezug auf den Beginn der Sexualkontakte.

Alle akzeptieren für den anderen das, was sie für sich selbst als wünschenswert betrachten. Solche Befunde wurden auch in der umfassenden Untersuchung von Lanzett und seinen Mitarbeitern (1974) festgestellt: »Kibbutzgeborene, Jungen und Mädchen, [. . .] sind die liberalsten; [. . .] der Unterschied äußert sich nicht nur in größerer Permissivität, sondern auch im Fehlen eines doppelten Maßstabs« (Lanzett u. a., 1974, S. 11; siehe auch Nathan und Schnabel, 1972).

In diesem Punkt glückte also die gleichstellende Erziehung, obwohl der Inhalt dieser Gleichheit für die meisten der Erzieher nicht vorauszusehen war.

Die doppelte Moral, die nach jener Untersuchung (Lanzett u. a., 1974) in der Jugend außerhalb des Kibbutz existiert, ist bei Mädchen stärker als bei Jungen zu finden. Das erklärt vielleicht die interessante Erscheinung, daß die Einstellungen der Jungen im Kibbutz mit den Einstellungen der Jungen in Oberschulen außerhalb des Kibbutz vergleichbar sind (Schulen, die in der Herkunft der Schüler den Kibbutzschulen ähneln). Demgegenüber sind die Stadtmädchen viel konservativer als die Kibbutzmädchen, die den Jungen im Kibbutz nahe kommen.

c) Verhalten

Der Gegensatz zwischen Kibbutzmädchen und Stadtmädchen tritt selbstverständlich besonders hervor, wenn in ihrem Bericht von Verhalten im sexuellen Bereich die Rede ist.

Tabelle 12 Auskunft der Befragten (1973) über den Stand der Kontakte, die sie mit dem Partner erreicht haben (nach Geschlecht – in Prozent)

	Jungen	Mädchen
Überhaupt keine Kontakte	18,9	11,5
Küsse	8,1	5,1
Unvollständige Sexualkontakte	22,5	26,6
Volle Sexualkontakte	50,5	56,8

56% der Mädchen im Kibbutz berichten, daß sie volle Sexualkontakte hatten im Vergleich zu 50% der Jungen ihres Alters (siehe Tabelle 12 und Graphik 3). Demgegenüber berichteten in der Modellgruppe von Lanzett und Mitarbeitern (Lanzett u. a., 1974,

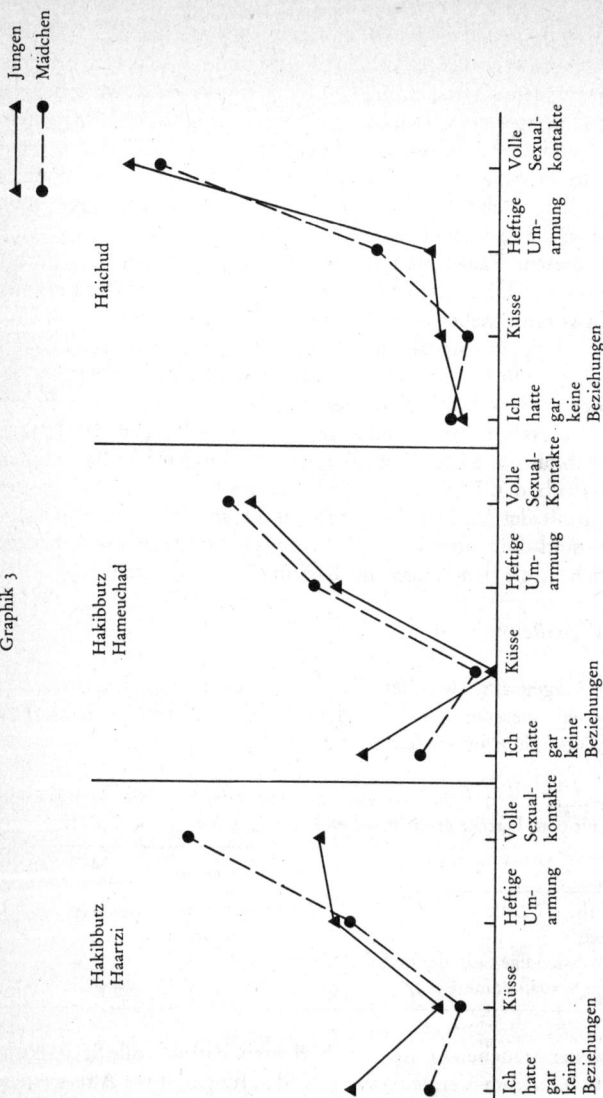

Graphik 3

Jungen
Mädchen

Haichud

Hakibbutz
Hameuchad

Hakibbutz
Haartzi

Die Stufen in den Beziehungen mit dem anderen Geschlecht (1973)
(nach Bewegung und Geschlecht – in Prozent)

240

S. 4), wenn von der gleichen Altersgruppe die Rede ist, über volle Sexualkontakte 41% der Jungen und nur 16% der Mädchen.

In der Untersuchung von Schofield berichteten 30% der Jungen und 16% der Mädchen in diesem Alter, daß sie volle Sexualkontakte erreichten.

Wir möchten auf eine interessante Tatsache hinweisen: wenn in der Modellgruppe im Kibbutz die Relation der Zahl der Jungen und Mädchen, die Sexualkontakte ausübten, fast 1:1 war, war sie in der englischen Untersuchung etwa 1:2, während sie in der israelischen Untersuchung 1:2,5 beträgt. Diese Relation erstaunt und erweckt Fragen, zu denen wir in der allgemeinen Diskussion zurückkehren werden.

Aus der Graphik 4 und Tabelle 13 können wir einiges über die Beziehung von Einstellungen und Verhalten lernen. Es ist ersichtlich, daß die Einstellung bei beiden Geschlechtern liberaler ist als das Verhalten, aber die Diskrepanz bei Jungen größer ist (die Ursache hierfür liegt bei den Jungen des Kibbutz Haartzi). Von je 7 Jungen, die es für richtig hielten, volle Sexualkontakte zu haben, erreichten dies 4, während bei den Mädchen die Relation 6 zu 4 war.

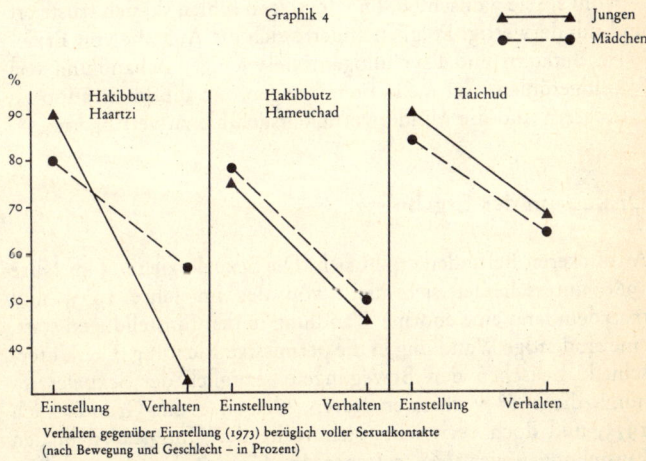

Graphik 4

▲——▲ Jungen
●--●-- Mädchen

Verhalten gegenüber Einstellung (1973) bezüglich voller Sexualkontakte
(nach Bewegung und Geschlecht – in Prozent)

Man kann es anders formulieren und behaupten, daß die liberale Einstellung dem Verhalten vorauseilt, was die Annahme bestärkt, daß diese Einstellung einer der wichtigen Gründe ist, die das

Tabelle 13 Verhalten der Befragten im Vergleich zu ihrer Einstellung bezüglich voller Sexualkontakte

	Jungen	Mädchen
Prozent der Befürworter	88,7	81,9
Prozent der Ausführenden	50,5	56,8

Verhalten beeinflussen. Aber die Bedeutung der Einstellung liegt nicht nur in ihrem Einfluß auf das Verhalten. Bei den Jungen und Mädchen, die eine Diskrepanz zwischen dem Erwünschten und dem Vorhandenen, zwischen Einstellung und Verhalten erleben, können schwerwiegende Spannungen und Frustrationen entstehen. Hier steht der Erzieher vor einem bisher nicht üblichen Problem. In der früheren Generation begegneten die Erzieher öfter Jungen und vielleicht noch mehr Mädchen, die zu Sexualkontakten kamen, auch wenn sie sie als unerwünscht betrachteten, und deswegen von heftigen Schuldgefühlen geplagt waren. Jetzt stehen wir Mädchen und noch mehr Jungen gegenüber, denen es nicht »gelungen« ist, volle Sexualkontakte zu erreichen, obwohl sie sie wünschten, und deswegen fühlen sie sich frustriert und minderwertig. Folglich änderte sich die Aufgabe von Erziehern, Beratern und Psychologen: viel weniger Behandlung von Schuldgefühlen, viel mehr Bemühungen, um die Frustration zu erleichtern und die Minderwertigkeitsgefühle zu verringern.

Diskussion der Ergebnisse

Aus unseren Befunden ergibt sich: Die Sexualerziehung im Jahre 1968 unterscheidet sich nicht von der im Jahre 1973, und trotzdem fand eine enorme Wandlung in den Einstellungen statt, eine eindeutige Wandlung in die permissive Richtung. Die Unterschiede zwischen den Bewegungen bezüglich der Sexualerziehung, die 1968 vorhanden waren, bleiben es im Grunde auch 1973, und doch verwischte sich völlig der Unterschied in den Einstellungen, der 1968 zwischen den Jugendlichen der verschiedenen Bewegungen existierte. Die Schlußfolgerung ist klar: Es wurde kein Zusammenhang gefunden zwischen gesteuerter Sexualerziehung und den Einstellungen der Befragten, anders formuliert – diese Erziehung, so wie sie vermittelt wurde, hatte keinen Einfluß auf die Einstellungen zu Sexualkontakten.

Damit sei nicht behauptet, daß Sexualerziehung überflüssig ist. Wahrscheinlich hat sie eine Bedeutung in manchen Bereichen (z. B. im Bereich der Schwangerschaftsverhütung). Es läßt sich aber argumentieren, daß jemand, der erwartet, daß Sexualerziehung in der Schule die Einstellung der Schüler in diesem Bereich formen würde, bitter enttäuscht werden kann. Apropos, in diesem Befund ist nichts Neues. Schofield (1968) kam zu der gleichen Schlußfolgerung (S. 138) auch bezüglich des Sexualverhaltens von Jungen und Mädchen.

Wie läßt sich der große Wandel, der sich in den Einstellungen Kibbutzgeborener zu Sexualkontakten vollzogen hat, erklären? Es scheint uns, daß hier ein Zusammentreffen von verschiedenen Faktoren vorliegt; einige wirken in der gesamten israelischen Gesellschaft, die anderen wirken stärker in der Kibbutzgesellschaft.

Ein erster Faktor, dessen Einfluß in der allgemeinen israelischen Gesellschaft sicher nicht kleiner ist als in der Kibbutzgesellschaft, ist die »Botschaft«, die Heranwachsende von allen Kommunikationsmitteln empfangen: Die Filme, das Zeitungswesen, das Fernsehen, die Taschenbücher usw. Diese Botschaft verkündet: Sex ist alles in der Welt, insbesondere in der Welt der Jugend. So wird der »Zeitgeist« interpretiert. Auf dem Hintergrund dieser Botschaft, die lauter und betonter wird, verlieren die Versuche einer relativ »konservativen« Erziehung viel von ihrer Glaubwürdigkeit.

Aber in der Kibbutzgesellschaft begegnet die Jugend nicht nur der Botschaft der Kommunikationsmittel, sondern auch einer Gruppe von ausländischen Jugendlichen – den »Freiwilligen«, deren Lebenswandel als ein lebendiges Beispiel für jene Botschaft verstanden wird.

Der Kontakt mit den Freiwilligen von außerhalb wurde in den Kibbutzim nach dem Krieg von 1967 viel intensiver. Die gesellschaftlichen Barrieren, die zwischen Kibbutzgeborenen und Auslandsjugend bestanden, verschwanden. Der Kontakt war tagtäglich vorhanden, bei der Arbeit und danach. Wir nehmen an, daß nicht so sehr die Gelegenheit dazu zu Sexualkontakten zwischen den Heranwachsenden des Kibbutz und den Freiwilligen von außerhalb führt, sondern der Einfluß von Lebensart und Denkweise: Einige der Unterschiede zwischen den Söhnen des Kibbutz Haartzi und den anderen Söhnen (s. Graphik 3) lassen sich erklären als eine Folge des engeren Kontakts von »Freiwilligen« und Kibbutzgeborenen in Ichud und Meuchad gegenüber dem Kibbutz Haartzi, in dem man in einer internatsähnlichen Lehranstalt erzogen wird. Ein weiterer Faktor, der die ganze israelische Gesellschaft beeinflußte, waren die Kriegsauswirkungen: die des Sechstagekrieges und des nachfolgenden Zermürbungskrieges. Die Kriege aktualisierten für die jungen Leute in Israel den Tod. Aufschub von Befriedigung konnte Verzicht auf Befriedigung, Aufschub des Sexualerlebnisses, Verzicht darauf bedeuten. Das Recht der Erwachsenen, derartige Verzichte zu verlangen, wurde bei den Heranwachsenden sehr fragwürdig. Möglicherweise war diese Konfrontation mit dem Schicksal in der Kibbutzgesellschaft greifbarer, in der jedes Opfer ein Familienunglück für alle war.

Die Analyse der Unterschiede zwischen der Modellgruppe von 1967 und der von 1968, die wir immer zusammen vorlegten, weist darauf hin, daß, obwohl nicht alle Unterschiede zwischen den zwei Jahrgängen deutlich sind, alle die gleiche Richtung zu mehr Permissivität einnehmen.

Möglicherweise funktionieren einige Hemm-Mechanismen, die in der allgemeinen Gesellschaft im Bereich des Verhaltens und der Einstellungen wirken, in der Kibbutzgesellschaft gleichermaßen oder überhaupt nicht. Weisen wir nur auf den auffälligsten unter ihnen hin, den doppelten Maßstab, der Mädchen verbietet, was er Jungen erlaubt. Das Vorhandensein einer derartigen doppelten Moral in bezug auf frühe Sexualkontakte wirkt sicher als Bremsfaktor, besonders bei Mädchen. Das Fehlen solch eines Maßstabes in der Kibbutzgesellschaft (Nathan und Schnabel, 1972) erklärt sicher teilweise die Unterschiede zwischen Kibbutzmädchen und Stadtmädchen.

Wir nehmen an, daß die Kombination aller oben erwähnten Faktoren die deutliche Wandlung erklärt, die mit der Zeit in den Einstellungen von Mädchen und Jungen im Kibbutz eingetreten ist.

Wir vermuten, daß parallel zu der Wandlung in den Einstellungen auch ein Wandel des Sexualverhaltens stattfand; das ist aber eine Vermutung, die wir mangels Material über das Verhalten im Jahre 1968 nicht beweisen können.

Eine Bestätigung der Gültigkeit der Ergebnisse, die wir bringen, findet sich in der Ähnlichkeit mit den Ergebnissen, die Lanzett und seine Mitarbeiter (1974) bei Kibbutzkindern fanden. Auch die Tatsache, daß die erkannte Veränderungstendenz, ungeachtet der Geschlechter und der Bewegungen, identisch ist, und daß keine Widersprüche in den Befunden stecken, weist auf ihre Gültigkeit hin.

In Untersuchungen dieser Art ist es üblich, die Berichte von Jungen und Mädchen über Sexualkontakte unterschiedlich zu bewerten. In den Berichten der Jungen sehen manche deren Tendenz, als »Männer« gelten zu wollen, daher die Vermutung, daß diese Berichte übertrieben sein könnten. Demgegenüber werden Berichte der Mädchen über Sexualkontakte eher als Untertreibung bewertet. Unsere Befunde enthalten keinen Hinweis darauf, daß es in der Kibbutzmodellgruppe tatsächlich so ist. Sollte diese Vermutung trotzdem auch hier richtig sein (das ist, wie gesagt, eine unbegründete Spekulation), würde sie auf die Existenz einer im Kibbutz im Vergleich zur Stadt entgegengesetzten Erscheinung hinweisen. Es würde bedeuten, daß im Kibbutz viel mehr Mädchen als Jungen Sexualkontakte vor Beendigung des Gymnasiums haben. Bekanntlich ist es in der Stadt umgekehrt. Es besteht ein unübersehbarer Unterschied zwischen Kibbutz- und Stadtmädchen, was die Prozentzahl der Berichte über volle Sexualkontakte anbetrifft: 58% im Kibbutz gegenüber 16% in der Stadt. Dieser Unterschied bedarf eines Erklärungsversuchs.

Lanzett und seine Kollegen versuchen eine zusätzliche Erscheinung zu verstehen: Mit wem hatten die vielen Jungen Sexualkontakte? War es eine kleine Gruppe von Mädchen, die Beziehungen zu vielen Jungen unterhielten? Die Analyse ihres Materials unterstützt nicht diese Vermutung. Wir meinen eine Teilantwort zu ihrer und unserer Frage zu finden, wenn wir den Einfluß der gesellschaftlichen Erwünschtheit (social desirability) als Faktor ansehen, der nicht nur das Verhalten, sondern auch den Bericht über das Verhalten beeinflußt. Mangels einer doppelten Moral im Kibbutz hat dieser Faktor die Kibbutzmädchen nicht beeinflußt. Demgegenüber wurde ihre Existenz in der Stadt zu einem Faktor, der den Bericht der Stadtmädchen, aber nicht den der Jungen beeinflußte.

Zusammenfassung

Die Entwicklungstendenz in der Kibbutzjugend ist klar und eindeutig: Große Permissivität in den Einstellungen, Herabsetzen des »wünschenswerten Alters« für den Beginn der Sexualkontakte, Vorverlegung des Alters, in dem Sexualkontakte beginnen, für Mädchen wie auch für Jungen. Jeder, der mit der Sexualerziehung im Kibbutz zu tun hat – gleichgültig welche Werte er auch vertritt –, muß sich mit dieser Wirklichkeit auseinandersetzen.

Theoretische Erklärungsversuche, wie die von J. Shepher (1973/74), die auf Befunden der vorpermissiven Zeit der Kibbutzjugend basieren, sind sehr interessant, müssen aber, unserer Meinung nach, von neuem untersucht werden.

Die aufkommende Frage ist, ob die gleiche Entwicklungstendenz auch bei der städtischen Jugend in Israel existiert. Auf Grund unserer Erklärungen bezüglich der Faktoren, die die schnelle Veränderung im Kibbutz hervorbrachten, Faktoren, die in der gesamten weltlichen israelischen Gesellschaft wirken, vermuten wir, daß man eine ähnliche Entwicklung erwarten kann.

Aus dem Hebräischen von Raya Natenbruk

Literatur

Lanzett, M., Antonowski, H., Modan, B., Kaw-Wenaki, S., Shaham, A. (1974), *Verhalten, Einstellungen und Kenntnisse der Jugend im Sexualbereich*, Jerusalem, Juni (hebräisch).

Nathan, M. (1969), *Die Sexualerziehung im Kibbutz aus der Sicht seiner Schüler*, Broschüre für die gemeinschaftliche Erziehung, Veröffentlichung des Kibbutz Hameuchad, Februar (hebräisch).

Nathan, M., Schnabel, A. (1972), *Die Einstellung Heranwachsender im Kibbutz zu Sexualkontakten vor der Ehe. Die Erziehung im Kibbutz*, Veröffentlichung des gemeinsamen Erziehungsausschusses der Kibbutzim, August (hebräisch).

Schofield, M. (1968), *The Sexual Behaviour of Young People*, London.

Shepher, J. (1973/74), *Liebe und Ehe der Kibbutzgeborenen*, in: *Wissenschaft (Mada)*, Band 18, Nr. 6 (hebräisch).

Michal Palgi
Aktivitäten weiblicher Kibbutzniks

Einleitung

Der Beitrag der Frauen an der Arbeitsleistung, den öffentlichen und den politischen Aktivitäten ist ein Thema, über das in der ganzen Welt viel geschrieben und geredet worden ist – besonders von den sich ihrer Sache bewußten feministischen Bewegungen, die die Gleichheit der Geschlechter fordern.

Besondere Aufmerksamkeit erweckt hat die Mitwirkung der Frauen am Kibbutzleben. Viele Forscher und Autoren, die sich mit der Gleichheit der Geschlechter befassen, vermuteten, daß sich der Kibbutz als eine ideale Gesellschaft für die uneingeschränkte Mitwirkung der Frauen erweisen würde. Grund zu dieser Annahme geben der gemeinsame Konsum und das Erziehungssystem, das im Kibbutz entwickelt wurde. Im Speisesaal wird für sämtliche Mahlzeiten gesorgt, darüber hinaus ist er für alle Mitglieder ein (offizieller und inoffizieller) Treffpunkt, der häufig in Anspruch genommen wird. Kleidung und Wäsche werden in einem Gemeinschaftshaus gewaschen, geflickt und gebügelt. Die Kinder wachsen in Kinderhäusern auf, in denen ausgebildete Kindergärtnerinnen und Lehrerinnen sich um all ihre Bedürfnisse kümmern; die Nachmittage verbringen sie bei ihren Eltern und die Nächte (in den meisten Kibbutzim) wieder in den Kinderhäusern. Durch diese Einrichtungen ist die Rolle des Elternhauses beschränkt; deshalb ist es von geringer Größe und erfordert nicht viel Hausarbeit.

Bedingt durch diesen Hintergrund erwartete man, die Frauen im Kibbutz würden – verglichen mit jenen Frauen, die nicht im Kibbutz leben – in allen Bereichen des Kibbutzlebens aktiver sein. Die Realität jedoch hat diese Erwartungen enttäuscht, und die Analysen weiblicher Psychologie und Soziologie haben versucht, Gründe für diesen ›Fehlschlag‹ herauszufinden (Tiger und Shepher, 1975; Mednick, 1975).

Die Fragen, denen diese Untersuchung nachgeht, sind folgende: Ist der Kibbutz in bezug auf die Mitwirkung der Frauen ein

Fehlschlag? Was hat der Kibbutz auf dem Gebiet der Mitwirkung der Frauen erreicht?

Mitwirkung wird hier definiert als Teilnahme an allen Bereichen des Kibbutzlebens, den Fähigkeiten und Kenntnissen jedes einzelnen entsprechend.

In dieser Untersuchung werden dem Arbeitsbereich und dem Bereich der öffentlichen Aktivitäten besondere Aufmerksamkeit geschenkt. Als mitwirkender Kibbutznik wird derjenige verstanden, der dort arbeitet, wo er dem Kibbutz am besten behilflich sein kann, und der Anteil nimmt an den öffentlichen Aktivitäten des Kibbutz. Dies ist eine sehr allgemeine Definition, doch ausreichend für die Anforderungen, die diese Untersuchung stellt.

Um den Frauen zu ermöglichen, aktiv am Kibbutzleben beteiligt zu sein, sollten einige Bedingungen erfüllt sein. Diese Bedingungen sind verbunden mit dem Status der Frau innerhalb und außerhalb ihres Heims.

Die erste Bedingung ist die totale Abschaffung der traditionellen Rollenverteilung, bei der der Ehemann der Ernährer ist und die Ehefrau den Haushalt versorgt. Im Kibbutz ist diese Bedingung im wesentlichen erfüllt; sowohl Männer als auch Frauen setzen ihre Arbeitskraft für den Kibbutz ein, und die traditionelle Rollenverteilung im Haus existiert als solche nicht.

Die zweite Bedingung befaßt sich mit dem »Typus« der Mitwirkung bei den Arbeiten außerhalb ihres Heims. Sie kann folgendermaßen definiert werden:

1. Für beide Geschlechter sollte es gleiche Rechte geben, um sämtliche Aufgaben im Kibbutz zu erfüllen, und ebenfalls Chancengleichheit bei Ausbildung und Förderung, die beiden Geschlechtern ermöglichen, sie zu erfüllen.

2. Beide Geschlechter erhalten gleiche Vergütung für gleiche Aufgaben (wobei man nicht vergessen darf, daß dies nicht so einfach ist, da die übliche Entlohnung, die rational bemessen werden kann – Geld –, im Entlohnungssystem des Kibbutz nicht existiert).

3. Wenn beide Geschlechter sich auf verschiedene Aufgaben konzentrieren, sollten beide denselben Status haben (was sowohl durch die Quantität als auch die Qualität der Entlohnung zum Ausdruck gebracht wird).

Folglich legt diese Bedingung fest, daß die Gleichheit der

Mitwirkung beider Geschlechter nicht auf völliger Übereinstimmung der Aufgaben für beide Geschlechter basiert, sondern auf völliger Übereinstimmung der Chancen, Aufgaben wählen zu können, von denen der einzelne annimmt, seine Kenntnisse und Fähigkeiten darin am besten verwirklichen zu können.*

Arbeitsteilung im Kibbutz – Oder: Der Beitrag der Frauen an der Arbeitsleistung

Zuvor wurde vorausgesetzt, daß eine der Bedingungen für den Beitrag der Frauen an der Arbeitsleistung die totale Abschaffung der Rollenverteilung ist, bei der der Ehemann der Ernährer ist und die Ehefrau den Haushalt versorgt.

Bei der Untersuchung der Arbeitsteilung im Kibbutz erhebt sich die Frage, ob diese Bedingung erfüllt worden ist. Es ist richtig, daß nahezu alle Frauen aktiv an der Arbeit des Kibbutz beteiligt sind, sie konzentrieren sich jedoch auf Beschäftigungen, die denen im Haushalt ähnlich oder identisch erscheinen. Die Mehrzahl (etwa 80%) arbeitet in der Kinderpflege, sorgt für Kleidung und Essen – lediglich eine Minderheit ist mit anderen Aufgaben betraut, wie zum Beispiel der Krankenpflege, als Fabrikarbeiterin oder Sekretärin.

Bei dem Versuch, den Begriff »haushaltsähnliche Arbeit« zu klären, wirft sich die Frage auf, ob die Aufgabe einer Berufsköchin im Kibbutz, die Hunderte von Mahlzeiten zubereitet, der Aufgabe einer Hausfrau, die ihre eigene Familie bekocht, mehr ähnelt als der eines Kochs in einem großen Restaurant. Ebenfalls, ob die Aufgabe einer Berufskindergärtnerin oder -lehrerin, die sich um 6-15 Kinder derselben Altersgruppe kümmert, derjenigen einer Hausfrau, die für ihre eigenen Kinder sorgt, mehr ähnelt als der einer Kindergärtnerin, die in einer Kindertagesstätte außerhalb des Kibbutz arbeitet.

Es liegt auf der Hand, daß es zwischen der Arbeit einer Kibbutz-Köchin und der eines Restaurant-Kochs einige entschei-

---

* Diese Arbeit basiert teilweise auf einer Arbeit, die die Autorin gemeinsam mit M. Rosner verfaßte: Rosner, M., Palgi, M., (1976), *Sex Equality in the Kibbutz – A Retreat or a Changing Meaning*, in: *The Kibbutz*, Bd. 3-4.

dende Unterschiede gibt, die in erster Linie die verschiedenen Menschen betreffen, mit denen sie während ihrer Arbeitszeit in Berührung kommt – im Kibbutz ist der Gast ein Angehöriger desselben Systems, der Vorgesetzte und die Mitarbeiter sind ebenfalls Angehörige desselben Systems, und das bringt sehr komplizierte Beziehungen mit sich. Andererseits sind ihre Aufgaben – was den Inhalt, die Organisation etc. betrifft – einander viel ähnlicher als denen einer Hausfrau.

Die Prinzipien hoher Effizienz, rationellen Managements und guter Arbeitsorganisation sind bei den Kibbutz-Dienstleistungsbereichen (Küche, Speisesaal, Wäscherei, Bekleidungsgeschäft) ebenso wichtig wie in den »produktiven« Bereichen des Kibbutz. Der Unterschied ist der, daß die Erzeugnisse aus den »produktiven« Bereichen an den Markt »draußen« verkauft werden, wohingegen die Erzeugnisse aus den Dienstleistungsbereichen von den Kibbutzniks konsumiert werden.

Die unterschiedlichen Aufgabeninhalte zwischen Hausfrauen außerhalb des Kibbutz und Kindererzieherinnen innerhalb des Kibbutz sind ganz eindeutig. Die Kindererzieherinnen sind beruflich engagiert und weniger emotionell als die Hausfrauen, die sich um die eigenen Kinder kümmern.

Der signifikanteste Unterschied zwischen den Arbeitsbereichen, die mit der Kindererziehung zu tun haben und anderen Arbeitsbereichen des Kibbutz, scheint uns der zu sein, daß es bei der Kinderpflege keine »hard-ware«-Erzeugnisse gibt, und die »Profite« werden nicht berechnet und in die Buchhaltung aufgenommen – lediglich die Kosten.

Wir glauben, daß die Kibbutzfrauen – obwohl sie überwiegend in den »Dienstleistungsbereichen« und in der Kindererziehung tätig sind – ohne Frage als »Ernährer« angesehen werden können, deren Arbeit vergleichbar ist mit der berufstätiger Frauen außerhalb des Kibbutz. Daher vertreten wir die Ansicht, daß die erste Bedingung für die Mitwirkung der Frauen an der Arbeitsleistung des Kibbutz erfüllt ist.

Die zweite Bedingung soll im folgenden erörtert werden. Die wichtigste Frage ist die, ob lediglich eine Differenzierung in der Beschäftigung nach Geschlechtern vorhanden ist, oder ob es auch eine Differenzierung in der Bewertung der unterschiedlichen Beschäftigungen gibt? Oder genauer: Genießen »weibliche« Beschäftigungen ein geringeres Ansehen im Kibbutz als »männliche« Beschäftigungen?

Viele Autoren (siehe z. B. Agassi-Buber, 1975) konstatieren, daß »weibliche« Beschäftigungen (weltweit) durch geringeres Prestige, niedrigere Entlohnung und schlechtere Arbeitsbedingungen und Arbeitsqualität charakterisiert sind als »männliche« Beschäftigungen. Dasselbe gelte auch für den Kibbutz (Tiger und Shepher, 1975). Vorausgesetzt wurde, daß Kindererziehung und Dienstleistungen geringer eingestuft werden als die »produktiven« Leistungen, und das wiederum hatte schlechtere Arbeitsbedingungen zur Folge. Daraus schloß man, daß Frauen durch ihre Arbeit weniger Genugtuung erlangen als Männer. Dieser Annahme wurde in einer Reihe von Untersuchungen jüngeren Datums widersprochen (Palgi, 1976; Rosner, 1978).

Diese ergaben:

Tabelle 1 Zufriedenheit durch die Arbeit und die überwiegenden Erwartungen im Kibbutz geborener Erwachsener, nach Geschlechtern (Durchschnittswerte)[1]

	Männer			Frauen			
	X	SD	N	X	SD	N	t
Zufriedenheit durch die Arbeit[2]	34.3	8.7	455	35.3	8.6	456	1.76
Selbstverwirklichung in der Arbeit[2]	37.3	8.1	455	37.5	8.2	456	n. s.
Anwendung der eigenen Fähigkeiten	37.0	9.1	455	37.9	9.6	456	n. s.
Wertschätzung der Arbeit im Kibbutz[3]	4.0	1.1	455	4.0	1.2	456	n. s.
Bedeutung der Arbeit für den Kibbutz[3]	4.6	0.8	455	4.6	0.8	456	n. s.

1 Palgi, 1976 (S. 84) – Angaben aus einer Untersuchung über die zweite Kibbutz-Generation.
2 Ein Index mit einer Skala von 10 bis 50.
3 Ein einzelner Punkt mit einer Skala von 1 bis 5.

a. Keine Unterschiede zwischen Männern und Frauen wurden festgestellt bei:

1. ihrer Zufriedenheit durch ihre Beschäftigung;
2. ihrem Wunsch, den Arbeitsplatz zu wechseln;
3. den wichtigsten Erwartungen an die Zufriedenheit durch die Arbeit wie den Möglichkeiten der Selbstverwirklichung am

Arbeitsplatz (d. h. interessante Arbeit, Anwendung der eigenen Fähigkeiten am Arbeitsplatz, abwechslungsreiche Tätigkeit etc.);
4. der Wertschätzung ihrer Arbeit im Kibbutz;
5. der Bedeutung der Arbeit für den Kibbutz.

b. Unterschiede zwischen den Geschlechtern in den oben angeführten Variablen können in speziellen Bereichen festgestellt werden, und das nicht unbedingt in »weiblichen«. Von diesem Gesichtspunkt aus ist der problematischste Bereich der industrielle. Frauen, die in der Industrie, einem gewinnbringenden Produktionsbereich, arbeiten, sind – im Vergleich zu Frauen anderer Bereiche – von ihrer Arbeit am wenigsten befriedigt, sie sehen wenig Chancen für Selbstverwirklichung, sie glauben, daß ihre Arbeit für den Kibbutz nicht von großer Bedeutung ist und keine so hohe Wertschätzung genießt (Palgi, 1976).

Tabelle 2 Zufriedenheit durch die Arbeit und andere Anerkennungen bei der Arbeit im Kibbutz geborener Frauen, nach Arbeitsplatz (Prozentsätze der beiden höchsten Kategorien)[1]

	Land-wirt-schaft	Indu-strie	Kinder-pflege	Dienst-leistg.	Total	N
Befriedigung durch die Arb.	65	40	69	66	67	450
Anwendung eigener Fähig-keiten	45	20	66	63	61	450
Abwechslung bei der Arbeit	59	40	74	65	69	450
Engagement	75	27	92	87	87	450
Gruppengeist	61	40	66	58	63	450
Wertschätzung d. Arbeit im K.	80	50	73	63	71	450

1 Ben-David, 1975 (S. 220) – Angaben aus einer Untersuchung über die zweite Kibbutz-Generation.

Diese Ergebnisse zeigen eine grundlegende Veränderung gegenüber der Arbeitseinstellung im Kibbutz an – zunehmende Bedeutung der Fähigkeiten und verringerte Bedeutung der Einträglichkeit eines Bereiches sowie der Differenzierung zwischen Produktions- und Dienstleistungsbereichen.

c. Der Prozeß der Professionalisierung der Kinderpflege- und der Dienstleistungsbereiche ist ebenfalls klar ersichtlich am unterschiedlichen Ausbildungsniveau der beiden Geschlechter. Im Kibbutz erhielten mehr Frauen als Männer eine höhere Ausbildung, und auch mehr Frauen als Männer gehen einer Beschäftigung nach, die eine höhere Ausbildung erfordert. Wesentliche Ausbildungsgebiete der Frauen sind Erziehung, Kinderpflege, Physiotherapie und Büroarbeiten (Sekretärin); Männer genossen eine höhere Ausbildung auf technischem und verwaltungstechnischem Gebiet und in allgemeinen theoretischen Fächern.

Aufgrund dieser Daten kann also davon ausgegangen werden, daß, obwohl es im Kibbutz eine geschlechtsspezifische Arbeitsteilung gibt, die »weiblichen« Beschäftigungen in ihrem Ansehen nicht als »minderwertig« eingestuft werden. Darüber hinaus überschneiden die Unterschiede zwischen den Arbeitsbereichen – was die Zufriedenheit angeht, die die dort jeweils Tätigen durch ihre Arbeit, den Inhalt ihrer Arbeit und den Team-Geist empfinden – die geschlechtsspezifische Aufteilung nicht. Mehr noch: Es stellte sich heraus, daß Frauen, die in der Kindererziehung arbeiten, zufriedener sind mit ihrer Arbeit als die anderen.

Wenn die Wertschätzung der Beschäftigungen der Frauen im Kibbutz nicht geringer ist als die der Männer, können wir dann den Schluß daraus ziehen, daß es bei der gegenwärtigen Arbeitsteilung kein besonderes Problem gibt?

Nebenerscheinungen der geschlechtsspezifischen Arbeitsteilung

Ein schwieriges Problem stellt das Ausmaß dar, in dem die vorhandene Arbeitsteilung im Kibbutz die Verwirklichung der beruflichen Ambitionen beider Geschlechter erschwert. Die Auffassung der beruflichen Stellung im Kibbutz hat wesentliche Veränderungen erfahren. Die steigende Zahl im Kibbutz geborener Erwachsener hat einen Wechsel von kollektivistischer beruflicher Auffassung – bei der die Bedürfnisse des Kibbutz-Systems von größter Bedeutung sind – zu einer individualistischeren beruflichen Orientierung – bei der den individuellen Neigungen und Ambitionen mehr Aufmerksamkeit geschenkt wird – mit sich gebracht.

Zugleich sind der Arbeitsteilung im Kibbutz gewisse Grenzen gesetzt. Bedingt durch die geringe Zahl der Bewohner, ist die Vielfalt der Arbeitsmöglichkeiten begrenzt; ebenfalls aufgrund des Gewichts, das den produktiven (d. h. landwirtschaftlichen und industriellen) Bereichen beigemessen wird, und aufgrund der Abneigung gegen die Arbeit von Kibbutzniks außerhalb des Kibbutz. Diese begrenzte Auswahl an Berufen, unter denen es relativ wenige gibt, die in hohem Maße Fachkenntnisse erfordern, kann nicht immer mit den Ambitionen der Kibbutzniks in Einklang gebracht werden. Dies gilt besonders für die im Kibbutz geborenen Erwachsenen, deren Ambitionen, sich in der beruflichen Beschäftigung selbst verwirklichen zu können, recht groß sind (im Vergleich zu ihren Eltern). In einer wissenschaftlichen Untersuchung unter im Kibbutz geborenen Erwachsenen (Ben-David, 1975) stellte sich heraus, daß 35% der Männer und 14% der Frauen eine Arbeit anstreben, die ein akademisches Studium voraussetzt. Darüber hinaus messen von denen, die ihre beruflichen Ambitionen genau definiert haben, deren Realisierung große Bedeutung bei: 52% der Frauen und 44% der Männer. 32% dieser Frauen und 23% der Männer glauben, daß sie nicht die Chance erhalten, sie zu erfüllen. Die hier aufgezeigten Unterschiede zwischen Männern und Frauen sind nicht signifikant, deuten aber wohl auf einen Trend hin, bei dem der Grad der beruflichen Ambitionen bei den Frauen niedriger ist als der der Männer, und sie sind nicht sicher, diese Ambitionen verwirklichen zu können. Zwei andere Untersuchungen (Dar, 1974; Nathan/Schnabel, 1976) zeigen, wie die Arbeitsteilung im Kibbutz die Motivation zum Studium und die Leistungen der Gymnasiasten der höheren Klassen unterschiedlich beeinflußt. Dar (S. 57) weist darauf hin, daß die geringere schulische Leistung der Mädchen in diesen Klassen, verglichen mit ihrer relativ höheren Leistung in niedrigeren Klassen, aus den Schwierigkeiten resultiert, die sich aus einem Konflikt, den die Mädchen haben, ergeben. Der Ursprung dieses Konflikts ist der Widerspruch zwischen adäquater und gleichberechtigter Sozialisation und der Realität, in der eine starke Rollenteilung herrscht.

Weshalb schätzen Frauen ihre Chancen, die von ihnen angestrebten Ziele zu erreichen, geringer ein als die Männer? Der

Grund liegt höchstwahrscheinlich in der Arbeitsteilung im Kibbutz und in der großen Nachfrage nach Personen, die in der Kindererziehung arbeiten. In den letzten Jahren hat die Zahl der Kinder im Kibbutz zugenommen, und damit die durchschnittliche Arbeitsleistung pro Kind. Da die meisten in der Kindererziehung Tätigen junge Frauen sind, ist beinahe eine jede von ihnen aufgefordert, in diesem Bereich zu arbeiten. Dies steht im Widerspruch zu den beruflichen Ambitionen der Frauen, die daran interessiert sind, in anderen Bereichen als dem der Kindererziehung und der Dienstleistungen zu arbeiten.

Dies mag auch die Realisierung der Studien auf jenen Sektoren erschweren, bei denen Nachfrage besteht. Diese Situation ist in beinahe jedem Kibbutz anzutreffen – die Nachfrage nach weiblicher Arbeitskraft mag periodisch steigen oder fallen, sie ist jedoch immer höher als das Angebot.

Alles in allem wirkt eine höhere Geburtenrate im Kibbutz anders als außerhalb. Außerhalb des Kibbutz geht eine Mutter kleiner Kinder möglicherweise keiner Arbeit außerhalb ihres Heims nach. Im Kibbutz übt die Kinderzahl keinen direkten Einfluß auf die Arbeit der Mutter aus. Doch solange die Kinderpflege eine »weibliche« Beschäftigung ist, schränken höhere Geburtenzahlen die Möglichkeiten der Berufswahl bei jungen Frauen ein und vergrößern das Problem, das für beide Geschlechter gilt, den Widerspruch zwischen persönlichen Ambitionen und den Bedürfnissen des Kibbutz.

Dennoch darf man nicht vergessen, daß sich nur ein kleiner Prozentsatz der jungen Frauen vor dieses Problem gestellt sieht – die meisten erklären, daß sie in den »weiblichen« Bereichen arbeiten möchten.

Zwei Nebenerscheinungen der geschlechtsspezifisch bedingten Arbeitsteilung sind hier nun zur Sprache gebracht worden: die Reduzierung auf ein geringeres Niveau bei den beruflichen Ambitionen und die Ungewißheit der Frauen, daß sie die Chance erhalten, diese Ambitionen zu realisieren. Diese Nebenerscheinungen betreffen lediglich eine Minderheit der jungen Kibbutzfrauen, sind jedoch zweifelsohne für den gesamten Kibbutz von Relevanz.

Andere Nebenerscheinungen, die die gesamte Funktion des Kibbutz-Systems beeinflussen können, sind:

a. Der Tatbestand, daß die meisten jungen Frauen »weibliche«

Berufe, wie den der Lehrerin, der Kinderschwester, der Krankengymnastin etc., anstreben, bewirkt, daß das Angebot höher als die Nachfrage nach diesen Berufen ist. Dies führt dazu, daß die berufstätige Frau außerhalb des Kibbutz arbeitet, während gleichzeitig eine hohe Nachfrage nach »männlichen« Berufen besteht (in einer Übersicht industrieller Anlagen in der Kibbutz-Arzi-Bewegung wurde berichtet, daß es eine Nachfrage nach 250 technischen Arbeitskräften gibt: Ingenieure, Techniker etc. – Rosner; Palgi, 1976).

b. Die geschlechtsspezifische Arbeitsteilung engt die Anpassungsfähigkeit der Arbeitsteilung im Kibbutz an veränderte Situationen ein. Besonders auffällig war dieses Phänomen während und nach dem Yom-Kippur-Krieg in Israel. Während dieses Zeitraums wurde ein hoher Prozentsatz junger Frauen eingezogen, und dennoch wurden nur sehr wenige Frauen in »männlichen« Arbeitsgebieten eingesetzt. Es hat den Anschein, daß die »Geschlechtsspezifizierung« dieser Berufe und ein Mangel an den Kenntnissen, die für diese Arbeitsbereiche erforderlich sind, eine Abneigung bei den Frauen hervorgerufen hat, hier mitzuwirken (Palgi; Rosner, 1974). Ähnliche Phänomene mögen auch in Friedenszeiten auftreten. Die bestehenden unterschiedlichen Arbeitsbereiche für Männer und Frauen könnten zu einem Defizit an Arbeitskräften in dem einen und einem Überangebot in dem anderen Bereich führen.

Die geschlechtsspezifische Arbeitsteilung wirkt sich ebenfalls auf die Rollenverteilung bei den öffentlichen Aktivitäten des Kibbutz aus.

Der Beitrag der Frauen an den öffentlichen Aktivitäten im Kibbutz

Öffentliche Aktivitäten im Kibbutz werden hauptsächlich von Ausschüssen realisiert, deren Mitglieder sich in ihrer Freizeit zusammenfinden. Daneben gibt es einige Posten der Öffentlichkeitsarbeit, die full time jobs bzw. nahezu full time jobs sind, und zwar: der Sekretär, der Rechnungsführer, der Produktionsmanager und der Vorsitzende des Kulturausschusses.

Laut wissenschaftlichen Untersuchungen (Rosner, 1967; Palgi, 1976) und der Erhebung von 1973 (Tiger und Shepher, 1975) existiert »Geschlechtsspezifizierung« auch bei den öffentlichen Aktivitäten des Kibbutz, jedoch nicht in dem Ausmaß wie auf beruflichem Gebiet.

Tabelle 3 Wirkungskreis in Ausschüssen aktiver, im Kibbutz geborener Erwachsener – nach Geschlecht (in Prozent)[1]

	Männer	Frauen
Wirtschaft	26.1	9.6
Politik	2.4	0.0
Gesellschaft	17.4	26.7
Kultur	21.8	23.7
Erziehungswesen	10.6	20.0
Dienstleistungen	2.4	6.7
Allgemein	19.3	13.3
Total	100.0	100.0
Aktive	207	135
Passive	343	365

1 Palgi, 1976 (S. 105) – Angaben aus einer Untersuchung über die zweite Kibbutz-Generation.

Tiger und Shepher (S. 140) zeigen, daß von den Mitgliedern der sozialen, kulturellen, pädagogischen und »dienstleistenden« Ausschüsse 54% Frauen waren und 46% Männer. Daher ist es gerechtfertigt, den ersten Sektor öffentlicher Tätigkeiten als neutral anzusehen (vom Standpunkt der »Geschlechtsspezifizierung«) und den zweiten als männlich.

In allen Ausschüssen zusammen gab es ungefähr 47% Frauen und 53% Männer. Im Kibbutz-Sekretariat waren 37% Frauen, und unter den Vorsitzenden der Ausschüsse gab es 35% Frauen. Daher scheint es eher kühn, den Kibbutz als eine von Männern beherrschte Gesellschaft zu beschreiben (Mednick, 1975). L. Tiger und J. Shepher heben ebenfalls hervor (S. 143), daß es keine andere Gesellschaft gibt, in der der Prozentsatz der am politischen und öffentlichen Leben aktiv beteiligten Frauen zwischen 40% und 50% liegt. Darüber hinaus darf nicht vergessen werden, daß die Mitgliedschaft in den Ausschüssen eine turnusmäßige ist, und daher kann ein hoher Prozentsatz der Frauen damit rechnen, innerhalb weniger Jahre Mitglied eines Ausschusses zu werden.

Die größte Polarisation zwischen den Geschlechtern findet man bei den drei zentralen Ämtern des Kibbutz, d. h. bei Kibbutz-

Sekretär, Produktionsmanager und Rechnungsführer des Kibbutz, von denen 90% der Amtsinhaber Männer waren. Im täglichen Leben haben diese Amtsinhaber sehr große Autorität; ihre Autorität jedoch ist eingeschränkt durch das demokratische System des Kibbutz: die Ausschüsse, das Sekretariat und die Kibbutz-Generalversammlung, die den größten Einfluß bei Entscheidungen ausübt. Deshalb darf der Schluß gezogen werden, daß die Autorität und der Einfluß dieser Amtsinhaber (von denen nur so wenige Frauen sind) durch das System eingeschränkt ist.

Trotzdem sollte der Ursache, weshalb nur so wenige Frauen diese Posten bekleiden, Aufmerksamkeit geschenkt werden. Für diese Erörterung sollte differenziert werden zwischen den ökonomischen Posten (Produktionsmanager und Rechnungsführer) und dem rein sozialen Posten (Kibbutz-Sekretär). Ersterer wird in der Regel mit in diesem Erwerbszweig Berufstätigen besetzt (nachdem sie einen einjährigen Kursus absolviert haben) und ist daher quasi nicht zugänglich für Frauen, die – aufgrund der Arbeitsteilung im Kibbutz – meist nicht aus diesem Arbeitsbereich kommen. Während der vergangenen Jahre wurden mehr Frauen als zuvor Rechnungsführer, da mehr Frauen im Rechnungswesen tätig wurden. Darüber hinaus darf davon ausgegangen werden, daß Frauen zögern, sich bei diesen Posten zu beteiligen aufgrund des »männlichen« Image und aufgrund der fehlenden Kenntnisse auf dem gesamten produktiven Sektor des Kibbutz.

Der Posten des Kibbutz-Sekretärs wird in der Regel mit zwei Kibbutzniks besetzt, von denen einer vorzugsweise eine Frau ist. So wird seit einigen Jahren in den meisten Kibbutzim verfahren. Ein allgemeiner Grund, sowohl für Männer als auch für Frauen, einen dieser drei zentralen Posten nur ungern zu übernehmen, ist der negative Ausgleich bzw. die Entlohnung. Es muß daran erinnert werden, daß es im Kibbutz keine entgeltlichen Entlohnungen gibt, und der soziale Druck auf die in diesen Posten Tätigen ist groß und anhaltend.

Die Auswirkung, die diese geringe Beteiligung der Frauen an den zentralen Posten (ebenso bei den Ausschuß-Vorsitzenden) des Kibbutz hat, wird spürbar bei der Kibbutz-Generalversammlung. Obwohl ungefähr die gleiche Anzahl von Männern und Frauen an der Generalversammlung teilnimmt, sind weniger Frauen bereit, vor der Versammlung zu sprechen. Der Grund dafür liegt darin, daß sie über die erörterten Themen nicht ausreichend Kenntnisse zu haben meinen (Rosner u. a., 1978).

Aus eben diesem Grunde werden sie auch als randständiger betrachtet als die Männer (Palgi, M., 1976).

Diese und andere Befunde zeigen, daß die Frauen von anderen Faktoren motiviert werden, sich an politischen und öffentlichen Aktivitäten zu beteiligen, als die Männer. Die Motive der Frauen sind überwiegend expressiver Natur (viele Freunde etc.), die der Männer hingegen überwiegend instrumentalistischer Natur (Einfluß auf den Kibbutz etc.).

Das mag auch als Erklärung dienen für den nicht vorhandenen Unterschied in der Befriedigung aus ihrer sozialen Situation heraus, obgleich die Frauen einen niedrigeren Status haben und überwiegend auf niedrigerem Niveau im Kibbutz aktiv sind (Palgi, M., 1976). Als Argument hierfür dient die Tatsache, daß Faktoren, die ein Gefühl der Befriedigung aus der sozialen Situation heraus bewirken, gewöhnlich mehr expressiver Natur sind (wie z. B. starke soziale Bindungen), und daß Faktoren, die mit Einfluß und Aktivität im Kibbutz verbunden sind, diese Gefühle in geringem Maße beeinflussen.

Dieser Abschnitt läßt sich folgendermaßen zusammenfassen:

1. Bei den öffentlichen Aktivitäten gibt es eine geringere Differenzierung zwischen den Geschlechtern als im beruflichen Bereich. Dies läßt sich anhand des Fehlens eines »weiblichen« Sektors bei den öffentlichen Aktivitäten nachweisen.

2. Bei den zentralen Posten, insbesondere den ökonomischen, sind die Frauen unterrepräsentiert.

3. Die Unterrepräsentation der Frauen bei den zentralen Posten bringt einen geringeren Einfluß der Frauen auf den Kibbutz mit sich.

4. Trotz alledem sind die Frauen aus ihrer sozialen Situation heraus nicht weniger zufrieden als die Männer. Der Grund hierfür scheint darin zu liegen, daß sie dem Gewinn, den »Einfluß« und »Zentralität« bringen, weniger Gewicht beimessen als dem sozialen Gewinn (wie z. B. soziale Bindungen).

Schluß

In der Einleitung wurde der Schwerpunkt vor allem auf zwei Fragen gelegt:

1. Ist der Kibbutz in bezug auf die Mitwirkung der Frauen ein Fehlschlag?

2. Was hat der Kibbutz auf dem Gebiet der Mitwirkung der Frauen erreicht?

Zur Beantwortung dieser Fragen müssen wir Bezug nehmen auf die beiden Bedingungen, die in der Einleitung dargelegt wurden.

Die Hauptprobleme, die sich bei der aktiven Teilnahme der Frauen (wie sie in dieser Untersuchung geschildert wurden) stellen, sind folgende:

a. Die scharfe geschlechtsspezifische Arbeitsteilung zwingt einen gewissen Prozentsatz der Frauen, in von ihnen nicht angestrebten Berufen tätig zu sein, und beraubt sie der Chance, »männliche« Berufe zu ergreifen.

b. Außerdem verringert sich durch die Arbeitsteilung die Möglichkeit, in Krisenzeiten oder bei einschneidenden Veränderungen die Arbeit den neuen Bedingungen anzupassen, und sie verleiht den Frauen das Gefühl, die neuen Belastungen nicht voll mittragen zu können.

c. Die Konzentration der Frauen auf ein begrenztes Arbeitsgebiet kann das Niveau der Berufswünsche der Mädchen mit höherer Schulbildung beeinträchtigen, das heißt sie lassen jene Fächer unberücksichtigt, die für ihren zukünftigen Beruf irrelevant erscheinen.

d. Die geschlechtsspezifische Arbeitsteilung bewirkt eine gewisse Rollenverteilung bei den öffentlichen Ämtern und verringert die Fähigkeit und den Wunsch der Frauen, zentrale Kibbutz-Ämter zu bekleiden.

e. Die Unterrepräsentation der Frauen in öffentlichen Ämtern bewirkt, daß sie sich bei den Kibbutz-Generalversammlungen weniger aktiv verhalten, und auch das Empfinden, in der sozialen Struktur des Kibbutz nicht die zentrale Stellung zu haben, wie sie den Männern zukommt.

Die hauptsächlichen Errungenschaften des Kibbutz sind folgende:

a. Jede Frau gehört im selben Maße wie die Männer zu den Berufstätigen. Weder Geburten noch große Familien stellen für ihre Karriere ein Hindernis dar.

b. Außerdem sind sie nahezu frei von Hausarbeit, und hier gibt es eine Rollenverteilung nur in geringem Ausmaß.

c. Obwohl es eine scharfe Arbeitsteilung zwischen Männern und Frauen gibt, ermöglichen es die Charakteristika der Arbeit der Frauen (Nutzung vorhandener Kenntnisse, Interesse an der Arbeit etc.), daß diese mindestens ebenso große Befriedigung durch den Beruf erlangen wie die Männer.

d. Mehr noch, neue Untersuchungsergebnisse zeigen, daß die Arbeit der Frauen im Kibbutz einen hohen Stellenwert genießt.

e. Die Möglichkeiten qualifizierter Ausbildung in den »weiblichen« Berufen sind nicht geringer als die in den »männlichen«.

f. Weibliche Kibbutzniks nehmen an politischen und öffentlichen Aktivitäten in höherem Maße teil als in jeder anderen Gesellschaft.

In Anbetracht all dessen können wir nicht den Schluß ziehen, daß sich der Kibbutz in bezug auf die Mitwirkung der Frauen als Fehlschlag erwiesen hat. Es wurde gezeigt, daß innerhalb der kurzen Zeit, seit der es den Kibbutz gibt, auf diesem Gebiet viel erreicht worden ist. Wir sehen aber auch, daß sich der Kibbutz mit einigen allgemeinen Problemen noch immer konfrontiert sieht.

Das erste steht in Zusammenhang mit der Größe des Kibbutz. Innerhalb einer relativ kleinen Gesellschaft sind die vorhandenen Arbeitsmöglichkeiten immer noch begrenzt, und das führt zu einer Begrenzung in der Vielfalt der Stellen.

Das zweite Problem steht in Zusammenhang mit der Ideologie des Kibbutz. Im Kibbutz werden sämtliche Posten sowohl in den Dienstleistungsbereichen als auch in der Kindererziehung von Kibbutzniks wahrgenommen, und es gibt starke ideologische Bedenken, diese Berufe mit fremden Arbeitskräften zu besetzen. Gemeinsam mit dem dritten Problem – ein sehr hoher Lebensstandard, ein sehr hohes Bildungsniveau und die gegenwärtige Rollenverteilung – nötigt dieser Tatbestand die meisten Frauen, in den Dienstleistungsbereichen und der Kindererziehung zu arbeiten.

Wir dürfen also den Schluß ziehen, daß die Bedingungen für aktive Teilnahme der Frauen im Kibbutz erfüllt worden sind, obgleich sich an der Art und Weise, wie sie erfüllt werden, eine gewisse Kritik üben läßt. Wir haben gezeigt, daß die Rollenverteilung im Kibbutz nicht zwangsläufig arbeitsbedingte Unzufriedenheit der Frauen mit sich bringt. Allerdings bringt sie gewisse Probleme mit sich, was die individuelle Stellung und die Stellung des Kibbutz anbelangt, die wir zuvor dargelegt haben. Als das schwierigste Problem erscheint uns die stärkere Heranziehung von Männern bei der Kindererziehung. Viele Versuche wurden unternommen, doch bisher war keiner erfolgreich. Die Verringerung der Anzahl der in der Kindererziehung tätigen Frauen würde vielen von ihnen die Möglichkeit bieten, in beruflichen Bereichen ihrer Wahl zu arbeiten und brächte sicher auch eine größere Beteiligung der Frauen in den zentralen Stellen mit sich.

Aus dem Englischen von Ingrid Westerhoff

Literatur

Agassi-Buber, Y. (1975), *The Quality of Women's Working Life*, in: David, L. E., and Cherns, A. B. (Hg.), *The Quality of Working Life*, Bd. 1, S. 280-298.

Ben-David, Y. (1975), *Work and Education in the Kibbutz: Reality and Aspiration*, Rehovot: Centre for Research of Rural and Urban Settlements (Hebräisch).

Dar, Y. (1974), *Sex Differences in Educational Achievements of High-School Students in the Kibbutzim*, Centre for Social Research of the Ichud Movement (Hebräisch).

Cohen, N. (1974), *The Kibbutz as Perceived by its Members*, Rehovot: Centre for Research of Rural and Urban Settlements (Hebräisch).

Mednick, S. M. (1975), *Social Change and Sex-Role Inertia: The Case of the Kibbutz*, in: Mednick, S. M. u. a. (Hg.), *Women and Achievement*, S. 85-102.

Nathan, M.; Schnabel, A. (1976), *The Influence of Age and Sex of Kibbutz Born on Achievements in Non-Verbal Cognitive Test*, Mimeo (Hebräisch).

Palgi, M.; Rosner, M. (1974), *A Survey of Mobility of Women to Productive Branches and Central Offices During the Yom Kippur War and Afterwards*, Givat-Chaviva: Centre for Social Research on the Kibbutz (Hebräisch).

Palgi, M. (1976), *Sex Differences in Commitment to the Kibbutz and its Causes*, Givat-Chaviva: Centre for Social Research on the Kibbutz (Hebräisch).

Rosner, M. (1967), *Women in the Kibbutz: Changing Status and Concepts*, in: *Asian and African Studies*, H. 3.

Rosner, M.; Palgi, M. (1976), *Industrial Plants in the Kibbutz Artzi Movement – The Plant, the Workers and Decision Making*, Givat-Chaviva: Centre for Social Research (Hebräisch).

Rosner, M.; Palgi, M. (1976), *Sex-Equality in the Kibbutz – a Retreat or a Changing Meaning*, in: *The Kibbutz*, Bd. 3-4 (Hebräisch).

Rosner, M., u. a. (1978), *The Second Generation – Continuity and Change in the Kibbutz*, Sifryat Hapoalim, Tel-Aviv (Hebräisch).

Tiger, L., and Shepher, J. (1975), *Women in the Kibbutz*, New York.

E. Ben Rafael, A. Tagliacozzo, V. Kraus
Warum Jugendliche den Kibbutz verlassen

Einleitung

Obwohl die Kibbutzbewegung nur einen geringen Prozentsatz der israelischen Gesellschaft ausmacht, wird sie als einer ihrer typischsten Aspekte angesehen. Zahlreiche Untersuchungen, insbesondere von Y. Talmon-Garber, wurden ihr gewidmet. Bestimmte Probleme wurden jedoch nicht ausreichend untersucht – das Verlassen des Kibbutz ist dabei nicht das geringste. Von den verschiedenen Gruppen, die wegziehen, erheben sich hinsichtlich der Jugendlichen, die die ersten 18 Jahre ihres Lebens im Kibbutz verbracht haben, interessante Fragen, die mit dem besonderen System sozialer Stratifikation im Kibbutz verbunden sind.

In jeder Gesellschaft besteht eine Beziehung zwischen der Solidarität der Gemeinschaft und dem System der Stratifikation; je mehr soziale Belohnungen (Einkünfte, Prestige, Autorität) die Kluft zwischen den einzelnen vergrößern, die sich auf diese Weise den Ansprüchen der fundamentalen Werte entziehen, desto geringer wird die Möglichkeit der Gesellschaft, das Verhalten ihrer Mitglieder zu kontrollieren. Der Kibbutz befindet sich heute in dieser Situation. Seine Werte rechtfertigen Ungleichheit nur bei »Verdienst« oder Ergebenheit. Sobald sich jedoch dieser Aspekt der Stratifikation stabilisiert, entstehen neue Interaktionen auf der Grundlage anderer Regeln, die sich in den öffentlichen Betätigungen der Mitglieder, in der Intensität ihrer Beziehungen und vielleicht im Verhalten in den kollektiven Einrichtungen zeigen. Der Kibbutz bildet eine autonome Gruppe, die ihre eigenen Mittel verwaltet, und das Wertsystem bestimmt den Gebrauch der Produktionsmittel im Hinblick auf das wirtschaftliche Wachstum. Seitdem gewinnen Entscheidungsbefugnisse, berufliche Autorität in der Produktion und gesetzliche Autorität im Gesellschaftssystem an Bedeutung und erscheinen als Äquivalent oder Ergänzung der sozialen Wertschätzung bei der Schaffung des individuellen Ansehens.

Die soziale Ungleichheit, die sich aus diesen Entwicklungen

ergibt, muß die Konfrontation des Kibbutzideals mit der Realität verstärken und die sozialen Probleme komplexer gestalten. Daher lautet die zentrale Hypothese der vorliegenden Untersuchung, daß eine Verbindung zwischen dem Weggang aus dem Kibbutz und den durch das System der Stratifikation entstandenen Verhältnissen besteht. Von diesem Gesichtspunkt aus müssen zwischen denjenigen, die aus einem Kibbutz in einen anderen wechseln, und den übrigen keine wesentlichen Unterschiede bestehen.

Die Studie, die 1972/73 durchgeführt wurde, stützt sich auf eine Testgruppe von 234 Personen, die in 15 verschiedenen Kibbutzim geboren wurden und diese nach dem Sechs-Tage-Krieg verließen – 10% davon verließen den Kibbutz während dieser Zeit.[1] 82% wurden nach 1941 geboren, 87% hatten während ihres Militärdienstes mindestens den Rang eines Sergeanten erworben; 21% waren ledig; 74% sind zur Zeit Städter, 23% sind in einen anderen Kibbutz gegangen und 3% in eine kooperative Siedlung (Moshav Ovdim); 94% waren im Kibbutz geboren oder sehr jung dort hingekommen. Nur 3% hatten die 12-jährige Schulzeit noch nicht abgeschlossen, 20% hatten eine berufliche Ausbildung beendet und 17% ein Universitätsstudium begonnen, das fast alle noch nicht abgeschlossen hatten.

Die Tatsache, daß 57% derjenigen, die abwandern, Frauen sind, erhärtet die Behauptung, daß sich der weibliche Charakter schwerer den Anforderungen des Kollektivismus anpaßt[2] und unterstreicht die Eintönigkeit, die durch die Arbeit in der Küche oder im Kinderhaus hervorgerufen wird. Hier erhebt sich das Problem der Integration und des geringeren Ranges der Frauen in der Gesellschaft, die den produktiven Tätigkeiten, etwa in der Landwirtschaft oder der Industrie, den Vorrang einräumt, aber das Prinzip der Gleichheit der Geschlechter bejaht.[3]

1. Die Integration im Kibbutz

Die Untersuchung mit Hilfe von Fragebogen erlaubte einen Einblick in die Situation der Eltern derjenigen, die abwandern. Die Arbeitsleistung ihrer Väter wurde meistens sehr geschätzt, während ihre sozialen und öffentlichen Betätigungen im Kibbutz eher geringfügig waren (42%) und Funktionen außerhalb nur sehr selten (71%) wahrgenommen wurden. Zu einem großen Teil (50%) identifizieren sie sich jedoch stark mit der Kibbutz-Ideologie. Was die Mütter angeht, nehmen sie in der Arbeitswelt eine mittlere oder schwache Position ein (73%); sie sind gesellschaftlich weniger aktiv als ihre Männer (63%) und identifizieren sich kaum mit der herrschenden Ideologie. So zeigt die Rolle des Vaters ein Ungleichgewicht zwischen einer starken Position in der Arbeitswelt bzw. hinsichtlich der Ideologie und geringer sozialer Aktivität. Die Rolle der Mutter ist eher ausgeglichen, neigt aber zur Schwäche. Der Einfluß der Familie auf die Kinder ist also nicht notwendigerweise im Einklang mit der Ideologie; mehr als die Hälfte der Befragten hat übrigens einen Bruder oder eine Schwester, die den Kibbutz ebenfalls verlassen haben.

Nach den Eltern ist die Arbeit der zweite Integrationsfaktor im Kibbutz. In unserer Testgruppe wurden 46% der Jungen nach ihrer Rückkehr aus der Armee Bauern, und 33%, vor allem Mädchen, arbeiteten im Dienstleistungs- und Erziehungssektor. Fast zwei Drittel wechselten jedoch den Arbeitsbereich, und von diesen wechselte jeder zweite noch ein weiteres Mal. Der Kibbutz bietet den Jungen im wesentlichen Arbeit in der Landwirtschaft und den Mädchen im Erziehungs- und Dienstleistungsbereich an. Im Hinblick auf das berufliche Fortkommen verliert die Landwirtschaft in den Augen der Jungen ihre Bedeutung, wodurch Arbeitskräftemangel in diesem Bereich entsteht. Die Möglichkeiten, andere Berufe auszuüben, sind gleichzeitig gering. Von den Arbeitern hat ein Drittel einen Grad an Verantwortung in seinem Produktionszweig erreicht, der über denjenigen eines einfachen Gruppenmitglieds hinausgeht, und 10% nehmen völlig selbständige Positionen ein. Der schnelle berufliche und soziale Aufstieg scheint also einer kleinen Gruppe vorbehalten zu sein. Der Kibbutz verfügt über ein elastisches Stratifikationssystem, die bestehende soziale Hierarchie ist jedoch trotzdem für einige in einer Gemeinschaft, die so stark ihr Gleichheitsideal betont, ein Ärgernis.

Dennoch ist die Zufriedenheit mit der Arbeit größer als die Unzufriedenheit, wenn es sich um das Interesse an der Arbeit, die Beziehungen zu den Kollegen oder das Verhältnis zu den Vorgesetzten handelt. Die Jungen definieren ihre Einstellung zur Arbeit im Rahmen der kollektiven Siedlungen in erster Linie im Hinblick auf die Verantwortung und dann nach dem Betriebsklima und der Lebensweise. Die Arbeitsplatzsicherheit oder die Aufstiegschancen sind wesentlich weniger wichtig. In der Tat besteht eine Kluft zwischen den hier vertretenen Meinungen und den tatsächlich ausgeübten Funktionen, die zum größten Teil mit keinerlei Verantwortung verbunden sind. Mehr noch, 80% erklären, sich großer Wertschätzung seitens ihrer Familie oder ihrer Kollegen im Hinblick auf ihre Arbeit zu erfreuen, aber nur zwei Drittel haben das Gefühl, in diesem Bereich von der Gesamtheit des Kibbutz anerkannt zu werden. Wenn die Anerkennung, die aus der geleisteten Arbeit herrührt, einer der Hauptfaktoren ist, die den Status eines Kibbutzniks bestimmen, so ist dies ein Anzeichen für ein relativ verbreitetes Minderwertigkeitsgefühl, das durch die Art der sozialen Beziehungen noch verstärkt wird.

In der Tat, als begrenzte Gruppe mit einem sehr genau definierten Wertsystem braucht der Kibbutz präzise Mechanismen, um das individuelle Verhalten zu lenken. Im Gegensatz zu anderen sozialen Zellen gehören die Mitglieder noch straff organisierten Untergruppen an, wie z. B. den Familien, den Altersgruppen, in denen sich durch die kollektive Erziehung enge Beziehungen entwickelt haben, der Arbeitsgruppe, in der die Leiter das Zusammengehörigkeitsgefühl fördern. Aus diesem Grunde begegnet die Gemeinschaft nun einigen Schwierigkeiten bei der Ausübung der sozialen Kontrolle, obwohl die Vielfalt der Beziehungen und die Nähe zu so vielen Menschen wie möglich den Status der Individuen darstellt und verstärkt. Daher ist es nicht uninteressant, die sozialen Beziehungen derjenigen zu analysieren, die demnächst den Kibbutz verlassen werden.

Tabelle 1: Intensität der Gruppenbeziehungen (in %)

Gruppen	Hohe Intensität	Mittlere Intensität	Schwache Intensität	Insgesamt (234 Befr.)
Familie	61	24	15	100
Altersgruppe	46	39	15	100
Nachbarn	20	38	42	100
Arbeitsgruppe	13	37	50	100

Quelle: Ben Rafael (1974).

Es ist die Familie im weitesten Sinne, die die wichtigste und intimste Gruppe bildet. Die Arbeit hingegen ist kein Brennpunkt sozialen Lebens, denn es besteht ein großer Abstand zwischen dem Fabrikleiter und dem Fabrikarbeiter. Ebenso schafft die Altersgruppe nicht so enge Beziehungen, wie man dies bei Personen erwarten würde, die gemeinsam erzogen wurden und 18 Jahre lang Tag und Nacht zusammengelebt haben. Auf der anderen Seite entwickelte sich aus Nachbarschaft im allgemeinen Kameradschaft. Es scheint daher, daß beim Fehlen enger Beziehungen auf nicht-familiärer Basis die sozialen Kreise offen bleiben. Verglichen mit der Situation der Gründungszeit sind die sozialen Beziehungen des heutigen Kibbutz sehr viel oberflächlicher und die Freundeskreise weniger geschlossen.[4] Dieser Mangel an Intimität führt jedoch nicht zu einem Gefühl der Frustration; nur 25% der Befragten sagten, daß sie darunter litten.

Die im Kibbutz ausgeübte Betätigung ist ein weiterer Integrationsfaktor, ob es sich um die Beteiligung an der Generalversammlung handelt, um die Mitwirkung in den Komitees oder um Ganztagsfunktionen wie dem Sekretariat oder der Buchhaltung. Eine grundlegende Tatsache wurde durch die Untersuchung bewiesen, nämlich die geringe Mitarbeit in entscheidenden Positionen (nur 6%) gegenüber der hohen Teilnahme an der Generalversammlung (70%), was den Widerspruch zwischen dem Interesse an öffentlichen Angelegenheiten und der übernommenen Verantwortung verdeutlicht.

Schließlich kann man die Integration einer Person in eine Gruppe auch an der Befriedigung ihrer persönlichen Bedürfnisse messen. Nur wenige (7%) beklagen einen völligen Mangel an Verständnis seitens des Kibbutz. Es scheint daher, daß der Weggang aus dem Kibbutz sich nicht mit einer traumatisierenden Situation erklären läßt. Dennoch bestehen Divergenzen zwischen den gewählten Gremien und den Weggehenden beim Wunsch nach verlängerter Ausbildung (73%) oder in beruflicher Hinsicht (76%). So bedauern 45% den Mangel an Verständnis der gewählten Komitees in bezug auf die gewünschte Ausbildung. Im ganzen scheint das Kollektiv oft die persönlichen Möglichkeiten in gewisser Weise zu beschränken, ohne daß die Gremien wirklich den persönlichen Wünschen ablehnend gegenüberstehen.

2. Ideologie und Kritik des Kibbutz

Die Probleme, denen derjenige begegnet, der den Kibbutz verlassen will, werden auch durch die Art und Weise bestimmt, wie er sie angeht. Für die jungen ›Auswanderer‹ ist das Verständnis für das Individuum die Hauptsache; danach kommen Demokratie oder politische Freiheit und schließlich die persönliche Freiheit. Die kollektivistischen Werte wie Zusammenarbeit, Pioniermission und Gleichheit erscheinen in zweiter Linie. Erst an letzter Stelle rangieren Arbeit, hebräische Kultur, Lebensstil und politische Mission, die den Gründern so wichtig waren. Diese Betonung des Individualismus wird ohne jeden Zweifel hauptsächlich von denjenigen vertreten, die den Kibbutz verlassen, aber sie ist derart einmütig, daß hier eine allgemeine Geisteshaltung zum Ausdruck kommt. Weder die Gleichheit noch der Geist der Kooperation scheinen richtig verwirklicht worden zu sein; es wird nur bestätigt, daß die Demokratie praktiziert wird. Zusammenfassend kann man sagen, daß der Kibbutz als einigermaßen liberal beschrieben wird, aber der Wunsch und das Bestreben der befragten Personen geht in Richtung auf noch größere Liberalisierung.

Die sozialen Beziehungen zwischen den Mitgliedern sind von Spannungen geprägt. Trotz der kollektiven Strukturen muß von eher relativer Sympathie und schwachem Gemeinschaftsgefühl gesprochen werden. Schließlich erklären 40%, daß Einsamkeit häufig sei, und 35% sagen aus, daß viele Mitglieder nicht in Freundeskreise integriert seien.

So besteht ein starker, positiver Zusammenhang zwischen fehlender Einsamkeit und einem entwickelten sozialen Leben sowie zwischen nicht vorhandenem gesellschaftlichen Leben und vielen Freundeskreisen. Diese Feststellung kann bedeuten, daß sich diese Kreise ausbilden, wenn das allgemeine soziale Leben sich verschlechtert. Die Ursachen für diese Entwicklung liegen nach unserer These in den Faktoren der Stratifikation.

Es gibt Stratifikation innerhalb des Kibbutz, denn zahlreiche Faktoren werden für den Status des einzelnen im Kollektiv als negativ angesehen. So scheint die Ungleichheit der sozialen Wertschätzung in erster Linie durch ›schlechten‹ Charakter und Nonkonformismus verursacht zu werden; sodann hängt sie mit der Ausübung von Tätigkeiten zusammen, ob innerhalb oder

Tabelle 2: Kibbutztypen unter dem Aspekt des gesellschaftlichen Lebens[5]

1. Wenig entwickeltes soziales Leben, geringe individuelle Einsamkeit, viele Freundeskreise;	28%
2. wenig entwickeltes soziales Leben, große individuelle Einsamkeit, viele Freundeskreise;	20%
3. reich entwickeltes soziales Leben, geringe individuelle Einsamkeit, viele Freundeskreise;	18%
4. wenig entwickeltes soziales Leben, große individuelle Einsamkeit, wenig Freundeskreise;	12%
5. reich entwickeltes soziales Leben, geringe individuelle Einsamkeit, wenig Freundeskreise;	11%
6. reich entwickeltes soziales Leben, große individuelle Einsamkeit, wenig Freundeskreise	11%
Zusammen	100%

Tabelle 3: Faktoren, die dem Status des Mitglieds schaden

Faktor	schadet sehr %	schadet wenig %	schadet nicht %	zus. %	mittlere Quote[6]
als schwierig angesehener Charakter	60	27	13	100	2,5
allgemeiner Nonkonformismus	52	34	14	100	2,4
unbedeutende berufliche Stellung	39	33	29	100	2,1
Arbeit außerhalb des Kibbutz	26	48	26	100	2
besondere persönliche Ansprüche	29	37	34	100	1,9
nonkonformistische ideologische Einstellung	26	40	34	100	1,9
wichtige Position in der Kibbutzverwaltung	17	18	65	100	1,5
großer Einfluß auf andere	15	16	69	100	1,4
wichtige berufliche Stellung	10	18	72	100	1,3

außerhalb, die nicht als produktiv angesehen werden; schließlich ist sie mit dem Begriff der »Abweichung« verbunden, z. B. im Hinblick auf persönliche Ansprüche, die sich außerhalb der Norm bewegen, und eine nonkonformistische ideologische Haltung. Autorität aufgrund einer Position bzw. die berufliche Position als solche schaden der Wertschätzung, die eine Person genießt, nur sehr wenig. Diese letzte Beobachtung beweist eine relativ neue Entwicklung im Kibbutz, nämlich die wachsende Legitimität der Macht als Bestandteil des Status, im Gegensatz zu den Anfängen, als die individuelle Position vor allem von der ideologischen Identifikation bestimmt war.

3. Die unmittelbaren Gründe für den Weggang

Der Integrationsprozeß nach der Rückkehr aus der Armee und die kritische Einstellung gegenüber der Realität des Kibbutz erklären den Weggang der Jugend nicht vollständig. In der Tat gaben nur 27% der Befragten einen wohl durchdachten Grund an, 50% brachten zwischen zwei und vier Gründen vor, und 14% nannten sogar fünf bis acht Gründe. Der Weggang aus dem Kibbutz erscheint nicht als Lösung eines bestimmten Problems, sondern vielmehr als Ausdruck einer diffusen Anhäufung verschiedener Faktoren. Die angegebenen Gründe ließen in 28% der Fälle eine offen individualistische Haltung erkennen, etwa den Wunsch nach persönlicher Entfaltung, nach mehr Privatleben oder besseren Lebensumständen für die Familie; 21% standen im Zusammenhang mit dem gesellschaftlichen Leben: keine Freunde, gespannte Beziehungen zu einigen Mitgliedern, Einsamkeit; 10% folgten einem Wunsch des Ehepartners; 15% entsprangen Arbeitskonflikten oder der Enttäuschung über die Weigerung, einen persönlichen Wunsch erfüllt zu bekommen.

Eine individualistische Haltung ist der Ursprung manchen Weggangs aus dem Kibbutz; dies wird durch die Gegenüberstellung von Vorteilen und Unannehmlichkeiten des Weggangs illustriert, die diejenigen vornahmen, die Städter wurden oder Mitglieder anderer Kibbutzim. Von den Städtern betrachten drei Viertel die Unabhängigkeit von der Gemeinschaft als den Hauptgewinn; ein Drittel findet, daß sich die beruflichen Aufstiegsmöglichkeiten verbessert haben; ein Viertel meint, vom sozialen

Standpunkt aus »gewonnen« zu haben. Von denen, die in einen anderen Kibbutz gewechselt haben, ist ein Viertel jetzt zufriedener mit seinen kameradschaftlichen Beziehungen als in der Vergangenheit; 20% empfinden mehr Statussicherheit, und 16% sind glücklicher in ihrer Arbeit. Für beide Gruppen gilt, daß der Komfort, der Lebensstandard oder die Kultur als unwichtig erscheinen. Mehr noch, wenige Unterschiede trennen die beiden Gruppen, was den Nutzen angeht: Die sozialen Beziehungen und die beruflichen Aufstiegsmöglichkeiten nehmen ungefähr den gleichen Rang ein. Was die Nachteile angeht, hielten es zwei Drittel, ob Städter oder nicht, für überflüssig, sie zu erwähnen. 18% der Kibbutzniks erklärten jedoch, daß sie sich in ihrer Umgebung noch nicht akklimatisiert haben. Von den Städtern bestätigten 20%, daß das städtische Leben mühsamer sei als das im Kibbutz, da es von wirtschaftlichen Sorgen, relativer Einsamkeit und einem Mangel an Qualität gekennzeichnet sei.

Schlußfolgerung

Zahlreiche Gründe können zum Weggang aus dem Kibbutz führen, aber die dominierenden Tendenzen sind offenkundig. Der Einfluß der Familie wirkt nicht immer im vom Kibbutz gewünschten Sinne. Die Eltern sind nur selten im sozialen oder öffentlichen Leben der Gemeinde aktiv. Die Arbeit des Vaters erfreut sich oft einer gewissen Wertschätzung, und seine ideologische Einstellung ist im allgemeinen positiv. Dies trifft aber meistens nicht auf die Mutter zu, die oft einfachere Arbeit verrichtet und deren Einstellung zum Kibbutz reserviert ist. Dennoch ist es der Familienkreis, der vor allem die aus der Armee Zurückkehrenden aufnimmt. Die Altersgruppe und die Nachbarn sind weitere Gruppen, in denen sich eine gewisse Kameradschaft herausbildet, aber darüber hinaus werden die sozialen Beziehungen schwächer. Was den Bereich der Arbeit angeht, ist derjenige, der den Kibbutz verläßt, meistens zunächst auf eine landwirtschaftliche Tätigkeit eingestellt, wenn es sich um einen Jungen handelt, oder eine im Erziehungs- oder Dienstleistungssektor, wenn es ein Mädchen betrifft. In der Mehrzahl der Fälle arbeiten sie in einer Position, die wenig Spezialisierung und wenig Verantwortung verlangt. Die Arbeit wird zwar von der Familie

und den Arbeitskollegen anerkannt, aber wesentlich weniger von der Gemeinschaft, die in erster Linie übernommene Verantwortung hoch einschätzt. Das gleiche gilt für die Teilnahme am öffentlichen Leben des Kibbutz. Das Verlangen nach beruflicher und Universitätsbildung, nach einem Wechsel der Arbeitsstelle oder nach höherem Lebensstandard ist häufig. Diese persönlichen Forderungen werden von den Gremien und vor allem von den Mitgliedern reserviert aufgenommen. Daraus wächst dann Kritik an der Kluft, die zwischen den ideologischen Idealen und ihrer Verwirklichung besteht. Der Individualismus der Weggehenden erklärt die Uneinigkeit jedoch nur zum Teil und die Kritik bleibt immer gemäßigt. So rührt der Weggang eher von der mangelnden sozialen Integration her als aus einem realen Konflikt; er ist das Ergebnis der Schwierigkeiten, das individuelle Leben im kollektiven Rahmen zu organisieren, und der Verlockung durch die »übrige Gesellschaft«.

Man kann in eher theoretischen Begriffen gewisse Prozesse darstellen, die das Verhalten der Jungen erklären. Seit den Ursprüngen hat sich im Kibbutz eine institutionelle Differenzierung durchgesetzt. Sie hat sich verstärkt durch die wachsende Zahl der Positionen und Funktionen in den Verwaltungsbereichen, aber auch durch das Auftreten sozialer Eliten, die Erfahrung, entsprechendes Wissen und Einfluß besitzen. Das Prinzip der Rotation der Posten z. B. wird beibehalten, aber der Kreis der Mitglieder, die sie ausfüllen können, bleibt begrenzt. Diese Entwicklung behindert die kollektive Solidarität. Man muß sich daher nicht wundern über das Anwachsen der ›horizontalen Gruppen‹ (vom Standpunkt des Status aus) bei den Beziehungen und der Verringerung der vertikalen Interaktion, die einen Kontrollmechanismus für das Verhalten hätte bilden können. Eine der vertikalen Gruppen, die am stärksten von Auflösung bedroht sind, ist die Arbeitsgruppe. Mit dem Auftreten eines Hauptverantwortlichen in einem Produktionszweig oder des Leiters, der von einigen »Basis«arbeitern umgeben ist, kann man immer weniger mit direkten sozialen Kontakten rechnen, die von allen Mitgliedern der Arbeitsgruppe aufrechterhalten werden, und zwar auch außerhalb der eigentlichen Arbeitszeit.

Hierzu kommen die zahlreichen Schwierigkeiten, denen sich die Jugend bei ihrer Rückkehr vom Militärdienst gegenübersieht. Die ersten Rückkehrer wurden mit offenen Armen von der

Gründergeneration empfangen, die auf Ablösung und Teilung der Verantwortung wartete. Die Jugendlichen aus der achten oder zwölften Gruppe der Wehrpflichtigen kehrten unter anderen Bedingungen an den heimischen Herd zurück. Die Wirtschaft lag in den Händen der älteren Brüder und nicht mehr in denen der Väter; der Altersunterschied war gering und der rasche Aufstieg dieser neuen Jugend nicht gesichert. Die Haltung der Älteren gegenüber dem Kibbutzleben war zu der Zeit, als die institutionelle Differenzierung nur schwach ausgeprägt war, emotional und kollektivistisch; die älteren Söhne, die die Ablösung vor allem im ökonomischen Bereich übernahmen, unterschieden sich durch ihr rationales und pragmatisches, wenn auch im Grunde kollektivistisches Konzept; die Jungen neigen wieder zu einer emotionalen, diesmal aber eher individualistischen Orientierung.

Der Weggang aus dem Kibbutz wandelte sich im Laufe der Zeit. Bei den Alten hatten Fragen der Ideologie oder des angepaßten Verhaltens besondere Bedeutung; sie waren eng mit der Mitgliedschaft im Kollektiv verbunden. Der Weggang war ein dramatisches Ereignis. Für die älteren Kinder bestand der Hauptgrund in den eingeschränkten sozialen Beziehungen, was aus Verständigungsschwierigkeiten mit der Gründergeneration herrührte. Bei den Jungen in den großen Kibbutzim, die bereits eine Geschichte besitzen, verliert der Weggang seine Dramatik. Das Phänomen gibt jedoch Anlaß zu Besorgnis, weil es in manchen Fällen ein gefährliches Ausmaß erreicht; es fordert neue Anstrengungen im Hinblick auf die soziale Integration.

Aus dem Französischen von Nina Weller

Anmerkungen

1 Diese Studie wurde mit Hilfe des Forschungsfonds der Universität Haifa und der Sozialwissenschaftlichen Fakultät der Hebräischen Universität, Jerusalem, durchgeführt.

2 Obwohl keine genaue Statistik über den Weggang existiert, kann man die Zahl der jungen Männer, die den Kibbutz verlassen, ungefähr berechnen, und zwar dank der allgemeinen demographischen Angaben, die von den zentralen Organisationen der Kibbutzbewegung veröffentlicht wurden. Danach haben in der Zeit von 1967 bis 1972 schätzungsweise 7000 bis 7200 junge Männer aus den Kibbutzim ihren Militärdienst absolviert, nachdem sie mit 18 Jahren ein vollwertiger Kibbutznik

wurden. Von diesen Jungen sind 2250 bis 2350 in andere Kibbutzim übergewechselt oder haben eine andere Lebensform gewählt.

3 Siehe *La Femme au Kibboutz*, 1972. Siehe dazu auch den Beitrag von Michal Palgi in diesem Band.

4 Diese Feststellung wurde durch eine Befragung gestützt (in 15 Veteranenkibbutzim), bei der es um die Beziehungen der Befragten zu verschiedenen Mitgliedergruppen im Kibbutz ging.

5 Jede befragte Person (insgesamt 234) wurde gebeten, im Rahmen eines Fragenkataloges ihren Ursprungskibbutz zu charakterisieren; die Tabelle wurde nach diesen Angaben zusammengestellt.

6 Die Quote erhält man durch Berechnung des Durchschnitts der für die einzelnen Faktoren angegebenen Werte.

Menachem Rosner, Nenni Cohen
Resümee aus: Die Zweite Generation –
Der Kibbutz zwischen Kontinuität und Wandel

Wir haben in diesem Buch versucht, auf den Zusammenhang zwischen Weltanschauung und menschlichen Beziehungen, gesellschaftlichen Aufgaben sowie Wunschvorstellungen der Kibbutz-Kinder für ihre individuelle Entwicklung während einer Periode des sozialen Wandels hinzuweisen. Die Mehrzahl der Befragten in der Untersuchung befand sich in der Anfangszeit ihrer Mitgliedschaft im Kibbutz. Während des Untersuchungszeitraumes fanden weitgehende Veränderungen in der sozialen und wirtschaftlichen Struktur der Kibbutzim und der Kibbutzbewegung statt.

Die Verfasser der Untersuchung bemühten sich um die Darstellung des Zusammenhangs zwischen den Entscheidungen, vor welchen die Kibbutzbewegung bei der Erhaltung ihrer Werte sowie ihres gemeinschaftlichen und gleichstellenden Lebensstils angesichts der Herausforderung der Industrialisierung, der Steigerung des Lebensstandards und der verstärkten gesellschaftlichen Differenzierung stand und immer noch steht, und den Entscheidungen der zweiten Generation über ihre eigene Mitgliedschaft und ihre Eingliederung in das gesellschaftliche und aufgabenbezogene System des Kibbutz. Die verfolgten Fragen ergaben sich nicht nur aus der Analyse des Materials, sondern waren eine Reaktion auf die Besorgnis der ersten Generation um die Kontinuität ihres Lebenswerkes und eine Reaktion auf das Nachdenken vieler Töchter und Söhne über das kollektive Image ihrer Generation.

Jenseits aller spezifischen Fragen versucht dieses Buch eine allgemeine Frage zu beantworten, die vielleicht die wichtigste in den Beziehungen zwischen den Generationen in jeder demokratischen Gesellschaft ist, im Kibbutz aber aufgrund seiner besonderen Bedingungen besonders wichtig und dringend sich stellt: Werden die Werte, die die ältere Generation den Jüngeren zu vermitteln versucht, von diesen in dem Maße aufgenommen, daß sie sich aus freiem Willen nach ihnen richten? Man kann diese

Frage auch anders formulieren: Ist das Ideal, das die Älteren selbst in die Tat umsetzten, zu einer Realität geworden, in der die Töchter und Söhne ebenfalls ihre Selbstverwirklichung finden?

In dieser Frage ist das Grundproblem der Kibbutzerziehung und der Beziehungen der Generationen im Kibbutz enthalten. Die Älteren wollten Kinder erziehen, die aus freiem Willen die Werte annehmen, welche ihrer Erziehung zugrunde lagen, und die dann die Lebensform fortführten, in der die Verwirklichung dieser Werte möglich ist. Die Akzente waren zu verschiedenen Zeiten unterschiedlich gesetzt. Einige betonten eher die auf normative Werte gezielte Erziehung, andere unterstrichen die freie Wahl und die spontane Identifikation. Dieses Problem stellt sich allen demokratischen Gesellschaften, ist aber im Kibbutz besonders akut. Offensichtlich ist es hier zugespitzt, weil die Existenz des Kibbutz vom Ausmaß der tatsächlichen Verklammerung der angenommenen zentralen Werte mit der realen täglichen Beteiligung am Kibbutz abhängt. In manchen westlichen Gesellschaften existiert kein wirklicher Zusammenhang zwischen den zentralen Werten und dem täglichen Leben. Nur in Ausnahmeperioden – wie etwa derjenigen des Vietnamkrieges – erreicht die Loyalität zu nationalen Werten und ihren Symbolen eine schicksalsbestimmende Bedeutung im Leben vieler junger Menschen. In der Tat hat sich in den USA zu dieser Zeit der Gegensatz zwischen der älteren Generation, die größtenteils zur Treue gegenüber diesen Werten erzogen wurde, und der jüngeren Generation, von der viele diese Werte während ihrer Schulzeit nicht in sich aufnahmen und nicht bereit waren, ihr Leben für sie zu riskieren, verschärft. In der Geschichte der USA handelte es sich anscheinend dabei um eine vorübergehende Krise. Mit dem Ende des Krieges hörte die Beziehung zu diesen Werten auf, eine tägliche Bewährungsprobe zu erfordern. In Israel hat die Erziehung zu den zentralen nationalen Werten mehr Gewicht, weil die Bindung zum Zionismus einen wichtigen Faktor bei der Entscheidung, zur israelischen Gesellschaft gehören zu wollen oder sich von ihr zu trennen, das heißt die Auswanderung aus dem Lande, abgibt. Der Unterschied zwischen dem Kibbutz und der israelischen Gesellschaft besteht nun darin, daß im Kibbutz die Einstellung zu Werten nicht allein die Zugehörigkeit und die Bindung zu diesem Gesellschaftstyp bestimmt. Diese Einstellung bewährt sich täglich, weil sich die Verhaltensregeln in den verschiedenen Lebensbereichen von den zentralen Werten des Kibbutz – Gemeinschaftlichkeit, Gleichheit, Demokratie und die Erfüllung von Aufgaben und Pflichten im Rahmen der Nation – mehr als in jeder anderen Gesellschaft ableiten. Gehören die Töchter und Söhne dem Kibbutz aus freiem Willen an, weil sie die Normen ihrer Erziehung in sich aufgenommen haben? Die Verfasser dieser Untersuchung haben keine eindeutige Antwort auf diese Frage gefunden.

In unserem Buch drückt sich dieses Problem als das Spannungsverhältnis zwischen einer passiven Zugehörigkeit der zweiten Generation – als hinzunehmendes Schicksal, aus Gewohnheit usw. – zu Rahmenbedingungen wie dem jüdischen Volk, dem israelischen Staat, der sozialistischen Partei, der Kibbutzbewegung oder der einzelnen Kibbutzim (mit allen ihren Unterschieden) und der freien Entscheidung für diese Bedingungen aus. Eine freie Wahl kann aber zu etwas führen, was die ältere Generation als Verrat betrachtet – also das Verlassen des Lebenszusammenhanges, für den die Kibbutzkinder erzogen wurden und für den sie sich nicht aus bloßen Zweckmäßigkeitserwägungen, sondern aus einer die Werte akzeptierenden Verpflichtung entscheiden sollten.

Dieses Spannungsverhältnis war von Anfang an mit extremen Ausprägungen versehen. Nicht immer haben die Älteren die Legitimation der aus den Spannungen resultierenden Konflikte anerkannt. Die Jüngeren aber wehren sich dagegen, als zweite Generation zur »Fortsetzungsgeneration« verpflichtet zu sein.

Diese extremen Positionen, die sich in verschiedenen Auffassungen über die Erziehung der Nachwachsenden äußerten, gehören nunmehr weitgehend der Vergangenheit an. Die Mehrzahl der Befragten unserer Untersuchung haben eine Verflechtung der freien mit der gezielten Erziehung befürwortet. Sie meinen, daß die Erziehung die Schüler befähigen sollte, Werte und Lebensformen nach ihrem Ermessen wählen zu können, und daß ihnen zugleich wahlwürdige Werte nach Ermessen der erziehenden Generation vorgestellt werden sollten. Heutzutage herrscht in den Kibbutzim die volle Anerkennung des Rechtes, daß die Jüngeren sich einem Kibbutz (und den anderen damit verbundenen Institutionen wie Bewegung und sozialistische Partei) aus freier Wahl anschließen und vorher auch Erfahrungen in ganz anderen Bereichen sammeln können.

Im Vergleich zu den unterschiedlichen Einstellungen der Generationen hat sich herausgestellt, daß – entgegen den auch in der Kibbutzgesellschaft herrschenden Vorannahmen – in den wichtigsten ideologischen Bereichen keine Polarisierung zwischen den Generationen besteht, sie vielmehr eine »selektive Fortsetzung« erfahren. In dieser Fortsetzung wird zwischen Bereichen, in denen die Einstellungen beider Generationen sich ähneln, und anderen, in denen eine Polarisierung sich tatsächlich abzeichnet, unterschieden.

In den meisten Fällen von Polarisierung ist das Bild aber wiederum nicht eindeutig. Es wurden Unterschiede zwischen den Kibbutzbewegungen, den Geschlechtern und den Altersgruppen festgestellt. Es zeigen sich Unterschiede im Lebensstil, in der Beziehung der einzelnen zu den Bewegungen und sogar in der Beziehung zu sozialistischen und besonderen Werten. Demgegenüber zeichnet sich eine Kontinuität in der Beziehung zu den Grundüberzeugungen des Kibbutz und zur politischen Richtung der Bewegungen ab. Folglich gibt es keinen Konflikt zwischen einer sogenannten konservativen älteren Generation und der progressiv abweichenden Jugend, sondern Kontroversen über beide Generationen hinweg, die sich dann in neuen Positionen kristallisieren. Dabei sucht die Mehrheit aller Generationen einen Weg zur Erhaltung der Kibbutzwerte in der sich ändernden Wirklichkeit.

Die schnelle Entwicklung, die die Kibbutzbewegung heute durchlebt, stellt neue Fragen, auf die unsere Untersuchung noch nicht antwortet. Wir können lediglich sich abzeichnende Tendenzen benennen. Im Zeitabschnitt der Untersuchung war die Mehrzahl der Töchter und Söhne eine Minderheit in ihrem Kibbutz und meistens jünger als 30 Jahre alt. Heute ist bereits die Verantwortung für die Verwaltung vieler Kibbutzim auf Funktionsträger aus der zweiten Generation delegiert worden. Ebenso wächst ihr Anteil bei der Erfüllung von Aufgaben in der Bewegung, an denen sie zur Zeit der Untersuchung noch kaum beteiligt waren.

Wie werden der Kibbutz und die Kibbutzbewegung, in denen die Kibbutzgeborenen das ausschlaggebende Element bilden, aussehen? Wird bei ihnen der Akzent der nationalen und sozialen Mission erhalten bleiben, oder verschiebt er sich auf den wirtschaftlichen Erfolg und den materiellen Wohlstand unter Beibehaltung der besonderen egalitären Lebensform? Welche Beziehungen werden zwischen der zweiten Generation, die nun die zentralen Aufgaben erfüllt, und der jüngeren dritten Generation zustandekommen?

Vieles hängt natürlich von den objektiven Bedingungen ab – von den Entwicklungstendenzen der israelischen Wirtschaft allgemein, vom politischen System und von den außenpolitischen und den Sicherheitsaspekten, welche wir nicht voraussehen können.

Die Befunde der Untersuchung geben jedoch Grund zur Annahme, daß – so wie die erste Generation die Herausforderung zur Schaffung einer genossenschaftlichen Gesellschaft unter pionierhaften Bedingungen von Not und Belagerung bestanden hat – sich die zweite Generation bei der Erhaltung einer Gesellschaft bewähren wird, die mehrere Generationen und Altersgruppen umfaßt und die Grundwerte wie Gemeinschaftlichkeit und Gleichheit nunmehr in Modernität, Industrialisierung und Wohlstand mitsamt der beruflichen und funktionellen Differenzierung zu verwirklichen hat. Wenn die zweite Generation und die sich ihr anschließende dritte diese Aufgabe bewältigt, dann dürfen wir dieses als Beweis dafür betrachten, daß sich der Kibbutz zu einer dauerhaften Lebensform entwickelt hat, die als Alternative für den modernen Menschen dienen kann, der einen Ausweg aus seiner Entfremdung sucht.

Die Befunde der Untersuchung weisen auf die Bedeutung der ideologischen und wertbezogenen Erziehung für die Gestaltung der Weltanschauung von Kibbutzkindern hin und beweisen, daß Weltanschauung und Identifikation mit der ideologischen Bewegung die entscheidenden Faktoren in der Bindung zum Kibbutz sind. Es stellte sich heraus, daß die Anschauung der zweiten Generation mehr durch die Erziehung im Kibbutz als durch andere soziale Gruppen beeinflußt wurde (wie etwa Freunde beim Militär), mit denen die Kinder später in Kontakt kamen. Verursacht das Niveau der Kibbutz-Erziehung Schwierigkeiten bei der Eingliederung von Kibbutzgeborenen auch in den Kibbutzim selbst? M. Spiro formulierte diese Frage wie folgt: Werden die Söhne, die eine wissenschaftliche Bildung und eine künstlerische Erziehung genossen haben, sich mit ihrem Leben in einem kleinen israelischen Dorf zufrieden geben?

In dieser Frage findet man ein Echo auf die wiederholten

Behauptungen in Diskussionen über Kibbutz-Jugendliche und andere israelische Jugendliche, wonach die Gründer widersprechende Erwartungen über ihre Kinder hatten. So sagt einer der Söhne in dem Buch *Tage von Ziklag* von S. Jis'har: »Einer suchte in uns den gewaltigen Jäger Nimrod, den Ismael, den Esau, den Joav und den Abner, und einer suchte in uns seinen Großvater, den Gaon Rabbi Eliyahu und das Wohlwollen Rabbi Nachmans aus Breslau.« Nach Ansicht des Helden bei Jis'har ist das Ergebnis ein Kompromiß, der nicht befriedigt. Eindeutiger in seiner Schlußfolgerung war Bruno Bettelheim, der behauptete, daß die Kibbutz-Kinder eine »erdgebundene Generation [darstellen], die keine großen Erwartungen bezüglich ihrer eigenen Kinder hat und mit der gegebenen Wirklichkeit zufrieden ist«.

Analog zu George Friedmann – er hat gefragt, ob das jüdische Volk nicht vor seinem Ende stünde, weil die »Zabras« (in Israel geborene Juden) die intellektuelle Brillanz und die messianische Vision, die dieses Volk in seiner zweitausendjährigen Diaspora charakterisierten, nicht geerbt haben – sieht Bettelheim in der »Erdgebundenheit« der zweiten Generation einen Preis, den die Elterngeneration bezahlen mußte, um ihr nationales und soziales Ideal zu verwirklichen. Welche Schlußfolgerung kann man aus den Befunden unserer Untersuchung in bezug auf diese allgemeinen Behauptungen ziehen? Die Töchter und Söhne waren gezwungen, mindestens eine der Alternativen zu wählen, die verschiedene Autoren als Beispiel für die entgegengesetzten Erwartungen von Eltern und Kindern anführten. Viele Mitglieder der zweiten Generation wurden zu Helden in den Kriegen und erzielten Leistungen auf dem militärischen Gebiet nicht als Folge einer individuellen Wahl, sondern aufgrund der politischen und militärischen Umstände der Nation. Das Dilemma zwischen der humanistischen und sozialistischen Erziehung, die sie genossen, und der Notwendigkeit, einen Teil ihres Erwachsenenseins in Uniform zu verbringen – im längeren Militärdienst und häufigen Reservedienst –, prägte ihre Einstellung zum Frieden und zu den Beziehungen zwischen den Völkern in dieser Region. Sie sind zwar nicht Anhänger der militärischen Macht geworden und sie unterstützen mehr als andere junge Gruppen in Israel eine Politik des Ausgleichs und des Verzichts zugunsten des Friedens, ihre Einstellung aber ist realistischer und konkreter als die der Älteren.

Es scheint, daß die wichtigsten pädagogischen Erfolge bei der ›Erziehung zur Arbeit‹ erzielt wurden. Die physische Arbeit, an die sich die Älteren mit Mühe gewöhnten, ist ein zentraler Teil im Leben der Töchter und Söhne seit ihrer Kindheit geworden. Dank der Verknüpfung von Arbeit und Lernen haben sie Kontakt zu den verschiedenen landwirtschaftlichen Branchen des Kibbutz gefunden – technische Fähigkeiten und manuelle Geschicklichkeit sind bei ihnen ausgeprägter als bei den Älteren. Nach ihrer Rückkehr vom Militär gliedern sich die Söhne leicht in die Produktionszweige ein und rücken in zentrale und verantwortliche Funktionen vor. Komplizierter ist die Arbeitslage der Töchter, weil die Arbeitsmöglichkeiten, die ihnen zur Wahl stehen, begrenzter sind als Folge der Differenzierung der Aufgaben nach Geschlechtern. Die Arbeit nimmt in ihrem Leben weniger Platz ein als im Leben der Söhne, ihre Zufriedenheit durch die Arbeit aber ist im allgemeinen nicht geringer als beim anderen Geschlecht. Die Erwartungen einiger der Töchter und Söhne übersteigen das Arbeitsangebot in der landwirtschaftlichen Struktur, die die Kibbutzim in der Vergangenheit charakterisierte, und zwar in zwei Richtungen:

a) Der Wunsch nach Arbeitsformen, die in der Vergangenheit im Kibbutz nicht vertreten waren: Bei den Söhnen hauptsächlich Arbeiten im technologischen und wissenschaftlichen Bereich, bei den Mädchen Arbeiten im Bereich der Kunst, Erziehung und Sozialarbeit.

b) Der Wunsch nach einem Ausbildungs- und Spezialisierungsniveau, das höher liegt als es in der Vergangenheit üblich war.

Die Ursache für diese Wünsche liegt in der theoretischen und künstlerischen Erziehung, die in den Kibbutzschulen erteilt wird und die bei einem Teil der Schüler den Wunsch nach weiterem Studium und Ausbildung erweckte. Dieser Wunsch wurde nicht minder von der Lebensform im Kibbutz beeinflußt, die die primären Bedürfnisse ihrer Mitglieder gemeinsam sichert und das Niveau ihrer individuellen Wünsche nach Befriedigung höherer Bedürfnisse, nach Entwicklung ihrer schöpferischen Begabungen und nach Selbstverwirklichung erhöht.

Entgegen der verbreiteten Meinung der Kibbutz-Publizistik deuten die Befunde unserer Untersuchung keineswegs auf eine Polarisierung zwischen dem Wunsch der zweiten Generation nach Selbstverwirklichung ihrer persönlichen Fähigkeiten jenseits allgemeiner Erwägungen des Kibbutz und den Älteren, die bereit sind, auf ihre persönlichen Bedürfnisse für die Allgemeinheit zu verzichten. Auf der persönlichen Ebene streben Jüngere und Ältere nach interessanteren und fachkundigeren Aufgaben, die eine größere Kombination von körperlicher und geistiger Arbeit ermöglichen. Aber das Problem der Berufswahl ist für die Jüngeren doch relevanter. Deswegen äußern sie häufiger als die Älteren den Wunsch nach beruflichen Innovationen und höherer Bildung. Dieser persönliche Gesichtspunkt und der andere historische Hintergrund erklären die verschiedenen Einstellungen beider Generationen zu den Zielen des Kibbutz, die in diesem Buch als »persönliche Beteiligung bei der Realisierung des Ideals« gegenüber der »Selbstverwirklichung« definiert wurden.

Die Älteren, deren Weltanschauung in der Pionierzeit des Zionismus und des Jischuw (jüdische Bevölkerung Palästinas bis 1948) geformt wurde, betonen auch weiterhin die Aufgabe des Kibbutz, nationalen und allgemein sozialen Zielen zu dienen; die Töchter und Söhne unterstreichen die Aufgabe des Kibbutz als Rahmen zur Selbstverwirklichung seiner Mitglieder; sie meinen aber nicht eine individualistische Selbstverwirklichung, die auf Konkurrenz und Sieg der Stärkeren, Begabteren und Besseren basiert. Die Generationen unterscheiden sich nicht in der Betonung von demokratischen und egalitären Werten, die Jüngeren heben sogar mehr als die Älteren das Fehlen von Konkurrenz als einen der Vorzüge des Kibbutz hervor. Es ist häufiger die Rede von der Anerkennung des Rechtes des einzelnen zur Selbstverwirklichung, nicht auf der Basis von Konkurrenz und Bevorzugung der Begabten, sondern auf der Basis einer qualitativen Gleichheit, die auf die Bedürfnisse des einzelnen im Rahmen einer kollektiven Wirtschaft und Gesellschaft Rücksicht nimmt.

Wie kann ein »landwirtschaftliches Dorf« die Forderungen nach Berufspositionen, die seinen Rahmen übersteigen, befriedigen? Womit sollen sich die Studenten nach Absolvierung ihres Studiums im Kibbutz beschäftigen? Die Untersuchung wurde während einer umwälzenden Wende in der wirtschaftlichen Struktur des Kibbutz durchgeführt. Er entwickelt sich von einem landwirtschaftlichen Dorf zu einer Siedlung, in der die Industrie wächst und in der sich Dienstleistungsberufe entwickeln. Mit der voranschreitenden regionalen Koordination werden zusätzliche

Berufe gefragt. Die Befunde unserer Untersuchung und die Befragung von Studenten in den Instituten der höheren Bildung – die ein paar Jahre nach der Grunduntersuchung gemacht wurde – ergaben, daß als Folge der Veränderungen in der wirtschaftlichen Struktur und in der Arbeitsdisposition in den meisten Kibbutzim ein Gleichgewicht zwischen der Nachfrage nach neuen Berufen und dem Angebot solcher Positionen erreicht wurde. Aus der Befragung der Lernenden ergab sich eine weitgehende Ausgeglichenheit zwischen Wünschen und Möglichkeiten. Dennoch gibt es noch viele Fälle, denen es an Ausgewogenheit fehlt; Mitglieder möchten Berufe ergreifen, die in einem bestimmten Kibbutz nicht vorhanden sind, oder ein Kibbutz benötigt bestimmte Fachkräfte, findet aber keine Mitglieder, die sich mit den entsprechenden Bereichen beschäftigen wollen. Doch die Mehrzahl der Kibbutzim ermöglichen allen ihren jüngeren Mitgliedern die Ausbildung in Bereichen, die sie interessieren, wobei die Kibbutz-Institutionen festlegen, wann der einzelne zum Studium delegiert wird. Die Kibbutzim ermuntern allerdings nicht die Arbeit außerhalb des Kibbutz, doch wegen der vielen Möglichkeiten im örtlichen und regionalen Bereich sowie innerhalb der Kibbutz-Bewegung können viele ihre Wünsche befriedigen.

Wer hat die Veränderung in der Wirtschaftsstruktur und in der damit verbundenen Gestaltung der beruflichen Möglichkeiten hervorgebracht? Waren die Töchter und Söhne die Initiatoren dieser Entwicklung? Hat der Kampf zwischen den Generationen sie ins Leben gerufen? Ist die Annahme richtig, daß die Kibbutzim die wirtschaftliche Struktur veränderten, um Austritte von Töchtern und Söhnen zu verhindern? Die Verfasser dieser Untersuchung sind der Meinung, daß die Veränderungsprozesse, die die Kibbutzim in den Sechzigern und Anfang der siebziger Jahre mitmachten, kein Resultat eines einzigen Faktors, sondern einer Kombination von Faktoren waren. Ein Teil der letzteren war von außen bedingt, wie die Einschränkung der landwirtschaftlichen Weiterentwicklung und die Politik der Industriebegünstigung, teilweise waren es interne Faktoren wie der Bedarf an geeigneten Arbeitsplätzen für Töchter und Söhne wie auch für Ältere, die wegen ihres physischen Befindens nicht weiter in der Landwirtschaft arbeiten konnten. Es hat sich nicht bestätigt, daß nur die jüngere Generation die Initiatorin der Veränderung war. Zwar fühlten sich die Älteren stärker den Auffassungen der Vergangenheit verbunden, in denen Einklang zwischen Kibbutz und Landwirtschaft herrschte, sie waren aber nicht minder offen als die Töchter und Söhne für wirtschaftliche Rationalisierungserwägungen und soziale Bedürfnisse, die den Industrialisierungsprozeß verursachten, und schreckten nicht vor technologischen Neuerungen zurück, die mit ihnen verbunden waren.

Die Befunde unserer Untersuchung zeigen auch, daß keine Polarisierung unter den Generationen bezüglich des theoretischen Dilemmas zwischen einer Bejahung von wirtschaftlichem Fortschritt und der Erhaltung von gemeinschaftlichen und egalitären Werten besteht. Beide Generationen sind optimistisch, was die Aussichten auf wirtschaftlichen und persönlichen Fortschritt angeht, und pessimistischer in bezug auf die Aussicht zu voller Verwirklichung der gemeinschaftlichen Werte. Entgegen der herrschenden Annahme wurden keine wesentlichen Unterschiede zwischen den Generationen diesbezüglich gefunden: Anhänger verschiedener Auffassungen zu diesem Thema finden sich in beiden Generationen.

Das Bild, das sich aus der Analyse der Bindungsgründe der Töchter und Söhne an den Kibbutz ergibt, ist vielseitig und kompliziert. Nur wenige behaupteten, daß der Hauptgrund ihrer Bindung an den Kibbutz im Wunsch nach einem prinzipiengeleiteten Leben zu finden ist. Der Anteil der Älteren, die behaupteten, daß tatsächlich dieser Grund die Töchter und Söhne an den Kibbutz binde, war sogar noch geringer. Demgegenüber zeigt die Korrelationsanalyse, daß die Töchter und Söhne, die stärker an den Kibbutz gebunden sind als andere, nicht gerade diejenigen sind, die ihre Wünsche nach Selbstverwirklichung vorrangig befriedigten, sondern die, die sich mit seiner ideologischen Richtung identifizieren. Diese Gegensätze werden durch wechselseitige Beziehung zwischen Ideologie und Wirklichkeit im Kibbutz-Leben erklärt.

Der Kibbutz macht Routine- und Institutionalisierungsprozesse durch, welche die Weiterführung des Kibbutz sichern, auch wenn sich die Motivationen seiner Mitglieder ändern. Anfangs bestand sein Problem darin, die Fortsetzung des Systems zu sichern, nachdem sich die erste Begeisterung gelegt hatte und Spannungen, persönliche Gegensätze und Hindernisse zum Vorschein kamen, für deren Überwindung sehr viel Einsatzbereitschaft erforderlich war. In solcher Lage kann man sich nicht nur auf die ideologischen Identifikationen und spontane Lösungen verlassen. Es entstehen Bräuche und Normen, die sich schließlich zu einem institutionellen Aufbau mit Satzungen entwickeln.

In diesem Stadium steigt die Bedeutung der gesellschaftlichen Kontakte und die Art der persönlichen Bedürfnisbefriedigung: Im Bewußtsein der Älteren aber haben die ideologischen Erwägungen, die sie in der Vergangenheit zur Kibbutz-Gründung oder zum Beitritt führten, den Vorrang behalten. Entsprechende Erwägungen erwiesen sich von Anfang an für die Kibbutzgeborenen jedoch als weniger wichtig. Gegenüber der Erziehung, welche die ideologischen Positionen bekräftigt, tragen andere Momente zu ihrer Abschwächung bei – unter ihnen der Wunsch, selbständig über den eigenen Lebensweg zu bestimmen, ohne durch die Entscheidung der älteren Generation gebunden zu sein. Die unterschiedlichen Einschätzungen der Ideologie schafften bei den Älteren ein kritisches Verhältnis zum Nachwuchs und bei diesem ein ambivalentes Gefühl für die Eltern. Die Generationsstereotypen von der ideologischen Eltern- und der pragmatischen Jugendgeneration sind dafür ein Ausdruck. Im wirklichen Leben des Kibbutz jedoch übernehmen die Töchter und Söhne Berufe und Funktionen, machen Fortschritte, und zwischen den Generationen bestehen tatsächlich keine scharfen Gegensätze. Unterschiedliche ideologische Ausgangspunkte haben also keine große praktische Bedeutung. Wir finden sogar, daß die geringe Diskrepanz zwischen den Generationen im Interessenbereich wie im täglichen Leben darauf beruht, daß der institutionelle Aufbau und die Lebensform des Kibbutz auf spezifischen Grundlagen basieren, die alle seine Mitglieder anerkennen.

Wie gesagt, äußern nur wenige Befragte der zweiten Generation, daß die wichtigste Ursache für ihr Leben im Kibbutz im Wunsch begründet sei, nach seinen besonderen Prinzipien zu leben. Tatsächlich leben sie aber danach, Ihre Beziehungen zu Familie und Freunden beruhen ja gerade auf der Abwesenheit von wirtschaftlichen Faktoren wie Erbfragen oder Renten, die sonst zwischen den Generationen Gegensätze hervorrufen, sowie auf dem Fehlen von Konkurrenz, die anderswo die Beziehungen zwischen allen Altersgruppen trübt.

Das heißt, daß die Verwirklichung der spezifischen gemeinschaftlichen und egalitären Prinzipien die Ursache für den Erfolg in den Beziehungen zwischen den Generationen – im Arbeitsbereich und im gesellschaftlichen Kontakt – ist. Der Unterschied der Generationen in der Einstellung zu den Kibbutz-Prinzipien wird häufig als ein Versagen dieser Gesellschaft gewertet. Tatsächlich erfährt die zweite Generation die Werte der Kibbutz-Gründer aber bereits als im Kibbutz verkörperte und muß sie deshalb nicht ständig verbal beschwören. [...] Die Töchter und Söhne befürworten verbal zwar mehr als die Älteren die Wünsche nach Selbstverwirklichung. Das sind aber Wünsche nach Erhöhung des fachlichen Wissens und des Bildungsniveaus im Rahmen des Kibbutz und keineswegs Wünsche nach höheren materiellen Vergütungen oder gar nach einem höheren Lebensstandard für die besseren Fachkräfte. [...] Ohne die Bereitschaft, die nötigen Aufgaben für das Funktionieren des Kibbutz nach bester Kraft des einzelnen zu erfüllen, wäre sein wirtschaftlicher und sozialer Fortschritt, an den auch für die Zukunft beide Generationen gleichermaßen glauben, gar nicht zu sichern. [...] Scheinbar nicht ideologische Bindungsfaktoren in der zweiten Generation haben also durchaus ideologische Wirkungen. Die wirkliche Bedeutung der sozialen oder emotionalen Bindung an den Kibbutz erweist sich ja immer als die Bindung an eine Gesellschaft von Gleichen. Die Selbstverwirklichung innerhalb des Kibbutz beruht auf der Anerkennung der Grundvoraussetzung, daß die Vergütungen für Arbeit und gesellschaftliche Aktivitäten vorrangig innerlich und nicht äußerlich sind, daß also die Genossen, die ein höheres Niveau im Fachkönnen aufweisen oder mehr Verantwortung in der Verwaltung übernommen haben, nicht berechtigt sind, ein höheres Gehalt oder höheren Lebensstandard zu fordern.

Die Verfasser dieser Untersuchung haben nicht die Absicht, den Unterschied zwischen den verschiedenen Begründungen für die Verpflichtung gegenüber dem Kibbutz zu verwischen. Man kann aber bemerken, daß auch die Befragten, die sich nicht durch ideologische Faktoren an den Kibbutz gebunden glauben, ebenfalls akzeptiert haben, daß sie einen gewissen Preis für das Leben im Kibbutz bezahlen, und daß dieser Preis letztlich nur eine ideologische Rechtfertigung finden kann. Wenn sie diesen Preis zahlen, haben eben auch diejenigen Töchter und Söhne, die behaupten, daß ihre Bindungen an den Kibbutz nicht ideologischer Art seien, seine Ideologie übernommen.

Aus dem Hebräischen von Raya Natenbruk

III. Soziologische Theorie der Kibbutzentwicklung

Erik Cohen
Der Strukturwandel des Kibbutz[1]

Einleitung

Die Kollektivbewegung in Israel ist jetzt mehr als 60 Jahre alt.
Seit den Tagen, als eine kleine Gruppe Menschen die erste
»Kvutza« (Kollektiv) in Um Djuni (später Degania Alef) errich-
tete, hat sich die Kibbutzbewegung in der Tat sehr weit entwickelt.
1969 gab es 231 Kibbutzim mit ungefähr 84 670 Einwohnern, von
denen ca. die Hälfte Vollmitglieder waren. Der Kibbutz ist
inzwischen in der ganzen Welt berühmt und wurde intensiv
untersucht, obwohl nur selten kopiert.[2] Er ist einer der blühend-
sten Zweige der israelischen Wirtschaft, seine Landwirtschaft ist
auf dem neuesten Stand, obwohl die Industrie langsam die
dominierende Rolle in seiner Ökonomie übernimmt und zur
Haupteinnahmequelle wird. Unter seinen Mitgliedern finden wir
Politiker, Wissenschaftler, Künstler, Manager von großen öffentlichen Unternehmen etc. Trotzdem durchlebt er heute eine tiefe
innere Krise, die zum Teil gerade durch seinen Erfolg hervorgerufen wird. Wie konnte dies geschehen? Welcher Umwandlungsprozeß lag dem zugrunde, und was sind die Ursachen für die
gegenwärtige Situation? Wir werden nicht versuchen, eine
erschöpfende Antwort auf diese Fragen zu geben. Aber wir
möchten die grundlegende soziologische Dynamik des Prozesses
der strukturellen Umwandlung des Kibbutz aufdecken und einige
Faktoren darstellen, die die Wurzeln der gegenwärtigen Krise
bilden.[3]

Strukturelle Typologien sozialer Entwicklung gehören zu den
gebräuchlichsten Mitteln makrosoziologischer Analyse. Ausgehend von F. Tönnies' Definition sozialer Evolution mit Hilfe von
Begriffen wie »Gemeinschaft« und »Gesellschaft« (Tönnies,
1935) über die verfeinerten Typologien von Becker (1950),
Redfield (1941) und vielen anderen, haben Soziologen versucht,
ein allgemeines Muster umfassenden sozialen Wandels und sozialer Umwälzung zu erstellen.[4]

Besonders relevant für unseren Zweck ist der Versuch des
deutschen Soziologen H. Schmalenbach, die grundlegende

Gemeinschaft-Gesellschaft-Typologie durch die Hinzufügung eines neuen Typs, des Bundes, zu ergänzen.[5] Schmalenbachs wenig beachtetes Konzept kann auf viele soziale und religiöse Bewegungen angewendet werden, die, gestärkt durch die Unzufriedenheit mit dem heutigen Leben, danach streben, die Gesellschaft durch eine völlige Abkehr von ihren etablierten Institutionen sowie durch eine radikale oder revolutionäre Umwandlung ihrer Werte und Lebensformen zu erneuern und zu verjüngen. Schmalenbach dachte sich diesen Bund als eine freiwillige und notwendigerweise vorübergehende Sozialstruktur. Er ist durch intensive Gefühlsbindungen zwischen den Mitgliedern und eine starke Anhänglichkeit an die sie bewegenden Ideale gekennzeichnet. Die Mitglieder dieses Bundes leben in einem Zustand gesteigerter Emotionalität. Der Bund wird von gleichgesinnten Erwachsenen gebildet, die sich aufgrund freier Wahl und persönlicher Entscheidung zusammengeschlossen haben; sie haben keine gemeinsamen ursprünglichen Eigenschaften, bevor sie dem Bund beitreten. Der Bund ist im wesentlichen also eine universalistische Struktur. In diesem Punkt unterscheidet er sich grundsätzlich von Tönnies' »Gemeinschaft«.

Schmalenbachs Beitrag ermöglicht eine radikale Veränderung des historischen Modells von Tönnies: Das linear-evolutionäre Gemeinschaft-Gesellschaft-Modell führt von einer in Blut und Boden wurzelnden sozialen Vergangenheit zu einer immer rationaleren, entwurzelten und individualistischen zukünftigen Gesellschaft. Die Hinzufügung des Bundes ermöglicht eine Veränderung des Modells. Schmalenbach sprach von der Möglichkeit, daß der Bund aus Gemeinschaft und Gesellschaft hervorgehen, aber auch in eine von beiden übergehen könnte. Für unsere Zwecke ist es jedoch wichtig festzustellen, daß seine Analyse zu einem im wesentlichen zyklischen Modell gesellschaftlicher Entwicklung führt. Der volle Zyklus könnte schematisiert folgendermaßen aussehen: Gemeinschaft wird zu Gesellschaft, Gesellschaft wird verjüngt durch die Erscheinung des Bundes, der Bund schlägt Wurzeln und wird durch Institutionalisierung zu einer neuen Gemeinschaft, die wiederum zur Gesellschaft wird, usw. Die schicksalhafte Eingleisigkeit von Toennies' Konzeption wird so ersetzt durch ein zyklisches Modell, das die Schwankung zwischen Institutionalisierung und Erneuerung betont. Wir werden im folgenden sehen, daß ein solches Modell bei der Analyse der strukturellen Wandlungen des Kibbutz gute Dienste leistet.

Das Konzept des Bundes wurde durch E. Shils (1957, S. 138) weiter verfeinert, der, ausgehend von einer Differenzierung zwischen ideologischen und persönlichen Primärgruppen behauptete, daß es analog dazu möglich sei, zwei Arten von Bund zu unterscheiden – den ideologischen und den persönlichen Bund. Diese Erkenntnis war ein weiterer, sehr nützlicher Hinweis für unsere eigene Analyse.

Das hier skizzierte allgemeine Begriffsschema wurde von Yonina Talmon im frühen Stadium unserer Untersuchungen angewendet, um die soziale Dynamik des Kibbutz zu studieren. Frau Talmon befaßte sich mit dieser Dynamik auf zwei verschiedenen Ebenen: Entwicklungsgeschichtlich durchläuft die Kibbutzbewegung als Ganze einen historischen Umwandlungsprozeß vom Bund zur Kommune (ihr Begriff für Gemeinschaft); orthogenetisch durchläuft jeder einzelne Kibbutz so eine Umwandlung unabhängig vom Zeitpunkt seiner Gründung, obwohl jene Kibbutzim, die in einem relativ fortgeschrittenen Abschnitt der Entwicklung gegründet wurden, niemals die Charakteristika des Bundes voll annehmen und diese Phase schnell durchlaufen. Der Übergang vom Bund zur Kommune ist irreversibel. Frau Talmon dachte sich diesen Übergang eher in einem vielseitigen Schema und entdeckte mehrere konstruierte Arten von Kommunen, in die der Bund übergehen könnte.

Meine eigene Ansicht der strukturellen Dynamik des Kibbutz basiert auf Frau Talmons Schema, aber ich versuche es auf zweierlei Weise zu erweitern und zu ergänzen: Erstens habe ich die Typologie weiter untergliedert und sie durch Hinzufügen einiger neuer Unterarten, die ich im Zuge unserer Untersuchungen entdeckt habe, in Übereinstimmung mit der Realität gebracht. Zweitens versuchte ich die Analyse zu aktualisieren, indem ich für die jüngsten Umwandlungen in den größten und am weitesten entwickelten Kibbutzim einen neuen strukturellen Typus einführte: die Vereinigung (mein Begriff für »Gesellschaft«). Ich versuchte auch, die ersten Regungen einer Bewegung der inneren Erneuerung hin zu einer Wiedergeburt des Bundes durch die Bestrebungen von Mitgliedern der zweiten Generation in diesen weit entwickelten Kibbutzim aufzuzeigen.

Die zugrundeliegende Variable: Integrationsweise

Die Abbildung zeigt in knappster wie auch umfassendster Form
die verschiedenen strukturellen Arten unserer Typologie und die
dynamischen Wechselbeziehungen zwischen ihnen. Die hervor-
gehobenen Begriffe stellen die Grundtypen dar, die anderen die
Unterarten. Diese Typologie wurde sowohl aus einer Vielzahl
konkreter Ergebnisse abgeleitet, als auch aus einigen Teiltypolo-
gien, die im Laufe unserer Untersuchungen entwickelt wurden
und Aspekte umfaßten wie Arten der Institutionalisierung (Cohen, 1958), Familienstruktur (Talmon-Garber, 1959), Struktur
der Arbeitssphäre (Cohen, 1963) etc. Unsere Studie erstreckte

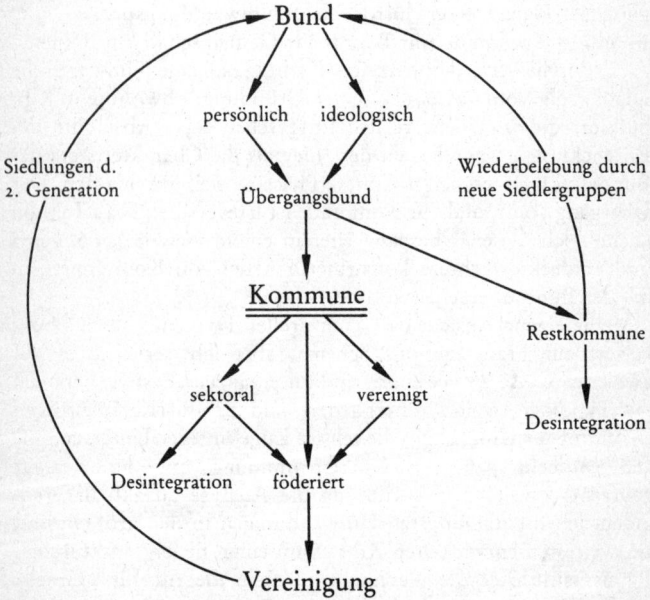

sich über einen Zeitraum von ungefähr 14 Jahren; in dieser Zeit
wurden strukturelle Typen provisorisch konzipiert und dann
unter dem Eindruck neuer Ergebnisse und eines genaueren
Einblicks in die Wechselbeziehungen zwischen den diversen
Lebensbereichen im Kibbutz neu gefaßt. Die hier dargestellte

Typologie zeigt nur das letzte Stadium dieses Prozesses ständiger Neuformulierung. Es ist daher möglich, daß sie weiter verfeinert wird, wenn zusätzliche Fakten gesammelt sind und der Kibbutz neue historische Veränderungen erfährt.[6]

Unsere Typen sind natürlich aus einer Vielzahl von Merkmalen zusammengesetzt. Obwohl die meisten von ihnen auf empirischen Forschungen beruhen, behaupte ich nicht, daß jeder Kibbutz, der in eine der Rubriken eingeordnet werden kann, unbedingt *alle* dafür typischen Eigenschaften besitzen muß. Die verschiedenen Merkmale eines Typs verbinden sich jedoch normalerweise und treten gemeinsam auf, wenn nicht starke lokale, geschichtliche, geographische oder soziale Bedingungen das Gegenteil bewirken. Wenn solche Bedingungen eine Reihe von Kibbutzim entscheidend beeinflussen, haben wir unserer Typologie einen weiteren Typ hinzugefügt.

Obwohl auf empirischem Wege ermittelt, sind unsere Typen keine unsystematischen Anhäufungen von empirischen Eigenschaften. Die verschiedenen Merkmale jedes Typs sind logisch aufeinander bezogen. Die im Mittelpunkt stehende theoretische Variable unserer Typologie ist die charakteristische Art und Weise, in der die einzelnen Typen sozial integriert werden.

Das Konzept der »Integrationsweise«[7] bezieht sich auf das grundlegende Prinzip, das eine Gemeinschaft zusammenhält und zu einem einheitlichen Ganzen formt. In jedem der drei Haupttypen von Kibbutzim, dem Bund, der Kommune und der Vereinigung, herrscht eine andere Integrationsweise vor:

1) Die Integration innerhalb des Bundes funktioniert auf der *Basis von Werten*. Die Mitglieder des Bundes halten an allgemeinen, intensiv gelebten »höchsten Werten« fest, die jeder alltäglichen Handlung und jedem Aspekt ihrer sozialen Beziehungen einen transzendenten, wenn auch nur vage definierten Sinn verleihen. Die soziale Integration des Bundes rührt von der intensiven und allgemeinen Bindung an bestimmte Werte auf seiten aller Mitglieder her. Diese universelle gemeinsame Bindung führt zu engen persönlichen Beziehungen zwischen den Mitgliedern. Integration aufgrund gemeinsamen Engagements für bestimmte Werte wird man am ausgeprägtesten im »ideologischen Bund« finden, obwohl die Integration im »persönlichen Bund« im wesentlichen auf dieselbe Weise vor sich geht; nur die Werte und die Konsequenzen der Wertbildung unterscheiden

sich: Während im »ideologischen Bund« die Betonung auf den Aufgaben des Kibbutz in der Welt außerhalb dieser Gemeinschaft liegt (d. h. Pionierarbeit für eine breitere zionistische Bewegung), liegt das Augenmerk im »persönlichen Bund« prinzipiell auf der Gemeinschaft selbst – auf den Idealen zwischenmenschlicher Beziehungen, denen die Mitglieder entsprechen sollen.

2) Die Integration innerhalb der Kommune funktioniert auf der *Basis von sozialen Beziehungen*. Die Mitglieder der Kommune gehören mehr oder weniger gut definierten Untergruppen innerhalb der größeren Gemeinde an. Diese partikularistischen Bindungen werden um ihrer selbst willen gestattet und anerkannt, aber auch als Mittel gesehen, den einzelnen in einen größeren sozialen Rahmen zu integrieren. Die Integration der Gemeinde wird durch die Verflechtung der Untergruppen mittels immer stärker formalisierter Entscheidungsprozesse und gegenseitiger Anpassung erreicht. Ein gewisses Festhalten der Mitglieder an den höchsten Werten ist für das reibungslose Funktionieren der Kommune noch notwendig, obwohl dieses Festhalten nunmehr viel weniger intensiv ist als im Bund.

3) Die Integration innerhalb der Vereinigung funktioniert auf der *Ebene formaler Institutionen*. Diese Institutionen, die im großen und komplexen modernen Kibbutz sehr zahlreich sind, weisen den einzelnen Mitgliedern einerseits ihre Aufgaben und Rollen zu, verteilen andererseits die ihnen zustehenden Dienstleistungen und Belohnungen und wirken so als wichtigstes Werkzeug zur Organisation des Lebens innerhalb der Vereinigung. Die verschiedenen formalen Einrichtungen werden auf der einen Seite durch einen Wertkonsens gestützt, der die Institutionen und ihre Hauptvertreter legitimiert, und auf der anderen Seite durch einen Komplex primärer Beziehungen und sozialer Gruppierungen, die in der Vereinigung noch existieren, obwohl sie nicht mehr den wichtigsten Integrationsmechanismus darstellen.

Die Strukturtypen: Der Bund

Der Bund, wie die Kibbutzbewegung im allgemeinen, ist das Ergebnis des Zusammenwirkens verschiedener Faktoren: Zunächst war er die Reaktion junger Juden gegen die traditionelle, starre jüdische Gesellschaft der Diaspora (Diamond, 1957); so entstand die extreme Form des revolutionären Zionismus. Zweitens war er die revolutionäre Reaktion idealistischer junger Juden gegen die soziale Misere der bürgerlichen, kapitalistischen, städtischen Gesellschaft des Westens; hier war er eine der Spielarten der europäischen Jugendbewegung der zwanziger Jahre, verwandt in Ideen und Geist mit solchen Bewegungen wie dem deutschen Wandervogel, was Schmalenbach in erster Linie veranlaßte, den Begriff des Bundes zu formulieren.[8] Schließlich diente er als Mittel zur Realisierung weitergesteckter, nationaler Ziele der Juden in Palästina; er erschien als die passendste Lebensform in Anbetracht der schwierigen und oft feindseligen natürlichen und sozialen Umstände, die die Pioniere in der Frühzeit jüdischer Besiedlung Palästinas zu meistern hatten.

Die Werte des frühen Kibbutz hatten denn auch zwei Hauptbezugspunkte: Einerseits waren sie nach innen gerichtet und sollten zur Verbesserung von Mensch und Gesellschaft durch die vollständige Anerkennung humanistischer und sozialistischer Ideale führen; andererseits richteten sie sich nach außen – hin zu einer größeren Gesellschaft – durch die Anerkennung der Gebote des Pionier-Zionismus, der dem Kibbutz die Rolle einer Avantgarde jüdischer Besiedlung Palästinas zuteilte. Der Kibbutz wurde gleichzeitig als ein Zweck an sich und als Mittel zur Erreichung höher gesteckter, gesellschaftlicher Ziele angesehen; er war eine ideologische Schöpfung, sollte aber, im Gegensatz zu anderen Utopien, auch nationale Aufgaben erfüllen und mußte sich daher wechselnden Bedingungen erfolgreich anpassen. Diese Tatsache verhinderte seine frühe Erstarrung und stattete ihn mit einer dynamischen Kraft aus, die anderen utopischen Bewegungen fehlt (Buber, 1950).

Die relative Betonung des inneren gegenüber dem äußeren Bezugspunkt der Kibbutzwerte verursachte schwerwiegende ideologische Differenzen zwischen den einzelnen Kibbutzbewegungen, die wiederum zu bedeutsamen Unterschieden in der Sozialstruktur der zu diesen Bewegungen gehörenden Siedlungen führten. Am einen Ende des Spektrums finden wir die Föderation, der die frühesten Kibbutzim angehören, die Chever Hakvutzot, die hauptsächlich humanistische Werte, wie persönliche Freiheit und Weiterentwicklung, in den Vordergrund stellte und daher kleine, lose organisierte Siedlungen (genannt kvutzot, von hebräisch »kvutza« = Gruppe) befürwortete. In dieser Vereinigung sind die besten Beispiele für den »persönlichen« Bund vertreten. Am anderen Ende des Spektrums steht Hakibbutz Hame'uchad, die Bewegung, welche die Werte des Pionier-Zionismus betonte und in erster Linie nationale Ziele verfolgte. Daher trat dieser Verband für die Errichtung großer Kibbutzim ein (Lavi, 1958), die von Anfang an über einen höheren Organisationsgrad verfügten als die frühen Siedlungen anderer Bewegungen.[9] Hier finden wir die besten Beispiele für den »ideologischen« Bund. Sozialistische Werte, die den Versuch machen, persönliche und gesellschaftliche Ideale harmonisch miteinander zu verknüpfen, wurden vor allem von der Hashomer Hatzair-Bewegung vertreten, die eine Zwischenstellung zwischen den beiden anderen einnimmt. Die kleine Religiöse Kibbutz Vereinigung stand der Chever Hakvutzot nahe, was die säkularen Aspekte ihrer Ideologie anbelangte, verfolgte aber zusätzlich auch noch die Gebote des orthodoxen Judentums; einige ihrer Führer versuchten sogar, die kollektiven Lebensprinzipien aus ihren religiösen Überzeugungen abzuleiten.

Der ideale Typus des Bundes wurde von einigen der ersten Kibbutzim lange Zeit am besten verwirklicht. Diese Siedlungen wurden als Folge eines intensiven sozialen und ideologischen Aufbruchs der Juden in der Diaspora gegründet. Sie mußten mit sehr geringen Mitteln gegen besonders ungünstige Bedingungen in Palästina kämpfen und erhielten auch nur sehr begrenzte Unterstützung von nationalen jüdischen Institutionen. Nur die ausgeprägte Verpflichtung der Sache gegenüber half ihnen, ihre Bemühungen beharrlich fortzusetzen. Die Kibbutzim, die später, vor allem nach der Staatsgründung, errichtet wurden, entsprachen weniger dem Idealbild des Bundes. Die Intensität ihrer gemeinsamen Erfahrung wurde durch die festgelegte Verfahrensweise bei der Errichtung neuer Kibbutzim etwas gedämpft. Die Verpflichtung der Mitglieder gegenüber den Werten war nicht mehr so absolut wie bei den Gründern der ersten Kollektive, so daß die strukturelle Umwandlung schneller vonstatten ging. Auch war das Tempo der strukturellen Veränderungen anscheinend im allgemeinen beim »ideologischen« Bund schneller als beim »persönlichen« Bund. Während der »persönliche« Bund zu einer mehr oder weniger stabilen Kommune hintendiert, finden wir im »ideologischen« Bund schon starke Bestrebungen, eine frühe Umwandlung in eine Vereinigung zu erreichen. Der Grund für diesen Unterschied beruht auf der Tatsache, daß der »ideologische« Bund mehr Wert auf objektive, zweckbestimmte Ziele legt und daher stärker auf schnelles Wachstum und formale Institutionalisierung angewiesen ist als der »persönliche« Bund, bei dem direkte, spontane zwischenmenschliche Beziehungen höher bewertet werden. Da wir uns in unserer Untersuchung mit Bewegungen wie Chever Hakvutzot und Hashomer Hatzair beschäftigten, in denen anfangs der »persönliche« Bund dominierte, werden wir uns in erster Linie mit dieser Variante des Bundes befassen.

Wie schon erwähnt, beruht die Integration des Bundes hauptsächlich auf der gemeinsamen, intensiven Verpflichtung seiner Mitglieder gegenüber einem System höchster Werte. Trotz dieser starken Verpflichtung ist aber die soziale Bedeutung der Werte für verschiedene konkrete Situationen immer noch vage. Der Bund ist keine institutionalisierte Lebensform und deshalb wurden auch noch keine genauen sozialen Verhaltensnormen für bestimmte Situationen formuliert. Es besteht im »persönlichen« Bund sogar eine besonders starke Opposition gegen den Versuch einer solchen Festsetzung. Man erwartet, daß sich soziale Ordnung aus gegenseitigem Verständnis entwickelt und nicht aus Verhaltensregeln.

Diese Tatsache allein würde genügen, eine sehr intensive Aktivität innerhalb des Bundes bei Fragen von öffentlichem Interesse hervorzurufen. Solche Aktivität steigerte sich sogar noch und wurde infolge einer grundlegenden Eigenschaft der ideologisch orientierten Mitglieder des frühen Bundes extrem hektisch: Sie waren überzeugt, daß sie an einem sozialen Experiment teilnahmen, das nach ihrer Meinung für die Zukunft der jüdischen Gemeinde in Palästina entscheidend oder sogar prototypisch für eine zukünftige kommunale Weltordnung sein könnte. Jedem Lebensaspekt, jeder Entscheidung über Verfahrensweisen wurde daher existentielle, ja, beinahe transzendente Bedeutung beigemessen. Jedes Lebensdetail wurde unter Ewigkeitsgesichtspunkten betrachtet, und sonst eher prosaische Probleme mußten als grundlegende behandelt werden. Alle Bereiche des Lebens wurden vom Standpunkt der höchsten Werte aus beurteilt. Da noch keine spezifischen Normen festgelegt worden waren, gab es auch keine Abtrennung von Bereichen, die nicht von den Grundregeln abhängig waren. Es existierten keine zweitrangigen Werte, keine funktionale Unabhängigkeit, keine relative Autonomie. In dieser Beziehung ähnelt der Bund dem frühen Stadium der Bildung einer religiösen Sekte, deren Leben vollständig und irrational von einem System grundlegender religiöser Gebote durchdrungen ist (Troeltsch, 1960, S. 331-343). In religiös-soziologischer Terminologie könnte man es so ausdrükken, daß das Leben in einem prototypischen Bund von »heiliger« Qualität war; nichts war allein zweckbestimmt, allein weltlich. Alles hatte eine weitergehende, symbolische Bedeutung. Daher wurde auch keine besondere »heilige« Zeitspanne außerhalb des normalen Tagesablaufs für Zeremonien oder Festivitäten vorgesehen, außer denen, die direkt mit dem Kollektiv in Zusammenhang standen (z. B. zur Erinnerung an den Tag der Errichtung des Kollektivs). Der Bund schaffte die meisten traditionellen Unterscheidungen in der Zeitrechnung ab und beachtete weder den Sabbath noch die meisten anderen religiösen Feiertage des Judentums.[10] Bei den Festen, die er noch beging, standen nationale Themen oder solche aus der Natur im Vordergrund, während die religiösen Themen völlig außer acht blieben.

Im Bund war die Kollektivversammlung die einzige politische Autorität. Sie regierte die Gemeinschaft und entschied über wichtige und weniger wichtige Angelegenheiten. Im frühen Bund konnte jedes Mitglied die Versammlung einberufen, um Mißstände zu diskutieren. Das Kollektiv hatte keine Beamten oder Funktionäre. Allmählich jedoch entwickelten sich mehrere solcher Rollen, anfangs mit sehr begrenzter Vollmacht und ungenau definierten Aufgaben: der »Arbeits-Koordinator«, der mit der Arbeitseinteilung befaßt war; der Sekretär, eine Rolle, die später auf zwei Personen verteilt wurde – den »Sekretär des Inneren«, der sich hauptsächlich auf soziale und persönliche Angelegenheiten innerhalb des Kibbutz konzentrierte, und den »Sekretär des Äußeren«, der für die Beziehungen des Kibbutz zu Institutionen und anderen Gemeinden zuständig war; und der »Produktions-Manager«, der die Gesamt-Koordination der Produktion überwachte. Zunächst mußten solche öffentlichen Aufgaben in der Freizeit des Mitglieds wahrgenommen werden. Später wurde man für diese Arbeit freigestellt.

Auf wirtschaftlichem Gebiet wurde die Arbeit im Bund von Produktions- und Dienstleistungsabteilungen organisiert. Die Wirtschaft war breitgefächert und die einzelnen Zweige klein.

Trotzdem bedeutete diese Vielfalt nicht unbedingt berufliche Spezialisierung: Die Mitglieder waren nicht auf Dauer an einen Zweig gebunden, sondern wechselten frei zwischen ihnen hin und her, je nach ihren wechselnden Bedürfnissen. Die Zweige hatten ursprünglich keine festen Leiter; erst allmählich bildete sich die Rolle des »Abteilungsleiters« heraus, der zu Anfang als Bindeglied zwischen der Abteilung und dem Kibbutz fungierte und mit der Beschaffung von Arbeitskräften und Material, Versand der Produkte usw. betraut war. Auch diese Arbeiten mußte das Mitglied in seiner freien Zeit ausführen, nachdem es wie alle anderen Arbeiter einen vollen Arbeitstag in der Abteilung gearbeitet hatte.

Das gesellschaftliche Leben im Bund spielte sich im Kollektiv ab. Der Speisesaal, die Grünflächen und die öffentlichen Duschen stellten die Haupttreffpunkte dar. Die Bedeutung der Familie reduzierte sich auf ein Mindestmaß – in der weltlichen Kibbutz-bewegung erfolgte die Eheschließung ohne jedes Zeremoniell, und eheliche Liebe und Solidarität öffentlich zu zeigen, war verpönt. Kinder wuchsen im Kinderhaus heran, wo sie sowohl Pflege als auch Ausbildung erhielten. Die Beziehungen mit den Eltern waren starken Beschränkungen unterworfen (Talmon-Garber, 1965). Die ganze Gemeinde bildete ein undifferenziertes Ganzes, und im Idealfall waren keine Fraktionen oder sozialen Unterteilungen vorhanden.

Die Integration der Mitglieder mit Hilfe eines Systems von völlig verinnerlichten höchsten Werten bildet die grundlegende Stärke des Bundes. Eine derartige Form sozialer Integration ist jedoch ihrem Wesen nach nicht stabil. Die Sozialstruktur des Bundes ist mit einem fundamentalen Konflikt bzw. einem Dilemma zwischen dem Konformitätsdruck und der somit bewahrten kollektiven Solidarität einerseits und der Freiheit jedes Mitglieds behaftet, die Grundvorschriften des Kibbutzlebens *unabhängig* zu interpretieren. Von den Mitgliedern des Bundes wird erwartet, daß sie über jede auftretende strittige Frage Einvernehmen erzielen. Doch existiert kein genau definierter institutioneller Mechanismus, durch den diese Einigung erreicht werden kann. Daher neigte das öffentliche Leben des frühen Bundes zur Hektik. Die ständige und intensive soziale Interaktion, das Befassen mit wichtigen und weniger wichtigen Angelegenheiten erforderten große geistige und körperliche Anstrengungen von allen Mitgliedern. Mit der Zeit trat Ermüdung ein, und die Diskussion über Prinzipien endete in persönlichen Konflikten. Dies führte zum Abbruch von Beziehungen, und oft verließen unzufriedene Mitglieder den Kibbutz. Die Intensität der Diskussion stand nicht unbedingt in einem angemessenen Verhältnis zur tatsächlichen Bedeutung des betreffenden Gegenstandes oder zum Interesse der Beteiligten. Oft hing sie mehr mit der symbolischen Bedeutung von manchmal unwichtigen Problemen für das Gesamtkonzept einer utopischen Gesellschaft zusammen. Diese Tatsache verlieh persönlichem Verhalten außergewöhnliche Bedeutung: Daher schuf die Forderung, ein »exemplarisches« Leben zu führen, aber ohne klare und unzweideutige Verhaltensnormen und ohne formale Sanktionen, starke innere Spannungen beim einzelnen, der sich ständig zwang, dem von seiner Gruppe errichteten Modell vorbildlichen Verhaltens zu entsprechen. Obwohl ich nicht über genaue Zahlen verfüge, vermute ich, daß es mehrere Fälle von »altruistischem« Selbstmord (Durkheim, 1951) im Kibbutz gab aufgrund des intensiven Bemühens der Mitglieder, sich in bezug auf persönliches Verhalten allzu großen Erwartungen zu unterwerfen, die von der zwar informellen, aber allgegenwärtigen öffentlichen Meinung gehegt wurden. Diese Selbstmordfälle könnten als extremste Anzeichen eines manchmal rigorosen psychologischen Drucks gewertet werden, unter dem der einzelne im Bund stand.

Solange der Kibbutz noch klein, sozial homogen und funktional undifferenziert ist und ein gewisses Maß an äußerer Unterstützung durch die Kibbutz-Vereinigung, der er angehört, oder durch nationale Institutionen genießt, hat er im allgemeinen genügend Kraft, um seine inneren Spannungen zu überwinden. Wenn sich die Bedingungen jedoch verändern, wird seine Stabilität durch seine inneren Konflikte gefährdet. Der für den Bund typische Integrationsmodus, das allgemeine Festhalten an höchsten Werten, reicht nicht mehr aus, Veränderungen oder sogar Auflösung zu verhindern.

Die Strukturtypen: Der Übergangsbund

Fast jeder Bund durchlebte einige Zeit nach seiner Gründung eine Krisenzeit. Innerer Unfrieden, Enttäuschung und mangelnde ökonomische und organisatorische Unterstützung von seiten der nationalen Institutionen führte zum Zerfall einiger Kibbutzim, die in der Frühzeit der Kollektivbewegung errichtet worden waren. In späterer Zeit wurden die meisten dieser sich auflösenden Kibbutzim »physisch« durch die Anstrengungen der nationalen Einrichtungen und der Kibbutzvereinigung gerettet. Nur sehr wenige Orte wurden ganz aufgegeben. Jedoch blieben viele dieser Siedlungen über einen längeren Zeitraum hinweg sozial instabil, wie wir bei der Diskussion der Restkommune sehen werden. Trotzdem gelang es den meisten Bünden, die anfängliche Krise zu überwinden und die Umwandlung zur Kommune zu vollziehen. Die Umwandlungsperiode konnte erhebliche Zeit in Anspruch nehmen, und daher finden wir oft einen Zwischentyp des Kibbutz, der kein Bund mehr ist, aber auch noch keine Kommune. Ihn nennen wir »Übergangsbund«.

Die Spannung, die im ursprünglichen Kibbutz durch den Mangel an Kriterien für eine allgemein akzeptierte Umsetzung höchster Werte in konkrete Normen für tägliches Verhalten hervorgerufen wurde, verstärkt sich mit der Weiterentwicklung des Kibbutz. Die frühen Stadien seiner Existenz erleben die Mitglieder als »Ur-Erfahrung«; Pioniergeist und Schaffensfreude helfen ihnen, die Schwierigkeiten des täglichen Lebens hinzunehmen oder zu überwinden. Im Laufe der Zeit verebbt diese Ur-Begeisterung und macht einem eher prosaischen, praktischen Herangehen an die vielen Probleme des Lebens in einer jungen, kleinen und abgelegenen landwirtschaftlichen Ansiedlung Platz. Der Krisenpunkt wird gewöhnlich dann erreicht, wenn eine neue Siedlergruppe zur Verstärkung in den Kibbutz geschickt wird.[11] Diese Gruppe von Neulingen hat oft eine ähnliche ideologische Ausrichtung wie die Gründer, ist aber jünger und stammt aus einem anderen Ursprungsland. Dies führt zu einer gewissen Fremdheit zwischen den beiden Gruppen. Die Hauptschwierigkeit entsteht jedoch durch die unterschiedliche Perspektive der beiden Gruppen in bezug auf den Kibbutz: Die Neulinge haben keinen Anteil an der »Ur-Erfahrung«, und obwohl sie vielleicht dem kollektiven Leben ebenso enthusiastisch gegenüberstehen wie die Gründer, wird ihre erste Erfahrung mit dem Kollektiv gemeinhin nicht so intensiv und tiefgehend sein wie bei diesen.

Zudem wird mit der Ankunft neuer Mitglieder eine gewisse Differenzierung erfolgen. Während bisher alle Mitglieder über gleiches Wissen und gleiche Erfahrung bei der Verwaltung des Kollektivs verfügten und aus prinzipiellen Erwägungen in allen Bereichen eingesetzt wurden, machen sich nun Unterschiede in Wissensstand und Erfahrung bemerkbar: Die neuen Mitglieder verfügen über wesentlich weniger Kenntnisse und Kibbutzpraxis als die Gründer. Für eine gewisse Zeit zumindest müssen die qualifizierteren und mehr Verantwortung fordernden Arbeiten von den Gründern übernommen werden. Die Frage, wann und bis zu welchem Grad Aufgaben mit den Neulingen geteilt werden, wird oft zu einem der Hauptkonfliktpunkte zwischen den beiden Gruppen.

In diesem Stadium ist der Kibbutz noch immer von einem Geist allgemeiner Einigkeit durchdrungen, und deshalb wird beträchtlicher Aufwand auf die völlige Integration der Neulinge in den Bund verwandt. Wenn diese Bemühungen erfolgreich sind, wird der Kibbutz wahrscheinlich noch für längere Zeit seine Bund-Eigenschaften bewahren. Trotzdem wird er nicht unbegrenzt unverändert bleiben, denn andere Faktoren wirken in Richtung auf Umwandlung. Der wichtigste ist vielleicht der Lebenszyklus der Mitglieder. Bei der Gründung sind die meisten Mitglieder jung und noch ledig. Wenn Familien gegründet und Kinder geboren werden, ensteht ein neuer Brennpunkt des Interesses und der Identifikation – die Kernfamilie. Der ursprüngliche Bund stand der Kleinfamilie ablehnend gegenüber und neigte dazu, ihre Funktionen und soziale Bedeutung auf ein Minimum zu beschränken. Die Mitglieder betrachteten die Familie aus der Perspektive der Erfahrungen in ihrer eigenen Jugend: Als Mitglieder einer Jugendbewegung rebellierten sie gegen ihre eigenen Eltern und begannen ein neues, revolutionäres Leben. Jedoch mit der Vergrößerung der neuen Familien und dem Heranwachsen der Kinder kommt es, zumindest bei einem Teil der Mitglieder, zu einer allmählichen Verschiebung der Betrachtungsweise. Im Übergangsbund gibt es normalerweise einen offenen Konflikt zwischen der aufkeimenden Familiensolidarität und den Bemühungen des Kollektivs, sich die völlige Ergebenheit seiner Mitglieder zu sichern. Dieser Konflikt stellt eine der hauptsächlichen Spannungsursachen für diesen Siedlungstyp dar; eine Lösung wird erst durch die Neufestlegung der Rolle der Familie in der voll ausgebildeten Kommune erzielt.

Die demographische Veränderung geht meistens mit einer Krise in der ökonomischen und organisatorischen Struktur des Kibbutz einher. Bei der Gründung erhält der Kibbutz im allgemeinen finanzielle Unterstützung durch die Siedlungseinrichtungen. Diese Unterstützung ermöglicht es ihm, die Härten zu überwinden, die mit der Besiedlung einer neuen und oft feindseligen Region verbunden sind. Er ist anfangs nicht ausschließlich vom Marktwert seiner Produkte abhängig, um seinen Lebensunterhalt zu sichern und kann sich daher einigen sozialen Experimenten widmen. Dies beinhaltet unter anderem den Versuch, einige seiner Wertvorstellungen in die Arbeitsrealität umzusetzen: z. B. die Ablehnung funktionaler Autorität oder Spezialisierung als Mittel zur Verwirklichung der Gleichheitsideale und der vollen Persönlichkeitsentfaltung. Solch eine rigorose Anwendung dieser Werte in der Arbeitswelt fördert nicht unbedingt eine hohe Produktionsleistung.

Wenn der Kibbutz sich weiterentwickelt, wird allmählich die äußere finanzielle Unterstützung eingestellt. Es wird vom Kibbutz erwartet, so schnell wie möglich ökonomisch lebensfähig zu werden. Die Lebensfähigkeit muß anhand des Einkommens in einer im wesentlichen kapitalistischen Wettbewerbswirtschaft nachgewiesen werden. Da der Kibbutz oft in einer ökonomisch ungünstigen Gegend liegt, kann nur extreme Produktionsleistung das Überleben garantieren. So wird Druck in Richtung auf Spezialisierung, Mechanisierung, rationelle Organisation und Autoritätsbestimmung ausgeübt. Solche Pressionen werden oft zum gleichen Zeitpunkt angewandt, in dem die oben erwähnte soziale Krise des Bundes ausbricht. Der Druck auf das System verstärkt sich dadurch erheblich, und viele Kibbutzim geraten an den Rand nicht nur des sozialen, sondern auch des ökonomischen und organisatorischen Zusammenbruchs. In jüngerer Zeit mußten viele Übergangsbünde ausgedehnte Unterstützung, sowohl finanziell als auch organisatorisch, erhalten, um die Krise zu überleben, und zwar von ihrer Vereinigung oder von der Siedlungsabteilung der Jewish Agency.

Im Verlaufe seiner Bestrebungen, seine Schwierigkeiten zu überwinden, durchlebt der Übergangsbund einen Prozeß, den wir als »Ringen um Institutionalisierung« bezeichnen wollen. Im Rahmen dieses Prozesses entwickelt sich das tägliche Verhalten im ökonomischen Bereich – und allmählich auch in anderen organisatorischen Bereichen – unabhängig von den höchsten

Werten kollektiven Lebens, und zwar durch eine Reihe normativer Arrangements, oft gegen den Willen der orthodoxeren Mitglieder der Gemeinschaft.

Unter dem Druck von Effizienz und erhöhter Produktion werden die bereits vorhandenen Wirtschaftszweige erweitert und mechanisiert und neue hinzugefügt. Die Arbeit wird spezialisierter, und mehr und mehr Mitglieder müssen eine Grundausbildung und Erfahrung erwerben, um die qualifizierteren Berufe ausfüllen zu können. Daher nimmt das Rotationsprinzip bei den Arbeitsplätzen allmählich ab, und die meisten Mitglieder binden sich endgültig an die jeweiligen Berufszweige. Da die Arbeit in den einzelnen Sparten immer komplexer wird, steigt auch der Bedarf nach Koordination, so daß die Autorität des »Abteilungsleiters« wächst. Gleichzeitig erhöht sich das Bedürfnis nach umfassender Organisation. Die Verwaltungs- und Organisationsstruktur des Kibbutz wird gestärkt, und die Bedeutung und Autorität der übergeordneten Funktionäre nimmt zu. Diese Funktionäre empfinden die Spannungen besonders deutlich, die aus dem Widerstreit zwischen dem Konzept einer absolut gleichen, einheitlichen Gesellschaft und der Notwendigkeit funktionaler Autorität und Spezialisierung erwachsen. Der Preis, den sie für ihren organisatorischen Erfolg zahlen, ist oft der Verlust solidarischer Bindungen zu den übrigen Mitgliedern. So wie bei der Kleinfamilie wird auch im Bereich der Arbeit die Reintegration erst in der Kommune erreicht, wo funktionale Autorität als legitim angesehen wird.

Es wäre jedoch falsch, das Ringen um Institutionalisierung als eine einfache, geradlinige Übersetzung höchster, aber vager Werte in konkrete, unzweideutige Normen zu betrachten. Die Unbestimmtheit der höchsten Werte erlaubt eine Vielzahl von Interpretationen, und die normative Übertragung dieser Werte impliziert eine Entscheidung über ihre »richtige« Auslegung. Das Ringen um Institutionalisierung, obwohl verursacht durch die Spannung zwischen direktem Festhalten an höchsten Werten und den Notwendigkeiten des Lebens, macht einige der fundamentalen Dilemmas des Wertesystems selbst sichtbar. Ich werde dieses Problem durch die Analyse der Implikationen eines zentralen Wertes, dem der Gleichheit, illustrieren, und zwar angewandt auf einen Lebensbereich, den Konsum, bei dem das Dilemma besonders akut ist.[12]

Der Wert der Gleichheit war einer der Hauptbrennpunkte sozialer Integration im ursprünglichen Bund. Seine praktischen Implikationen waren jedoch oft vage. Auf den Bereich des Konsums angewandt hieß das zunächst: »Jedem nach seinen Bedürfnissen«. Da in diesem frühen Stadium sehr wenig Güter verteilt werden konnten und die starke Zukunftsorientierung der Mitglieder die Bedeutung des Konsums verringerte, funktionierte das System anfangs gut. Ein Mitglied ging z. B. zum Kleidungsgeschäft der Gemeinde und verlangte ein Kleidungsstück; er erhielt es *bona fide*, soweit es vorhanden war. Selbst hier aber fand eine formlose soziale Kontrolle statt; die »Bedürfnisse« der Mitglieder waren gering und gleich, daher wollte oder konnte der einzelne keine ausgefallenen Dinge verlangen (die sowieso nicht erhältlich waren). Wenn er es doch tat, wurde er von den übrigen Mitgliedern ausgelacht oder ermahnt.

Als sich jedoch die Bedingungen durch den Eintritt neuer Mitglieder, die Bildung von Familien mit Kindern und die wachsende Gegenwartsorientierung der Mitglieder veränderten, nahm der Bereich des Konsums an Bedeutung zu. Es entstanden immer häufiger Streitigkeiten mit dem Verwalter des Bekleidungsgeschäftes darüber, wer »wirklich« was braucht, und die sozialen Spannungen wuchsen. Das Ringen um Institutionalisierung begann mit dem steigenden Druck, die Gleichheitsidee beim Konsum zu definieren. Es gab jedoch zwei gleichermaßen gültige Definitionen: Mit »essentieller Gleichheit« wurden die angeborenen Unterschiede zwischen den Mitgliedern anerkannt, die auch zu unterschiedlichen Bedürfnissen führen. Gleichheit würde also durch gleiche *relative* Befriedigung unterschiedlicher Bedürfnisse erzielt: Wer mehr braucht, bekommt mehr. »Mechanische Gleichheit« würde heißen, jeder erhält den gleichen Anteil der Güter, unabhängig von seinen »wirklichen« Bedürfnissen. Die ursprüngliche Verteilungsmethode verkörperte das Konzept der essentiellen Gleichheit. Da dieses Konzept nicht der Institutionalisierung unterworfen werden konnte, wuchs das Verlangen nach einem mehr mechanischen Gleichheitskonzept. Die Gemeinschaft entschied also über die »wirklichen« Bedürfnisse der Mitglieder und legte dann mit bestimmten »Verteilungsnormen« fest, welche Menge ein Mitglied von den einzelnen Gütern innerhalb eines bestimmten Zeitraumes erhalten sollte (»Zeitnorm«) oder wieviele Artikel (z. B. Hemden oder Unterwäsche) es zu einem bestimmten Zeitpunkt besitzen durfte (»Mengennorm«).

Diese neue Übereinkunft führte zu einem gewissen Grad an Stabilität im Übergangsbund und in der frühen Kommune. Sie beschränkte jedoch die Möglichkeiten der Mitglieder, individuelle Bedürfnisse und Vorlieben in bezug auf den Konsum zu befriedigen. Mit dem zunehmenden Gedeihen des Kibbutz und dem ansteigenden Konsumniveau wuchs der Drang nach Auswahl und Ausdruck persönlichen Geschmacks in Fragen des Konsums. Das System der »Normen« konnte diesem Druck nicht begegnen, daher mußten neue Verteilungsmechanismen wie »persönliches Taschengeld« oder ein »Punktesystem« eingeführt werden. Diese Mechanismen eröffneten wieder Möglichkeiten der persönlichen Wahl, wenn auch innerhalb finanzieller Grenzen. Hierdurch wurde ein zum Konzept der »essentiellen Gleichheit« gehörendes Element wieder in den Verteilungsmechanismus eingeführt, nämlich die Anpassung des Konsums an persönliche Bedürfnisse und Vorlieben. Das Pendel bewegt sich also wieder weg von der mechanischen Gleichheit hin zu einer genauer definierten »essentiellen Gleichheit«. Das von manchen geäußerte Verlangen, völlige Konsumfreiheit auf immer mehr Gebieten zu gestatten, sobald der Kibbutz wohlhabend wird, deutet in dieselbe Richtung.

Dieses Beispiel zeigt die Möglichkeit alternativer Interpretationen eines bestimmten Wertes sehr deutlich, ebenso wie die Art und Weise, in der die Betonung mit wechselnden Bedingungen mal auf der einen und mal auf der anderen Interpretation liegt, ohne jemals jeder möglichen legitimen Interpretation dieses Wertes voll gerecht zu werden. Ich glaube, daß diese pendelähnliche Bewegung bei der Interpretation von Werten ein grundlegendes Merkmal des ideologischen Kräftespiels im Kibbutz darstellt.

Die Strukturtypen: Die Restkommune

Bevor wir uns der Beschreibung der Kommune zuwenden, sollten einige Worte über die Restkommune gesagt werden, eine Siedlungsart, der es an Integration und Stabilität mangelt, was aus der nicht geglückten Umwandlung des Bundes zur voll entfalteten Kommune herrührt. Die Restkommune hat ihre Integrationsfähigkeit auf der Grundlage eines Systems intensiv erlebter, höchster Werte verloren, hat aber auch noch keine neue und stabile Integration durch ein gut entwickeltes Netz sozialer Bindungen, das für die Kommune charakteristisch ist, erreicht. Sie ist ein kleiner Kibbutz, dessen Wachstum zum Stillstand gebracht wurde, und der sich daher nicht weiterzuentwickeln vermochte.

Die Restkommune ist nicht größer oder sogar kleiner als der Bund. Sie ist jedoch nicht sozial homogen, sondern besteht aus Resten von Gruppen, die zu verschiedenen Zeiten Mitglieder des Kibbutz waren. Solch eine Situation entsteht meist auf folgende typische Weise: Einige Jahre nach der Gründung des Bundes veranlaßt eine ernste innere Übergangskrise viele der Gründer, die Siedlung zu verlassen. Oft sind hierunter gerade diejenigen, die zu den Säulen der Gemeinschaft gehörten. Daher bleibt die Siedlung ohne Führungspersönlichkeiten. Die neue Gruppe, die geschickt wurde, die Siedlung zu stärken, findet keine Leitbilder und fällt meistens rasch auseinander. Die Kibbutzföderation beschreitet jetzt oft einen zum Scheitern verurteilten Weg. Da die Gefahr wächst, daß der junge Kibbutz sich völlig auflöst, ist die Föderation gezwungen, zusätzliche Verstärkung zu entsenden. Weil diese aufeinanderfolgenden Wellen von Verstärkungsgruppen sich wiederum auflösen, entsteht nun die typische Sozialstruktur der Restkommune: Jede Mitgliedergruppe, die in den Kibbutz entsandt wird, auch die Gründer, hinterläßt einen winzigen Rest. Die Gemeinde wird also zu einem Flickwerk kleiner, getrennter, kaum integrierter Untergruppen. Ein solcher sozialer Rahmen kann weder die Eingliederung der Neuankömmlinge und oft nicht einmal den Verbleib der bereits dort Wohnenden in der erforderlichen Weise sichern. Von sozialen und funktionalen Problemen geplagt, zeigt die Restkommune eine starke Tendenz zu völliger Desintegration.

Das Phänomen der Restkommune trat in der unmittelbar auf die Staatsgründung folgenden Zeit häufiger in Erscheinung, als die Kibbutzbewegung als Ganze ihre schwerste innere Krise durchlebte und die Kibbutzföderationen noch nicht fähig waren, die Herausforderungen der neuen Verhältnisse zu bewältigen. Die Föderationen lernten allmählich, daß sie das Problem der Labilität der Restkommunen nicht durch das Entsenden von immer mehr Verstärkungsgruppen lösen konnten, da sie hierdurch nur ihre geringen Mittel vergeudeten. Sie begannen mit einer neuen Strategie: Einige Siedlungen wurden der fast völligen Auflösung überlassen, um dann von einer großen Kerngruppe neu besiedelt zu werden, wodurch praktisch ein neuer Bund gegründet wurde. Andere Siedlungen wurden von größeren und besser entwickelten Kibbutzim »adoptiert«, die ihnen aus ihren Schwierigkeiten halfen (Talmon-Garber, 1964). Viele der neueren, relativ kleinen Kibbutzim unserer Tage sind keine Bünde mehr, sondern solche Restkommunen, die durch die gemeinsamen Bemühungen der Kibbutzföderationen und der Siedlungsinstitutionen einen gewissen Grad an Stabilität gewonnen haben. Ein Spezialbegriff wurde zur Bezeichnung dieser Siedlungen geprägt: »Hakibbutz Hasa'ir« (»der winzige Kibbutz«). Nach Erreichung dieser Stabilität beginnt der winzige Kibbutz endlich mit der verspäteten Umwandlung zur Kommune.

Die Strukturtypen: Die Kommune

Die meisten Kibbutzim bewältigten besonders in den Anfangsphasen den Übergang zur Kommune erfolgreich. Mit der Kommune wird ein neuer Stabilitätsgrad erreicht, wobei Integration nicht mehr mit Hilfe von höchsten Werten, sondern durch ein Netz sozialer Bindungen zwischen den Mitgliedern angestrebt wird. Die allumfassende Solidarität des Kollektivs, die für den ursprünglichen Bund charakteristisch war, erfährt eine bleibende Schwächung durch das Ringen um Institutionalisierung im Übergangsbund. Alle möglichen Untergruppen erscheinen in der Gemeinde. Auch die Bemühungen, die höchsten Werte vollständig und unmittelbar in jedem Lebensbereich zu verwirklichen, lassen nach. Soziale Differenzierung und Institutionalisierung machen das Kibbutzleben nüchtern und profan. Der ursprüngliche Enthusiasmus verschwindet, aber auch die unaufhörlichen inneren Kämpfe. Die Mitglieder befassen sich mit der Bewältigung des Alltags. Vage definierte, allgemeine ideologische und nationale Ziele der Kibbutzbewegung werden auf die konkreten örtlichen Gegebenheiten bezogen: Die ökonomische und soziale Unabhängigkeit und die Entwicklung der einzelnen Gemeinde erhält gegenüber allen anderen Belangen den Vorrang. Der Erfolg der Bewegung als Ganzer wird oft anhand des wirtschaftlichen Gedeihens des Kibbutz beurteilt.

Die neugewonnene Teilautonomie verschiedener institutioneller Sphären gegenüber übergeordneter ideologischer Reglementierung ermöglicht die wirkungsvolle Lösung praktischer Probleme in den Bereichen Arbeit, Organisation, Konsum, Erziehung etc. Zur gleichen Zeit, da das Leben im Kibbutz seine »Heiligkeit« verloren hat, entsteht jedoch interessanterweise ein erneutes Verlangen nach rein symbolischen Aktivitäten und gleichzeitig eine allmähliche Wiederbelebung von Ritualen und Zeremonien – insbesondere die Wiedereinführung religiöser Heiratszeremonien und die Beachtung der religiösen jüdischen Feiertage. Der Inhalt der Feste wird oft den symbolischen Bedürfnissen des Kibbutz angepaßt. Solche symbolischen Aktivitäten stärken den allgemeinen sozialen Zusammenhalt und die Bindung an Grundwerte, die durch die völlige Inanspruchnahme durch die alltägliche Routine geschwächt werden könnten.

Die persönlichen Beweggründe der Mitglieder, in einem Kibbutz zu leben, verändern sich ebenfalls: Wenn sie vorher das Kibbutzleben wegen einer engen Bindung an das Ideal des Kollektivs und der Aufgabe des Kibbutz als richtungweisend für eine zukünftige Gesellschaft wählten, so werden sie jetzt von eher weltlichen, konkreten Erwägungen geleitet. Am wichtigsten sind hier Zufriedenheit am Arbeitsplatz, Bindung an die Gemeinschaft als solche und insbesondere soziale Beziehungen zu den Mitbewohnern. Die Kernfamilie dient als wichtiger Integrationsfaktor: Da die meisten Mitglieder verheiratet sind, besteht ihre Verbundenheit mit dem Kibbutz nicht nur aufgrund persönlicher sozialer Bindungen, sondern auch wegen der diversen sozialen Beziehungen der übrigen Familienmitglieder. Das junge, ungebundene Mitglied des Bundes konnte leicht alles hinter sich lassen und das Kibbutzleben aufgeben, falls seine anfängliche Begeisterung in Enttäuschung umschlug. Das ältere Mitglied der Kommune, das die meiste Zeit seines Erwachsenenlebens im Kibbutz verbracht hat, binden außer seiner ideologischen Verpflichtung auch eine Vielzahl anderer Beziehungen.

Soziale Bindungen, nicht idealistische Ergebenheit werden also zum wichtigsten Integrationsfaktor der Kommune, die Kraft, die die Mitglieder vereint und sie motiviert, für das allgemeine Wohl zu arbeiten. Verschiedene Untergruppen mit unterschiedlichem

Zusammenhalt sind im Kibbutz vertreten. Je nach der Natur einer solchen Untergruppe unterscheiden wir drei Unterarten von Kommunen[13]:

Die Vereinigte Kommune illustriert am deutlichsten den für die Kommune typischen Integrationsmodus: Ihre Integration beruht fast vollständig auf einem Geflecht persönlicher Beziehungen zwischen ihren Mitgliedern. Die Vereinigte Kommune ist sozial homogen, es fehlt ihr eine klare Aufteilung in verschiedene, genau differenzierte Untergruppen. Sie hat jedoch auch den starken, umfassenden Zusammenhalt des frühen Bundes verloren. Die sozialen Bindungen bilden ein Netz miteinander verflochtener kleiner Untergruppen. Die Angelpunkte dieses Netzes sind die Kernfamilien und die Unzahl anderer verwandtschaftlicher Beziehungen, die um so zahlreicher werden, je älter die Siedlung wird und schließlich drei Generationen umfaßt. Andere kleine Gruppen, die in der Vereinigten Kommune vorkommen, sind Gruppen gleicher Herkunft, Altersgruppen, Arbeitsgruppen, Nachbarschaftsgruppen, Gruppen mit gemeinsamen kulturellen Interessen etc. Obwohl die Familie unter diesen verschiedenen Untergruppen dominiert, ist keine von ihnen weder stark noch umfassend genug, die Gemeinde zu spalten. Integration wird also durch Verflechtung von Untergruppen erreicht und durch den Aufbau eines komplexen, dichten, allumfassenden Netzes von Beziehungen, ganz ähnlich wie bei der Gemeinschaft.

Die Vereinigte Kommune entstand oft aus einem langsam wachsenden Bund, der den Übergang ohne ernste soziale Umwälzungen gemeistert hat. Obwohl jedoch diese Unterart der Kommune dem Bund am nächsten kommt, unterscheiden sich die sozialen Triebkräfte erheblich von denen des Bundes. Da die Gemeinde homogen ist und ohne Störungen wuchs, entwickelt sie eine Reihe lokaler Sitten, fast eine Tradition, die, von beträchtlicher Zustimmung getragen, das tägliche Leben begleitet. Es gibt kaum Meinungsunterschiede, und das soziale Leben verläuft im allgemeinen ruhig. Daraus resultiert eine Tendenz zur Apathie – die Mitglieder ziehen sich in die engen Kreise von Verwandtschaft und Bekanntschaft zurück und nehmen nur noch begrenzt Anteil an wichtigen Fragen, die die Gemeinschaft als Ganze betreffen. Sie neigen dazu, die Entscheidungsbefugnis an gewählte öffentliche Körperschaften und Funktionsträger zu delegieren, an den Sekretär, den Produktionsleiter oder an das

Sekretariat, da im allgemeinen keine grundsätzlichen Konflikte zwischen den einzelnen Gruppen der Gemeinde bestehen. Die Funktionsträger können mit allgemeinem Konsens rechnen. In der Vereinigten Kommune könnte sich daher eine Gruppe von offiziellen Rollenträgern herausbilden, die, obwohl nicht ausdrücklich als »Elite« im üblichen Sinne zu verstehen, doch eine erhebliche Verantwortung trägt und daher einen hohen Grad an Autorität in vielen öffentlichen Angelegenheiten besitzt.

Auf dem Gebiet der Arbeit wird die Vereinigte Kommune durch einen hohen Grad von Autonomie der einzelnen Produktionszweige charakterisiert, deren Angehörige meistens lange Zeit zusammenarbeiten und fest zusammenhängende Primärgruppen bilden (Etzioni, 1957). Obwohl die Arbeit in der Vereinigten Kommune straffer organisiert ist als im Bund, sind die Kontrollmechanismen eher locker, und der größte Teil der Produktionskoordinierung wird durch informelle persönliche Kontakte zwischen den einzelnen Funktionsträgern ermöglicht. Das Ausmaß und die Art und Weise der Entwicklung der verschiedenen Produktionszweige hängen in der Hauptsache von den persönlichen Fähigkeiten und dem Eifer der Arbeiter ab. Die wirtschaftliche Gesamtentwicklung der Vereinigten Kommune ist daher in erster Linie das Resultat eines Kräftespiels innerhalb der einzelnen Abteilungen. Bisher gibt es kaum eine übergreifende Planung und rationelle Anleitung.

Die Familie bildet den Mittelpunkt des sozialen Lebens. In der entwickelten Vereinigten Kommune erreicht das Netz verwandtschaftlicher Bindungen oft ein erhebliches Ausmaß. Große Familien bilden oft korporative Gruppierungen. Das Vorherrschen der Familienbindungen gegenüber anderen sozialen Beziehungen kann gelegentlich zu einer Situation führen, in der die Gemeinde von einer Koalition mehrerer solcher Gruppen dominiert wird, die stark genug sind, ihren Willen in den meisten wichtigen Fragen des täglichen Lebens im Kollektiv durchzusetzen. Solche Gruppen handeln manchmal gemeinschaftlich, wenn die Mitglieder oder ihre Kinder persönlich betroffen sind, wie z. B. bei der Verteilung wichtiger Konsumartikel, der Zuweisung von Arbeitsplätzen oder Möglichkeiten der höheren Schulbildung für die Kinder. Die Verwandtschaftsgruppen können in diesen Angelegenheiten als Interessengruppe agieren, indem sie ihren Einfluß in kommunalen Institutionen benutzen, eine geschlossene Front in der Gemeindeversammlung bilden etc. Manchmal können schwere, wenn auch verdeckte Konflikte zwischen solchen Gruppen die ansonsten friedliche Atmosphäre der Vereinigten Kommune stören. Dies kann zu einem Familienegoismus führen, der dem nicht-familialen Geist der Kibbutzideologie wesensfremd ist.

Die Föderative Kommune. Diese Unterart der Kommune besteht aus mehreren großen, deutlich ausgeprägten Untergruppen, von denen jede für ihre Mitglieder den Hauptintegrationspunkt darstellt. Das einzelne Mitglied integriert sich durch die Bindung an seine Untergruppe in seine Gemeinde. Die Gesamtintegration wird durch das Zusammenspiel der Untergruppen erreicht, obwohl die Föderative Kommune weniger auf direkten persönlichen Beziehungen aufbaut als die Vereinigte Kommune und mehr auf formal institutionalisierten.

Während in der Vereinigten Kommune die Gruppen neuer Mitglieder allmählich in der Gemeinschaft aufgehen und ihre Unterschiedlichkeit verlieren, behalten sie in der Föderativen Kommune ihre besonderen Eigenheiten. Es ist schwierig, die genauen Gründe für diese verschiedenen Wege sozialer Entwicklung festzustellen. Anscheinend werden hier zwei Hauptfaktoren wirksam: die Unterschiede in Ursprung und kulturellem Hintergrund zwischen den einzelnen Siedlergruppen und die Zeitspanne zwischen dem Eintritt jeder Gruppe in den Kibbutz. Wenn neue Mitglieder aus verschiedenen Ländern und Kulturkreisen kommen und nach längerer Zeit eintreffen, so daß ein erheblicher Altersunterschied zwischen den Mitgliedern der einzelnen Gruppen besteht, verringert sich die Wahrscheinlichkeit der wechselseitigen Assimilierung beträchtlich. Wenn die zweite Generation im Kibbutz aufwächst, bildet sie oft, wenn auch nicht unbedingt immer, eine eigene Untergruppe in der Gemeinde. Die Hauptunterscheidungskriterien zwischen Untergruppen in der Föderativen Kommune sind also folgende: Ursprungsland, kultureller Hintergrund, Länge des Aufenthalts in der Gemeinde, Alter und Generation. Je größer die Zahl der Kriterien, die die Untergruppen voneinander unterscheiden, und je größer die Unterschiede zwischen den Kriterien, desto schärfer die soziale Trennung zwischen den Untergruppen und desto stärker die Auswirkung der Trennung auf alle Lebensbereiche. In den Föderativen Kommunen zum Beispiel, in denen die Unterschiede zwischen den Kriterien besonders zahlreich und ausgeprägt waren, wird der soziale Zusammenhalt der Arbeitsgruppen in den Abteilungen beeinflußt: Die Abteilungen bestehen entweder nur aus Mitgliedern derselben Untergruppe, oder es treten verschiedene Cliquen, die aus Mitgliedern verschiedener Untergruppen bestehen, in der Abteilung auf (Etzioni, 1957).

Die Untergruppen bilden den Hauptrahmen des täglichen Lebens der Föderativen Kommune. Die Mehrzahl der Freunde und Bekannten des Mitgliedes befinden sich in seiner Untergruppe. Viele seiner Nachbarn gehören auch zu seiner Untergruppe, da die Wohnungen den Mitgliedern je nach Dauer ihres Aufenthaltes im Kibbutz zugewiesen werden. Die meisten Gemeindeangelegenheiten werden zunächst innerhalb der Untergruppen diskutiert, bevor sie von der Gemeindeversammlung oder einer anderen öffentlichen Einrichtung des Kibbutz behandelt werden. Die Untergruppe ähnelt in gewissem Umfang dem ursprünglichen Bund, aber ihr soziales Leben und das Engagement der Mitglieder sind weniger intensiv. Die Untergruppe dient jedoch als vermittelndes Glied zwischen dem einzelnen Mitglied und dem Kollektiv; die Bindungen des Mitgliedes an die Untergruppe bilden den wichtigsten sozialen Mechanismus, der seine Bindung an die Gemeinde garantiert. Die Familie, die in der Vereinigten Kommune am wichtigsten war, verliert einen Teil ihrer Bedeutung in der Föderativen Kommune; nach der Untergruppe nimmt sie den zweiten Rang ein (*Research Report*, 1964, S. 15).

Beziehungen zwischen Mitgliedern verschiedener Untergruppen sind kühler und eher förmlich gegenüber denen innerhalb der Untergruppen. Ein beträchtliches Konkurrenzstreben zwischen den Untergruppen ist ziemlich häufig; das Hauptinteresse richtet sich hier auf öffentliche Ämter, Normen für die Zuteilung von Gütern (besonders Wohnungen und Möbel, die in erster Linie nach Aufenthaltsdauer vergeben werden) und Arbeitsplatzzuweisung. Manchmal können ernste Krisen wegen solcher Dinge auftreten und erhebliche Spannungen erzeugt werden. Im allgemeinen jedoch kämpfen die Untergruppen nicht gegeneinander, und richtiggehende »Klassenkonflikte« bestehen zwischen ihnen nicht.[14]

Da die Föderative Kommune heterogener ist als die Vereinigte, gibt es auch eine weniger umfassende Übereinstimmung zwischen ihren Mitgliedern. Die Mitglieder der Untergruppen erkennen die Konfliktmöglichkeiten bei diversen Fragen und kümmern sich daher mehr um öffentliche Angelegenheiten als die Mitglieder der Vereinigten Kommune, besonders um jene, die sie selbst betreffen könnten. Die Mitglieder sind weniger teilnahmslos und auch weniger bereit, alles den Funktionären zu überlassen. Statt dessen wird deren Autorität genauer definiert und ihr Verhalten auch strenger kontrolliert.

Auch im Arbeitsbereich gibt es mehr Zentralisierung. Die Produktionszweige verlieren einen Teil ihrer Unabhängigkeit gegenüber der Zentrale. Der Produktionsprozeß z.B. wird zentral kontrolliert. Übergeordnete rationelle Planung der Investitionen und der wirtschaftlichen Entwicklung wird nach und nach eingeführt.

Während in der Vereinigten Kommune eine Tendenz zur »Traditionalisierung« besteht – d.h. zur Institutionalisierung diverser Bräuche –, finden wir in der Föderativen Kommune eine Tendenz zu wachsender Formalisierung: Institutionalisierung durch klar festgelegte Regeln und Vorschriften. Die Föderative Kommune ist bürokratisierter, zentralisierter und rationalisierter als die Vereinigte Kommune. Viele ihrer Grundeigenschaften zeigen bereits den Übergang zur Vereinigung an.

Die Sektorale Kommune. Bevor wir die Bildung der Vereinigung als sozialen Typus des Kibbutz diskutieren, wenden wir uns noch kurz einer Abweichung von der Kommune, der Sektoralen Kommune, zu.[15] Wie die Föderative Kommune ist diese Unterart in einige kleinere Einheiten gegliedert, die wir Sektoren nennen. Die Sektoren unterscheiden sich von den Untergruppen der Föderativen Kommune in der Art ihres Zusammenhalts. Die Basis des Zusammenhalts der Föderativen Kommune ist intern, d.h. in der emotionalen Bindung der Mitglieder an ihre Untergruppe. Die Basis des Zusammenhalts der Sektoren ist extern; die Sektoren werden aus wechselseitiger Opposition verschiedener Mitgliedergruppen gebildet. Daher ist auch der innere Zusammenhalt gering. Die Sektoren sind im wesentlichen Interessengruppen, die um die Verteilung von Mitteln und Prämien in der Gemeinde kämpfen. Die Treue der Mitglieder ihren Sektoren gegenüber rührt nicht in erster Linie von ihrer emotionalen Bindung her, sondern entspringt der Notwendigkeit, sich mit Leuten ähnlicher Interessen gegen jene mit anderen Interessen zu verbünden. Die Sektorale Kommune ist also in ständige soziale Konflikte verstrickt, was oft mit der Mißachtung der grundlegenden Normen des Kibbutzlebens einhergeht.

Die Sektorale Kommune ist nicht nur ein abweichender Typus der Kommune im Hinblick auf die Kibbutzwerte – in ihrer »reinen« Form ist sie keine lebensfähige Gemeinschaft. Die Sektorale Kommune ist zu sehr von Uneinigkeit geplagt und sozial zergliedert, als daß sie in der Lage wäre, viel Unterstützung für Einrichtungen zu mobilisieren, die ihr soziales Leben regulieren und ihre Schwierigkeiten überwinden helfen. Ohne eine solche Unterstützung funktionieren formale Einrichtungen schlecht. Ein gewisses Maß an Anomie gehört also zu dieser Unterart der Kommune. In Extremfällen wird die Sektorale Kommune zusammenbrechen, da der Kibbutz keine zur Zügelung und Regulierung der ständigen inneren Kämpfe notwendigen Mechanismen besitzt. Solche Extremfälle sind jedoch selten. Die meisten konkreten Beispiele der Sektoralen Kommune, denen wir in unserer Untersuchung begegneten, kamen dem hier beschriebenen theoretischen Fall nur annähernd gleich, aber einige standen doch am Rande des Zusammenbruchs zu bestimmten Zeitpunkten in ihrer Vergangenheit. Sie wurden meistens durch das Auftreten einer Gruppe eher autoritärer Führer vor dem völligen Zusammenbruch gerettet, in der Regel leitende Funktionäre des Kibbutz, die das soziale und institutionelle Vakuum ausfüllten und ihren Willen der Gemeinde aufzwangen in dem Bestreben, sie zu retten. Diese Führer neigten dazu, in ihren Händen die Kontrolle der meisten wichtigen sozialen, politischen und ökonomischen Prozesse und Entscheidungen zu konzentrieren und verschafften dem Kibbutz dadurch ein Maß an Ordnung und Kontinuität bei der Bewältigung wesentlicher Aufgaben, die sonst völlig fehlen würden. Diese Funktionärsgruppe gehörte meistens zum dominierenden Sektor der Gemeinschaft, und ihre Mitglieder genossen persönliche Autorität. Die Möglichkeit, Menschen und Vorgänge zu kontrollieren, war der höchste Lohn für ihre Mühen. In einigen Fällen haben die Funktionäre vielleicht auch einige persönliche materielle Vergünstigungen erhalten, aber diese sind bestenfalls zweitrangig. In der Kibbutzsituation werden aber persönliche Macht und autoritäre Kontrolle über Menschen als völlig unrechtmäßige Verhaltensformen angesehen, und obwohl es diesen Funktionären gelang, die Gemeinschaft durch ihr Handeln zusammenzuhalten, erregten sie doch beträchtlichen Ärger, vor allem auf seiten des opponierenden Sektors. Trotzdem hatten sie ihre Ämter oft lange Zeit inne, da die meisten Mitglieder nicht bereit waren, irgendein öffentliches Amt zu übernehmen. Die Mehrheit war apathisch gegenüber Problemen der Gemeinschaft und in der Hauptsache mit persönlichen Vorteilen und Schwierigkeiten beschäftigt.

Die Tendenz, individualistischen Eigeninteressen nachzugehen, erstreckte sich auch aufs Familienleben (*Research Report*, 1964, S. 15). Die Teilnahme an der Kibbutzversammlung ist im allgemeinen gering, außer wenn Fragen, die die Mitglieder persönlich betreffen, auf der Tagesordnung stehen. Der Zusammenhalt der Arbeitsgruppen ist schwach. Vor allem strenge persönliche Kontrolle der Arbeiter durch den Abteilungsleiter oder andere Funktionäre ist zur Bewältigung der Arbeitsaufgaben erforderlich. Die Organisation der Arbeit ist unzulänglich und die Arbeit oft unfruchtbar. Das Augenmerk der Mitglieder richtet sich in erster Linie auf den Konsumbereich, während ihr Einsatz für kollektive Ziele im allgemeinen wenig ausgeprägt ist.

Die Sektorale Kommune entstand als Resultat der Schwächung der sozialen Bindungen innerhalb der diversen Mitgliederkontingente des Kibbutz und der wachsenden Gegensätze zwischen diesen Kontingenten. Diese Bedingungen wurden, historisch gesehen, durch die Nachwirkungen der Spaltung einer der Kibbutzföderationen, Hakibbutz Hame'uchad, im Jahre 1951 geschaffen. Nach diesem Schisma – dessen Ursachen ideologisch und politisch waren – verließen Gruppen oppositioneller Mitglieder die Kibbutzim der Hakibbutz Hame'uchad und schlossen sich der früheren Chever Hakvutzot-Föderation an, der jetzigen Ichud Hakvutzot We'Hakibbutzim-Föderation. Die durch dieses Schisma hervorgerufene Verschiebung war eine traumatische Erfahrung: In einigen Fällen wurden oppositionelle Mitglieder von ihrer neuen Föderation mit der Gründung neuer Kibbutzim beauftragt. In anderen Fällen traten Oppositionelle in alte, etablierte Kibbutzim der Chever Hakvutzot ein, die Verstärkung brauchten. Die meisten dieser Siedlungen erlitten schwere soziale Erschütterungen. Die meisten Mitglieder, die die Föderation wechselten, waren keine enthusiastischen Jugendlichen, die neue Erfahrungen suchten, sondern enttäuschte Mitglieder in mittleren Jahren, die gezwungen waren, ihre Kibbutzbindung aus politischen Gründen aufzugeben. Die Lebensbedingungen in den neuen Siedlungen waren meistens viel schlechter als in den verlassenen. Daher galt nun die Hauptsorge vieler der Verbesserung ihres individuellen Lebensstandards. Sie waren am Gemeinwohl des neuen Kollektivs weniger interessiert. Leute, die sich von früher kannten, verbanden sich und bildeten »Sektoren«, die als Interessengruppen fungierten. Der Zusammenprall der Sektoren wurde durch ihre widerstreitenden Interessen hervorgerufen, besonders auf dem Gebiet der Verteilung der Güter und anderer Prämien. Die meisten Sektoralen Kommunen sind anscheinend durch den historischen »Unfall« eines Schismas in einer der Kibbutzföderationen entstanden. Manche könnten sich durch andere soziale Prozesse herausgebildet haben, obwohl solche Fälle selten zu sein scheinen.

Selbstverständlich erscheinen die verschiedenen Unterarten der Kommune, die wir beschrieben haben, in Wirklichkeit nicht in ihrer »idealtypischen« Form. Viele Kibbutzim stellen Kombinationen verschiedener Eigenschaften dar, die für zwei oder sogar alle drei Unterarten charakteristisch sind. Darüber hinaus ist der Übergang von einem Typus zum anderen an der Tagesordnung. Obwohl im Prinzip ein solcher Übergang von jedem Typus in den nächsten möglich ist, finden wir die Umwandlung von der Vereinigten oder Sektoralen in die Föderative Kommune am häufigsten. Wenn eine Vereinigte Kommune heranreift, kann eine neue Siedlergruppe oder häufiger die herangewachsene zweite Generation eine innere soziale Differenzierung und damit die Umwandlung in eine Föderative Kommune herbeiführen. Wenn eine Sektorale Kommune sich entwickelt und ihre Krise überwindet, wächst der innere Zusammenhalt der einzelnen Sektoren, und die Beziehungen untereinander sind weniger gespannt, so daß der Kibbutz allmählich zu einer Föderativen Kommune wird. Alle großen, entwickelten Kommunen neigen daher zur Föderativen Kommune. Nur sehr wenige bewahren auf dem höchsten Stand ihrer Entwicklung die wesentlichen Merkmale einer Vereinigten Kommune. Keine kann unbegrenzt eine Sektorale Kommune bleiben. Sowohl was die Entwicklung als auch was die Struktur anbelangt, bildet die Föderative Kommune den Übergangstyp zur Vereinigung.

Die Strukturtypen: Die Vereinigung

Mit der Kommune erreicht die soziale Entwicklung der Kibbutz-bewegung ein gewisses Gleichgewicht. In der Tat hat Frau Talmon bei ihrer Arbeit mit den Ergebnissen einer groß angelegten vergleichenden Untersuchung, die Mitte der fünfziger Jahre durchgeführt wurde, den sozialen Umwandlungsprozeß im Kibbutz nur im Übergang von Bund zur Kommune gesehen. Sie hatte in ihren Daten noch kein Anzeichen für einen weiteren Schritt im Prozeß der strukturellen Wandlung entdeckt.

Seit der Mitte der fünfziger Jahre haben jedoch erhebliche Veränderungen im Kibbutz (insbesondere in den großen, stabilen und entwickelten Kommunen) selbst und hinsichtlich der Stellung des Kibbutz in der israelischen Gesellschaft stattgefunden. Diese Veränderungen haben wichtige Auswirkungen auf die Sozialstruktur des Kibbutz. Ein neuer Idealtypus, die Vereinigung, muß eingeführt werden, der in einer kohärenten theoretischen Form die ausgebildeten sozialen Eigenschaften des entwickelten Kibbutz unserer Tage umfaßt. Es muß betont werden, daß bisher noch keine systematische Studie der Kibbutzim durchgeführt wurde, die sich dem Typus der Vereinigung annähern. Daher muß meine Analyse der Kräfte, die den Übergang zur Vereinigung bewirken, und die ihrer sozialen Eigenschaften notwendigerweise etwas skizzenhaft sein.

Der Übergang von der Kommune zur Vereinigung unterschied sich in einigen wichtigen Punkten vom Übergang des Bundes zur Kommune. Der letztere hat in erster Linie mit der inneren Krise des Kibbutz in seiner Anfangsphase und den Schwierigkeiten der Anpassung an seine unmittelbare Umgebung zu tun. Dieser Umwandlungsprozeß findet auf einer individuellen Ebene statt; jeder Kibbutz durchlebt ihn auf mehr oder weniger ähnliche Art als einen Schritt in seiner eigenen Entwicklung. Der Übergang von der Kommune zur Vereinigung ist ebenfalls mit tiefgreifenden Veränderungen im Kibbutz verbunden, besonders mit seinem enormen ökonomischen und organisatorischen Erfolg. Doch die ökonomischen und organisatorischen Veränderungen, die im Kibbutz vor sich gingen, spiegeln selbst einen wesentlichen Wandel in der Beziehung zwischen dem Kibbutz und der Gesamtgesellschaft wider.

Die ersten Kibbutzim wurden errichtet, um in einem sozial und wirtschaftlich eher rückständigen Land als Bahnbrecher der Entwicklung zu dienen. Der Kibbutz sah sich in einer Pionierrolle bei der Entwicklung einer neuen Gesellschaft. Mit der Staatsgründung wurden die Pionierfunktionen des Kibbutz stark reduziert und auf die entlegenen Landesteile beschränkt. Die entwickelten, älteren Kommunen verloren einen großen Teil ihrer weitreichenden Bedeutung und ihres Prestiges; sie wandten sich ihren eigenen Angelegenheiten zu und kümmerten sich hauptsächlich um ihren wirtschaftlichen Fortschritt. Dieser Wandel traf jedoch mit bedeutsamen Entwicklungen auf nationaler Ebene zusammen. Seit der Staatsgründung und besonders in den letzten 10 oder 15 Jahren durchlief Israel einen raschen wirtschaftlichen Entwicklungs- und Modernisierungsprozeß; das Land wurde industrialisiert, und ein zunehmender Teil der Bevölkerung wurde zu Städtern. Die entwickelten Kibbutzim nahmen aktiv an diesem Prozeß teil, und auf manchen Gebieten, wie z.B. der Industrialisierung der Landwirtschaft, wurden sie zu seinen Vorreitern. Der Kibbutz selbst wurde industrialisiert und seine Lebensweise teilweise urbaner.[16] Die funktionale Abhängigkeit zwischen dem Kibbutz und der übrigen Gesellschaft nahm erheblich zu, und seine ideologische Trennung von anderen Gesellschaftsbereichen verlor an Bedeutung. Die einzelnen Siedlungen wurden ökonomisch und kulturell sowohl in ihre Umgebung als auch in nationale Institutionen und Einrichtungen in einem noch nie dagewesenen Maße eingegliedert.

Man kann nur darüber spekulieren, was mit dem Kibbutz geschehen wäre, wenn die israelische Gesellschaft ein fortgeschrittenes Stadium erreicht hätte, bevor der Übergang vom Bund zur Kommune in den meisten Kibbutzim abgeschlossen war, so daß der noch sehr solidarische und ideologisch ausgerichtete Bund mit einer modernen komplexen Gesellschaft konfrontiert worden wäre. Nach meiner Meinung wäre der Kibbutz entweder unter dem Ansturm äußerer Kräfte, die in fast alle Lebensbereiche des noch schwachen Kollektivs eindringen, auseinandergebrochen oder aber er hätte sie hermetisch gegen äußere Einflüsse abgeriegelt und wäre anderen utopischen Gemeinden der westlichen Welt ähnlich geworden. Die stabilisierende Wirkung des Übergangs zur Kommune ermöglichte die weitere Umwandlung zur Vereinigung. Die entwickelten Kibbutzim waren führend in dieser Richtung und halfen den jüngeren und weniger entwickelten, sich den neuen Bedingungen anzupassen. Bei unserer Diskussion verfolgen wir die Entwicklung in den entwickelten Kibbutzim. Wir müssen aber bedenken, daß fast alle gegenwärtigen Kibbutzim von äußeren Faktoren beeinflußt werden, die den Übergang zur Vereinigung bestimmen und also einige Eigenschaften der Vereinigung aufweisen.

Die Vereinigung ist, im Gegensatz zum Bund oder zur Kommune, eine in hohem Maße »urbanisierte« Gemeinschaft im kulturellen Sinn des Begriffs. Nicht nur ihre Wirtschaft ist dem Kräftespiel des allgemeinen Marktes unterworfen, ihre ganze Lebensart wird in steigendem Maße von Maßstäben und Werten der übrigen Gesellschaft beeinflußt.[17] Diese Neuorientierung kann in verschiedenen Lebensbereichen beobachtet werden: Die Mitglieder des großen, entwickelten Kibbutz nehmen sich in zunehmendem Maße die mittelständische, städtische jüdische Gesellschaft zum Vorbild, was Lebensstandard oder sogar Lebensstil angeht. Mit dem steigenden Wohlstand des Kibbutz konnte die Nachahmung eines städtischen Lebensstandards angestrebt werden. Bei diesem Bemühen geriet der Versuch, einen ausgeprägten Kibbutz-»Lebensstil« auszubilden, in Vergessenheit. Derselbe Prozeß kann sogar noch deutlicher auf dem Gebiet kultureller Aktivität und der Künste beobachtet werden. In seiner Frühphase legte der Kibbutz großen Wert auf einen typischen Kibbutzstil in der bildenden Kunst und der Musik, auf ein organisches Wechselspiel zwischen dem Künstler und seiner Gemeinde. In den letzten Jahren wurden mit der Zunahme künstlerischer Kreativität im Kibbutz und wachsender künstlerischer Professionalität Künstler und künstlerische Bewegungen außerhalb des Kibbutz zur wichtigsten Bezugsgruppe.[18]

Die direkte Kommunikation zwischen dem Künstler und seiner Gemeinde hatte nur noch sekundäre Bedeutung, besonders da der künstlerische Geschmack der Mitglieder selber differenzierter wurde. Während früher der Kibbutz öffentliche Ausstellungen der Arbeiten eines Mitglieds organisierte, weil sie den übrigen Mitgliedern gefielen, werden Arbeiten heute ausgestellt, weil der Künstler *außerhalb* des Kibbutz geschätzt wird.

Dieser Prozeß kann auch auf dem Gebiet beruflicher Aktivitäten der Mitglieder verfolgt werden; da mehr und mehr Mitglieder eine besondere Berufsausbildung erhalten, ändert sich allmählich der Schwerpunkt ihres Arbeitsinteresses: Obwohl der Beitrag zum Erfolg des Produktionszweiges oder des Unternehmens das Hauptziel der meisten Mitglieder bleibt, beruht doch die Einschätzung der individuellen Arbeitsleistung durch andere Mitglieder zunehmend auf allgemeinen beruflichen Kriterien. Zur Bezugsgruppe des Facharbeiters werden Fachleute außerhalb des Kibbutz. Das bedeutet in bezug auf unsere Wertanalyse, daß die Ausführung von Aufgaben in diversen Einrichtungen jetzt Werten und Normen unterliegt, die oft aus anderen Wertsystemen stammen und nur entfernt mit den ursprünglichen Werten des Kibbutz verwandt sind. Die Werte der übrigen Gesellschaft drangen also in den Kibbutz ein, und es enstand ein Werte-Pluralismus, der dem in der übrigen Gesellschaft ähnelt.

Diese Argumentation führt zu dem Schluß, daß die sozialen Grenzen zwischen den Kibbutzim, insbesondere den großen und entwickelten, und der umgebenden Gesellschaft unter dem Einfluß sowohl innerer als auch äußerer Kräfte erheblich ins Wanken gerieten.[19] Sie wurden nicht völlig aufgehoben – der große Kibbutz von heute bleibt als Körperschaft bestehen, die von den Beiträgen der Mitglieder unterhalten wird, aber das Ausmaß gemeinsamer Bindungen hat sich stark verringert und die Bemühungen der Mitglieder, den Kibbutz wirtschaftlich oder sogar kulturell zu entwickeln, trägt zur weiteren Verringerung dieser Bindungen bei.

Die Prozesse der gegenseitigen Durchdringung und Abhängigkeit sind auf ökonomischem Gebiet besonders ausgeprägt, wo sie in erster Linie als Folge des enormen Anstiegs der Produktionszahlen und der Differenzierung der wirtschaftlichen Aktivitäten, die in den letzten Jahren stattgefunden hat, anzusehen sind. Die Produktions- und Dienstleistungseinrichtungen sind beträchtlich gewachsen und ihre Aufgaben differenzierter geworden. Eine große Zahl speziell ausgebildeter Arbeiter ist notwendig, diese hochentwickelten Wirtschaftszweige zu unterhalten. Ein Prozeß der Spezialisierung setzte ein, und gleichzeitig wurde die Teilnahme an Kursen außerhalb des Kibbutz von der Kibbutzbewegung oder nationalen Ausbildungseinrichtungen ermöglicht. Auf Effizienz, gewinnbringende Produktion und die Fähigkeit des Kibbutz, auf nationalen oder manchmal sogar internationalen Märkten zu bestehen, wurde großer Wert gelegt. Der Kibbutz, immer bereit zu Neuerungen, erlebte eine »wissenschaftliche Revolution«. Die am weitesten entwickelten landwirtschaftlichen Techniken wurden eingeführt und die Landwirtschaft allmählich industrialisiert.

Der ursprüngliche Kibbutz war eine landwirtschaftliche Ansiedlung. Die Industrieansiedlung im Kibbutz war zu Anfang ein Mittel zur Weiterverarbeitung seiner landwirtschaftlichen Produkte. Später war die Industrie in der Hauptsache dazu gedacht, die Arbeitskräfte aufzunehmen, die zur Landwirtschaft ungeeignet waren, insbesondere die älteren Mitglieder. Zum Schluß wurde die industrielle Entwicklung zu einem eigenständigen Ziel, bis sie ein solches Ausmaß erreichte, daß sie mit der Landwirtschaft als Haupteinkommensquelle wetteiferte.

Effizienz und Gewinn wurden nun zu Hauptkriterien für wirtschaftliche Entscheidungen – zum Nachteil aller anderen Beweggründe, etwa ideologischer oder traditionell landwirtschaftlicher, die vorher außerordentlich einflußreich waren. Von jetzt an wird der Kibbutz nur noch solche Bestrebungen unterstützen, die den größten Gewinn versprechen. Diese Überlegungen führen ihn immer weiter weg zu sekundären und sogar tertiären Produktionsprozessen. Wenn die Industrie das ökonomische Leben des Kibbutz bestimmt, erlangen kommerzialisierte Dienstleistungen wie Gästehäuser innerhalb der Gemeinde und kommerzielle Absatzmärkte für Produkte in den großen Städten wachsende Bedeutung als Haupteinkommensquelle.

Mit der Zunahme der Spezialisierung und Mechanisierung des Produktionsprozesses ist die einzelne Siedlung oft nicht in der Lage, die Investitionen und Führungskräfte für Unternehmungen in großem Maßstab zur Verfügung zu stellen. Der Ausweg aus dieser Lage wird oft in wirtschaftlichen Bündnissen außerhalb des Kibbutz gesucht: groß angelegte regionale Kooperation, gemeinsame Unternehmungen mit einer Reihe von Kibbutzim oder einem Kibbutz und einem Privatunternehmen usw. Die wichtigste Form dieser Außenbindungen ist die regionale Kooperation, bei der Kibbutzim einer Gegend oder mehrerer aneinandergrenzender Gebiete eine Reihe regionaler Unternehmen gründen. Hier sind vor allem zwei Arten vertreten: Weiterverarbeitungsfabriken für landwirtschaftliche Produkte und Wartungsbetriebe für landwirtschaftliche Geräte (Cohen; Leshem, 1969). Die Grenzen des einzelnen Kibbutz als einer Produktionseinheit verschwimmen allmählich mit der Zunahme der äußeren Verflechtungen.

Wir finden eine steigende Tendenz zur regionalen und überregionalen wirtschaftlichen Integration zwischen Kibbutzim. Mit der Zunahme der regionalen Zusammenarbeit auf dem ökonomischen Sektor werden regionale Einrichtungen auch auf anderen Gebieten gegründet. Von besonderer Bedeutung sind Einrichtungen der Erwachsenenbildung, von denen einige in jüngster Zeit zu regionalen Colleges wurden. Die Kräfte, die eine solche Entwicklung herbeigeführt haben, glichen denen, die die ökonomische regionale Zusammenarbeit überhaupt erst erforderlich machten: die Forderung nach einem zunehmend höheren Ausbildungsstand, den der einzelne Kibbutz nicht bieten konnte. Diese Entwicklungen kulminierten in dem Vorschlag, eine »Kibbutz-Universität« auf nationaler Ebene zu errichten, was zur Zeit ernsthaft erwogen wird.

Das steigende Niveau der Ausbildung und der Allgemeinbildung der Vereinigungsmitglieder im Zusammenhang mit größerer persönlicher Freiheit bei der Berufswahl führt zu einem anderen Phänomen: der hochqualifizierte Fachmann, der im Kibbutz wohnt, aber in der Stadt als Universitätsprofessor, hochrangiger Regierungsangestellter oder freier Mitarbeiter (z. B. als freischaffender Grafiker) arbeitet. Obwohl bisher nur wenige Leute freien Berufen nachgehen, ist ihr Auftreten ein Anzeichen für die ökonomische »Öffnung« der Vereinigung.

Das Wachstum und die zunehmende Komplexität der Wirtschaft, die mit ähnlichen, aber nicht ganz so tiefgreifenden Veränderungen in anderen Bereichen des Kibbutzlebens einhergehen, hat zu erheblichen Umwandlungen in der Organisationsstruktur des Kibbutz geführt.

Der einzelne Kibbutz ähnelt mehr und mehr einer Körperschaft mit leitenden Funktionären, die eine Reihe teilweise unabhängiger, aber zusammengehöriger Unternehmen innerhalb und außerhalb des Kibbutz verwalten. Der Entscheidungsprozeß wurde rationalisiert: Grundlegende Entscheidungen über Investitionen, Planung und Koordination sind den zentralen Entscheidungsgremien des Kibbutz vorbehalten. Die einzelnen Abteilungen und Industrieunternehmen haben einen erheblichen Grad an Autonomie im Rahmen der grundlegenden Entscheidungen erreicht. Auch in den Abteilungen selbst finden Veränderungen statt: Der Abteilungsleiter und die meisten Mitglieder, die ständig in der Abteilung arbeiten, besitzen jetzt eine volle oder teilweise

Spezialausbildung oder sind Facharbeiter. Unqualifizierte Arbeiten werden größtenteils Lohnarbeitern oder solchen überlassen, die nicht Vollmitglieder der Gemeinschaft sind. In vielen Fällen entfallen durch Mechanisierung und Automation viele oder alle unqualifizierten Arbeiten. Die hohe Spezialisierung bei den meisten ökonomischen oder organisatorischen Entscheidungen hindert die Mitglieder, auf Entscheidungsprozesse außerhalb ihres Kompetenzbereichs sinnvoll einzuwirken. Mehrere Kibbutzim des Vereinigungs-Typus haben eine neue politische Institution errichtet: ein vermittelndes öffentliches Gremium zwischen Sekretariat oder anderen Komitees und der Generalversammlung – den »Rat«. Viele Mitglieder des Rates sind noch oder waren Funktionäre in kommunalen Einrichtungen und sind mit den Problemen und der Sprache des Managements vertraut. Die Generalversammlung ist in diesen Kibbutzim auf die Ratifizierung grundlegender Entscheidungen beschränkt und tritt relativ selten zusammen. Um den Informationsrückstand der Versammlung zu beheben oder zu verringern, führt die Vereinigung moderne Techniken der Massenkommunikation ein, die komplexe Sachverhalte in relativ einfacher Sprache verdeutlichen. Obwohl dies den Mitgliedern die Möglichkeit gibt, an wichtigen Entscheidungen bis zu einem gewissen Grad teilzunehmen, hängt ihre Meinungsbildung von der Art und Weise ab, in der ihnen die Information zugänglich gemacht wird, und sie ist daher manipulierbar. Darüber hinaus besteht bei den Mitgliedern die Tendenz, sich weniger mit ökonomischen und organisatorischen Angelegenheiten und mehr mit sozialen und persönlichen zu befassen.

Die tatsächliche Entscheidungsbefugnis liegt also mehr und mehr in den Händen ausgebildeter Verwaltungsfachleute. Obwohl die Funktionäre weiterhin von der Generalversammlung gewählt werden, sind deren Wahlmöglichkeiten durch geforderte Bildungsvoraussetzungen eingeschränkt. Nur ausgebildete und erfahrene Mitglieder sind in der Tat in leitende Positionen wählbar. Das Rotationsprinzip wird zwar immer noch angewandt, aber der Kreis potentieller leitender Funktionäre ist eher begrenzt.

Ein großer Teil der Mitglieder erfüllt auch in der Vereinigung wichtige Aufgaben als Manager, Spezialist oder Facharbeiter. Doch trotz der steigenden Mechanisierung und Automation bleibt eine Gruppe von Mitgliedern übrig, die nur die uninteresanten Routinearbeiten ausführen. Hierfür werden sie häufig durch verstärkte Freizeitaktivitäten entschädigt, die sowohl Erwachsenenbildung als auch verschiedene schöpferische Tätigkeiten, etwa Theaterspielen, Malen, Tanzen, Teilnahme an häuslichen Studiergruppen usw. umfassen. Die allgemeine Tendenz in der Vereinigung geht daher in Richtung auf wachsende Differenzierung der Interessen und Beschäftigungen; einige Mitglieder sind in der Hauptsache arbeitsorientiert und andere freizeitorientiert. Jedoch sind manche Mitglieder weder bei der Arbeit noch in der Freizeit stark engagiert – es bildet sich eine wachsende Randgruppe von passiven, entfremdeten Mitgliedern.

Die steigende demographische Komplexität und soziale Heterogenität in der Vereinigung führen zu wachsender Differenzierung bei Bedürfnissen und Geschmacksfragen; gepaart mit dem wachsenden Einfluß der Vereinigung verändert diese Differenzierung das Konsumverhalten beträchtlich.

Der Konsumbereich bleibt ein Hauptinteresse der Vereinigungsmitglieder, der Kibbutzniks, aber sein Schwerpunkt ändert sich. Früher entbrannten Kontroversen über Artikel des täglichen Gebrauchs wie Kleidung und Möbel. Mit zunehmendem Wohlstand wuchsen auch Menge und Vielfalt dieser Artikel. Zur gleichen Zeit jedoch änderten sich Geschmack und Erwartungsniveau. Der Kibbutznik verlangte freiere Auswahl, nicht nur beim hauptsächlichen persönlichen Bedarf (der durch ein persönliches Budget, das begrenzte Summen für Kleidung, Schuhe, Bücher usw. zur Verfügung stellte, gesichert war), sondern auch bei Zuteilungen, die über diesen Bereich hinausgingen. Daher waren einige große Kibbutzim gezwungen, ein »umfassendes Budget« einzuführen, das aus einer Geldsumme besteht, die ohne Einschränkung hinsichtlich ihrer Verwendung in bestimmten Bereichen zugeteilt wird. Obwohl diese Gelder eher noch klein sind und der zugeteilte Betrag nicht von den Aufgaben des Mitglieds im Kibbutz abhängt, haben solche Arrangements bereits große Ähnlichkeit mit der Zahlung eines jährlichen Gehalts an die Mitglieder. Sie können in der Tat die ihnen zugeteilten Mittel zu ihrem größten Vorteil nutzen, aber ein großer Teil des privaten Konsumbereichs wird so fast vollständig der Aufsicht der Institutionen entzogen; das Kollektiv verliert dadurch praktisch die Kontrolle über seine Mitglieder.

Das persönliche Budget, selbst das undifferenzierte, deckt nur einen Teil des Gesamtkonsums des Mitglieds. Nicht nur das Essen und alle Dienstleistungen innerhalb des Kibbutz, sondern auch Wohnung, Ausbildung außerhalb des Kibbutz und Auslandsreisen sind nicht Bestandteil des Budgets. Wenn die persönlichen Gebrauchsgegenstände im Überfluß vorhanden sind, richten sich die Interessen auf andere Bereiche. Die Mitglieder verlangen verbesserte Dienstleistungen innerhalb der Gemeinde. Sie dringen auf größere Wohnungen mit mehr Zimmern und Komfort. Die Verteilung dieser Annehmlichkeiten ist im entwickelten Kibbutz im allgemeinen gut geregelt. Bei Auslandsreisen verhält es sich anders. Bisher können nur wenige Mitglieder auf Auslandsreisen geschickt werden. Obwohl hier meistens gewisse Prioritäten gesetzt wurden, erregt diese Angelegenheit noch beträchtliche Spannung und Kontroversen, da viele der jüngeren Mitglieder ungern lange Zeit warten, bis sie an der Reihe sind. Der Wunsch nach höherer Bildung ist in den letzten Jahren erheblich gewachsen. Hierin zeigt sich eine steigende Tendenz zum Individualismus im modernen Kibbutz. Besonders die Angehörigen der zweiten Generation neigen dazu, ihre persönlichen Interessen zu verfolgen und sind kaum bereit, ihr Studium den Bedürfnissen der Gemeinde anzupassen. Da der Kibbutz keine klaren Richtlinien über die Teilnahme an einer Ausbildung außerhalb des Kibbutz erlassen hat, ist auch diese Angelegenheit Anlaß zu heftigen Kontroversen und Unzufriedenheit. Die Schwierigkeiten junger Leute, die gewünschte Ausbildung zu erhalten, ist wahrscheinlich ein Hauptbeweggrund bei der Entscheidung, den Kibbutz zu verlassen.

Die zuvor beschriebenen Prozesse sozialer und ökonomischer Veränderungen haben wichtige Auswirkungen auf die Struktur sozialer Bindungen in der Vereinigung. Obwohl diese Auswirkungen nicht systematisch untersucht wurden, scheinen zwei verwandte Tendenzen am Werk zu sein: die Lockerung der föderativen Struktur, die normalerweise der Vereinigung voranging, und die Ausbildung eines komplexen, wechselnden, pluralistischen oder sogar individualistischen Musters sozialer Beziehungen auf der einen Seite und das wachsende soziale Engagement der Mitglieder außerhalb ihrer eigenen Siedlung auf der anderen.

Kriterien wie Herkunft, Alter und Aufenthaltsdauer, die die Grundlage für die Differenzierung der Untergruppen in der ersten Generation der Föderativen Kommune bildeten, werden unwichtiger, da die Mitglieder der ersten Generation älter werden und die Mitgliederzahl des Kibbutz zunimmt. Selbst das Generationskriterium wird weniger einschneidend; während früher die zweite Generation eher eine homogene, zusammenhängende Untergruppe darstellte, bilden sich nun innerhalb der zweiten Generation Altersgruppen. Die Ankunft der dritten Generation bringt dem Kibbutz eine kontinuierliche Drei-Generationen-Struktur, in der alle Altersgruppen vertreten sind. Generations- und Altersprobleme als Basis sozialer Differenzierung werden dadurch gemildert.

Auf der anderen Seite ergeben sich neue Kriterien für die Gruppenbildung in Übereinstimmung mit der beruflichen Orientierung oder den persönlichen Interessen der Mitglieder; diese »funktionalen« Gruppen überschneiden sich mit den alten Untergruppen innerhalb des Kibbutz. Die neuen Gruppenbildungen scheinen jedoch weniger dauerhaft, weniger zusammenhängend und auch weniger umfassend zu sein als die Untergruppen, die ihnen vorangingen. Sie sind meistens auf ein bestimmtes Interessengebiet oder ein Betätigungsfeld beschränkt. Anscheinend ist das charakteristische Muster sozialer Beziehungen in der Vereinigung eher ein loser Rahmen als eine ausgeprägte, zusammenhängende Gruppe. Das Element der Auswahl bei persönlichen Beziehungen gewinnt an Bedeutung. Gleichzeitig ist das Mitglied weniger vollständig in die Sozialstruktur der Vereinigung eingegliedert als in der Kommune.

Die Föderative Kommune, ähnlich wie der Bund, ist eine geschlossene Gesellschaft: Nur wenige der signifikanten sozialen Bindungen der Mitglieder reichen über die Grenzen ihrer Gemeinde hinaus. Solche Bindungen sind meist politischer Natur, Beziehungen mit der Kibbutzföderation, der politischen Partei, der die Föderation nahesteht, oder mit der Jugendorganisation der Föderation in den Städten. Die Vereinigung öffnet sich jedoch gesellschaftlich. Berufsverbände oder kulturelle Interessengruppen werden auf regionaler Ebene gegründet. Die Mitglieder nehmen an beruflichen, kulturellen oder wissenschaftlichen Aktivitäten und Zusammenkünften auf regionaler Ebene teil. Hier finden sie Menschen, die ihre Sprache sprechen und ihre Interessen teilen, die oft zu ausgefallen sind, als daß sie im Rahmen ihrer eigenen, relativ kleinen Gemeinschaft befriedigt werden können. Da sie dazu tendieren, ihre Freunde und Bekannten nach ihren Neigungen auszusuchen, unterhalten die Mitglieder enge soziale Beziehungen mit Menschen, die in der Stadt oder in anderen Orten wohnen und nicht notwendigerweise dem Kibbutz und seiner Ideologie nahestehen. Da die anfängliche Zurückweisung Verwandter außerhalb des Kibbutz allmählich aufhört und neue Verwandtschaftsbeziehungen zwischen dem Kibbutz und der übrigen Gesellschaft durch Heiraten entstehen, werden die Verwandtschaftsbeziehungen zu wichtigen Schwerpunkten der Bindungen nach außen (Weintraub u. a., 1960, S. 281). Wie in jeder anderen hochdifferenzierten und spezialisierten Gesellschaft wandeln sich die sozialen Bindungen zu den Mitgliedern der Vereinigung von lokalen zu funktionalen: Viele verkehren weniger mit Mitgliedern ihrer eigenen Gemeinde und mehr mit Leuten mit ähnlichen Interessen und Neigungen, ganz gleich, wo sie leben. Dieser Prozeß der Neuorientierung sozialer Bindungen ist aus modernen urbanen Gesellschaften genau bekannt. Die Tatsache, daß wir diesen Prozeß im zeitgenössischen Kibbutz vorfinden, bestätigt, daß die Vereinigung dem Bund diametral entgegengesetzt ist, der auf undifferenzierter innerer Solidarität bestand und die Umwelt zurückwies.[20]

Wegen der Komplexität der institutionellen Struktur der Vereinigung und der Lockerung des Netzes sozialer Bindungen zwischen den Mitgliedern erfolgt die Integration nicht mehr in erster Linie auf der Ebene der gesellschaftlichen Beziehungen. Der Integrationsschwerpunkt liegt statt dessen bei den formalen institutionellen Strukturen. Der Hauptmechanismus, durch den das Mitglied an seine Gemeinde gebunden wird, ist jetzt eine Reihe formal definierter Rechte, Pflichten und Beziehungen. Vom Mitglied wird erwartet, daß es seine Pflichten gegenüber der Gemeinde erfüllt. Als Gegenleistung erhalten es und seine Nachkommen ein breites Angebot kommunaler Dienstleistungen. Aber selbst in der Vereinigung bleibt die Verteilung von Belohnungen, besonders von materiellen, unabhängig von den Leistungen des einzelnen für die Gemeinde. Es gibt noch keine formalen Sanktionen, die dann angewandt werden könnten, wenn das Mitglied gegen die Regeln verstößt. Die gesellschaftliche Kontrolle ist also vorwiegend noch formlos, obwohl sie von den formellen Regeln der Gemeinschaft bestimmt, von den Massenkommunikationsmitteln genährt wird, die von den Institutionen beherrscht und häufig von Persönlichkeiten des öffentlichen Lebens gelenkt werden.

Dem Leben in der Vereinigung fehlen viele der ursprünglichen Anziehungspunkte des Kibbutzlebens wie das intensive Gemeinschaftserlebnis des Bundes oder die behagliche Geborgenheit der Kommune. Aber wenn das Leben im Kibbutz auch sozial weniger attraktiv ist, so bietet es doch mehr Möglichkeiten der persönlichen Entwicklung und Entfaltung als jemals zuvor, und zwar sowohl auf dem beruflichen Sektor als auch hinsichtlich der Freizeitgestaltung. Obwohl der Kibbutznik keinerlei persönliche materielle Zuwendungen für seine Arbeit erhält, trägt er doch zum allgemeinen Wohlstand bei und genießt so indirekt die Früchte seiner Mühen. In der Tat nähert sich das Niveau des Konsums und der Dienstleistungen in der Vereinigung schnell dem der städtischen Mittelklasse und übersteigt es manchmal sogar. Der Kibbutznik opfert also weniger, was persönlichen Komfort und Möglichkeiten angeht, und viele der Angebote, die ihn vorher in die Stadt zogen, verlieren ihren Reiz. Die Vereinigung bietet die meisten Vorteile städtischen Lebens, während dem Kibbutznik dessen Unannehmlichkeiten erspart bleiben. Unter diesen Umständen wird der Kibbutz zunehmend zu einer alternativen Lebensform in einer modernen, industrialisierten Gesellschaft.

Obwohl die moderne Vereinigung im allgemeinen hinreichend funktioniert, ist es doch schwer, einige Probleme, die durch die Größe und Komplexität hervorgerufen werden, im Rahmen ihrer Institutionsstruktur zu lösen. Das wichtigste Problem besteht darin, daß ein Teil der Kibbutzniks zunehmend an den Rand gedrängt wird: Mit der wachsenden Spezialisierung und Komplexität kommen die Unterschiede zwischen den Mitgliedern, die aktiv am ökonomischen, organisatorischen, politischen, sozialen und kulturellen Leben der Gemeinschaft teilnehmen, und den passiven immer deutlicher zum Ausdruck. So kann also kaum einer in *allen* Bereichen mitwirken, und viele arbeiten in *einigen* mit und vernachlässigen andere. Mit der Zeit bildet sich aber eine Mitgliedergruppe heraus, die praktisch in keinem Bereich mitwirkt. Die wachsende Individualisierung der Vereinigung und der damit einhergehende Mangel an Kontrolle der Teilnahme ermöglicht es diesen Mitgliedern, im Kibbutz zu leben, ohne wirklich einen integralen Bestandteil der Gemeinde darzustellen. Mit dieser Schwierigkeit eng verbunden ist das Problem der Anomie. Wir haben die Abnahme der formlosen sozialen Kontrolle im losen Verband der Vereinigung erwähnt. Die verstärkte Formalisierung der Kontrolle verhindert jedoch nicht schwerwiegende Abweichungen, da der Kibbutz als Freiwilligengemeinschaft nicht über ein System legitimer, nicht-formeller Sanktionen verfügt, die dann verhängt werden könnten, wenn die formlose Kontrolle nicht ausreicht. Auch gibt es kein System differenzierter Prämien, mit denen zusätzliche Arbeit oder Zeit, die für das Gemeinwohl aufgewendet werden, belohnt werden könnten. Daher hängt selbst in der Vereinigung die Übernahme von Funktionen von der persönlichen Motivation der Mitglieder ab. Die Motivation hat sich in wesentlichen Punkten gewandelt, und die Hingabe an eine gemeinsame Sache ist zugunsten des Verlangens, individuellen beruflichen Erfolg zu erringen und ein breites Spektrum wirklicher beruflicher Zufriedenheit durch interessante und schöpferische Aufgaben in der Produktion zu erreichen, in den Hintergrund getreten. Obwohl diese Motivation von den Institutionen gestützt wird und die Mitglieder ermutigt werden, beruflichen Erfolg anzustreben, gibt es noch kein Mittel, sie zum Erfolg zu *zwingen*. Wenn also ein Mitglied keine positive Motivation zur Arbeit besitzt, findet es in der komplexen Struktur der großen Vereinigung vielleicht ein Eckchen, wo es zeitlich unbegrenzt leben kann, ohne zum Gemeinwohl wirklich beizutragen. Auf der anderen Seite finden die Kibbutzniks, die am aktivsten sind und am meisten zum Allgemeinwohl beisteuern, auch oft Möglichkeiten, sich besondere Belohnungen zuzuschanzen, etwa in erhöhtem Maße Nutzung gemeinschaftlicher Einrichtungen (z.B. Autos) zu persönlichem Gebrauch, was, streng genommen, nach Kibbutzgrundsätzen unrechtmäßig ist.

Schließlich, und wieder eng verknüpft mit den obigen Punkten, läuft die Vereinigung offensichtlich Gefahr, ihren ideologischen Kompaß zu verlieren. Wertewandel ist charakteristisch für den Kibbutz in seiner gesamten Geschichte. Aber jetzt besteht das Problem darin, daß die Mitglieder der Vereinigung selbst die grundlegenden ideologischen Voraussetzungen der Kibbutzbewegung allmählich aufgeben könnten, die bisher noch als Bindeglied wirkten und auch eine wichtige Trennungslinie zwischen ihnen und der übrigen israelischen Gesellschaft darstellten. Die Kibbutzniks könnten sich dann ihren privaten Vorstellungen von

Lebensweise und Gesellschaft zuwenden, wodurch eine der letzten Grenzlinien verschwimmen oder sogar abgeschafft würde, die den Kibbutz als geschlossene Einheit von seiner Umgebung trennt. Dieser Zustand ist noch nicht erreicht, aber die Wahrscheinlichkeit einer solchen Entwicklung nimmt ständig zu.

Unsere bisherige Analyse deutet auf ein grundlegendes Dilemma des heutigen Kibbutz, das in verschiedener Ausprägung in jeder Kibbutzsiedlung vorhanden ist, aber am deutlichsten in der großen Vereinigung: Der ökonomische und organisatorische Erfolg des Kibbutz selbst führte zu einer richtiggehenden Umwandlung seiner Sozialstruktur, seiner Lebensweise und der Beziehungen zwischen den Mitgliedern. Als vorwärtsstrebendes Unternehmen ist der Kibbutz ein Erfolg. Aber er ist nicht die Verwirklichung der ursprünglichen Utopie. Darüber hinaus ist keineswegs sicher, ob die grundlegenden institutionellen Übereinkünfte im Kibbutz ausreichen, die Tendenz zu anhaltendem Wachstum und Expansion zu zügeln. Wir haben einige Hinweise auf kommende Probleme und Spannungen bemerkt, deren Lösung der Vereinigung besondere Schwierigkeiten bereitet.

Die meisten Mitglieder der Gründergeneration akzeptieren diese Umwandlung zur Vereinigung als vielleicht unerfreulich, aber notwendig; die Alternative wäre eine erstarrte, unterentwickelte, kleine Gemeinde, ohne Kontakt zur modernen Wirklichkeit, ähnlich wie manche der religiös-utopischen Gemeinden der westlichen Welt. Die Angehörigen der zweiten, im Kibbutz geborenen Generation befinden sich in dieser Beziehung oft in einem Dilemma. Sie wurden im Geiste der utopischen Ideale der Anfangszeit erzogen. Aber der einzige Kibbutz, den sie wirklich kennen, ist oft die moderne Vereinigung. Die meisten reagieren auf dieses Dilemma mit einer selektiven Interpretation der Grundwerte des Kibbutzlebens.[21] Aber es gibt Abweichungen. Das eine Extrem sind diejenigen, die zur Einführung zusätzlicher Veränderungen und Erneuerungen im modernen Kibbutz neigen, wodurch er nur noch mehr der modernen, urbanen Gesellschaft ähnlich würde.[22] Das andere Extrem sind jene Mitglieder der zweiten Generation, die, obwohl sie im modernen, großen und komplexen Kibbutz aufgewachsen sind, immer noch den Gründungstagen nachtrauern. Sie revoltieren gegen das Vordringen der Urbanisierung und die steigende Komplexität und Anonymität des zeitgenössischen Kibbutz. Diese Jugendlichen reagieren auf den modernen Kibbutz auf zwei diametral entgegengesetzte Weisen: Für manche hat der Kibbutz seinen besonderen Wert verloren, also verlassen sie ihn und ziehen in die Städte – meist auf der Suche nach höherer Bildung. Andere wollen wieder die Abenteuer des Pionierdaseins erleben wie in den Anfangstagen. In den späten fünfziger und frühen sechziger Jahren, als keine neuen Kibbutzim gegründet wurden, verließen einige von ihnen den Kibbutz und siedelten in Moshavim oder neuen Ortschaften, die in den neu entwickelten Gegenden des Landes errichtet wurden. Einige neue Moshavim entstanden durch Kerngruppen von Jugendlichen der zweiten Generation aus den Kibbutzim. Auch unter den ersten Siedlern in Arad, einer neuen Stadt in der Wüste Juda, waren solche Jugendliche vertreten. Andere Mitglieder der zweiten Generation fanden die Abenteuer eines Neuanfangs, wenn sie von ihrer Föderation in neue, kleine Kibbutzim gesandt wurden, die unter ernsten sozialen und ökonomischen Schwierigkeiten litten und zur Restkommune hintendierten. Nur wenige Mitglieder der zweiten Generation blieben jedoch länger als ein Jahr in den Diensten der Föderation (Talmon-Garber; Cohen, 1964). Die Mitglieder der Elternsiedlung opponieren im allgemeinen gegen die Vorstellung, daß Angehörige der zweiten Generation sich in neuen Kibbutzim ansiedeln oder sogar neue Kibbutzim gründen. Sie sehen die Hauptaufgabe der neuen Generation darin, das Lebenswerk ihrer Eltern in den Kibbutzim, in denen sie geboren wurden, fortzusetzen.

Tatsächlich wurden bis vor kurzem keine neuen Kibbutzim von Angehörigen der zweiten Generation errichtet, obwohl die Idee oft diskutiert wurde und vielen attraktiv erschien. Erst in den letzten paar Jahren sind einige solcher Kibbutzim entstanden. Besonders nach dem Sechs-Tage-Krieg beteiligten sich Jugendliche der zweiten Generation an der Errichtung neuer Kibbutzim in den besetzten Gebieten, wie auf den Golanhöhen z.B. Die neuen Kibbutzim liegen in unterentwickelten, abgelegenen Gebieten, und ihre Atmosphäre ähnelt bis zu einem gewissen Grad der des frühen Kibbutz. Diese Entwicklung könnte also als Wiederentstehung des Bundes betrachtet werden, doch dieser Kibbutz erwuchs nicht, wie der ursprüngliche Bund, aus dem Widerstand gegen die bürgerliche Gesellschaft der Diaspora, sondern stellte eine Reaktion auf die Lebensweise im großen, komplexen, urbanisierten zeitgenössischen Kibbutz dar. Es scheint also, daß mit dieser Entwicklung die strukturelle Umwandlung des Kibbutz sich zum Kreis schließt: Sie begann mit dem Bund, wandelte sich zur Kommune und später zur Vereinigung, während in letzter Zeit einige neue Bünde mit aktiver Teilnahme von Mitgliedern der zweiten Generation gegründet werden. Man sollte jedoch nicht erwarten, daß die Rückkehr zum Bund innerhalb der zweiten Generation in Zukunft ein größeres Ausmaß annehmen wird. Sie wird auf einige wenige beschränkt bleiben, so wie der zionistische Pioniergeist der Gründergeneration der Kibbutzbewegung nur eine kleine Fraktion in der jüdischen Gesellschaft der Diaspora umfaßte. Das bloße Wiedererstehen des Bundes in der zweiten Generation beweist jedoch sowohl das grundlegende Dilemma als auch die anhaltende Vitalität der Kibbutzbewegung.

Zukunftsaussichten

In diesem Aufsatz benutzte ich eine historisch-typologische Methode, um den wichtigsten sozialen Wandlungen des Kibbutz nachzuspüren und die treibenden Kräfte sowohl innerhalb als auch außerhalb der Kibbutzbewegung zu analysieren, die diese Wandlungen herbeigeführt haben. Die Analyse ermöglicht es uns jetzt, die Ursachen der geistigen Krise, die der gegenwärtige Kibbutz durchlebt, zu erkennen, die am deutlichsten beim Typus der Vereinigung zutage tritt. Wir stellen fest, daß der Kibbutz durch den Prozeß der Industrialisierung, Modernisierung und Urbanisierung stärker geworden ist als je zuvor. Heutzutage stellt er einen integralen und wichtigen Sektor der israelischen Gesellschaft dar. Diese Entwicklungen veränderten jedoch auch zutiefst die Art der institutionellen Übereinkünfte und sozialen Beziehungen im Kibbutz und stellen so seine Fähigkeit in Frage, seine einzigartigen sozialen Eigenschaften zu bewahren. Der große und ausgereifte Kibbutz kann leicht zu einer bloß zusätzlichen Form modernen urbanen Lebens werden, die sich von anderen Formen nur durch einige merkwürdige Arrangements und Einrichtungen unterscheidet, aber die meisten ihrer historisch gewachsenen Merkmale verliert, die ihre revolutionäre Einzigartigkeit als Gemeinwesen ausmachen. Die Krise des zeitgenössischen Kibbutz erwächst nicht aus Schwäche oder Desorganisation wie die

Krise des Übergangsbundes. Es ist eher eine Krise, die durch materiellen Erfolg hervorgerufen wurde, der nicht mit einer Begründung und Verinnerlichung neuer geistiger Ziele einherging. Die Krise des Kibbutz ähnelt in dieser Beziehung auffällig der allgemeinen Krise der gegenwärtigen westlichen Gesellschaft. Die Frage ist daher: Welches sind die Alternativen für die Zukunft des Kibbutz? Genauer, gibt es Alternativen für den Kibbutz, die für die übrige moderne Gesellschaft nicht existieren?

In der Vergangenheit wurden Fragen dieser Art oft in bezug auf die »Lebensfähigkeit« des Kibbutz diskutiert.[23] Solch eine kritiklose Vorgehensweise trifft offensichtlich nicht den Kern. Im Verlauf unserer Diskussion haben wir einige Formen des Kibbutzlebens erörtert, wie die »Restkommune«, die schwerwiegende funktionale Probleme haben und die, wenn diese Probleme nicht gelöst werden, wahrscheinlich untergehen müssen. Das sind jedoch extreme Ausnahmefälle. Es besteht gar kein Zweifel, daß Lebensfähigkeit und Wachstum des Kibbutz für die Zukunft gesichert sind. Der Verlust an ausgeprägter Einzigartigkeit der Lebensweise wird ausreichend mit materiellem Wohlergehen, beruflichen Chancen und Möglichkeiten zur Selbstverwirklichung kompensiert. Vorausgesetzt also, daß der Kibbutz fortbesteht, wird oft die Frage gestellt, ob er seine »wesentlichen« Merkmale bewahren wird. Die Antwort auf diese Frage hängt davon ab, was man unter »wesentlichen« Merkmalen versteht. Man muß bedenken, daß der Kibbutz keine religiöse Bewegung ist und nicht vorhatte, auf Erden eine »heilige« Gemeinde zu verwirklichen, die eine transzendentale Ordnung widerspiegelt. Obwohl die Werte des frühen Kibbutz als »heilig« angesehen wurden, waren sie doch im wesentlichen weltliche Werte. Daher sind weder die Werte noch die auf ihnen basierende Ordnung unveränderlich. Es existieren keine festgelegten, allgemein akzeptierten Kriterien zur Beurteilung des Erfolgs oder Mißerfolgs des Kibbutz im transzendentalen Sinne. Welche Konzeption die »Gründerväter« des Kibbutz auch gehabt haben mögen, für die Mitglieder der nachfolgenden Generationen ist es völlig legitim, im Rahmen der säkularen Wertkonzeption die Werte, Ziele und institutionellen Übereinkünfte zu verändern. Die einzig legitime Frage hinsichtlich der Zukunft des Kibbutz ist daher die nach der Art der Alternativen, welche man für seine künftige Entwicklung entwerfen könnte und den damit verbundenen Eventualitäten.

Das gegenwärtige konkrete Problem ist, ob die Umwandlung zur Vereinigung sich fortsetzen wird oder ob eine Reaktion gegen diese Entwicklung einsetzen und sie anhalten oder umkehren wird. Die Kräfte, die die Entwicklung in die Richtung der Vereinigung treiben, sind zweifellos sehr stark und wirken auf die Kibbutzbewegung als solche und nicht nur auf die großen und entwickelten Kibbutzim, obwohl diese Kräfte hier besonders deutlich spürbar sind. Es sind jedoch bereits Bestrebungen in der Kibbutzbewegung im Gange, die den gegenwärtigen Trend mildern wollen, obwohl zweifelhaft ist, ob sie stark genug sind, ihn umzukehren.

Erstens könnte der jetzige Trend zu wachsender sozialer Differenzierung und Verflechtung mit der umgebenden Gesellschaft – zwei der Haupteigenschaften der Vereinigung – in Zukunft geschwächt werden. Da der Kibbutz immer weniger vom Zustrom neuer Mitglieder von außen abhängt und die Bevölkerung durch natürliche Vermehrung zunimmt, werden die im Kibbutz geborenen Mitglieder zur tonangebenden und später vielleicht zur einzigen Herkunftsgruppe in der Gemeinschaft. Hier ist ein Element von Homogenität, das dem Kibbutz die Bindungen gemeinsamer Herkunft verleiht und ihn von der umgebenden Gesellschaft trennt. So wirkt dieser demographische Verlauf gegen die Tendenz zum »Verlust der Gemeinschaft«, die für den Übergang zur Vereinigung charakteristisch ist.[24] Wir müssen aber bedenken, daß sich die Kibbutzbewohner zunehmend auf dem Heiratsmarkt der übrigen Gesellschaft umschauen und daher viele der Ehepartner der zweiten Generation nicht mehr im Kibbutz geboren wurden.

Zweitens ist der Kibbutz durch einen beträchtlichen Grad an Befangenheit und Selbstkritik sowie durch eine unheimliche Fähigkeit zur Anpassung seiner sozialen Arrangements an die sich wandelnden Verhältnisse gekennzeichnet, so daß diese mit jenen Werten der ursprünglichen Ideologie, die den Mitgliedern noch etwas bedeuten, im Einklang bleiben. Die jungen Mitglieder der zweiten Generation, die sich nach der Erfahrung des ursprünglichen Bundes sehnen, sind keineswegs die einzigen, denen die durch den Übergang zur Vereinigung geschaffene Atmosphäre mißfällt. Viele nachdenkliche ältere Mitglieder und viele Führer der Kibbutzbewegung sind sich der Tatsache bewußt, daß gerade der materielle Erfolg des Kibbutz die Verwirklichung einiger ihrer am meisten geschätzten Ideale verhindern könnte. Obwohl das Problem Gegenstand vieler Kontroversen und häufiger Diskussionen ist, wurden bisher nur wenige effektive Maßnahmen ergriffen, um diesem Trend zur Individualisierung und Schwächung sozialer Bindungen entgegenzuwirken. Eine der erfolgreichsten ist die Einrichtung von »Sozialzentren für Mitglieder« (Mo'adon Le'chaverim), die einen neuen und attraktiven Brennpunkt sozialer Interaktion darstellen sollen. Eine weitere Maßnahme ist der Aufbau von Gemeinde-Radio-Stationen, was wenigstens in einem der größten Kibbutzim versucht wurde. Andere Maßnahmen wurden auf regionaler oder sogar nationaler Ebene ergriffen: Wie bereits erwähnt, bereiten die Kibbutzim die Gründung einer Reihe regionaler Colleges vor, und auch der Vorschlag zur Gründung einer nationalen »Universität des Kibbutz« wurde erwogen. Diese Einrichtungen ermöglichen den Kibbutzniks sowohl eine spezialisierte berufliche Ausbildung als auch eine qualitätvolle Allgemeinbildung im Rahmen einer Institution, die von der Kibbutzbewegung kontrolliert wird. Solche Institutionen dienen also dazu, der wachsenden Tendenz zur Verflechtung mit der übrigen Gesellschaft entgegenzuwirken. Die Bildungsprogramme solcher Institutionen ziehen auch die besonderen Bedürfnisse und Probleme des Kibbutz in Betracht, wodurch der Einfluß von Professionalisierung und Mannigfaltigkeit der Interessen auf das Gemeinschaftsleben gemildert wird.

Durch eine Reihe weiterer Maßnahmen ist beabsichtigt, die rauhen Kanten zu glätten, die die Tendenz zur zunehmenden Spezialisierung und Bürokratisierung besonders im Bereich der Arbeit und der öffentlichen Aktivitäten hervorgerufen hat. Die wachsende Betonung zwischenmenschlicher Beziehungen, besonders in der Industrie, und die ständige Bemühung, die Kommunikation zwischen den Institutionen und den Mitgliedern zu verbessern, beweisen die Anstrengungen, die gemacht werden, um einige der Hindernisse auf dem Weg zu guten Beziehungen und voller Beteiligung der Mitglieder bei immer komplexer werdenden Vorgängen zu beseitigen. In diesem Zusammenhang sollte das wachsende Interesse an Organisation und Entwicklung und ähnlichen Vorgängen beachtet werden. Einige dieser gegenläufigen Maßnahmen bergen jedoch eigene Gefahren: Schließlich wurden »Sozialtechniken« der verschiedensten Art in der modernen Gesellschaft vom Typ Vereinigung angewandt, um die Menschen zu manipulieren und auch um Tendenzen zu Passivität, Egoismus und Entfremdung entgegenzuwirken. Es gibt keine Garantie, daß sie nicht auch im Kibbutz auf ähnliche Weise genutzt werden, obwohl wir bedenken müssen, daß es zwischen Führung und Mitgliedern keine fundamentalen Interessengegensätze gibt, und daß die Führer noch nach dem Rotationsprinzip gewechselt werden, wenn auch nicht mehr in gleich hohem Ausmaß wie zu Anfang (Cohen; Leshem, 1968).

Was den Nutzen der bisher beschriebenen verschiedenen Maßnahmen angeht, so sind sie meiner Meinung nach in erster Linie Linderungsmittel, die nicht den Kern der Angelegenheit treffen. Wenn der Kibbutz wirklich entschlossen ist, eine Umkehr der gegenwärtigen Tendenzen zu erreichen, wird er sich wahrscheinlich in Zukunft zu radikalen Veränderungen in bezug auf die Zuweisung von materiellen Ressourcen wie von Arbeitskräften entschließen. In der Vergangenheit führte die Notwendigkeit, ökonomische Konsolidierung und Wohlstand zu erlangen, zur besonderen Betonung des technischen Bereichs. Die großen und voll entwickelten Kibbutzim haben schon beträchtlichen Wohlstand erreicht. Daher konnten es sich wenigstens einige der Siedlungen erlauben, technologischen oder wirtschaftlichen Fortschritt zugunsten der Verwirklichung sozialer und humanistischer Werte zurückzustellen. Ein Trend in diese Richtung kann bereits bei einigen Führern beobachtet werden. Wenn er anhält, könnte sich ein interessanter Bedeutungswandel im Kibbutz anbahnen. Waren die fünfziger Jahre eine Epoche raschen technologischen Wandels und die sechziger eine Zeit ökonomischer und organisatorischer Konsolidierung, werden die siebziger möglicherweise zu einer Epoche der sozialen Wiedergeburt des Kibbutzlebens führen. Fast paradoxerweise scheint solch eine Entwicklung einem gleichlaufenden Trend in der modernen, spätindustriellen Gesellschaft zu entsprechen – ein Trend, für den oft der Kibbutz das Modell des »guten Lebens« darstellte.

Aus dem Englischen von Nina Weller

1 Dieser Essay hätte von der verstorbenen Yonina Talmon-Garber geschrieben werden sollen, um die langjährige Arbeit über die Kollektivbewegung zusammenfassend darzustellen. Ihr früher Tod hat sie aber gehindert, in umfassender Form die vielen Einzelergebnisse und Erkenntnisse aus ihrer Arbeit niederzuschreiben. So geschah es, daß Frau Talmon zwar immer die Begriffe einer strukturellen Typologie der Kibbutzim und ihrer inneren Dynamik verwendete, ihre Ideen aber nie schriftlich fixierte – außer in einer Zusammenfassung im *Research Report* (1964); diese Zusammenfassung wurde bei Talmon-Garber (1972) neu veröffentlicht. Es ist für mich eine traurige Aufgabe, an die ich mit großem Zögern herangehe, diese Lücke zu schließen.

Da ich mit Yonina Talmon so eng zusammengearbeitet habe, ist es schwer, genau zu unterscheiden, welche Ideen von ihr stammen und welche von mir. Ich werde jedoch versuchen, wenn möglich, immer anzugeben, wo ich in meiner Analyse Frau Talmons Ideen verwende.

Die Thesen, die in diesem Papier dargelegt werden, entstanden hauptsächlich auf der Grundlage eines Forschungsprojektes über Sozialstruktur und sozialen Wandel in kollektiven Siedlungen, das vom Department of Sociology der Hebrew University von 1954 bis 1968 durchgeführt wurde; dieses Projekt wurde von Yonina Talmon-Garber geleitet und in seiner späteren Phase vom Autor. Ich danke Professor D. Katz, Dr. H. Meier-Cronemeyer und Dr. M. Rosner für ihre nützlichen Hinweise.

2 Es gibt mehrere Bibliographien von Veröffentlichungen über den Kibbutz; die ausführlichsten sind die von Horigan (1962), Cohen (1964) und Shur (1971).

3 Das Thema der gegenwärtigen Krise des Kibbutz wird vom Autor in mehr philosophischer Form in einer anderen Arbeit aufgenommen (Cohen, 1966).

4 Eine der besten analytischen Diskussionen dieser Typologie ist enthalten in (Reissman, 1964, Kap. VI).

5 Schmalenbachs schöpferischer Essay wurde ursprünglich auf deutsch veröffentlicht (1922); Teile davon wurden ins Englische übersetzt unter dem Titel *The Sociological Category of Communion* (Parsons u. a., 1961, S. 331-347).

6 Zu Vergleichszwecken siehe frühere Typologien in (Talmon-Garber, 1959, S. 123-127, und *Research Report*, 1964).

7 Ich benutze dieses von Holzner (1967) definierte Konzept.

8 Über die jüdische Jugendbewegung in Deutschland siehe Meier-Cronemeyer (1965); zum Vergleich der jüdischen und nicht-jüdischen Jugendbewegung in Deutschland siehe Parsons u. a. (1961).

9 Eine soziologische Analyse der Entwicklung von Hakibbutz Hame'uchad ist in Weintraub u. a. (1960, Kap. III und VI) enthalten.

10 Die protestantischen Sekten beachteten auch keine Feiertage und Festlichkeiten und verringerten deren Anzahl radikal.

11 Diese Gruppen, die von der Vereinigung, der der Kibbutz angehört, geschickt werden, heißen auf hebräisch »Hashlama« (»Ergänzung«), und daher werden wir sie im folgenden als »Ergänzungen« bezeichnen.

12 E. Rosenfeld (1957) legt einen interessanten und detaillierten Bericht des Ringens um Institutionalisierung im Bereich des Konsums vor.

13 Die Unterarten wurden von Frau Talmon definiert (*Research Report*, 1964). In der folgenden Darlegung beziehe ich mich weitgehend auf ihre Arbeit.

14 Eine gegenteilige Meinung wird von Rosenfeld (1951) vertreten.

15 Frau Talmon nannte diese Unterart Gespaltene oder Parteikommune *(Research Report, 1964, S. 13).*

16 Der erste, der diesen Punkt erwähnte, war Weinryb (1957).

17 Vgl. die Beschreibung eines ähnlichen Umwandlungsprozesses von lokalen zu allgemeinen kulturellen Standards in der amerikanischen Gesellschaft in M. Steins neuer Analyse der Lynds-Untersuchung von Middletown (Stein, 1960, S. 60 ff.).

18 Siehe die interessante Diskussion dieser Frage in (*Bein Tze'irim*, 1969, S. 82).

19 Zum Konzept sozialer Grenzen und den Problemen ihrer relativen Stärke oder Schwäche siehe (Cohen, 1969).

20 Zum Zusammenhang zwischen innerer Differenzierung und der Schwächung der Grenzen der sozialen Systeme siehe Cohen (1969, S. 111).

21 Zur umfassenden Diskussion der Dilemmata, denen sich die zweite Generation gegenübersieht, siehe Cohen und Rosner (1970).

22 So wurde z. B. bei einem kürzlichen Kongreß von Mitgliedern der zweiten Generation einer Kibbutzbewegung vorgeschlagen, die wichtigsten Wirtschaftsfunktionäre für ihre Arbeit zu entlohnen, wodurch das Prinzip der Trennung zwischen Arbeit und Konsum abgeschafft würde; dieser Vorschlag wurde jedoch abgelehnt.

23 Siehe z.B. die Diskussion zwischen S. Diamond (1957) und B. Halpern (1957) über diesen Punkt.

24 Diesen Hinweis verdanke ich Herrn Y. Shatil.

Literatur

Becker, H. (1950), *Sacred and Secular Societies; Retrospect and Prospect,* in: H. Becker (Hg.): *Through Values to Social Science,* Durham, S. 248-280.

Bein Tze'irim (Unter der Jugend) (1969), Tel Aviv (Hebräisch).

Buber, M. (1950), *Epilogue – An Experiment that Did Not Fail,* in: M. Buber, *Paths in Utopia,* Boston, S. 139-149.

Cohen, E. (1958), *Patterns of Institutionalization in the Sphere of Work in the Kibbutz,* in: *Niv Hakvutsa* 7 (3), S. 519-530 (Hebräisch).

Cohen, E. (1963), *Changes in the Social Structure of the Sphere of Work in the Kibbutz,* in: *Riv'on Lekalkala (The Economic Quarterly)* 10 (Hebräisch).

Cohen, E. (1964), *Bibliography of the Kibbutz,* Tel Aviv.

Cohen, E. (1966), *Progress and Communality: Value Dilemmas in the Collective Movement,* in: *International Review of Community Development,* Nr. 15-16, S. 3-18.

Cohen, E., und E. Leshem (1968), *Public Participation in Collective Settlements,* in: *International Review of Community Development,* Nr. 19/20, S. 251-270.

Cohen, E., und E. Leshem (1969), *Survey of Regional Cooperation in Three Regions of Collective Settlements,* in: *Publications on Problems of Regional Development,* Nr. 2, Rehovot: Settlement Study Center.

Cohen, E., und M. Rosner (1970), *Relations Between Generations in the Israeli Kibbutz,* in: *Journal of Contemporary History* 5 (1), S. 73-86.

Cohen, Y. A. (1969), *Social Boundary Systems,* in: *Current Anthropology* 10 (1) S. 103-126.

Diamond, S. (1957), *Kibbutz and Shtetl: The History of an Idea*, in: Social Problems 5 (2), S. 71-99.

Diamond, S. (1957), *The Kibbutz: Utopia in Crisis*, in: Dissent 4, S. 132-140.

Durkheim, E. (1951), *Suicide*, Glencoe/Illinois.

Etzioni, A. (1957), *Solidaric Work Groups in Collective Settlements*, in: Human Organization 16 (3), S. 2-7.

Halpern, B. (1957), *Comments on Science and Socialism*, in: Dissent 4, S. 140-146.

Holzner, B. (1967), *The Concept of ›Integration‹ in Sociological Theory*, in: The Sociological Quarterly 8 (1), S. 51-62.

Horigan, F. D. (1962), *The Israeli Kibbutz*, in: Psychiatric Abstract Series, Nr. 9, National Institute of Health, Public Health Service, U.S. Dept. of Health, Education and Welfare (mimeo).

Lavi, Ch. (1958), *Hakvutza Hagdolah* (Große Kvutzah), in: Sh. Gadon (Hg.), *Netivei Hakvutza WeHakibbutz* (Die Entwicklung von Kvutzah und Kibbutz), Tel Aviv, S. 351-356 (Hebräisch).

Meier-Cronemeyer, H. (1965), *Die Politik der Unpolitischen*, in: Kölner Zeitschrift für Soziologie und Sozial-Psychologie 7, S. 833-854.

Meier-Cronemeyer, H. (1969), *Jüdische Jugendbewegung*, in: Germania Judaica 8.

Parsons, T., u. a. (Hg.) (1961), *Theories of Society*, New York.

Redfield, R. (1941), *The Folk Culture of Yucatan*, Chicago/Illinois.

Reissman, L. (1964), *The Urban Process*, New York.

Research Report (1964), Nr. 3, 1959-1963, Jerusalem.

Rosenfeld, E. (1951), *Social Stratification in a Classless Society*, in: American Sociological Review 16, S. 766-774.

Rosenfeld, E. (1957), *Institutional Change in the Kibbutz*, in: Social Problems 5 (2), S. 118-136.

Schmalenbach, H. (1922), *Die soziologische Kategorie des Bundes*, in: Die Dioskuren 1.

Shils, E. (1957), *Primordial, Personal, Sacred and Civic Ties*, in: British Journal of Sociology 8.

Shur, S. H. (1971), *Kibbutz Bibliography*, The Van Leer Foundation, Jerusalem, Dept. for Higher Education, Kibbutz Artzi, Tel Aviv, and Social Research Center on the Kibbutz, Giv'at Haviva.

Stein, M. (1960), *The Eclipse of Community*, New York.

Talmon-Garber, Y. (1972), *Family and Community in the Kibbutz*, Cambridge/Mass.

Talmon-Garber, Y. (1959), *Social Structure and Family Size*, in: Human Relations 12 (2), S. 121-145.

Talmon-Garber, Y. (1965), *The Family in a Revolutionary Movement: The Case of the Kibbutz in Israel*, in: M. Nimkoff (Hg.), *Comparative Family Systems*, Boston, S. 259-286.

Talmon-Garber, Y., und E. Cohen (1964), *Collective Settlements in the Negev*, in: Y. Ben David (Hg.), *Agricultural Planning and Village Community in Israel*, Paris, S. 69-82.

Tönnies, F. (1935), *Gemeinschaft und Gesellschaft*, 8. Aufl., Leipzig.

Troeltsch, E. (1960), *The Social Teachings of the Christian Churches*, New York.

Weinryb, B. D. (1957), *The Impact of Urbanization in Israel*, in: Middle East Journal 11 (1), S. 23-36.

Weintraub, B., M. Lissak und Y. Azmon (1960), *Moshava, Kibbutz and Moshav*, Ithaca, N. Y.

IV. Die Relevanz der Kibbutzerfahrung für die Suche nach alternativen Wirtschafts- und Lebensformen in den Industriegesellschaften

Klaus Gilgenmann und Gunnar Heinsohn
Diskussion über die Machbarkeit der freien Produzentenassoziation

K. G.: Als wir zum ersten Mal über die Möglichkeit sprachen, daß Dein Kibbutzband nicht – wie üblich – mit einem Nachwort, sondern mit einer Kontroverse zwischen Herausgeber und einem Interessierten abgeschlossen werden sollte, war ich von der Idee fasziniert, daß eine Darstellung der Entwicklung des Kibbutz – sein Bestand über mehrere Generationen hinweg – geeignet sein könnte, die innerhalb der Linken bei uns noch festsitzende Auffassung zu erschüttern, daß eine – nicht nur vorübergehend – alternative Lebensform innerhalb einer ansonsten durch Geldbeziehungen, kapitalistische Produktion und verselbständigten Staatsapparat strukturierten Umwelt möglich ist ohne Verzicht auf Produktivitätsfortschritte und hohen Lebensstandard. Ich habe meine Beteiligung an dieser Diskussion zugesagt, weil ich – wie viele Linke in den letzten Jahren – mich distanziere von einem Politikverständnis, in dem alle Kräfte auf den politischen Kampf für die große Umwälzung gerichtet werden und alle konkreten sozialen Veränderungen als immer schon verdorben und aussichtslos gelten. Hierin steckt ja eine Verselbständigung der Kampfformen, in der – u.a. auch in Ermangelung überzeugender Alternativen in den Ländern, die die beabsichtigte Umwälzung praktisch vollzogen haben – nicht mehr klar ist, wofür eigentlich gekämpft wird.

Je mehr ich mich allerdings mit der Geschichte der Kibbutzbewegung und dem uns zugänglichen Material für die Darstellung der gegenwärtigen Kibbutzim als alternative Lebensformen beschäftigte, desto stärker wurden andererseits die Zweifel und Fragen in bezug auf die Relevanz der Kibbutzerfahrung für unsere Verhältnisse. Schließlich hat das Kibbutzexperiment nicht nur eine ebenso lange Geschichte wie das erste sozialistische Experiment auf nationalstaatlicher Grundlage, die Sowjetunion, sondern ist bisher auch weitgehend beschränkt geblieben auf das Land bzw. das Volk, unter dessen spezifischen historischen Bedingungen es begann. Haben vielleicht doch jene Linken recht, die die israelischen Kibbutzim bloß als Teil einer neokolonialen Auseinandersetzung betrachten, in der die Sowjetunion die Position gewechselt hat? Wir klammern hier die Fragen des arabisch-israelischen Konflikts als für das Verständnis der Kibbutzbewegung äußerlich weitgehend aus. Auf der anderen Seite aber wissen wir doch, daß dieser Konflikt – zumindest in der BRD, die Alternativbewegung in den USA scheint da unbefangener zu sein – kein geringes Rezeptionshindernis für die Geschichte der Kibbutzbewegung darstellt. Du hast allerdings immer die Auffassung vertreten, daß die Widerstände linker Intellektueller gegen den Kibbutz – als einem Stück »realen Sozialismus«, mit dem man »morgen« anfangen könnte, wenn man nur wollte – ohnehin tiefer lägen.

G. H.: Ja, weil Argumente, die gegen Israel vom Ausland vorgebracht werden und den Kibbutz ohne besondere intellektuelle Anstrengung gleich mit unakzeptabel machen sollen, der außerhalb des Kibbutz lebenden israelischen jüdischen Linken nicht zur Verfügung stehen. Sie können sich auch nicht leichthin auf die Seite israelischer arabischer Linker schlagen, die zwar zahlreich für die an die Sowjetunion gebundene KP votieren, von deren Kommunismus aber sehr viel weniger halten als von den Aussichten, ihren Nationalismus unterstützt zu bekommen, die also von der Förderung »junger Nationalstaaten in der Dritten Welt« profitieren wollen.

Wenn die jüdischen Linken Israels in den Kibbutz nicht hineingehen, können sie auch nicht so argumentieren, wie das etwa westdeutsche Linke tun, die gegen die DDR gerade die Fesselung der Produktivkräfte mit dem Resultat relativer Armut und dazu eine noch gesteigerte Unfreiheit als Kennzeichen des dortigen Sozialismus vorbringen können. Im Kibbutz hingegen bekommen zwar alle Mitglieder gleich viel, aber auch dieses Einkommen liegt heute im oberen Sechstel der übrigen israelischen Einkommenspyramide (das israelische Pro-Kopf-Einkommen liegt so hoch wie in Italien und England mit vergleichbaren Differenzierungen). Deshalb steht den jüdischen Linken Israels auch das Verdikt des Marxismus, daß Genossenschaften mit dem Kapitalismus niemals konkurrieren können, sondern »verbauern« (Karl Kautsky) müssen und für die Entfesselung der Produktivkräfte erst das Ganze umzuwerfen sei, nicht mehr zu Gebot.

Ein Hilfsargument fanden und finden sie noch eine ganze Weile in Lohnarbeitern, die in vielen Kibbutzim beschäftigt werden und die eine Minderheit von ihnen auch heute noch einstellt: Als die Landwirtschaft um 1955 hoch mechanisiert war, begann man mit der Industrialisierung, um die frei rationalisierten Genossen beschäftigen zu können. Fabriken brauchen aber optimale technische Größen, deren Personal aus den verfügbaren Kibbutzniks häufig nicht rekrutierbar war und dann mit Lohnarbeitern ergänzt wurde. »Also auch Ausbeutung!« wurde zur rettenden Entschuldigung für das Nichteintreten in den Kibbutz. Seine Übergangsschwierigkeit wurde nicht analysiert, sondern flugs als Waffe gegen ihn gewendet. Eine noch schärfere Kritik gegen die Lohnarbeit kam aber aus den Kibbutzim selbst. Die Identität, Mitglied einer Gesellschaft von Gleichen zu sein, welche auch die Erledigung sogenannter niederer Arbeiten zum bewältigbaren Problem macht, wurde unterminiert durch die Zusammenarbeit mit Menschen, die für ebensolche Arbeiten außerhalb des Kibbutz – also im bürgerlichen Israel – verachtet werden. In relativ kurzer Zeit fielen denn auch Grundsatzentscheidungen der Kibbutzföderationen, nur noch Fabriken aufzubauen, die mit den eigenen Genossen betrieben werden können. Das bedeutete hochmechanisierte und automatische Anlagen, danach einen relativen Abbau der Lohnarbeit, dadurch einen zusätzlichen Anstieg des Reichtums dieser Genossenschaften und damit das allmähliche Haltloswerden einer typischen linken Kritik von außerhalb des Kibbutz, komme sie aus Israel selbst oder anderswoher.

K. G.: Du meinst, daß das Gegenstandsloswerden dieser linken Kritik am Kibbutz auch für die Linke außerhalb Israels bedeutsam sein muß?

G. H.: Ich frage mich, ob nicht die Haltung so vieler Linker zum Kibbutz jene deutsche Philosophie ganz praktisch in Frage stellt, die »Entfremdung« als das Zentralübel der Menschheit lehrt und Glück nur für den Fall verspricht, daß die Entfremdung aus den ökonomischen Beziehungen zwischen den Menschen restlos ausgetrieben worden ist. Was teilen uns israelische Linke denn mit, die dem Kibbutz keine rationalisierenden Vorwürfe machen, sondern ihren tiefsten Respekt bekunden, aber versichern, sie brauchten Heimlichkeit, Fremdheit, Ungewißheit, sexuelle Abwechslung und Abenteurertum, seien nicht der »richtige Typ« für eine egalitäre Gesellschaft? Lieben sie den Kapitalismus, obwohl sie keine Ausbeuter sind? Halten sie ihn doch für die höchstmögliche Gesellschaftsformation, welche ja immerhin in freien Wahlen und selbst opferreichen Kriegen von übergroßen Mehrheiten der Lohnarbeiter des Westens verteidigt wird? Sind sie nicht auch scharf auf die Entfremdung und zwingt der Kapitalismus tatsächlich nur mit Gewalt viele Hunderte von Millionen gegen ihren verzweifelten Widerstand unter sein Joch? Ist die kommunistische Assoziation freier und gleicher Produzenten nur ein Ideal aus der Großhirnrinde des Menschen, aus der allein er Gerechtigkeit *denken,* aber nicht einmal *wollen* kann? Und steht sie im Widerspruch zu den Ansprüchen seines Reptilien- und Säugetiergehirns, das er mit den »grauen Zellen« als dünn darüber gezogener Schicht gemeinsam als Erbe der Gattungsgeschichte unter seiner Schädeldecke trägt?

Was fordert die egalitäre Genossenschaft diesem Erbe als so große Anstrengung ab, daß der Kibbutz einerseits so sehr bewundert und gleichzeitig so auffällig für die eigene Lebensgestaltung gemieden wird?

K. G.: Diese Fragen klingen so, als ob Du eine Antwort schon ins Auge gefaßt hättest . . .

G. H.: Unter diese Anstrengungen gehört ganz bestimmt der hohe emotionale Aufwand für ein nicht-entfremdetes Gemeinschaftsleben. Er ähnelt tatsächlich verblüffend den Mühsalen, die Ethnographen für sog. kommunistische Urgesellschaften beschreiben. Wenn man von der gewiß nicht kleinen Differenz der supermodernen Technologie des Kibbutz absieht, so hätte durchaus über diese freie Produzentenassoziation gesagt werden können, was wir – um nur ein Beispiel herauszugreifen – von Thomas Gregor über die Mehinacu-Indianer Zentralbrasiliens zu hören bekommen. Das Streben nach einer unbeobachteten Privatsphäre wird zum Leitmotiv ihres täglichen Lebens. Hat insofern »der Mensch« von den – Heimlichkeit noch am ehesten verbürgenden – Millionenstädten des Kapitalismus nicht immer auch geträumt? Sind sie vielleicht eher seine größte Erfindung als seine nur schreckliche Entwurzelung, gegen die ja auch diejenigen keineswegs protestieren, die sich dagegen wehren müssen, in ihren Rinnsteinen zu enden?

Jedenfalls wissen die ›urkommunistischen‹ Mehinacu zuviel über die Belange jedes Stammesmitglieds: »Sie sind in der Lage, aufgrund des Abdrucks einer Ferse oder eines Hinterns zu sagen, wo ein Paar innehielt und abseits des Pfades sexuelle Beziehungen hatte. Niemand verläßt das Dorf oder betritt es, ohne bemerkt zu werden. Man muß flüstern, um seine Privatsphäre zu bewahren: Die Wände sind aus Stroh und Türen oder Schlösser gibt es nicht. Das Dorf ist voll von provozierendem Klatsch über Männer, die impotent sind oder unter ejaculatio praecox leiden, über das Verhalten von Frauen beim Koitus und die Größe, die Farbe und den Geruch ihrer Genitalien.« In der Sprache *des* Dichters der Kibbutzbewegung, Amos Oz, heißt es – unterschieden natürlich durch den Duktus einer deutsch-jüdischen Erziehung – über den Kibbutz kaum anders: »Wer sich über den Klatsch im Kibbutz erregt, verrät nur seine Unkenntnis über unser Gemeinschaftsleben. Der Klatsch spielt bei uns eine wichtige Rolle. Er muß respektiert werden und ist so Triebkraft der Gesellschaftsreform. Seine geheime Macht gewinnt er daraus, daß wir uns gegenseitig Tag und Nacht beurteilen – mitleidslos, aber ohne Schaum vorm Mund. Jedermann urteilt und jedermann wird beurteilt. Keine Schwäche kann sich vor der Beurteilung durch die anderen verbergen. Es gibt keine heimlichen Winkel. Jede Minute unseres Lebens werden wir beurteilt. So sind wir allesamt gezwungen, Krieg gegen unsere Natur zu führen, uns zu reinigen und zu veredeln. Wir polieren einander wie die Steine im Flußbett und geben unserer Natur keine Gnade. Was ist denn Natur anderes als blinder, gieriger Trieb – unfähig einer freien Willensäußerung? Und Willensfreiheit unterscheidet doch den Menschen vom Tier! Klatsch ist nur ein anderes Wort für Beurteilen. Durch Klatsch halten wir unsere Triebe in Zaum und werden allmählich bessere Menschen. Der Klatsch bildet eine Großmacht unseres Lebens, weil unser Leben offenliegt wie ein Dorfplatz unter der Mittagssonne. Gilt der Klatsch anderswo nur als mieses Ärgernis, so beteiligt er sich bei uns an der Verbesserung der Welt.« (In diese Richtung – wenn auch sprachlich weniger drastisch – argumentiert ja auch Menachem Gerson im Kapitel *Die Dichte des Kibbutzlebens als Problem* in seinem für diesen Band verfaßten Beitrag über *Menschliche Beziehungen im Kibbutz von heute*.)

In der Preisung des Klatsches ist nun der Widerwille gegen diese tägliche Geißel der Enge deutlich mitausgedrückt. Die Enttäuschung über solchen mitmenschlichen Umgang ist unüberhörbar. Der in den Kibbutz Eintretende hatte den Klatsch nicht gesucht, wurde von ihm richtiggehend überfallen und sucht nun nach einer Sinngebung für dieses unerwartete Leiden. Gerade das aber fällt ihm schwer. Der praktische Kommunismus in der Assoziation freier Produzenten sollte ja nicht nur die materielle Armut beseitigen, sondern damit vor allem die Voraussetzung für ein Leben in Harmonie bereitstellen.

Und tatsächlich wurden die Springquellen des Reichtums, die Marx für eine solche Gesellschaft prognostiziert hatte, über alle Erwartungen zum Sprudeln gebracht: Die innovative Ökonomie des Kibbutz erweist sich bereits in etlichen Branchen den Speerspitzen kapitalistischen Wirtschaftens überlegen und zieht den Staatssozialismus nicht einmal mehr zum Vergleich heran. Dennoch wird sich der bewußte Kibbutznik dieser Leistung unaufgefordert nur selten rühmen. Ihm sollte diese Ökonomie Mittel des Glücks und nicht herauszustreichender Wert an sich werden. Diese Kibbutzniks sind also von ihrem Kommunismus, selbst dann, wenn sie dessen Bezweiflung durch andere gelassen zurückweisen können, nicht sonderlich beeindruckt. Sie betrachten sich oft in ihrem eigentlichen Ziel, welches ihnen der gewöhnliche Kritiker meist gar nicht mahnend vorhält, als gescheitert: Dem »Himmel auf Erden«, den sie entschieden gewollt haben – ein Askese-Ideal verfolgten sie niemals –, fühlen sie sich durchaus nicht nahe, was nicht heißen muß, daß sie aufgehört haben, den anderen mit Heinrich Heine den Spatzen zu überlassen.

Wo also die Vertreter des wissenschaftlichen Sozialismus eine ökonomisch überlegene Form *nach* der Aufhebung des Kapitalismus, die Entfesselung der Produktivkräfte durch die Abschaffung der Lohnarbeit erwarteten, geben Kibbutzniks ihnen und damit sich selber recht. Diese praktischen Sozialisten reden sich mithin nicht mit dem wohlfeilen Verweis auf den sog. Gegenbeweis des Sowjetblocks aus ihrem ehemaligen Marxismus heraus. Wo Marxisten in ihrer Ausgangserfahrung des politisch Empörten, der sich in der kommunistischen Partei zum Endkampf stellt, aber zusätzlich zum Reichtumsversprechen auch noch ein Heilsversprechen für die Zeit nach dem Kapitalismus abgeben, äußern auch die dem Kibbutz treu bleibenden Pioniere ihre Zweifel: »Die menschliche Natur hat sich nicht geändert«, formuliert da ein Siebzigjähriger aus Deutschland nach 45 Kibbutzjahren ebenso gewiß, wie ein junger Einwanderer aus New Jersey nach zwei Jahren Neukibbutz in der (unbesetzten) Traumwüste der Arava traurig seufzt: »Human nature did not change!«

K. G.: Diese sehr allgemeine Aussage über menschliches Verhalten scheint aber doch eng verknüpft zu sein mit den Hoffnungen, die die Kibbutzgründer selbst aus ihren europäischen Herkunftsländern in den Kibbutz hineinbrachten und ja auch mit den verschiedensten sozialen Bewegungen dieser Länder teilen. Dagegen möchte ich doch die Behauptung riskieren, daß der Kibbutz in Wirklichkeit die menschliche Natur seiner Mitglieder durchaus geändert haben dürfte. Wahrscheinlich ist diese Änderung nicht ganz so gelaufen, wie mancher Kibbutzgründer sich das vorher gedacht hat. Vor allem aber kann eine solche Änderung nicht so tiefgreifend sein wie der Prozeß der Zivilisation in den europäischen Ländern seit dem ausgehenden Mittelalter oder vielleicht auch schon der Prozeß der Auflösung dieser Zivilisation in den entwickeltsten Industriegesellschaften im zwanzigsten Jahrhundert. Ich meine, wenn Du den Aussagen der Kibbutzniks über die menschliche Natur grundsätzlichere Bedeutung zumessen willst, mußt Du noch genauer sagen, welche Erwartungen hier enttäuscht wurden.

G. H.: Ich glaube, daß man in eine sehr schwierige Lage kommt, wenn man Neid auf Schönheit und Klugheit, wenn man das Leiden an Häßlichkeit und Altwerden, die Konkurrenz um Liebe und Ansehen nicht mehr umstandslos den sozialen Verhältnissen anlasten kann. Und der Tod schließlich, den viele dieser Pioniere lange Zeit irgendwie für uneintretbar hielten, wurde stärkster Hinweis für die Grenzen eines Himmels auf Erden.

Für nicht endende Kraft und Schönheit, gepaart mit Klugheit und Weisheit, für diesen größten Traum des Menschen, dessen suggestive Erfüllung deshalb auch im Zentrum jeder Warenreklame steht, haben die Kibbutzniks nicht mehr die Illusion einer gesellschaftlichen Lösung parat. Sie emanzipieren sich in gewisser Weise vom neuzeitlichen Glücksideal, indem sie seine spezifische Herkunft zu durchschauen beginnen. Sie nehmen inzwischen die nicht auf das Bedürfnis nach materieller Sicherheit und Gleichheit reduzierbaren menschlichen Triebkräfte ungleich ernster, als wir das tun. Sie stellen also fest, daß ein Ideal irdischer Heilserwartung historisch nur dort die enorme Wucht der stärksten menschlichen Bedürfnisse in seinen Dienst stellen kann, wo die gesellschaftlichen Verhältnisse tatsächlich sehr viel schlimmer sind, als sie es zwischen Menschen sein müssen, und zugleich als tatsächlich in Bewegung befindliche erfahren werden. Die uralte asoziale

Begehrlichkeit darf sich also Erlösung suggerieren, wo die Ungleichheit zwischen den Menschen, ihr Voneinanderwegstreben sich auch ganz materiell als Unterschied zwischen Ausbeuter und Ausgebeutetem, arm und reich, oben und unten auszudrücken vermag.

Der moderne Kommunismus hat insofern mit seinem Ökonomismus – vielleicht erstmals in der Geschichte – einen so glaubhaft operationalisierbaren Weg zum irdischen Heil benannt, daß mit seiner Hilfe enorm viele und ganz unökonomische Leiden rationalisiert werden konnten: Wo also Leid ganz offensichtlich sozialen Verhältnissen geschuldet ist, von denen sehr viele Menschen betroffen sind, können Theorien entstehen, welche diesen Zusammenhang überziehen, indem sie dann *alles* menschliche Leid aus den sozialen Verhältnissen erklären. Die Schranke zwischen Kapitalist und Lohnarbeiter wird dann zum *letzten* Hindernis für die Harmonie zwischen den Produzenten. Die Hierarchie zwischen Mann und Weib wird zur letzten Barriere vor dem Ende des Geschlechterkampfes. Die Verheißungen solcher Rationalisierung werden ernstgenommen, weil ja unbestreitbar an sozialer Ungleichheit gelitten wird. Sie können aber doch wohl nur dort zu einer diesseitigen Heilsgewißheit zugespitzt werden, wo die Kirchen der Herrschenden ihr himmlisches Heilsversprechen als ganz tagespolitische Waffe gegen diejenigen einsetzen, die allen Anlaß haben, die Verhältnisse wenigstens soweit zu verändern, daß sie von den Tröstungen, die allein der Wohlstand zu geben vermag, endlich genügend abbekommen. Zu ihrer Ermutigung und damit zur Neutralisierung der Religiosität der Beherrschten als Waffe der Herrschenden versteigt sich die soziale Revolution zu ihrer Überhöhung ins irdische Heilsversprechen. Erst nun ist sie auch zu furchtbaren Taten fähig, können in ihr sich auslebende Führer präzise angeben, wer als Hindernis zwischen den geführten Leidenden und dem Glück noch beseitigt werden muß. Ohne dieses sind wohl die Massenmorde für die Herbeiführung irdischer Paradiese nur unzureichend erklärbar. Den Massenmord gibt es ja nur für das suggerierte Glück der Christen, der Deutschen, der Arbeiterklasse etc. Seine Durchführung darf mit aller Leidenschaft betrieben werden, da hinterher das Ende aller Leiden wartet. Und wehe dem, der dieses Ende verrät oder herauszögert.

K. G.: Die Gefahren sozialer Heilslehren sehe ich ebenso wie

Du. Ich bin allerdings unsicher, ob eine soziale Bewegung, wenn sie überhaupt was zum Bessern wenden will, diese Gefahren ganz vermeiden kann. Die Frage ist doch, wie auf die fatalen Heilsgewißheiten verzichtet werden kann, ohne die menschlichen Bedürfnisse nach Trost angesichts existenziellen Leids, nach Hoffnung angesichts aktueller Entbehrung, nach Orientierung angesichts einer komplizierten Welt einfach zu verdrängen. Wenn man bloß eine gewißheitsskeptische Askese predigt, ist man doch wieder in Gefahr, die Herrschaft einer Geisteselite zu legitimieren, die allein so eine heroische Orientierung durchhalten kann. Dem Marxismus wird zu Recht vorgeworfen, mit Heilsversprechen zu operieren, die schon zur Rechtfertigung barbarischer Entwicklungen dienten. Allerdings wird die historische Dimension oft verkürzt und davon abstrahiert, welchen Rationalitätsgewinn das ideologische Spektrum der Arbeiterbewegung im Vergleich zu älteren Heilslehren immerhin darstellt. Man wird auch der postmodernen Ökologiebewegung noch irrationale Momente einer Heilslehre nachweisen können, obwohl sie, wie ich meine, skeptischer und toleranter, wissenschaftsorientierter und offener ist in bezug auf soziale Lösungen der Probleme, von denen sie ihren Ausgangspunkt nimmt, als frühere soziale Bewegungen. Ich vermute, daß ein solcher Rationalitätsfortschritt eben auch vom Entwicklungsstand der gesellschaftlichen Verhältnisse abhängt, in denen sich Menschen ein Bewußtsein über die zu lösenden Probleme bilden.

G. H.: Ich finde sogar bedenkenswert, ob von den brutalen und wissenschaftsfeindlichen Varianten der Emanzipationsbewegung nicht solche Menschen am ehesten Abstand nehmen können, die als »Glücksbarriere« jahrtausendelang abgeräumt wurden. Die Juden, welche ja in Abraham ihren Stammvater haben, der als erster das »Leben an sich« für eine Gruppe zum allerhöchsten Wert erklärt hatte, haben auch zuerst sich dafür anstrengen müssen, dem Leben etwas Außergewöhnliches zu bieten. Daß sie schließlich gerade dabei im Wege gestanden, den sog. Erlöser nicht angenommen hätten, der sagte, »Ich bin die Auferstehung und das Leben«, wird zum Vorwand, sie immer wieder für die »Erlösung« zu opfern. So mag es kein Zufall sein, daß sich zuerst unter ihnen in beträchtlicher Zahl Menschen fanden, die doch relativ dauerhaft Verhältnisse schufen, wie sie fairer zwischen Menschen wohl selten existiert haben. Das heißt also, daß mit dem Schwinden der ja auch von ihnen geteilten Heilsgewißheit wenigstens das festgehalten wird, was machbar war und auch weiterhin ist.

Dennoch wirkt sich der Verzicht auf eine alles Leid aus den sozialen Verhältnissen erklärende Theorie bei etlichen Kibbutzniks dahingehend aus, daß sie selbst den Aufbau des Menschenmöglichen nicht wirklich nachhaltig empfehlen, also nicht zur Nachahmung ihrer nun wirklich beeindruckenden Leistungen auffordern. Sie spüren wohl aus der Erinnerung an ihre eigenen Jugendträume, daß eine solche Empfehlung für diejenigen nicht attraktiv genug begründbar ist, die heute mit ihrer Heilserwartung gegen scheußliche Verhältnisse kämpfen und die schweren Opfer des Kampfes eben nur für das Heil und nicht irgend etwas weit darunter Anzusiedelndes aufbringen würden. Und es ist kein Zufall, daß die nun endlich in Israel gegründete »Kommune-Internationale« für den Kibbutz wirbt, indem sie ihn an anderen Gesellschaften und nicht an den Idealen der Gründer mißt.

Der auf mehr als nur das relativ Bessere eingestellte säkulare Kämpfer wird von solcher Werbung aber nicht sonderlich beeindruckt sein und noch mit besonderer Abwehr registrieren, daß gerade die religiösen Kibbutzim – insgesamt zwar eine Minderheit – als die stabilsten Siedlungen gelten. Er kann sogar in den säkularen Genossenschaften keineswegs als beschränkt zu kennzeichnende Pioniere finden, die aus ihrer Einsicht vom neidischen und auch in seinen herrlichsten Exemplaren zum Verfall bestimmten Menschen wieder nach Tröstungen suchen, die als religiöse zu bezeichnen sind. Daß die Gattung Mensch auch in der egalitären Produzentenassoziation eine »Katastrophe« bleibt, die von der »Krankheit zum Tode« (S. Freud) gezeichnet ist, läßt ihnen jene Momente der Religion wieder ins Blickfeld treten, die eben darüber hinwegtrösten sollen.

Wer ihnen diese Tendenz vorhält, hört unter Umständen das Bekenntnis, daß man sich geändert habe und vom Ökonomismus der Vergangenheit nun schon ein Stückchen weit entfernt sei. Aber erst dadurch, daß sie häufig ganz freimütig eingestehen, wirklich geglaubt zu haben, daß nach Beseitigung von Geldbeziehungen und materieller Ungleichheit, daß nach der Erwirtschaftung von Überfluß zwischen ihnen jene Harmonie eintrete, von der – für solche Verhältnisse – bereits der Frühsozialist Robert D. Owen so sehr überzeugt war, daß er seine Siedlung in Amerika

»New Harmony« nennen konnte, ermöglichen sie neue Einsichten. Owens und das Scheitern so vieler anderer Kommunen wurde häufig noch flugs ökonomisch erklärt. Aber der Kibbutz scheiterte ökonomisch nicht und erst sein wirtschaftlicher Erfolg nötigt dazu, den Mangel zu sehen, der bei den anderen sozialistischen Experimenten immer dem – selbstredend vom umgebenden Kapitalismus verschuldeten – wirtschaftlichen Mangel angelastet wird. Eifersucht um Liebe und Ansehen – sonst hinter schwerster Plackerei noch irgendwie in die Zweitrangigkeit verdrängt – kann doch erst in der aus Reichtum ermöglichten Muße wirklich auflodern und erfordert nun noch größere Anstrengungen der Zähmung. Eher die Dichter des Kibbutz als seine Sozialforscher registrieren denn auch, daß die Triebe ungerecht sind. Sie wählen den einen, verstoßen den anderen, wollen viele und kümmern sich nur genötigt um die Vernachlässigten. Diese sind nicht mehr arm, aber immer noch benachteiligt. Darin liegt ein schleichendes Gift für eine egalitäre Gesellschaft, deren Blüte auf der Solidarität der Mitglieder untereinander fußt, und die deshalb gegen die Gründe solcher Mißgunst noch empfindlicher reagiert als gegen materielle Ungleichheit. Auf die Überwindung letzterer dringen nur sekundäre Antriebe, in erstere jedoch sind die eigentlich mächtigen Triebe selbst verstrickt und äußern sich rastlos im Klatsch. Daß zur größten Menschenliebe sich aufschwingt, wer solche Zwangsläufigkeit des Klatsches durchschaut hat und deshalb sogar das Recht seiner Freunde, schlecht über ihn zu reden, gegen jedermann verteidigen kann, ändert doch nichts an der Rarität einer solchen höchst anstrengenden Haltung.

K. G.: Kannst Du daraus aber schon Schlüsse ziehen im Hinblick auf die Möglichkeit genossenschaftlicher Alternativen bei uns? Ich habe den Eindruck, Du suggerierst, daß man deshalb, weil die Alternative Kibbutz bestimmte subjektive Beweggründe enttäuscht hat, ebensogut im Status quo verbleiben könne. Du plädierst zwar nicht dafür, aber Du unterstellst eine Wahl, die nur zuungunsten der genossenschaftlichen Alternative ausgehen könnte. Du unterschlägst dabei die Möglichkeit objektiver Gründe, die zur Suche nach Alternativen zwingen könnten. Willst Du die Relevanz der Kibbutzerfahrung auf die Desillusionierung falscher Verheißungen reduzieren? Besteht denn nicht eine Relevanz der Kibbutzerfahrung gerade darin, daß hier gelernt werden kann, daß Gerechtigkeit und soziale Gleichheit nicht schon die Erfüllung aller Wünsche bedeuten, sondern nur eine wichtige Voraussetzung für die nicht zerstörerische Entfaltung von Individualität und allen Hoffnungen und Wünschen, die dazu gehören? Könnte es nicht sein, daß gerade deshalb der Kibbutz ein alternatives Zivilisationsmodell bietet, weil hier früher – und weil auf selbstgewählter Grundlage auch nachhaltiger – als anderswo Abschied genommen werden mußte *und konnte* von Illusionen, die die soziale Dynamik in den modernen Klassengesellschaften immer auch mitbestimmen?

G. H.: Das stärkste Argument für den Kibbutz waren für mich immer Kibbutzniks, die in unermüdlicher Scharfsinnigkeit ihre Gesellschaft kritisieren, aber gleichwohl schon Jahrzehnte dort leben und auch keine Anstalten treffen, sie schließlich doch noch zu verlassen. Bei ihnen wiegt die Befriedigung und der Stolz darüber, eine nicht entfremdete Existenz erfolgreich aufgebaut zu haben, eben schwerer als die Bürde, in ihr auch täglich leben, an ihrer »Selbstverwirklichung«, wie Rosner formuliert, Abstriche machen zu müssen, was andere abschreckt oder davongehen läßt. Die Ruhe, die aus dem Bewußtsein wächst, niemanden auszubeuten, bewirkt jene unprätentiöse Würde, die so viele Kibbutzbesucher gefangen nimmt und so viele Israelis – wirklich ohne Hintergedanken – über Kibbutzniks sagen läßt: »Sie sind unsere besten Menschen.« Dennoch habe ich selten Selbstzufriedenheit angetroffen. Davor schützt wohl doch die Erinnerung an den eigenen Ökonomismus, der eben auch mit etlichen unerfüllten Hoffnungen auf das Gemeinschaftsleben verbunden war. Gerade die aus dieser Diskrepanzerfahrung erwachsende Nüchternheit bewirkt wohl die Gelassenheit, mit der einer von außen kommenden Kritik, nicht sozialistisch genug zu sein, begegnet wird, und führt auch zu jenem liebenswürdigen Verständnis für die Schwäche, die sich darin zum Pathos des »wirklichen Revolutionärs« aufplustert. Sie sehen ja sehr genau, wie die Masse der links Redenden den Anforderungen eines anständigen Lebens in der freien Produzentenassoziation durch Hineindrängen in die großen Städte per Fußabstimmung eine Absage erteilt. Viele geben zu verstehen, daß sie diese von niemandem propagierte echte Weltbewegung durchaus verstehen und auf dem schlechten Gewissen derjenigen, die zwar lautstark die Einsamkeit der Masse in den Metropolen anprangern, aber das eben am liebsten von einem Boulevardcaféhaus aus tun, keineswegs herumreiten wollen. Die Füße und auch andere Glieder sollten nur irgendwann selbst zu »reden« beginnen und nicht dauernd vom moralischen Bewußtsein übertönt werden, das unermüdlich verkündet, sie seien in Wirklichkeit rastlos mit dem Training für den Riesensatz in den Kommunismus beschäftigt, müßten dafür allerdings aus der in den Metropolen schrecklich grassierenden Entfremdung erst die notwendige Kraft der Verzweiflung ziehen.

Eben solcherart Trainingsarbeit nährt den Grimm von Mitgliedern des Kibbutz gegenüber jenen, die in ihren Spätdreißigern bis Frühfünfzigern um Aufnahme nachsuchen. Diesem echten Kloster- und Religionsstifteralter, das aufdämmert, wenn es in der freien Konkurrenz um Lust und Einkommen nicht mehr flüssig läuft, wird denn auch von Kibbutzniks deutscher Herkunft gerne noch mit Wilhelm Buschs »Was Natur und Zeit getan, sieht so'n Aas als Besserung an!« begegnet. Wer sich in der unkontrollierten Anonymität der großen Städte geschmeidig bewegt hat und dafür jetzt Kraft und Attraktivität nicht mehr aufbringt, dem sollen die Früchte einer anständigen Gesellschaft nicht einfach in den Schoß fallen – wobei häufig melancholisch angemerkt wird, daß eben an diese Anständigkeit gedacht ist, wenn der Kibbutz lediglich als »Paradies für Kinder und Alte« gepriesen wird, aber für die drei saftvollsten Jahrzehnte des Erwachsenenlebens eben auch die Enge bedeuten kann, der man sich ohne Not nur ungern aussetzt.

So imponieren ihnen denn auch die vitalen, tüchtigen und dann unter der Gnade eines gerechten Lebens nicht nur jauchzenden, sondern auch ächzenden Menschen mehr als die ausgebrannt Kommenden, die sich ins Geforderte fast mühelos dreinschikken.

Wie schwer erstere aber für die freie Produzentenassoziation zu gewinnen sind, wird besonders an den emanzipierten Frauen der Gegenwart gespürt, die mit dem Eintritt in den Kibbutz die Erfahrung eines sexuellen Rückschritts verbinden: Die Kibbutzgründerinnen der zwanziger bis vierziger Jahre erlebten einen persönlichen Fortschritt bereits dadurch, daß nicht mehr ihre »gut jüdischen« Eltern den Ehemann nach Wirtschafts- und Standesinteressen aussuchten, sondern sie ihn nun selbständig wählten. Das bedeutete ein echtes Stück Befreiung. Die jetzigen Frauen, insbesondere die nordamerikanischen Jüdinnen, sehen den Kibbutz regelrecht als Unterbrechung ihres Befreiungsprozesses. Sie bildeten teilweise den Kern der Frauenbewegung, hatten sich das Recht auf beliebig viele Liebhaber erkämpft und sollen nun im Kibbutz aus Gründen der Gerechtigkeit, die sie befürworten, mit nur einem Manne zufrieden sein. Diesen dann selbst wählen zu dürfen, bedeutet natürlich gar nichts mehr. Sie haben sich teilweise unter bösen Kämpfen die freie Sexualkonkurrenz ebenso errungen wie das Recht, um Jobs vollwertig mitkonkurrieren zu dürfen, und wollen wenigstens von ersterem auch endlich etwas haben. In den Kibbutz drängen sich dann eher die Stehengebliebenen, die von ihren attraktiveren Geschlechtsgenossinnen an die Wand gedrückt wurden. Sie hoffen im Kibbutz ein gesichertes Eheleben zu finden und damit wiederum einen Fortschritt zu machen. Über einen so motivierten Verzicht auf die freie Sexualkonkurrenz ist man wiederum nicht sonderlich glücklich, aber ganz offensichtlich erträgt die Solidargemeinschaft diese Frauen leichter als die Vitaleren, die ihre sexuelle Potenz endlich leben wollen. Wer hatte schon erwartet, daß die Verwirklichung der sexuellen Gleichberechtigung der Frau im Kibbutz zur Freisetzung eines überlegenen Triebes führen, also eine ganz andere Form der Ungleichheit in die soziale Auseinandersetzung einbringen würde? Und wer wird mit diesem Wissen noch umstandslos das Gelingen der für diese Gesellschaft typischen Monogamie und damit ihres Bestandes überhaupt für möglich halten?

K. G.: Du weißt, daß mir Deine Auffassung vom Geschlechterkonflikt nicht einleuchtet. Daher kann ich auch die Folgerungen für das Gelingen oder Mißlingen alternativer Lebensformen nicht teilen.

Selbst wenn ich wüßte, was ein überlegener Trieb ist, wäre ich nicht so sicher, ob solche Überlegenheit die Gemeinschaft stören müßte.

Es bedarf meines Erachtens nicht der Annahme einer weiblichen Triebüberlegenheit, um die Gleichberechtigung als eine Bedrohung für die Reproduktion und den inneren Zusammenhalt unserer Gesellschaftsform anzusehen. Sie führt zu einer Ausweitung von Konkurrenzsituationen in den menschlichen Beziehungen, die schwerer zu ertragen sein mag als die bloß ökonomische Konkurrenz, die bisher überwiegend unter Männern stattfand. Mit der Gleichberechtigung fallen eben Fesseln, die die Entfaltung von Konkurrenzbeziehungen vorher entscheidend einschränkten und für beide Geschlechter, aber mit verschiedenartigen Folgen, erträglich machten.

Die Bedrohung des patriarchalischen Zivilisationsmodells erwächst ja aus dessen innerer Entwicklung zur totalen Lohnarbeitsgesellschaft, d.h. hier der geschlechtsunabhängigen Freisetzung zur Konkurrenz um ungleiche Arbeits-, Einkommens- und Lebenschancen. Ich meine, daß es diese Konkurrenz und nicht eine bisher unterdrückte Triebhaftigkeit ist, die die tradierten Beziehungsräume für die individuelle und gattungsmäßige Regeneration zerstört.

Andererseits ist nicht einzusehen, warum diese Bedrohung auch für eine Gesellschaft gelten soll, die auf die Zwangsverkopplung individueller und geschlechtsspezifischer Lebenschancen mit der Stellung im System gesellschaftlicher Arbeit von vornherein verzichtet. Könnte es nicht umgekehrt so sein, daß nur in einer Gesellschaft, die in elementarer Weise soziale Sicherheit und Gleichheit zwischen Geschlechtern und Generationen schafft, die Chance zu einer gleichberechtigten Entfaltung weiblicher Sexualität und Individualität ohne zerstörerische Folgen für den gesellschaftlichen Reproduktionsprozeß besteht? Ich weiß, daß die Entwicklung der Beziehungen der Geschlechter im Kibbutz keineswegs dazu angetan ist, jene hochgespannten Erwartungen zu befriedigen, die in den städtischen Mittelschicht-Subkulturen der entwickeltsten Industriegesellschaften ihre spezifischen Entfaltungsbedingungen haben. Es ist aber doch sehr fraglich, ob diese kulturell neuen Beziehungsformen und Ideale innerhalb dieser Gesellschaften stabil und verallgemeinerbar sein können. Vielleicht ist sogar ein Schritt zurück in ein geringeres Maß sexueller Permissivität und Reflexivität, wie es der Kibbutz zweifellos darstellt, ohne daß dies erkennbar ein Schritt zur Restauration des Patriarchats wäre, notwendige Bedingung für eine integrationsfähige Verallgemeinerung.

G. H.: Es bleibt abzuwarten, wie der Kibbutz – und zwar durch seine männlichen *und* weiblichen Mitglieder – auf Frauen, die ihre Sexualpotenz voll ins Spiel bringen, reagiert. Nach meiner Erfahrung erträgt er die faule, aber der Sexualmoral gehorchende Frau leichter als die ausgezeichnete Arbeiterin, die häufiger ihre Liebhaber wechselt, was durchaus bitter für eine Gesellschaft ist, die ja gerade wirtschaftliches Parasitentum als *die* Quelle menschlicher Übel beseitigen wollte. Für die sexuelle

Entwicklung hat man aber besonders auf die dritte Generation zu warten, also auf die Mädchen, die von im Kibbutz aufgewachsenen Frauen geboren wurden. Ich denke, daß dann über die Konkurrenz hinaus, die bei Promiskuität gegeben ist, der Potenzunterschied diese Konkurrenz selbst noch einmal anders prägen wird, als das der Fall ist, wenn im Kindesalter noch zur Keuschheit erzogene Frauen später dann auf einmal doch sexuell initiativ werden dürfen und natürlich kaum aus ihrem Erziehungspanzer heraus können. Richtig ist aber doch, daß jede faire Gesellschaft mehr sexuelle Gerechtigkeit realisieren muß, als die moderne Großstadtkultur das in ihrer Anonymität zu tun braucht. Wer heute aus den liberaleren Kapitalismen kommt, die ihre Hungernden und Frierenden zu Minderheiten gemacht haben, ist aber mit so furchtbaren Übeln und Greueln gar nicht unmittelbar konfrontiert, daß er sehnsuchtsvoll in die Anständigkeit überwechseln möchte. Er ist mit einer Permissivität vertraut, in der sich die Begehrten ausleben und die Verzehrten vor dem Mitleid und dem Spott besser als irgendwo sonst verbergen können, und muß den Sprung in das nicht entfremdete Leben als nur schwer einsehbare Anstrengung empfinden.

Der Hinweis, daß von Progrom, Diskriminierung und Ausrottung bedrohte Juden noch am ehesten solchen Schritt zu tun bereit waren, findet sich aus der Sicht vieler Kibbutzniks darin bestätigt, daß es eben auch nicht zufällig osteuropäische Juden waren, die es fertigbrachten, selbst in den Vereinigten Staaten von Amerika eine sozialistische Bewegung größeren Umfangs aufzubauen. Aber nachdem sie dort – so spotten einige – anständiger als in Europa behandelt wurden, ihre überdurchschnittliche Leistungsfähigkeit endlich durch Aufstieg honoriert wurde, ging es mit der sozialistischen Bewegung Amerikas schnell bergab. Der Ehrgeiz der am verdienten Aufstieg gehinderten Tüchtigen, die sich nicht in der Schmach subalterner Jobs verbrauchen wollen und deshalb ihre Leistungsfähigkeit im Kampf für eine Gesellschaft ohne Subalternitäten unter Beweis stellen, ging der Bewegung verloren.

Erst, wenn fast alle gleich intelligent und kompetent gemacht werden können, mag die Dynamik unbedienten Ehrgeizes für eine gesamtgesellschaftliche Egalisierung wirklich voll in Rechnung gestellt werden, wird also die große Mehrheit die wenigen in den wichtigen Positionen, welche sie ebenfalls ausfüllen kann, zur wirklichen Gleichheit tatsächlich zwingen wollen. Bis dahin wird es bei den Fortgeschrittenen wohl beim Schwanken zwischen innenstädtischer Eremitage und Promiskuität bleiben und nur wenige werden vorzeitig die ohne Moral, d.h. ohne Kontrolle nicht zu erhaltende Balance einer freien Produzentenassoziation erreichen können.

»Sozialismus« wird solange nur wieder aus dem Anspruch bestehen, den Kapitalismus analysieren und ablehnen zu dürfen und weiterhin über die *eigentliche* Alternative noch nachzudenken. Dafür spricht immerhin, daß dort, wo der unmittelbare Impuls zu einer sozialistischen Gesellschaftsveränderung festgehalten wird, die Anforderungen an eine sozialistische Gesellschaft so hoch geschraubt werden, daß man sich auf ihre Nichtmachbarkeit getrost verlassen kann. So verwundert es denn auch nicht, daß sich Ex-Kibbutzniks in den Städten Israels einer »wirklich sozialistischen« Bewegung anschließen und ansonsten ihre in der Kibbutzkindheit erworbenen überdurchschnittlichen Fähigkeiten für Erfolg und die Freuden des entfremdeten Lebens nutzen.

Ist die sozialistische Bewegung für viele also nur noch notwendiger Bestandteil eines passablen Kapitalismus, der als solcher eben auch genossen wird, und in welchem das keineswegs zu bestreitende Leiden – es will aber nicht jederzeit geschichtsmächtig werden – mit einer besonderen Organisation (Partei) zum Ausdruck bringt, daß es in einer höheren Weise sich nicht integrieren lasse, sondern auf die wirklich schöne neue Welt noch warte?

Werden dann beim wirklichen Sturz des Systems nicht auch Sozialisten für die Erhaltung der »Welt«, des »Imperiums«, Amerikas also, beten wie die Christen für Rom, das sie noch im Untergang böse beutelte und mit Berufsverboten belegte?

Entwickelt nicht noch der »schöne« Tod des Kapitalismus, wie er im antikommunistischen Witz figuriert, bei den Fortgeschrittensten mehr Faszination als die lebendigen Alternativen und ergeben sich nicht daraus humorige Sentenzen wie »lieber in Sünde untergehen, als in Anstand etwas Neues aufzubauen«?

Und ist nicht deshalb der Schritt von der sozialistischen Bewegung zur grünen ein Stückchen Eingeständnis, daß man die riesige Gesellschaftsmaschine, um deren Erhalt man klammheimlich bangt, keineswegs abschaffen, sondern bepflanzen möchte?

Ist die grüne Organisation des Leidens nicht eigentlich die

Integration der nicht zum Mitmachen bereiten Seite ins System, weil die sozialistische Organisierung des Nichteinverständnisses immer die Gefahr in sich birgt, mit innerer Konsequenz zur Abschaffung dessen schreiten zu müssen, womit man eben auch ganz einverstanden ist?

Ist Sozialismus dann nur noch die gefürchtete Ersetzung dessen, was einem hier gefällt, durch ein System, in welchem keineswegs garantiert ist, daß wenigstens die hier zu kurz kommende Seite endlich ihre Befriedigung findet?

K. G.: Ich finde, daß Du zu sehr bloß über subjektive Motivationslagen sprichst und zu wenig über objektive Gründe, die auch zu den Bedingungen einer sozialen Bewegung gehören. Mag ja sein, daß jeder von uns – besonders in einem so reichen Land wie der BRD – ein Stück weit teil hat an der Erhaltung des Status quo. Aber das ändert doch nichts daran, daß es eben dieser Status ist, der unsere Lebensgrundlagen systematisch – und zunehmend auch offensichtlich – zerstört. Es ist vielleicht gar nicht notwendig, darüber zu spekulieren, ob die Erzeugung gesellschaftlichen Reichtums über die Konkurrenz in einem System sozialer Ungleichheit, das unersättlich neue Befriedigungen und Bedürfnisse hervorbringt, der inneren Natur des Menschen zuwider ist – wie dies etwa Erich Fromm behauptet – oder ob diese vielleicht ganz lustvoll damit einverstanden ist. Es genügt doch zu sehen, wie dieses System die äußere Natur des Menschen und damit seine Lebensgrundlagen überhaupt zerstört. Das Einverständnis damit ist doch keine bloße Frage von Sündenbewußtsein oder sozialistischer Moral mehr.

Ich vermute übrigens, daß ein großer Teil des Widerstands gegen die Zerstörung der äußeren Umwelt, insbesondere gegen die Atomkraftwerke als Symbol einer unkontrollierbaren Technologie, seine Dynamik aus der Zerstörung primär sozialer Kontexte bezieht. Über die äußere Natur kann man sich eben leichter verständigen als über die »innere«, die soziale Natur des Menschen. Obwohl der Widerstand vom Motiv her gesehen zum guten Teil projektiv sein mag, so entwertet ihn das doch nicht. Es besteht ja ein objektiver Zusammenhang und die Zerstörung der äußeren Lebensgrundlagen zumindest ist unbestreitbar.

G. H.: Selbstverständlich wird sich jeder, der in seiner Entschlossenheit zu einem alternativen Leben schwankt, dagegen wehren, daß dieses Schwanken als subjektives Einverständnis mit dem System ausgelegt wird. Und er wird auf die finanziellen Opfer verweisen, die er für die verschiedensten »antikapitalistischen« Aktivitäten aufbringt und die ihn ja in den behaupteten Genüssen des entfremdeten Lebens einschränken.

Ich bezweifle aber, daß hier wirklich so sehr geschwankt wird, und sehe diesen Zweifel gerade in der Umweltschutzbewegung ausgezeichnet illustriert. Sie ist tatsächlich in erster Linie »Treffpunkt« für das zwanglose Anknüpfen von Beziehungen (und manchmal auch projektiver Kitt für bereits als Zwang empfundene Bindungen). Und sie ist – das sehe ich nicht anders – eine ausgezeichnete Rationalisierung, weil die Umwelt tatsächlich bedroht ist. Wenn nun – verdeckt also für Begegnungen – sogar soweit gegangen wird, daß regelrechte Dörfer gebaut werden, mit denen der Bau von Atomkraftwerken oder Atommülldeponien verhindert werden soll, zeigt sich doch wunderschön, was man nicht will. Diese Dörfer werden ja zum größten Teil aus den großen Städten, in denen die »scene« konzentriert ist, finanziert. Mir ist nun nicht bekannt, daß momentan ein einziges Dorf, das nicht nur etwas verhindern, sondern etwas Neues aufbauen will, ähnlich enthusiastisch unterstützt würde. Natürlich bekäme man hierauf zu hören, daß so etwas ja auch sinnlos wäre, da doch Atomkraftwerke das alles gefährden würden. Und zehn Jahre früher hätte man ebenso flink zu hören bekommen, daß so etwas doch solange sinnlos sei, wie sich vielleicht der Vietnamkrieg auf Europa ausdehnen könnte.

Objektiv aber ist doch mit den Spendengeldern für Hiesiges oder für Revolutionäre im fernen Ausland, die sich über die Jahre ja in hohen Millionenbeträgen niederschlagen, nur der Beweis dafür erbracht, daß die Mittel aufbringbar sind, um in den Metropolen selbst hier und heute mit Assoziationen freier Produzenten zu beginnen. Sie müssen also keineswegs Kapitalisten erst revolutionär entrissen werden. Diese müssen für gewöhnlich ja auch ihre Produktion aufnehmen, ohne vorher einem anderen Kapitalbesitzer die Mittel für die Erstausstattung rauben zu können. Vom Kibbutz her drängt sich dann doch die Frage auf, warum von den Millionen Sozialisten nicht wenigstens einige schon mal praktisch anfangen, nachdem schließlich er bewiesen hat, daß man kapitalistische Betriebe erfolgreich auskonkurrieren kann, ohne sich dabei kaputtzumachen.

Der Befragte weiß keine gute Antwort, redet sich vielleicht

noch auf einen verständlichen dogmatischen Denkfehler der Klassiker des wissenschaftlichen Sozialismus heraus. Warum aber wird ein Dogma so bereitwillig geglaubt, welches in die Falle führt, daß der Kommunismus nur möglich ist, wenn die gesamte Menschheit damit anfängt, was ja nur bedeutet, daß es keinen Anfang geben kann? Wurde hier nicht lediglich die alte Hoffnung und die keineswegs auszuschließende Möglichkeit, daß der Kapitalismus global und schnell zusammenbrechen werde, flugs in die Parole umgemünzt, daß der Sozialismus auch nur an dieses Ereignis nahtlos sich anschließend ernsthaft beginnen könne? Dafür spricht tatsächlich weder die Logik noch die Geschichte.

Unter dasselbe Verdikt fällt übrigens auch der Hinweis, daß die zuerst ja nur vereinzelten Produzentenassoziationen sich aus der kapitalistischen Arbeitsteilung nur herauslösen könnten um den Preis des Rückfalls hinter das Industriezeitalter. Warum aber sollten sie sich herauslösen? Wo steht geschrieben, daß dem Verderben sich anheimgibt, wer innerhalb dieser Arbeitsteilung produziert? Es kommt doch nur darauf an, die Arbeitsteilung in anders strukturierten Körperschaften der Produktion weiterzuentwickeln und nicht außerhalb ihres Geltungsbereiches etwas Neues zu basteln. Nur so erhält die Rede von der ›Neuen Gesellschaft‹, die im ›Schoße‹ der bestehenden heranwächst, einen Sinn. All diese Gründe, mit dem Sozialismus *noch* nicht zu beginnen, lassen sich also als Ausflüchte decouvrieren.

K. G.: Nun zeichnen sich die Ansätze einer Alternativbewegung in den fortgeschrittensten Industriegesellschaften gerade dadurch aus, daß sie von den dogmatisierten Positionen der Linken abrücken, worin alle praktischen Alternativen auf einen Tag X verschoben werden. Viele sehen ja schon die Gefahr, daß durch die Erprobung von Alternativen bloß politische Sackgassen wieder betreten werden, die die Arbeiterbewegung mit gutem Grund verlassen hat. Sie verstehen nicht, daß die Wiederbelebung der Debatte um die Genossenschafts- und Kooperativverfahrungen heute einen anderen Stellenwert als in der Tradition der Arbeiterbewegung hat. Ich glaube, daß die Gefahr der sektiererischen Verselbständigung von Alternativen dadurch wesentlich geringer wird, daß sie sich als Bestandteil der Ökologiebewegung interpretieren, sofern sie an der lebendigen Auseinandersetzung in dieser Bewegung teilhaben. Diese Bewegung ist ja nicht von vornherein festgelegt auf eine – »heilbringende« – soziale Alternative, sondern prinzipiell offen für alle möglichen sozialen Formen, die mit den zunächst negativ bestimmten ökologischen Positionen vereinbar sind.

G. H.: Dennoch bleibt zu fragen, ob diese Offenheit, dieser Verzicht auf einen entschiedenen praktischen Anfang, tatsächlich Moment eines aufgeklärten Bewußtseins oder nicht doch gerade die Vermeidung einer radikalen Durchleuchtung der dogmatischen Vergangenheit bedeutet. Vielen Kibbutzniks, die sich mit den europäischen Genossenschaftsanfängen der Gegenwart befassen, fällt zumindest auf, daß nur sehr wenige Intellektuelle ihre persönlichen Fähigkeiten für das Gelingen dieser Genossenschaften einbringen, es also bei Spenden bewenden lassen. Wiederholt sich hier nicht doch auf raffiniertere Weise die Beschützung unserer asozialen Bestrebungen vor der strengen Gerechtigkeit unseres Bewußtseins?

Über diese – häufig quälerische – Inkonsequenz muß man keineswegs spotten. Sie kann aber zum Ansatzpunkt eines formulierten Zweifels an der optimistischen Philosophie, am falschen Bewußtsein des neuzeitlichen Hoffens werden. Dieses rechnet ja fest auf einen sozialstrukturellen Weg zur Harmonie zwischen den Menschen – zwischen Lamm und Löwe (das ist ja ein Gleichnis und gilt nicht für diese Tiere) –, rechnet darauf, daß die »Sauereien« – wie die Marxistischen Gruppen sagen – endlich beendet und die bisher bloß appellatorischen moralischen Ideale selbstverständliche und zwanglose Praxis sein werden.

Die Erfahrung des Kibbutz aber zeigt, daß auch nach Abschaffung der Lohnarbeit die wirklich mächtigen Bedürfnisse immer noch zur selbstherrlichen Verwirklichung drängen und die Rücksichtnahme auf die nicht minder starken Bedürfnisse der Genossen keineswegs als »neues Bedürfnis«, sondern als die »alte Fessel« verspürt wird, weshalb sie eben von neuem als Ideal präsentiert werden muß. Die Harmoniehoffnung erinnert dabei auffällig an die Träume von Stammesmitgliedern, denen der weiße Mann die Subsistenzwirtschaft zerstört hat und die sich ihre Ambivalenz für den Kapitalismus niemals eingestehen müssen, sondern – unter Mitnahme des Angenehmen – ihr Leid für überwunden glauben, wenn sie nur wieder als Skalp- und Büffeljäger über die Prärie reiten dürften. Daß viele auch bei längerem Fortleben der Büffel übergelaufen wären, wie das bei Stämmen zu beobachten ist, deren Subsistenzwirtschaft keineswegs zerstört, sondern mächtig aufgetrieben worden ist, wird dann gern übersehen. So gibt es eine sehnsuchtsvolle Nähe der hiesigen Stadtindianer zu einer Poster-Indianerimago, aber kaum eine zu den Beduinen der arabischen Halbinsel, die in den Kapitalismus machtvoll hineindrängen. Und dabei sind sie nicht etwa in erster Linie dem technisch-medizinischen Fortschritt hinterher, was noch ins Bild des »Nicht-Am-Blinddarm-Sterbenwollens« passen würde, sondern streben aus stammesgebundener Enge in die Metropolen Europas und Nordamerikas, wo die Luft häufig schlechter ist als zu Hause.

Dem entspricht ja auch nur, daß diejenigen, die den Kibbutz verlassen, fast niemals mehr Konsumgüter, medizinische Versorgung, bessere Luft etc. suchen. Viele Abkömmlinge dieser hypermodernen »Stammesgesellschaft« richten sich sogar vollbewußt auf weniger davon ein.

So zeigt sich vielleicht in der bemerkenswerten Wendung vieler Linker zur Ethnologie ein weiterer Beleg für den Abschied von der darwinistisch-marxistischen Hoffnung des permanenten Aufsteigens zur Harmonie im modernen Kommunismus. Aus der Abwendung vom ökonomistischen Glauben an die Unschuld der »Wilden« wächst die Einsicht, daß ihr »Urkommunismus« auch in Verbindung mit der modernsten Technik noch keineswegs das Heil bringt: »Der Erste, Schönste, Erfolgreichste, Stärkste und Reichste zu sein – danach strebt man«, auch in diesen archaischen und primitiven Gesellschaften, mußte bereits Marcel Mauss durchaus widerwillig sein Hauptwerk über *Die Gabe* aus dem Jahre 1923 resümieren.

K. G.: Die Parallelen, die Du zwischen Kibbutz und traditionellen Stammesgesellschaften siehst, fordern sehr zum Widerspruch heraus. Zwar beziehst Du Dich zunächst nur auf die Projektionen frustrierter Intellektueller in den kapitalistischen Metropolen. Aber Du zerstörst sie mit dem Argument, daß das Maß individueller Freiheiten und Bedürfnisbefriedigungen, welches bestimmte Subkulturen der großen Städte heute bieten, in den alternativen Lebensformen kleiner Gemeinschaften gar nicht erreicht werden kann. Entsprechende Hoffnungen müßten aus Gründen enttäuscht werden, die in der Struktur dieser Gemeinschaften selbst liegen, deren innerer Zusammenhalt durch ein entsprechendes Ausleben sinnlicher Bedürfnisse gesprengt werden müßte. Ich halte dies deshalb für ein so diskussionsbedürftiges Argument, weil ich zu der Auffassung neige, daß die – größtenteils unpolitischen – hedonistischen Strömungen in den fortgeschrittensten Industriegesellschaften tatsächlich ein wesentliches Moment der Suche nach alternativen Lebensformen ausmachen. Die Rückeroberung von sinnlichen Entfaltungsmöglichkeiten in Primärkontexten, d.h. den Beziehungen zwischen den Geschlechtern, den Generationen und denen zur äußeren Natur, scheint mir eine logische Konsequenz aus der unmittelbar sinnlich erfahrbaren Zerstörung zu sein, die von der megalomanen Entwicklung der Sekundärkontexte, dem beruflichen Karrieresystem, der Wachstumswirtschaft und dem staatlichen Kontroll- und Versorgungsapparat, auf die Primärkontexte zurückwirken. Wenn sich nun zeigen ließe, daß jene hedonistischen Tendenzen mit einer alternativen Wirtschafts- und Lebensform, wie sie der Kibbutz darstellt, strukturell unvereinbar seien, dann wäre dies m.E. ein gravierendes Argument gegen die Relevanz der Kibbutzerfahrung für die hiesige Alternativbewegung oder gegen diese Richtung der Alternativensuche überhaupt.

G. H.: Die strukturelle Unvereinbarkeit von Hedonismus und Permissivität mit der egalitären Gemeinschaft ist sogar aus dem Kibbutz selbst heraus in Frage gestellt worden. Junge Kibbutzniks haben Neugründungen – wie etwa Kerem Shalom und Samar – gerade auch mit der Intention freierer Sexualität, unkontrollierteren Umgangs mit dem Gemeinschaftseigentum und lockererer Arbeitsdisziplin betrieben. Sie haben dann aber doch relativ schnell wieder die Macht des Neides, der Konkurrenz und ihrer Korrektur im Klatsch zu spüren bekommen. Das beweist aber noch nicht endgültig die Unmöglichkeit des Vorhabens.

Es ist ja nicht zu bestreiten, daß der Kibbutz selbst in seiner Anfangsphase, als er ja bereits als Minderheit lebte in einer »gut jüdischen« Mehrheit, die einen praktischen Kommunismus durchaus nicht anstrebte, mit den zwischenmenschlichen Beziehungen innerhalb der Gruppe oder gar mit Nichtzugehörigen kaum so großartig experimentiert hat wie in der Wüstenlandwirtschaft und anderen Wirtschaftsfeldern. Wenn wir zum Beispiel bei matrilinearen Stämmen vom sogenannten »Paradies der Unverheirateten« hören, in dem Promiskuität nicht nur geduldet, sondern angeleitet und ermutigt wird, dann hat der Kibbutz diese Möglichkeit jedenfalls noch nicht ausgeschöpft.

Und bewußt geplante Lebensentwürfe etwa, nach denen man

vielleicht bis dreißig ein solches »Paradies der Unverheirateten« durchlebt, anschließend in größerer Paarverbindlichkeit zwecks guten Gelingens der Erziehung wenige Kinder hat und später – wenn die Kinder ohnehin von den Erwachsenen wieder wegstreben – von neuem freiere Sexualbeziehungen, selbst zwischen den Generationen, pflegt, werden meines Wissens im Kibbutz kaum ernsthaft diskutiert. Ihre Verwirklichung könnte unter Umständen ja doch ein so umfassendes Maß an Befriedigung und Einigung bieten, daß die auch sicher dann noch hier und da verspürte Enge ein zu akzeptierender Preis wird. Insofern meine ich auch, daß die freie Assoziation der Produzenten in ihrem gegenwärtigen historischen Stadium des israelischen Kibbutz menschlich noch nicht ausgereizt ist.

K. G.: Eben deshalb meine ich ja, daß nicht nur die von Dir gezogene Parallele zu urkommunistischen Stammesgesellschaften, sondern auch diejenige zu den modernen staatssozialistischen Industriegesellschaften gesehen werden muß. Diese befinden sich seit ihrem Bestehen in einer – angesichts des epochalen Vorsprungs der kapitalistischen Industriegesellschaften – schier aussichtslosen Akkumulationskonkurrenz, für die sie von ihrer Bevölkerung immense Opfer verlangen. Auch die Kibbutzgesellschaft steht in einem solchen Konkurrenzkampf mit ihrer nichtsozialistischen Außenwelt, wenn auch die Ausgangsbedingungen hier ungleich günstiger waren. Zwar braucht der Kibbutz als auf Freiwilligkeit basierende Gemeinschaft das Akkumulationsopfern nicht administrativ durchzusetzen . . .

G. H.: Eine erhebliche Differenz! Mir sagte ein Kibbutznik mal: »Wir brauchten keinen GULAG, wir hatten Tel Aviv!«

K. G.: Gut! Aber das ändert doch nichts an den Beschränkungen, die sich für die Entfaltung von sinnlichen Beziehungen und zugunsten von Arbeitsdisziplin und Produktivitätsorientierung ergeben. Ich hielte es also, um Deinem Argument entgegenzutreten, für sinnvoll zu prüfen, ob nicht die empirisch konstatierbare Beschränkung individueller Freiheiten in den Primärkontexten des Kibbutzlebens weniger mit »stammesgebundener Enge«, also der Struktur kleiner Gemeinschaften allgemein, als vielmehr mit seiner wirtschaftlichen Entwicklungsstufe und der damit verbundenen Moralisierung zu tun hat.

Positiv ausgedrückt: ich vermute, daß ein wesentlicher Unterschied im Hinblick auf die Entwicklungsmöglichkeiten alternativer Wirtschafts- und Lebensformen darin bestehen könnte, ob sie die Bedürfnisentfaltung eher nach dem Muster eines Akkumulationsopfers oder eher nach dem Muster eines »ökologischen« Opfers beschränken. Wenn der Preis, der für die Bedürfnisbefriedigung im System statusdifferenzierter Konsumtion auf der Grundlage eines fortdauernden Akkumulationsprozesses in den entwickeltsten Industriegesellschaften gezahlt werden muß, immer mehr Menschen zu hoch erscheint, dann wird die Bereitschaft zunehmen, sich sinnliche Entfaltungsmöglichkeiten in Primärkontexten zu suchen, deren Eroberung für das Überleben der Menschheit weniger gefährlich ist. Selbstverständlich setzt die Realisierung von Lebensformen, in denen Befriedigung aus der unmittelbar verfügbaren Sinnlichkeit zwischen Menschen sowie zwischen Mensch und Natur gefunden wird, einen gesellschaftlichen Konsens über Grundbedürfnisse – wie Nahrung, Kleidung, Wohnung, Schutz vor Krankheit, natürlicher und sozialer Gewalt u.a. – voraus, die vorab befriedigt werden müssen, damit die darüber hinausgehende Bedürfnisentfaltung nicht zerstörerisch wird. Eben für eine solche Konsensbildung bietet eine auf freiwilliger Mitgliedschaft basierende, Arbeit und Leben integrierende Gemeinschaftsform wie der Kibbutz doch wiederum vermutlich günstige Bedingungen?

G. H.: Die Vorstellung, daß die Menschen auf ökologisch problematischen ›Überfluß‹ gewissermaßen leichten Herzens verzichten, wenn ihnen die eigentliche Herzensangelegenheit endlich freigegeben wird, ist gewiß verführerisch: Die Sinnlichkeit, auf die sich ja tatsächlich die meisten Phantasien konzentrieren, wird von allen Fesseln freigemacht und daraufhin eine bescheidenere Ökonomie gerne akzeptiert. Aber – von den Schwierigkeiten einmal abgesehen, das Niveau einer stationären Ökonomie zu erhalten – ist doch einzuwenden, daß gerade die freie Liebe über Attraktivität und deshalb immer ungerecht vorgeht. Das vergällt sie den wenigen allgemein Begehrten, die am Neid der Mitgenossen leiden und läßt sie für diese zum permanenten Skandal werden. Eben deshalb wird vor Produktionsgemeinschaften, die zugleich Lebensgemeinschaften sind, doch auch zurückgeschreckt. Aber vielleicht ist diese Kombination ohnehin erst zwingend erforderlich, wenn auch Generationsbeziehungen eingegangen werden *müssen*, wenn man also *eigene* Kinder haben und gut erziehen *muß*, um die Genossenschaft auf Dauer stellen zu können. Das wird aber in den kommenden Jahrzehnten kaum der Fall sein. Die Menschheit als Ganzes geht ja noch durch eine ungeheure und meist hilflos erlittene Inflation von Kindern, die ganz unverschuldet in der Welt auftauchen und dann einen Platz finden müssen. Existenziell brauchen hiesige Genossenschaftler also erst einmal keine Kinder, sondern handeln menschlich gerade, wenn sie anderswo Aufwachsende, so sie zu ihnen wollen, auch aufnehmen. Gerade das kann der Kibbutz noch nicht, da er ja immer auch eine Zuflucht für verfolgte Juden ist.

Vielleicht wird hier also sinnvoll erst einmal bloß mit *Produktions*genossenschaften begonnen, während das Nicht-Arbeitsleben weiter in der Permissivität der modernen Gesellschaften fortgesetzt wird. Diese stellen in ihren nordeuropäischen Varianten durchaus schon so etwas wie Superkommunen dar, in denen jene von Dir aufgezählten Grundbedürfnisse schlecht und recht befriedigt sind, in denen aber an der Hierarchie und Konkurrenz des Arbeitslebens immer noch schwer gelitten wird: Ich *arbeite* dann schon mal in der egalitären und auch überschaubaren Genossenschaft, lebe aber weiterhin unzensiert mit allen für mich erreichbaren Menschen. Mit dieser Kombination von egalitärer Arbeit und Lust an der Fremdheit und Heimlichkeit in der Freizeit kann jederzeit begonnen werden. Und einige haben damit ja auch schon angefangen.

Irgendwann mag dann die Erweiterung oder Verengung auch zur Lebens-, Fortpflanzungs- und Erziehungsgemeinschaft unaufschiebbar sein, aber auch dann erst mal mit dem »Paradies der Unverheirateten« beginnen. Die große Mehrheit der Linken dürfte aber weiterhin den – von ihr ohnehin nur dem Kapitalismus zugetrauten – Abschluß von Automatisierung, Roboterisierung und Miniaturisierung der Produktion abwarten. Nach Vollendung dieser historischen Dreckarbeit wird sie für eine – auf höchstem Niveau stehende – stationäre Wirtschaft durchaus bereit sein. Und wer würde ihr dann, wenn die traditionelle Kapitalverwertung durch Ausbeutung von lebendiger Arbeit ohnehin vorbei ist, nicht gerne oder wenigstens freiwillig folgen? Daß Atomkrieg, globaler Ökokollaps und das übermäßige Wuchern der Menschengattung diesem ›guten Ende‹ zuvorkommen könnte, wird dabei sicher niemand ausschließen.

Autoren

Haim Barkai ist Professor für Ökonomie an der Hebräischen Universität Jerusalem und nicht Mitglied eines Kibbutz.

Michael Krüger lehrt Ökonomie an der Universität Osnabrück.

Menachem Rosner ist Leiter des »Institute for Research of the Kibbutz and the Cooperative Idea« an der University of Haifa und Mitglied des Kibbutz Reshafim.

Menachem Gerson war bis zu seiner Pensionierung Leiter des »Institute of Research on Kibbutz Education« und ist Mitglied des Kibbutz Hasorea.

Michael Nathan und *Alisa Schnabel* lehren beide am Pädagogischen Seminar der Kibbutzbewegungen in Oranim, das der University of Haifa angeschlossen ist. Sie sind beide Kibbutzmitglieder und leben in Beth Keshet.

Michal Palgi arbeitet am »Institute for Research of the Kibbutz and the Cooperative Idea« an der University of Haifa. Sie lebt im Kibbutz Nir-David.

Eliezer Ben Rafael, der den Kibbutz verlassen hat, und seine Mitautoren *A. Tagliacozzo* und *V. Kraus* lehren an israelischen Universitäten.

Nenni Cohen arbeitet am »Institute for Research of the Kibbutz and the Cooperative Idea« an der University of Haifa. Er lebt im Kibbutz Hatzor.

Erik Cohen ist Professor für Soziologie und Ethnologie an der Hebräischen Universität Jerusalem und nicht Mitglied eines Kibbutz.

Klaus Gilgenmann ist Soziologe und lehrt an der Universität Osnabrück.

Gunnar Heinsohn ist Soziologe und lehrt an der Universität Bremen. Er lebte zwischen 1976 und 1978 in den Kibbutzim Hasorea, Adamit und Yahel sowie im Moshav (damals shitufi) Hamra.

Nachweise

Barkai, H. (1971), *The Kibbutz – An Experience in Micro-Socialism*, Jerusalem: Hebrew University. Auch in: J. Howe (Hg.), *Israel and the Arabs: View from the Left*, New York 1972.

Krüger, M., *Nachtrag zu Haim Barkai*, Originalbeitrag.

Rosner, M. (1980), *Quality of Working Life in the Kibbutz*, in: A. Cherns (Hg.), *Quality of Working Life and the Kibbutz Experience*, Norwood/Pennsylvania.

Rosner, M. (1980), *Is Direct Democracy Feasible in Modern Society*, in: Bartölke/Bergmann/Liegle (Hg.), *Integrated Cooperatives in the Industrial Society: the Example of the Kibbutz*, Assen/Holland.

Rosner, M. (1979), *Changes in Leisure Culture in the Kibbutz*, in: *Leisure and Society*, Montreal, Nr. 2.

Kibbutzstatuten. Übersetzung folgt der englischen Fassung in: A Yassour, *Kibbutz Members Analyze the Kibbutz*, Cambridge/Mass. 1977.

Gerson, M. (1935), *Die Grundlage*, Berlin (1934 gehaltener Vortrag).

Gerson, M., *Menschliche Beziehungen im Kibbutz von heute*, Originalbeitrag.

Nathan, M.; Schnabel, A. (1975), [*Einstellungsveränderungen Kibbutzgeborener zu Freundschaft und Sexualkontakten* (hebräisch)], in: *Iyunim Bechinuch* [Zeitschrift für Studium und Forschung in Erziehung], Heft 6.

Palgi, M. (1980), *Women Members in the Kibbutz and Participation*, in: Bartölke/Bergmann/Liegle (Hg.), *Integrated Cooperatives in the Industrial Society: the Example of the Kibbutz*, Assen/Holland.

Ben Rafael, E.; Tagliacozzo, A.; Kraus, V. (1975), *L'Abandon du Kibboutz par les Jeunes*, in: *Sociologia Ruralis* XV, Nr. 3, S. 131-141.

Rosner, M.; Cohen, N. (1978), Schlußkapitel in: Rosner, M.; Ben David, J.; Avnat, A.; Cohen, N.; Leviathan, U., [*Die zweite Generation* (hebräisch)], Tel Aviv. Eine englische Fassung der gesamten Untersuchung wird unter dem Titel: *The Second Generation – Continuity or Change in the Kibbutz* in Jerusalem erscheinen.

Cohen, E. (1976), *The Structural Transformation of the Kibbutz*, in: G. Zollschan und W. Hirsch (Hg.), *Social Change – Explorations, Diagnoses and Conjectures*, New York.

edition suhrkamp

Alphabetisches Verzeichnis der edition suhrkamp